Kleine Geschichte
Afrikas

Kleine Geschichte Afrikas

Von
Winfried Speitkamp

Philipp Reclam jun. Stuttgart

Für Susanne Grindel

Alle Rechte vorbehalten
© 2007 Philipp Reclam jun. GmbH & Co., Stuttgart
Kartenzeichnung: Anna Schulze, Hannover
Satz und Druck: Reclam, Ditzingen
Buchbinderische Verarbeitung: IBB GmbH, Weinsberg
Printed in Germany 2007
RECLAM ist eine eingetragene Marke
der Philipp Reclam jun. GmbH & Co., Stuttgart
ISBN 978-3-15-010643-3

www.reclam.de

Inhalt

Die Herausforderung eines Kontinents
Afrika in der Kolonialzeit

Ein Kontinent im Umbruch
Das nachkoloniale Afrika

Anhang

Einleitung

Die Zukunft Afrikas ist offen. Nach wie vor dominieren in Öffentlichkeit und Wissenschaft Katastrophenmeldungen und Untergangsprophezeiungen. Wenn Afrika ins Gespräch kommt, berichten die Medien über Kriege und Völkermord, über *warlords* und Kindersoldaten, über Diktatur, Korruption und Staatsverschuldung, über Dürre, Hunger und Aids. Vor wenigen Jahren haben namhafte deutsche Afrika-Wissenschaftler mit einem Memorandum Aufsehen erregt, das ein außerordentlich düsteres Bild der Zukunft dieses Kontinents gezeichnet hat. Aber zugleich gibt es ermutigende Zeichen eines Aufbruchs. Die weltpolitische Wende von 1990 hat auch Afrika erfasst. Zahlreiche autoritäre Regime sind zusammengebrochen. In vielen Staaten sind Mehr-Parteien-Systeme eingerichtet, Wahlen durchgeführt und Verfassungsreformen eingeleitet worden. Und nicht nur kleine Eliten beteiligten sich, vielmehr kamen breite öffentliche Kontroversen über die politische Zukunft in Gang. Auch setzten sich afrikanische Gesellschaften aktiv mit belasteter Vergangenheit auseinander. Die Wahrheits- und Versöhnungskommission in Südafrika, eingesetzt nach Jahrzehnten der Apartheid, und die *Gacaca*-Justiz in Ruanda nach dem Völkermord von 1994 zeugen von dem Bemühen, einen neuen Anfang unter breiter Beteiligung zu wagen.

Und dennoch scheint der Westen Afrika eine Normalisierung nicht zuzugestehen. Afrika wird zwar nicht mehr als geschichtsloser Kontinent gesehen, wie es abendländischer Hochmut lange verkündete, aber immer noch an die Peripherie des Weltgeschehens gerückt. Vor allem gilt Afrika weiterhin als dunkler, unverständlicher Kontinent, gefangen in seinen Traditionen, Sitten und spezifischen Problemen. Afrika wird nach wie vor mit dem zum Topos gewordenen Titel der 1902 erschienenen Kongo-Erzählung von Joseph Conrad, *Herz der Finsternis*, identifiziert und steht – explizit oder implizit – für das Gefährliche, Wilde, letztlich Irrationale. Derartige Konstruktionen des »Anderen« sind immer auch Konstruktionen des »Eigenen«, sie spiegeln europäische Selbstbilder von Modernität und Rationalität. Im Blick auf das fremde Afrika entwirft Europa seine Identität. Afrika wird gewissermaßen auf seine – vermeintliche – Essenz reduziert, die gesellschaftliche und kulturelle Differenz als Ausdruck wesenhafter Unterschiede verabsolutiert. Afrika ist insofern eine Erfindung, wie der Philosoph Valentin Y. Mudimbe 1988 ausgeführt hat. Nicht nur Europäer, sondern auch Afrikaner haben den Kontinent beständig neu imaginiert. Was auf Seiten westlicher Reisender, Forscher und Kolonialisten zur Rechtfertigung des imperialen Zugriffs diente, wurde von Seiten afrikanischer Denker und Politiker gerade umgekehrt als Ausdruck spezifischer afrikanischer Werte und als Legitimation antikolonialen Widerstands angeführt. Gegen eine solche Betonung der Differenz hat der 2003 verstorbene Afrika-Historiker Albert Wirz in prägnanter Weise Grundkonstanten sozialen Handelns – die nicht als biologische Determinanten missverstanden werden dürfen – auf den Begriff gebracht und »eine überraschende Gleichförmigkeit der bewegenden Kräfte« in der Geschichte konstatiert, nämlich »die Suche nach Anerkennung und Macht, Sicherheit und Solidarität, Abenteuer und Gewinn« (»Geschichte und antikolonialer Nationalismus. Zur Debatte um die Konstruktion politischer Identität in Afrika«, in: *Die fundamentalistische Revolution. Partikularistische Bewegungen der Gegenwart und ihr Umgang mit der Geschichte*, hrsg. von Wolfgang Reinhard, Freiburg i. Br. 1995, S. 166).

In dieser Sicht steht Afrika nicht mehr für das Fremde, sondern für das Vertraute, das überraschend Nahe. Neue Forschungsansätze unterstreichen die veränderte Perspektive. Fünf Aspekte sind zu erwähnen. Erstens haben transnationale Ansätze die nationalen und kontinentalen Verengungen des Geschichtsbildes aufgebrochen und den Blick auf Transfer und Austausch, auf Wechselwirkungen und Vernetzungen gerichtet. Afrika entsteht dabei ebenso wie Europa erst in einem vielfältigen Beziehungs- und Kommunikationsgeflecht, das in die vorkoloniale Zeit zurückreicht. Der Kontinent Afrika ist insofern ein Produkt des Austausches, jenseits dessen er nicht existiert oder jedenfalls nicht zu fassen ist. Zugleich ist er Teil einer Universalgeschichte, aus der er lange aus Unkenntnis und Missachtung ausgeklammert wurde.

Zweitens versuchten postkoloniale, ursprünglich aus den Literaturwissenschaften stammende Ansätze die dominierende eurozentrische Sicht umzukehren. Fortlebende koloniale und kryptokoloniale Denkmuster und Mentalitäten galt es zu unterlaufen. Indem Afrikaner nun ihre eigene Geschichte schrieben, sollten sie sich gegen die okzidentale Überformung behaupten und ihre Identität wiedergewinnen; *writing back* wurde zum Motto dieser Bestrebungen. Das Objekt fremder Beherrschung wurde so wieder zum Subjekt seiner eigenen Geschichte, es gewann Autonomie und Würde zurück.

Vor diesem Hintergrund rückte drittens ein neues Modell der Erklärung sozialer und politischer Beziehungen in den Blick. Auch unsymmetrische Beziehungen wurden verstärkt als Ergebnis von Aushandlungsprozessen gedeutet. Selbst extreme Varianten von Herrschaft wie der Kolonialismus erschienen nun ungeachtet ihres unbestritten gewalthaften Charakters nicht mehr allein als Täter-Opfer-Beziehung, sondern als Auseinandersetzung um Positionen und Rollen, als gewissermaßen ungewollte Verhandlung, bei der Kompromisse und Kooperation in der Praxis vielfach erforderlich wurden. So hatten auch die Unterworfenen Spielräume, sie konnten durch ihr Verhalten ihr Gegenüber beeinflussen und waren in dieser Sicht selbst in der Kolonialzeit Subjekte ihrer Geschichte.

Viertens ist in jüngerer Zeit der Raum als Gegenstand der Geschichtswissenschaft neu entdeckt worden. Raum und Grenze werden dabei nicht als zwingende Konsequenzen natürlicher Gegebenheiten, sondern vermehrt als soziale und kulturelle Konstrukte verstanden. Natürliche Phänomene wie zum Beispiel Flüsse und Seen geben keine Grenzen vor. Vielmehr können sie sowohl als Trennlinien wie als Verbindungszonen verstanden und genutzt werden. Auch Karten sind immer Raumbilder, die nicht objektive Gegebenheiten, sondern Sichtweisen, Deutungen und kulturelle Raumnutzungen wiedergeben. Alle Karten sind daher kognitive Karten oder, wie es jetzt meist heißt, *mental maps*.

Fünftens spielen bei der Imagination und Konstruktion von Räumen kollektive Erinnerungen eine zentrale Rolle. Erinnerungskulturen, das heißt die Formen, in denen Gesellschaften ihre Vergangenheit erinnern und um gemeinsame Geschichte streiten, materialisieren sich im Raum, den sie zugleich erfinden wie besetzen. Das gilt gerade für Afrika, dessen Einheit als Kontinent nicht zuletzt durch zwei bedeutende kollektive Traumata bestimmt ist, nämlich den transatlantischen Sklavenhandel und die europäische Kolonialherrschaft. Diese bündeln die Erinnerung und kreieren ein spezifisch afrikanisches kollektives Gedächtnis. Die derart ausgerichtete kontinentale, identitätsbegründende Erinnerungskultur überlagert vielfältige regionale Erzählungen über Sklaverei und Verschleppung ebenso wie lokale Erinnerungen an die koloniale Begegnung, an Herrschaft und Gewalt, an Selbstbehauptung und Widerstand.

Auch in dieser Perspektive war Afrika ein Raum der Begegnungen, seien sie intra- oder transkultureller Art. Dabei wurde der Kontinent beständig neu gedacht, entworfen und gestaltet, wurden Grenzen – soziale, ethnische, religiöse oder territoriale – immer neu gezogen, folglich auch Verbindungen immer neu konstruiert. In der Begegnung entstanden Erinnerungsorte, die eine geteilte Geschichte im doppelten Sinn des Wortes spiegelten, eine spaltende wie eine gemeinsam erfahrene und unlösbar verschlungene Geschichte, wie sich in der Begrifflichkeit von *histoire croisée* und *shared memory* niederschlägt. Mit Erinnerungsorten sind dabei in Anknüpfung an Pierre Nora und sein großes Werk über die französischen *lieux de mémoire* (1984–92) nicht bloß konkrete topographische Orte gemeint, sondern Bezugspunkte kollektiver Erinnerung, gemeinsame Traditionen, verbindende Daten, mobilisierende Ideen, aber auch belastende Ereignisse. Diese Merkpunkte des kollektiven Gedächtnisses steckten den Raum ab, in dem kollektive Erinnerungen ausgehandelt wurden. Aus Kommunikationsräumen wurden derart Erinnerungsräume. Im Zuge beständigen transregionalen und transkontinentalen Austausches veränderten sich auch die Erinnerungsräume. Afrikanische Geschichtsforscher haben dies sehr sorgfältig registriert und ihre Geschichten des Kontinents immer als Geschichten von Raum und Erinnerung verstanden, sei es, dass sie wie der nigerianische Historiker Jacob F. Ade Ajayi schon 1969 die Kolonialzeit bloß als Episode im langen Fluss der Geschichte des Kontinents bewertet haben, sei es, dass sie wie Joseph Ki-Zerbo aus Burkina Faso (seinerzeit Obervolta) in seiner *Geschichte Afrikas* (1978) den Kontinent als Rahmen großer Reiche und blühender Herrschaften in vorkolonialer Zeit gezeichnet haben. Gemeinsam ist diesen Arbeiten der Versuch, Afrika in Abgrenzung von europäischen Raumbildern neu zu denken, ihm einen anderen, neuen Standort im kollektiven Gedächtnis zuzuweisen. Die in den 1980er Jahren erschienene achtbändige *UNESCO General History of Africa* knüpft daran an, indem sie Afrika als Kontinent der Afrikaner entwirft, die Kolonialzeit eher als Katalysator eigenständiger Entwicklung begreift und das Gewicht auf die von Afrikanern bewirkte Modernisierung legt.

Nur wenige deutschsprachige Gesamtdarstellungen Afrikas liegen bislang vor. Sie setzen besondere Akzente. Der von dem französischen Germanisten und Politiker

Pierre Bertaux verfasste Afrika-Band der *Fischer Weltgeschichte*, der erstmals 1966 veröffentlicht wurde und mittlerweile in 13. Auflage (1999) vorliegt, ist ungeachtet seines Detailreichtums dem Forschungsstand und den Wertungen seiner Entstehungszeit verhaftet. Die auf eigenen, seit den 1960er Jahren vorgenommenen Studien aufbauenden Synthesen des Politikwissenschaftlers Franz Anspranger über die *Politische Geschichte Afrikas im 20. Jahrhundert* (Erstausg. 1992) und allgemein über die *Geschichte Afrikas* (2002) spiegeln das im Zeitalter der Entkolonialisierung vorherrschende Interesse an Fragen nach politischer Unabhängigkeit und Staatsbildung. Die 1999 erschienene *Geschichte Afrikas im 19. und 20. Jahrhundert* des Historikers Leonhard Harding, die eine Fülle von Hinweisen auf Literatur und Forschungsfragen bietet, steht im Kontext der Debatten um Weltsystem und Dependenztheorie. Harding verfolgt die Einbindung Afrikas in den Weltmarkt, die mit dem Ende des Sklavenhandels einsetzte und von der Kolonialisierung gefördert wurde, und stellt dieser Entwicklung quasi dichotomisch den afrikanischen Widerstand gegenüber. Einen anderen Ansatz bietet die 1997 in deutscher Übersetzung publizierte grundlegende, ebenso umfassende wie differenzierte *Geschichte Afrikas* aus der Feder des britischen Afrika-Historikers John Iliffe. Er entwirft den Kontinent als Raum der Vielfalt und Vernetzung, der Mobilität und Kooperation, der Herausforderung und Selbstbehauptung. Afrika wurde demnach von flexiblen und multiplen Identitäten geprägt und gewann gerade dadurch seine Einheit. In der jüngsten, 2004 vorgelegten deutschsprachigen Gesamtdarstellung schließlich zeichnet Christoph Marx die *Geschichte Afrikas. Von 1800 bis zur Gegenwart* als Geschichte eines Überlebens. Er beschreibt, wie Afrikaner die Entwicklung ihres Kontinents vorantrieben, die Bedrohung durch den modernen Kolonialismus meisterten und ihre eigene Identität entwarfen. Er verzichtet dabei konsequent auf Kategorie und Begriff der »Ethnie« und richtet das Augenmerk auch auf bislang eher marginalisierte Aspekte wie die Rolle von Frauen in Wirtschaftsleben und Alltagswelten.

Die vorliegende Darstellung nimmt die Raumordnung als Ausgangspunkt und Rahmen, die Erinnerungskultur als Zielpunkt. Sie konzentriert sich auf das südlich der Sahara gelegene Afrika, der Norden wird vor allem dann einbezogen, wenn er unmittelbar über den Sahara-Raum nach Süden ausstrahlte. Damit soll nicht bestritten werden, dass, wie gerade die jüngere Forschung betont, Nordafrika schon lange vor der kolonialen Zeit über ein Netz von Transsahara-Routen mit dem Rest Afrikas verbunden war, Afrika also auch hier durch Begegnung und Austausch geprägt war. Und dennoch war der Norden kulturell, ökonomisch und politisch stärker mit der orientalischen Welt verknüpft und in den Mittelmeerraum integriert. Die bloß formale Orientierung am geographischen Afrika würde gerade dem oben erörterten Verständnis einer soziokulturellen Raumordnung widersprechen.

Das Buch gliedert sich in vier Hauptteile: Der erste Teil bietet eine Übersicht über die Vielfalt gesellschaftlicher Strukturen, politischer Formationen und ökonomischer Herausforderungen bis zum ausgehenden 18. Jahrhundert. Hier geht es um große Linien, grundlegende Gemeinsamkeiten und wichtige Varianten, nicht jedoch um einzelne Personen und ereignisgeschichtliche Details, die angesichts der oft mythischen Überlieferung meist nicht präzise zu rekonstruieren sind. Darauf folgt im zweiten Teil eine Darstellung des langen 19. Jahrhunderts, das eine tiefgreifende Umgestaltung Afrikas mit sich brachte, die vor dem europäischen Imperialismus einsetzte und erst mit der Etablierung des Kolonialstaats im ersten Jahrzehnt des 20. Jahrhunderts abgeschlossen wurde. Sodann wird im dritten Teil das Zeitalter der Kolonialherrschaft in den Blick genommen. Im Mittelpunkt steht hier die Zwischenkriegszeit, war dies doch im Grunde die kurze Phase, in der die Kolonialherrschaft, die formal fast 80 Jahre dauerte, Ansätze eines Systems entwickelte, das nicht schon wieder, wie seit den 1940er Jahren, von der eigenen Auflösung gezeichnet war. Schließlich geht es im vierten Teil um das nachkoloniale Afrika, dessen Anfänge im Zweiten Weltkrieg liegen. Das »Jahr Afrikas«, 1960, in dem zahlreiche Staaten unabhängig wurden, bildete dabei in politischer Hinsicht eine Zäsur, weniger jedoch im Blick auf Wirtschaft, demographische Entwicklung und gesellschaftliches Leben. Die Darstellung bezieht die Wende von 1990 ein und führt an die Gegenwart heran. Die Aufteilung des Bandes trägt einerseits der Beschleunigung des Wandels in Afrika seit dem frühen 19. Jahrhundert Rechnung, andererseits spiegelt sie auch die Verdichtung der Informationen und Quellen für die jüngere Zeit.

Die vorkoloniale Epoche ist aus Quellen kaum vollständig zu erschließen. Nur in den vom Islam beeinflussten Gebieten, im Swahili-Gebiet an der ostafrikanischen Küste und im Hausa-Gebiet des westafrikanischen Binnenlandes, wurde eine arabische Schrift eingeführt und sind schriftliche Quellen überliefert. Im Übrigen stehen neben einigen sprachwissenschaftlichen Befunden, die über die Ausbreitung von Völkern oder Kulturtechniken Auskunft geben können, sowie archäologischen und Sachüberresten, etwa den Gebäuden und Mauern von Groß-Simbabwe oder Kunstgegenständen und Skulpturen, nur wenige schriftliche Quellen zur Verfügung. Meist handelt es sich um Berichte arabischer Reisender. Dazu zählt der aus Bagdad stammende, im späten 9. Jahrhundert unserer Zeitrechnung geborene islamische Reisende al-Masudi (gest. 956), der die Ostküste Afrikas bereiste, der Geograph al-Bakri, der im 11. Jahrhundert über das Reich Ghana berichtete, und vor allem Ibn Battuta (1304–1377), der aus Tanger (Marokko) stammte und nach einer juristischen Ausbildung zahlreiche Reisen in Asien und Afrika unternahm. Am Ende seines Lebens hatte er an die 120 000 Kilometer zurückgelegt, unter anderem die Sahara durchquert und die ostafrikanische Küste ebenso wie das westafrikanische Königreich Mali bereist. So detailreich und sorgfältig Ibn Battuta auch referierte, waren doch alle Berichte zugleich Deutungen, in denen sich Gesehenes mit Gehörtem verband. Erst im 19. Jahrhundert mehrten sich die Reiseberichte fast schlagartig, europäische Reisende durchquerten nun den Kontinent und berichteten in zahlreichen Publikationen über ihre Erlebnisse. Doch mehr denn je waren es Sichtweisen, die von Erwartungen und Vorprägungen der Reisenden geformt wurden. In der Kolonialzeit wuchs zwar auch die Zahl der schriftlichen Quellen, etwa was Polizei-, Gerichts- und Schulakten angeht, aber es handelt sich um Dokumente, die eine obrigkeitliche Perspektive eröffnen und daher erneut nur einen Ausschnitt der kolonialen Situation erhellen, jedenfalls kaum Selbstzeugnisse enthalten. In mancher Hinsicht aussagekräftiger ist das Material der Missionsarchive, das über Kontakte zwischen Europäern und Afrikanern, über Taufen, Schulen, Schulbesuch und Alphabetisierung oder Krankenstationen und Krankheitsfälle informiert.

Die vorkolonialen Kulturen Afrikas waren fast durchweg mündliche Kulturen. Dabei gab es, je nach Zählung, über 2000 Sprachen. Schon deshalb ist die mündliche Überlieferung kaum zu erfassen. Zudem können mündlich weitergetragene Gründungsmythen, Volkstraditionen sowie Erzählungen über konkrete Ereignisse in der Geschichte einer Gemeinschaft, eines Dorfes oder eines Klans, nicht primär als Geschichtsdokumente verstanden werden. Mündliche Erzählungen hatten gegenwartsbezogene Aufgaben: die Erklärung und Legitimation des Bestehenden, die Festigung und Bestätigung der Gemeinschaft oder die Regelung aufkommender Probleme. Daher waren sie flexibel und veränderten sich ständig. Sie wurden neuen Bedingungen und Herausforderungen angepasst und auch dann möglicherweise abgewandelt, wenn sie nur aus dokumentarischen Gründen von Außenstehenden (Missionaren, Kolonialbeamten, Forschern) abgefragt wurden. Zugleich waren sie offen für Neues. Teilweise integrierten sie Gehörtes oder sogar Gelesenes, beispielsweise Elemente der Bibel. So ist ihr Aussagewert für die vorkoloniale Zeit fraglich, selbst wenn man unterschiedliche Überlieferungen nebeneinanderstellt und ihre Plausibilität überprüft. Afrikanische Historiker, denen aus sprachlichen und sozialen Gründen der Zugang erleichtert war, haben mündliche Überlieferungen häufiger genutzt und in ihre Darstellungen integriert. Doch die Debatte darüber, ob Traditionen Geschichte sind, blieb offen.

Die Frage ist umso komplizierter, als mündliche Erzählungen durch die Verschriftlichung ihre charakteristische Flexibilität verloren und die Niederschrift den möglicherweise zufälligen Zustand zum Zeitpunkt der Befragung einfror. Schließlich kam es gerade bei mündlichen Überlieferungen darauf an, welche Sachwalter der Gemeinschaft, etwa Priester, befugt waren, sie zu hüten, weiterzutragen und auszulegen. Die in der Kolonialzeit zunehmenden schriftlichen Ausarbeitungen von Volkstraditionen und Volksgebräuchen durch indigene Autoren, wie für Westafrika *The Laws and Customs of the Yoruba People* (1924) von Ajayi Kolawole Ajisafe oder Jacob Egharevbas *Benin Law and Custom* (1946), waren deshalb wichtige, aber auch höchst suggestive Quellen, die Tradiertes mit dem durch Christentum und Kolonialherrschaft Modifizierten oft in unkenntlicher Weise mischten. In Ostafrika stellt das Königreich Buganda ein aussagekräftiges Beispiel dar. Für die vorkoloniale Geschichte von Buganda existieren fast keine schriftlichen Quellen. Doch wurden in Buganda, einem administrativ entwickelten und zentralisierten Staat, auch die mündlichen Traditionen kontrolliert, homogenisiert und quasi offiziell weitergetragen. Im Jahr 1901 erschien das Werk *The Kings of*

Buganda. Der Verfasser, Apolo Kaggwa, hatte von 1889 bis 1926 führende Ämter in der Kolonialverwaltung inne. In seiner Darstellung dokumentierte er die mündliche Überlieferung und monopolisierte deren Auslegung. Neuauflagen seines Werkes (1912, 1927, 1949 u. ö.) unterstrichen die Wirkung. Kaggwa prägte das Bild des vorkolonialen Buganda nachhaltig.

Quellenauswertung und Darstellung afrikanischer Geschichte werfen auch begriffliche Probleme auf. Die Befunde der Quellen müssen gewissermaßen in eine andere Sprache, eine andere Zeit und eine andere Kultur übertragen werden. Dabei ist fraglich, ob afrikanische Geschichte, zumal vorkoloniale, mit einer dem europäischen Kontext entnommenen Begrifflichkeit (Königtum, Staat, Merkantilismus, Adel) angemessen gefasst werden kann. Das gilt namentlich für Begriffe, die sich auf Rechtsverhältnisse beziehen und irreführende Analogien nahelegen könnten (Eigentum, Bodenrecht, Familie). Umgekehrt drückt eine ganze Reihe von lange Zeit üblichen und vor allem in den Quellen der Kolonialzeit dokumentierten Begriffen rassistische Haltungen aus und ist dauerhaft negativ belastet (Eingeborene, Stämme, Häuptlinge). Die wissenschaftliche Umschreibung durch fremdsprachige Begriffe (indigene Bevölkerung, Ethnien, *Chiefs*) schwächt das Problem ab, indem es Distanz schafft, beseitigt es aber nicht. Die vorliegende Darstellung bemüht sich, negativ konnotierte Begriffe zu vermeiden, wo sie nicht sachnotwendig sind (Amtshäuptlinge), ohne mit anachronistischen Begriffen falsche Vorstellungen zu suggerieren. Zeitgenössische geographische Begriffe werden trotz der häufig damit verbundenen kolonialen Grundierung (Léopoldville) verwendet, um missverständliche zeitliche Zuordnungen zu vermeiden, die mit der Nutzung nachkolonialer Namensgebungen für koloniale Verhältnisse (zum Beispiel Namibia für das koloniale Deutsch-Südwestafrika) verbunden wären. Im Einzelfall wird pragmatisch verfahren, etwa wenn die

Bezeichnung »subsaharisches Afrika« verwendet wird, die als Hierarchisierung verstanden werden könnte, aber weniger umständlich ist als der korrektere Ausdruck »Afrika südlich der Sahara«.

Dieses Buch kann kein umfassendes Handbuch sein. Es wählt aus, gewichtet und deutet. Es betrachtet die Raumordnung, die sozialen Verhältnisse und die politischen Handlungen. Es legt besonderen Wert auf kollektive Erinnerung und symbolische Politik. Es bietet Beispiele und versucht allgemeine Schlüsse zu ziehen, Linien zu zeichnen, Gemeinsamkeiten darzulegen, den historischen Raum Afrikas auszuleuchten. Es versteht Geschichte als Handeln und Leiden von Menschen in der Vergangenheit und sieht die Aufgabe der Geschichtswissenschaft darin, Differenzierung und Zusammenhalt in einer Gesellschaft zu untersuchen, individuelles und kollektives Verhalten zu erklären und die Spielräume zu ermitteln, in denen Handlungen frei und Entscheidungen offen sind. Dieses Buch will zeigen, dass Afrika tatsächlich ein Raum von Begegnung und Austausch war, ein offener Kontinent, vielfältig in Bewegung, immer herausgefordert, doch nicht determiniert in seiner Entwicklung. In dieser Perspektive war die Zukunft Afrikas schon in der Vergangenheit offen. Und in dem Maß, in dem der Kontinent immer wieder neu gedacht und erfunden wurde, wurden auch seine Geschichte und Tradition neu gedeutet. Neue Zukunftsentwürfe forderten neue Geschichtsbilder. Insofern war schon immer nicht nur die Zukunft, sondern auch die Geschichte Afrikas offen.[*]

* Das Buch hat von den Diskussionen im Gießener Sonderforschungsbereich der DFG über »Erinnerungskulturen« profitiert, besonders von den Gesprächen mit den Mitarbeitern im Afrika-Projekt Dr. Hartmut Bergenthum (jetzt Leiter des Sondersammelgebiets »Afrika südlich der Sahara« an der Universitätsbibliothek Frankfurt a. M.), Martin Huscher, Christiane Reichart-Burikukiye M. A. und Daniel Stange M. A. Der Dank gilt auch Tatjana Heid für das sorgfältige Korrekturlesen und die Erstellung des Registers sowie Dipl.-Ing. Anna Schulze für die Anfertigung der Karten.

Der ferne Kontinent
Afrika bis zum Ausgang des 18. Jahrhunderts

Ab dem 1. Jh.   Südlich der Sahara entstehen erstmals größere politische Formationen und Reiche.

1.–9. Jh.   Reich von Axum (auch: Aksum) im Gebiet des heutigen Äthiopien. Der Herrscher tritt im Jahr 350 zum Christentum über.

7. Jh.   Nach dem Tod Mohammeds (632) beginnt die Ausbreitung des Islam in Nord- und Nordostafrika.

8. Jh.   Anfänge von Simbabwe im südlichen Afrika. Zwischen dem 11. und 15. Jahrhundert erlebt das Reich Simbabwe Aufstieg und Blüte.

Ende des 8. Jh.   Erste Erwähnung des westafrikanischen Ghana. In den folgenden Jahrhunderten wird Ghana zum bedeutendsten Reich in Westafrika. 1240 wird die Hauptstadt Ghanas durch die Armee des Reichs Mali zerstört, Ghana muss sich unterwerfen.

10. Jh.   Der arabische Reisende al-Masudi erkundet die Ostküste Afrikas.

11. Jh.   Der arabische Geograph al-Bakri berichtet über das Reich Ghana.

Ab dem 11. Jh.   Im westafrikanischen Binnenland am Südrand der Sahara entstehen Zentren des Transsahara-Handels wie Djenné, Timbuktu, Gao und Kano.

Ausbreitung des Islam in West- und Ostafrika, unter anderem durch die reformislamische Almoraviden-Bewegung.

Aufstieg des Reichs Kanem am Tschadsee (seit der Verlegung der Residenz Ende des 14. Jh. Kanem-Bornu genannt). Anfänge von Kanem werden bis ins frühe 9. Jahrhundert zurückverfolgt. Ende des 16. Jahrhunderts erreicht Kanem-Bornu seine größte Machtausdehnung.

11./12. Jh.   Aufstieg des Reiches Mali in Westafrika. Der Herrscher tritt im 12. Jahrhundert zum Islam über. Im Jahr 1235 erlangt der mythisch überhöhte Herrschersohn Sundjata die Macht. Im 15. Jahrhundert geht Mali als eigenständiges Reich und regionale Vormacht unter. Doch besteht das Königreich noch bis in die erste Hälfte des 17. Jahrhunderts.

12.–18. Jh.   Entstehung, Aufstieg und Entfaltung der sogenannten Hausa-Stadtstaaten im Westsudan (heutiges Gebiet von Tschad, Niger und Nordnigeria). Zu einem der bedeutendsten Hausa-Staaten wird Kano. Zeitweilig müssen sich Hausa-Städte anderen Reichen unterstellen, so Ende des 15. Jahrhunderts der Oberherrschaft von Kanem-Bornu.

Ab dem 12. Jh.   Über Handelsorte an der ostafrikanischen Küste wie Mogadischu, Mombasa, Malindi, Sansibar, Lamu und Kilwa wird der Export aus dem Binnenland und der Handel mit dem arabischen Raum vermittelt. Die Städte entwickeln sich zu stadtstaatähnlichen Formationen. Kilwa wird Ende des 13. Jahrhunderts als Sultanat bezeichnet.

Ab dem 13. Jh.   Einführung des Pferdes aus dem arabischen Raum in die Reiche des westafrikanischen Binnenlandes.

Etwa 1350   Entstehung des Königreichs Kongo.

14. Jh.   Ibn Battuta bereist unter anderem Ostafrika und das Reich Mali.

Ab etwa 1415   Chinesische Schiffe erreichen die Ostküste Afrikas (nach anderen Überlieferungen sogar schon im 14. Jahrhundert). Zeitweilig kommt ein Handelsaustausch zwischen ostafrikanischen und chinesischen Kaufleuten in Gang.

15.–18. Jh.   Aufstieg und Entfaltung der Yoruba-Staaten und des Reiches Benin im Gebiet des heutigen Nigeria.

Etwa 1420   Entstehung des Luba-Reiches.

1445   Portugiesische Schiffe erreichen den Fluss Senegal. In der Folge entstehen erste portugiesische Handelsstützpunkte in Westafrika.

Mitte 15. Jh.   Der europäische Sklavenhandel mit Afrika beginnt. Sklaven werden zunächst vor allem auf die Iberische Halbinsel gebracht.

1460er Jahre   Aufstieg der Herrschaftsformation der Songhay in

	Westafrika. Das Songhay-Reich geht Ende des 16. Jahrhunderts unter.
Ab 1480	Katholische Mission im Gebiet des Kongo-Reiches.
1502	Portugiesische Schiffe (Vasco da Gama) erreichen Kilwa an der Ostküste Afrikas. In den folgenden Jahren sichert sich Portugal die Kontrolle über den ostafrikanischen Küstenstreifen.
Ab 1508	Der arabische Geograph Leo Africanus bereist den Westsudan und besucht unter anderem Timbuktu und Bornu.
16. Jh.	Entstehung der sogenannten Hima-Staaten in Ostafrika. Dazu zählen Urundi, Ruanda, Buganda und Bunyoro. Bis in das 19. Jahrhundert hinein bestimmen sie die politische Raumstruktur im Gebiet der Großen Seen.
	Beginn der Sklaventransporte aus Afrika nach Amerika. In der Folge entstehen an der westafrikanischen Küste (»Goldküste«, »Sklavenküste«) Faktoreien und dann befestigte Anlagen (»Sklavenforts«), über die der transatlantische Sklavenhandel organisiert und abgewickelt wird.
	Einfuhr und zunehmende Verbreitung neuer Anbaupflanzen wie Mais, Maniok, Bohnen und Süßkartoffeln.
1506–45	Herrschaft von Affonso (I.) Mbemba Nzinga im Königreich Kongo. Der Monarch tritt wie sein Vorgänger Joao (I.) Nzinga a Nkuwu zum Christentum über.
1575	Gründung der portugiesischen Stadt Luanda an der südlichen Westküste Afrikas. Die Stadt wird zum bedeutenden Sklavenmarkt.
1593	Errichtung der portugiesischen Festung Fort Jesus bei Mombasa.
Ab dem 17. Jh.	Einführung und Verbreitung von Feuerwaffen im westafrikanischen Küstengebiet.
1652	Gründung der Kapkolonie (Kapstadt) unter dem Holländer Jan van Riebeeck im Auftrag der »Vereinten Ostindischen Kompanie«. Die ersten Zuwanderer siedeln am Tafelberg. In der Folge beginnt die Expansion der Siedler (»Buren«) ins Landesinnere.
1653	Portugal erlangt die Kontrolle über einen beträchtli-

	chen Teil des Kongo-Reiches, besonders über die Küstengebiete.
1677	Unterwerfung der Khoikhoi im südlichen Afrika durch die Buren.
Ende des 17. Jh.	Entstehung des westafrikanischen Ashanti-Reiches im Gebiet des heutigen Ghana.
	Machtgewinn des Königreichs Buganda im Gebiet der Großen Seen.
1713	Ein Großteil der Khoikhoi fällt einer Pockenepidemie zum Opfer.
Ab dem 18. Jh.	Ausweitung des arabischen Einflusses in Ostafrika.
Ab etwa 1735	Politische Formierung der Luba in Zentralafrika.
Ab etwa 1740	Machtgewinn und Expansion der Lunda in Zentralafrika.
Ab etwa 1750	Expansion Bugandas.

Formen gesellschaftlicher Organisation

Die Informationen über die Vor- und Frühgeschichte
Afrikas sind bruchstückhaft und punktuell. Sie ergeben
kein geschlossenes Bild des afrikanischen Raumes. Zudem
werden die wissenschaftlichen Debatten über frühge-
schichtliche afrikanische Kulturen von politisch beeinflussten Kontroversen um den Ursprung des Menschen
überlagert. Dabei geht es um die Frage, ob der Homo sapiens sapiens sich an verschiedenen Orten und auf verschiedenen Kontinenten zugleich und unabhängig voneinander entwickelt hat oder ob er aus einem einzigen Ur-
sprungsraum in Afrika stammt. In historiographischer
Sicht ebenso wichtig ist eine zweite, in gleichem Maße politisch überformte Debatte über den afrikanischen Einfluss
auf die europäisch-abendländische Kultur. Der senegalesische Historiker Cheikh Anta Diop vertrat seit den 1950er
Jahren die These, die Träger der altägyptischen antiken

Kultur, deren erste schriftliche Überreste seit dem dritten Jahrtausend vor Christus überliefert sind, seien von Süden zugewandert; es habe sich also um »schwarze« Afrikaner gehandelt. Auch wenn die Grundthese einer Zuwanderung von Süden einige Unterstützung gefunden hat, bleibt weiter umstritten, wie die Zuwanderung ausgesehen hat, wer aus welchen Regionen und aus welchen Gründen in der vorchristlichen Antike in das Fruchtbarkeit versprechende Niltal zog. Dass in der afrikanischen Geschichtswissenschaft großer Wert auf den afrikanischen Charakter Altägyptens und damit auf die afrikanischen Einflüsse auf die Antike generell und mittelbar auf das Abendland gelegt wird, spiegelt die fortwährende Unsicherheit über Einheit und Zusammenhang des Kontinents Afrika in der Frühzeit. Es steht nicht nur für den Versuch, die ägyptische Hochkultur und Staatlichkeit als afrikanische Errungenschaften zu reklamieren, sondern soll auch die einflussreiche Expansion Ägyptens nach Süden, besonders nach Nubien (heute Sudan), nicht als frühe Form kolonialer Fremdherrschaft, sondern gewissermaßen als Rückkehr und zugleich als eigenständige afrikanische Reichsbildung erscheinen lassen.

Tatsächlich eröffnen die Belege über politische Organisationsformen in Afrika zur Zeit der europäischen Antike nur wenige Einblicke. Neben Ägypten ist dabei vor allem das Reich im äthiopischen Hochland (Abessinien) durch schriftliche Quellen nachweisbar. Der meist als König verstandene Herrscher von Axum im Norden Äthiopiens übernahm bereits im 4. Jahrhundert das Christentum. Doch wurde das Reich von Axum durch das Vordringen des Islam seit dem 7. Jahrhundert von der abendländisch-christlichen Welt isoliert und nahm eine kulturelle Eigenentwicklung, bei der sich christliche Elemente und tradierte heimische Kulte verbanden. Seit dem 9. Jahrhundert scheint sich der Niedergang des Reiches angebahnt zu haben. Es steht als Beispiel für eine Reihe von weiteren in

Quellen auftauchenden politischen Formationen im Bereich des nordöstlichen Afrika, etwa im Gebiet des heutigen Sudan, die offenbar über eine Herrscherdynastie, einige administrative Elemente und gemeinsame Kulte verfügten. Grundmuster afrikanischer Reichsbildungen lassen sich daraus nicht ableiten.

Erst im Verlauf des ersten Jahrtausends unserer Zeitrechnung verdichten sich die Informationen über den afrikanischen Kontinent derart, dass eine Geschichte Afrikas als Gesamtheit überhaupt in groben Umrissen rekonstruiert werden kann. Nun bildeten sich auch erkennbare Großräume heraus, und politische Landkarten des gesamten Kontinents können zumindest in groben Zügen – allerdings mit vielen weißen Flecken – skizziert werden. Sie lassen sich aus heutiger Sicht vor allem sprachwissenschaftlich erfassen. Vier bedeutende Sprachräume werden in der Regel unterschieden: erstens der Raum der afroasiatischen Sprachen im Norden, der vom Atlantischen Ozean im Nordwesten über die Mittelmeeranrainer und den Nahen Osten bis in das zentralafrikanische Gebiet und die Staaten am Horn von Afrika (Äthiopien, Eritrea und Somalia) hineinreicht; zweitens der nilosaharanische Sprachraum, der sich an den südlichen Rand des afroasiatischen Raums anschließt und Gebiete der heutigen Staaten vom Westen (Niger, Mali und andere) bis zum Osten (Sudan, auch Äthiopien) umfasst; drittens der große Bereich der Niger-Kongo-Sprachen, manchmal auch erweitert auf den niger-kordofanischen Sprachraum, der vom Atlantik bis zum Indischen Ozean reicht, sich über West-, Ost- und Südafrika erstreckt und bedeutende Sprachgruppen wie die sogenannten Bantu-Sprachen im zentralen Afrika und das Swahili in Ostafrika einschließt; viertens schließlich der heute vergleichsweise kleine Raum der Khoisan-Sprachen im südlichen und südwestlichen Afrika.

Die Abgrenzung der Räume und Sprachen ist in der linguistischen Forschung immer wieder neu gezogen worden und bis heute umstritten geblieben. Auch die Unterscheidung und Zählung von Sprachfamilien, Sprachen und Dialekten fällt schwer. Die Gesamtzahl an Sprachen, von denen nicht wenige bereits ausgestorben sind oder nur noch in kleinen Dorfeinheiten gesprochen werden, hat man beispielsweise für die Niger-Kongo-Sprachen auf über 1200 beziffert; insgesamt kann man für das vorkoloniale Afrika von weit über 2000 Sprachen ausgehen. Daraus kann man auf eine historisch tief verwurzelte gesellschaftlich-politische Kleinteiligkeit und Zersplitterung schließen, doch aufgrund der Verwandtschaft der Sprachen lassen sich auch Gemeinsamkeiten vermuten. Vor allem hat man wanderungs- und siedlungsgeschichtliche Schlüsse gezogen. Besondere Bedeutung hat die Frage der sogenannten Bantu-Wanderung. Die Verwandtschaft der Bantu-Sprachen, die sich sinnfällig und namengebend in dem gemeinsamen Begriff *bantu* oder *abantu* für »Menschen« ausdrückt, lässt nicht nur eine kulturelle Beziehung annehmen, sondern hat lange auch die Vorstellung genährt, dass alle Bantu-Völker aus einem gemeinsamen Kernraum stammen würden (stärkste Unterstützung gewann die These vom Ursprung im Sudangebiet) und sich im Zuge einer großen Wanderung etwa seit dem fünften Jahrtausend vor unserer Zeitrechnung über den Kontinent ausgebreitet hätten. Doch vieles daran ist unsicher geblieben und wurde in den letzten Jahrzehnten neu diskutiert: Fraglich ist zunächst, was den Anstoß zu der großen Bevölkerungsverschiebung gab, etwa ein Klimawandel und die Austrocknung der Sahara oder ein ständiges Bevölkerungswachstum, das die Suche nach neuem Siedlungsraum mit sich brachte; fraglich ist sodann, ob sich die Wanderung als langsames Erschließen neuen Siedellandes durch einzelne Gruppen oder als quasi organisierte kollektive Fernmigration vollzog; fraglich ist weiterhin, ob das Vordringen neuer Gruppen als friedliche Durchdringung oder als kriegerische Verdrängung altansässiger Gruppen und damit als Eroberung gesehen werden muss; fraglich ist darüber hinaus, ob die in zahlreichen Geschichtserzählungen einzelner Gruppen enthaltene ursprüngliche Einwanderung auf reale Prozesse verweist oder wie die Schöpfungsgeschichten primär mythischen Charakter trägt; und fraglich ist schließlich, ob sich Sprachen überhaupt nur durch Wanderung oder nicht auch durch andere kulturelle oder materielle Entwicklungen ausbreiten und durchsetzen können. Diese neueren Zweifel an der These einer großen Bantu-Migration haben jedenfalls das Bild eines Kontinents, der über Jahrhunderte durch große Völkerwanderungen bestimmt gewesen sei, in Frage gestellt.

Dessen ungeachtet formte sich in den letzten Jahrhunderten des ersten Jahrtausends unserer Zeitrechnung eine erkennbare Raumstruktur. Sie lässt auch politische Herrschaftszonen erkennen, die in der Forschung als Hegemonien, Reiche oder Staaten bezeichnet worden sind und durch archäologische Befunde und Überreste der materiellen Kultur ebenso wie durch mythische Erzählungen und Berichte von Reisenden fassbar werden. Ein Großteil des afrikanischen Raums gehörte freilich nicht zu derartigen Reichen. Vielmehr bildeten sich Ordnungsformationen, die man mit Begriffen wie »akephale Systeme«, »Anarchien« oder »segmentäre Gesellschaften« zu charakterisieren versucht hat. Früher ging man davon aus, dass es sich dabei um Gemeinschaften ohne politische Herrschaft gehandelt habe. Mittlerweile herrscht weitgehend Übereinstimmung darin, dass es auch in derartigen Gemeinschaften Herrschaft und Autorität gegeben hat, freilich dezentral organisiert, funktional aufgeteilt oder durch Kontrollmechanismen beschränkt. Charakteristisch ist, dass in Reichen wie in segmentären Gesellschaften die Scheidelinien zwischen politischer, sozialer und kulturell-religiöser Autorität anders verlaufen konnten als in der europäischen Verfassungstradition, wenn auch viele Grundstrukturen an sogenannte vormoderne Lebensfor-

men Europas erinnern. Die gesellschaftlich-politischen
Beziehungen innerhalb der Gemeinschaften des vorkolonialen Afrika konnten jedenfalls auf mehrfache Weise und
auf mehreren Ebenen vermittelt sein: durch Abstammung
und Verwandtschaft, durch Territorium und Siedlungsraum, durch Generation und Geschlecht, durch Kultur
und Religion, schließlich durch ökonomische Betätigung
und Stellung. Diese Vermittlungsweisen und Ebenen, die
wiederum miteinander in Beziehung stehen konnten, bedingten die Reichweite von Gemeinschaft und Herrschaft
und begründeten insofern auch die Raumstruktur.

Die verschiedenen Formen von Abstammungsgemeinschaften, die die afrikanische Kultur zu dominieren scheinen, sind schwer voneinander zu trennen. Als Völker bezeichnete Großgruppen können allenfalls quantitativ von
»Ethnien« oder »Stämmen« unterschieden werden. Der
seit der Kolonialzeit geläufige Begriff der »Stämme« hatte
und hat allerdings einen pejorativen Beigeschmack, suggerierte er doch die Primitivität und Unterlegenheit afrikanischer Kultur. In der wissenschaftlichen Forschung wurde
zudem seit den 1980er Jahren unterstrichen, dass die Kolonialherren oftmals Einheiten als »Stämme« bezeichneten, die historisch gar keinen Zusammenhalt hatten, dass
die Kolonialverwaltung sogar Stämme und Stammesauto-
ritäten mit erschaffen half, weil sie klare Hierarchien und
Autoritätspersonen wie »Häuptlinge« suchte, die sie als
Agenten ihrer Herrschaft nutzen konnte. Die einheimische Bevölkerung habe dieses Bedürfnis der Kolonialmächte erkannt und sich die erfundenen Stammesstrukturen tatsächlich angeeignet, um so eigene Interessen in der
kolonialen Situation zu verfolgen. In nachkolonialer Zeit
seien die Stammesstrukturen dann genutzt worden, um
auf Klientelbasis autoritäre Herrschaft abzusichern. Die
daraus resultierenden tribalen Konflikte, etwa die eigentlich auf sozialem Gefälle beruhenden, von den Kolonialmächten aber als ethnisch definierten und dadurch ver-

stetigten Differenzen zwischen Hutu und Tutsi in Ruanda, seien insofern ein Erbe der Kolonialzeit. Die jüngste Forschung unterstreicht dagegen wieder vorkoloniale Kontinuitäten und das reale Substrat auch von ethnischen Strukturen und versteht Ethnien nicht mehr bloß als imaginierte Gemeinschaften, sondern als Gesellschaftsformationen, die durch Abspaltungen und Neuaufnahmen freilich beständigem Wandel unterworfen waren und erst seit der Kolonialzeit quasi eingefroren wurden.

Dabei zeichnete es die ethnischen Verbände aus, dass sie sich als Abstammungsgemeinschaften verstanden. In ihren Mythen berichteten sie über die gemeinsamen Ursprünge und einen gemeinsamen Urahn, eventuell auch über eine dann folgende Aufsplitterung durch Geschwister, die jeweils eigene »Stämme« begründeten. Das gilt etwa für Gikuyu, den Urahn der ostafrikanischen Kikuyu (im heutigen Kenia), und ebenso für Kintu, auf den sich die Buganda-Dynastie (heute Uganda) zurückführte. Nach deren Tradition war das benachbarte Bunyoro-Reich von einem Sohn Kintus begründet worden – und angesichts dieser Entstehungsgeschichte also Buganda untergeordnet. Darüber hinaus erscheinen die Ethnien in den Mythen als Wanderungs- und Siedlungsverbände. Ein gemeinsames Schicksal, der gemeinsame, von Herausforderungen und Kämpfen begleitete Zug in neues Siedelland, die Erschließung von Wildnis und die territorial verbundene Niederlassung und Siedlung begründeten demnach auch das Stammesbewusstsein. Freilich sind derartige Mythen in der Regel erst seit der frühen Kolonialzeit von Missionaren, Wissenschaftlern und Beamten aufgezeichnet worden; sie spiegeln insofern schon deren am europäischen evolutionistischen Verständnis und nationalen Denkhorizont ausgebildete Erwartungen an afrikanische Stämme. Für die vorkolonialen Einheiten, etwa wandernde Bantu-Verbände, nichtstaatlich organisierte Siedlungsgemeinschaften und frühe staatsartige Formationen, ist selten nachweisbar, dass sie sich primär als »Stämme« oder »Völker« definiert haben; häufiger dagegen handelte es sich um – in heutiger Begrifflichkeit – multiethnische Verbände, die Gemeinsamkeiten in Sprache und Religion aufwiesen.

Ethnien oder »Stämme« von bis zu mehreren zehntausend Mitgliedern waren insofern eine mögliche, aber nicht die wichtigste Form vorkolonialer Ordnung. Weit wichtiger waren kleinteilige Verbände wie Klans und Lineages. Diese in der Wissenschaft gebräuchlichen Begriffe sind indes nicht scharf voneinander zu trennen, weitere begriffliche Ergänzungen (»Subklan«) helfen ebenso wenig weiter wie Versuche, in exakter Abstufung eine quantitative Hierarchie von der Familie über die Lineage als Untereinheit des Klans bis zum Klan als Teil einer Ethnie zu definieren. Klans konnten sogar Mitglieder in unterschiedlichen Ethnien haben. Einer strengen Schematisierung widersetzt sich also die historische Vielfalt. Lineages und Klans entstanden tatsächlich wohl oft erst unter den Herausforderungen von Wanderung, Krieg und wirtschaftlichem Überlebenskampf. Erst im Nachhinein wurde eine gemeinsame Abstammungslinie konstruiert. Reale und konstruierte Gemeinsamkeit sind daher schwer voneinander zu trennen. Offenbar jedenfalls spielten im subsaharischen Afrika größere Verwandtschaftsverbände von einigen hundert bis manchmal auch einigen tausend Mitgliedern im kollektiven Selbstverständnis wie bei der gesellschaftlichen Ordnung noch bis ins 19. Jahrhundert hinein eine wichtige Rolle. Das Abstammungs- beziehungsweise Verwandtschaftsverhältnis war für die Zeitgenossen allerdings auch dann wichtig, wenn ihnen die fiktive Qualität durchaus noch bekannt war.

Verwandtschaften wurden sorgfältig von Bünden unterschieden, wie sie vor allem in West- und Zentralafrika verbreitet waren. Bünde beruhten auf formal freiwilligem Zusammenschluss, ermöglichten anders als Vereine freilich selten ein Ausscheiden aus freiem Entschluss. Bünde konnten Mitglieder unterschiedlicher sozialer Herkunft und unterschiedlichen Alters vereinen (selten allerdings Mitglieder unterschiedlichen Geschlechts, neben Männerbünden gab es eigene Frauenbünde). Im Inneren waren die Bünde durch Aufgabenverteilung und Befugnisse häufig hierarchisch strukturiert und basierten oft auf einem Geheimwissen, das in speziellen Riten und Zeremonien verfestigt und fortgetragen wurde. Ihre Aufgaben konnten ganz unterschiedlicher Art sein: Das reichte von der Vertretung wirtschaftlicher Interessen und der Kontrolle von Handel und Markt über die Begleitung von individuellen Lebensläufen und kollektiven Ereignissen durch Feste und Riten bis hin zu administrativen und militärischen Aufgaben. Räumlich wie ethnisch waren Bünde nicht eingegrenzt; sie konnten sich weit über ihren Ursprungsort hinaus verbreiten. Bünde stellten folglich neben der Verwandtschaft Beziehungsnetzwerke bereit, die der gesellschaftlichen Integration ebenso wie der politischen Absicherung dienen konnten.

Ein weiteres derartiges gesellschaftliches Netzwerk wurde durch das System von Generationseinheiten und Altersklassen geknüpft, die besonders im ostafrikanischen Raum, etwa bei der Ethnie der Kikuyu im zentralkenianischen Bereich, außerordentlich vielfältige und wichtige Funktionen im religiösen, sozialen, politischen und militärischen Bereich übernehmen konnten. Obwohl die Altersgruppen wie die Bünde gleichermaßen nicht auf einer Abstammungsfiktion beruhten, spielte das Prinzip der Freiwilligkeit bei den Altersgruppen eine noch geringere Rolle als bei den Bünden. Der Zutritt erfolgte durch die Beschneidung, die bei Jungen im Alter von 15 oder 16 Jahren, bei Mädchen im Alter von 12, 13 oder 14 Jahren vorgenommen wurde. Sie war zur vollständigen Integration in die Gesellschaft unumgänglich. Die Beschneidung begründete eine lebenslange Gemeinschaft des Beschneidungsjahrgangs (der nicht unbedingt ein Geburtsjahrgang sein musste), die auch aufrechterhalten wurde, wenn die Mitglieder ihren Herkunftsort verlassen hatten, und insofern gerade in Zeiten gesellschaftlicher Destabilität hohe Bindungswirkung und Sicherheit versprach. Das Altersklassen-System basierte auf der Vorstellung, dass mit verschiedenen Altersstufen nicht nur verschiedene individuelle Lebenssituationen durchschritten wurden, sondern auch unterschiedliche gesellschaftliche Funktionen übernommen werden mussten. Der beschnittene Jugendliche trat in den Status des Kriegers ein. Mit dem Alter der Familiengründung, oft mit über Dreißig, war der Übergang in den Erwachsenenstatus verbunden, darauf folgte die Klasse der Alten. Diese Hauptklassen waren wiederum mehrfach unterteilt, abhängig von der familiären Situation, der Geburt und dem Heranreifen der Kinder. Der Übergang von einer Altersklasse in die nächste wurde von einer Reihe von Ritualen begleitet, die auch die Verdrängung der vorangegangenen Altersklasse symbolisch darstellten und insofern den Generationskonflikt einzuhegen versuchten.

Das System der Altersklassen oder Altersgrade wurde bei vielen Ethnien Ostafrikas überlagert durch ein Generationenmodell: Altersklassen waren in Generationseinheiten zusammengefasst. Die Generationen, die zum Beispiel bei den Kikuyu alternierend als *maina* und *mwangi* bezeichnet wurden und für die Vorstellung eines zyklischen Geschichtsablaufs standen, lösten sich im Rhythmus von etwa 25 bis 30, manchmal wohl auch bis zu 40 Jahren an der Macht ab. Die Führungsfunktionen wurden also von einer Generation wahrgenommen und nach der vorgeschriebenen Spanne von Jahren an die folgende übergeben. Die Übergabe (*itwika*) erfolgte in einem komplizierten Ritual und konnte sich über mehrere Jahre hinziehen. Erst diese feierliche Übergabe legitimierte eine neue Generation, politische Macht auszuüben. Sie war allerdings kein Automatismus und verlief wohl selten konfliktfrei, sondern spiegelte die beständige Auseinandersetzung um Prestige und Macht.

Neben der großen Bedeutung und Wirkkraft übergreifender verwandtschaftlicher, generationeller oder bündischer Beziehungsnetze erscheint die öffentlich-gesellschaftliche Rolle der Familie im engen Sinn keineswegs marginal. Die Vielfalt der Familienformen verbietet allerdings eine systematisierende, zeitübergreifende Darstellung, abgesehen von wenigen Gemeinsamkeiten wie dem Vorherrschen der Polygamie. Matrilineare Formen, bei denen Abstammung und individuelle Zuordnung von der mütterlichen Familie hergeleitet wurden oder auch der neue Haushalt bei der mütterlichen Familie angesiedelt war, spielten in einem breiten Gürtel des mittleren Afrika eine bedeutende Rolle. Sie behaupteten sich neben patrilinear strukturierten Gesellschaften oder solchen Gesellschaften, in denen eine eindeutige Zuordnung schwer möglich erscheint oder sogar die Ehepartner in ihrer Herkunftsfamilie verblieben, also getrennt wohnten. Eheschließungen unterlagen strikten sozialen Normen, die von den Traditionen und Interessen der Verwandtschaftsgruppe bestimmt wurden. Die Aufgaben der Geschlechter waren dabei, wenn auch in einzelnen Gruppen unterschiedlich, scharf voneinander getrennt. Auch matrilineare Familienformen hielten am politischen Vorrang der Männer fest, die in Ratsversammlungen und Generationseinheiten sowie bei militärischen und religiös-kultischen Funktionen dominierten. In einigen mythischen Erzählungen, etwa bei den Kikuyu in Ostafrika, war von einer ursprünglichen Herrschaft der Frauen die Rede. Doch diese wurde negativ bewertet, und die eigentliche Geschichte begann mit ihrer Überwindung. Durchweg behielt die Familie eine zentrale Rolle bei der Vermittlung von Status und Prestige. Freilich erscheinen die Grenzen zur erweiterten Familie und Verwandtschaft fließend, nur darüber erschloss sich die Bedeutung der Familie im engen Sinn, die, da nicht nur die Ehepartner, sondern auch die Kinder schon früh in die Ordnung der Gemeinschaft eingebunden waren, ohnehin nicht als autonomer oder gar intimer Emotionsverband angesehen werden kann und die zudem nicht einmal als teilautonomer Arbeits- und Produktionsverband gelten darf, denn auch die wirtschaftliche Betätigung musste den Regeln größerer Verbände wie Nachbarschaft oder Dorf folgen.

Nachbarschaft und Dorf wiederum waren territorial bestimmte, kleinräumige Verbände, die sich mit verwandtschaftlichen und ethnischen ebenso wie generationellen Verbindungen decken konnten, aber nicht mussten, und die vor allem Solidarität und Zusammenarbeit im Alltag verlangten. Die Größe derartiger Verbände und Dörfer war von den natürlichen und materiellen Bedingungen bestimmt und wandelbar, ebenso die Verbindung zwischen einzelnen Dörfern. Dörfer waren keine verfassungsgeschichtlich fassbaren Konstanten wie Altersklassen und Bünde, aber sie waren auch keine herrschaftsfreien Zonen, sondern je nach Größe und sozialer Differenzierung hierarchisch strukturiert. Einheitliche Autoritäten freilich, wie sie die Kolonialherren in der Gestalt von Dorfältesten zu finden versuchten, sowie feste Zuordnungen, die etwa das Dorf als bodenrechtliche Vergemeinschaftungsform erscheinen lassen, sind nicht nachzuweisen. Ungeachtet dessen wurde tatsächlich der Boden nirgends als freies oder privates Eigentum gedacht, allerdings auch nicht eigentlich als genossenschaftliches oder Gemeineigentum. Boden konnte vielmehr entweder als gemeinsam erschlossenes, durch Ahnengrablegen besetztes, kollektiven Regeln unterworfenes, aber individuell genutztes Land gelten. Oder brachliegender Boden ging in den Besitz dessen über, der ihn bearbeitete, dies aber auch nur, solange er ihn bearbeitete; wieder ungenutzt gelassen, konnte der Boden von jedem beliebigen anderen Dorfbewohner in Nutzung und damit in Besitz genommen werden. Dorfgemeinschaften hatten insofern eine wichtige Funktion bei der Regelung des Zugangs zur Nutzung des Bodens. Vorrang hatten oft diejenigen, die sich als früheste Ansiedler etablieren konnten, spätere Zuwanderer in ihre Abhängigkeit brachten und neben dem Land auch lokale Kulte begründeten und kontrollierten.

Die Übergänge zwischen dörflichen und städtischen Siedlungen waren fließend, zumal es einen rechtlichen Stadtbegriff, der etwa eine besondere Rechtszone und ein besonderes Stadtbürgerrecht begründet hätte, nicht gab. Städte im strengen Sinn, charakterisiert durch verdichtete Besiedlung und einen hohen Anteil von Gewerbe und Handel, basierend auf agrarischer Überschussproduktion im Umland und gesellschaftlicher Arbeitsteilung, blieben die Ausnahme. Städtische Niederlassungen gab es an den Küsten West-, Ost- und Südafrikas, etwa Mombasa und Sansibar oder das 1652 gegründete Kapstadt. In der Regel hatten sie nicht mehr als einige tausend Einwohner. Zudem gab es eine Reihe von Residenzen, die beträchtliche Ausmaße erreichen konnten. Die Shona-Stadt Groß-Simbabwe mit an die 18 000 Einwohnern ragte dabei heraus. Neben politischen konnten auch kultische Zentren städtebildend wirken, beide wiederum zogen gewerbliche Bereiche an. Beispielhaft stehen in westafrikanischen Binnenland politische und religiöse Yoruba-Zentren wie Ife oder Oyo, die in den ersten Jahrhunderten des zweiten Jahrtausends entstanden. In dieser westafrikanischen Region entwickelte sich im Laufe der folgenden Jahrhunderte ein Netzwerk von Siedlungen hin zu einer schon stärker gewerblich aktiven Städtelandschaft. Im westafrikanischen Binnenland entstand zudem im Zuge des Transsahara-Handels seit der Jahrtausendwende eine Reihe von Handelszentren, aus denen sich vom 14. bis zum 17. Jahrhundert Städte wie Timbuktu, Gao oder Kano entwickelten.

All diese blieben über Jahrhunderte freilich Ausnahmen. Vorstaatlich organisierte, kleinteilige Gemeinschaften, die auf Landwirtschaft basierten, brauchten keine städtischen Zentren und konnten sie auch nicht unterhalten. Die seit dem späteren ersten Jahrtausend dokumentierten Reichsbildungen mit eigenen Residenzen stellten eher Ausnahmen dar. Dominant waren dagegen kleinteilig organisierte Gesellschaftsformationen, die sich sowohl bei nicht oder nur zeitweise sesshaften Völkern und Ethnien, die sich von der Viehhaltung ernährten, wie die Nuer im Sudan, als auch bei sesshaften Ackerbauern wie den Tiv im Gebiet des heutigen Nigeria fanden. Eine Konzentration von politischer Macht auf bestimmte Instanzen oder Personen war hier nicht erkennbar, doch waren derartige segmentäre Formationen keineswegs frei von Hierarchie und Herrschaft. Neben beträchtlichem sozialem Gefälle und der Existenz von Unfreien – wenn auch wohl in geringerer Zahl als in den großen Reichen – gab es immanente Machtstrukturen und dominierende *big men* in den Dörfern. Vor allem gab es Strukturen und Ordnungen: Ein Geflecht von Regeln, Riten und Räten bestimmte das Gemeinschaftsleben, sorgte für den Zusammenhalt und garantierte die Handlungsfähigkeit selbst in Fällen von Konflikt und Herausforderung, bis hin zu militärischem Widerstand und Kriegführung noch in der Kolonialzeit. Was indes fehlte, war das, was Staatlichkeit nach westlichem Modell ausmachte: die Ausbildung territorialer und institutioneller statt personaler Macht, die funktionale Zuteilung der Gewalten im Gemeinwesen und die Zentralisierung normsetzender und exekutiver Funktionen im Sinne eines Gewaltmonopols.

Segmentäre Gesellschaftsformen existierten vor allem im Binnenland West- und Ostafrikas in ausgedehnten Waldregionen, die einen großflächigen territorialen Zusammenhalt weder sinnvoll noch möglich erscheinen ließen. Aber auch in manchen Küstenregionen blieb die Struktur segmentär und kleinteilig wie bei den Jola (heute Senegal) oder den Igbo (heute Nigeria). Trotzdem konnten auch in segmentärer Gestalt weiträumige Netzwerke entstehen, die durch Klan und Verwandtschaft oder durch

Handel und Bünde zusammengehalten wurden und bis zu einigen zehntausend Menschen erfassen konnten. Diesen Verbänden fehlte aber auf der einen Seite ein präzise bestimmbares Territorium, auf der anderen Seite ein eindeutiger politischer Mittelpunkt; sie waren polyzentrisch strukturiert und an den Rändern offen und durchlässig. Segmentäre Gesellschaften kannten im Übrigen durchaus eine gewisse funktionale Ausdifferenzierung von Ämtern. Dazu gehörten vor allem religiöse Führer und Ritualbeauftragte. Derartige Funktionen konnten erblich sein. Bünde und Altersklassen regulierten zudem die gesellschaftliche Rangordnung. Der rechtliche Sanktionsmechanismus basierte auf den – freilich durch Möglichkeiten der Mediation abgemilderten – Prinzipien der Vergeltung. Das konnte von Kompensationszahlungen bis zu körperlicher Vergeltung reichen. Derart wurde neben der kollektiven Sitte vor allem die individuelle Ehre zu einem rechtssubstituierenden Pfeiler segmentärer Gesellschaften. Die Offenheit der Struktur begrenzte dabei die Erzwingung von Loyalität: Einzelne Teile und Gruppen konnten sich durch Abwanderung den Regeln der Gemeinschaft entziehen. Gesellschaftsformen in Afrika hatten eine hohe soziale Verbindlichkeit und wiesen einen hohen Grad nicht nur an vertikaler, sondern auch an horizontaler Disziplinierungskraft auf. Dennoch verfügten sie über Ventile und Ausgleichsmechanismen, die scheinbar das Modell in seinem Wesen in Frage stellten und deshalb aus westlicher Staats- und Rechtstheorie nur schwer angemessen einzuordnen sind.

Auf dem Weg zur Staatlichkeit?
Politische Formationen und Reiche

Die Übergänge zwischen Gesellschaften ohne politische Zentrale und den sogenannten Reichen oder Hegemonien waren fließend. Nicht nur basierten die Reiche auf Grundstrukturen und Grundelementen, die auch für segmentäre Gesellschaften charakteristisch waren, etwa was die herausragende Bedeutung von Familie, Verwandtschaft und Klan, aber auch die Rolle des Dorfs als Siedlungsverband anging. Vielmehr ist in manchen Fällen auch nicht eindeutig, wie bei Prozessen der Konzentration politischer Macht die Scheidelinie zwischen Gesellschaftsformationen scharf gezogen werden kann. Zudem ist fraglich, ob man für die Zeit bis in das 18. Jahrhundert hinein tatsächlich von Staaten sprechen sollte, wie das sowohl in der vom nachkolonialen Nationaldenken in Afrika beeinflussten Forschung, etwa in den Arbeiten von Joseph Ki-Zerbo, als auch in der westlichen soziologischen Forschung und in zahlreichen historischen Darstellungen bis heute geschieht. Zwar trägt dieser Zugang zur Aufwertung Afrikas im europäischen Blick bei und vermeidet Vorannahmen eines grundsätzlichen Andersseins Afrikas. Zudem erlaubt er Einsichten in den Wandel gesellschaftlicher Formationen. Dennoch können mit dem Staatsbegriff missverständliche Assoziationen hervorgerufen werden. Sinnvoller ist es, wie bei den Reichsbildungen des europäischen Mittelalters angesichts beschränkter Gewaltmonopolisierung und unvollständiger herrschaftlicher Durchdringung nicht nach Staaten, sondern eher nach Staatlichkeit zu suchen und nach den Bedingungen zu fragen, unter denen aus Gesellschaftsformationen politische Einheiten wurden und sich Elemente von Staatlichkeit ausbildeten, ohne dabei freilich den Weg zum Staat als unausweichlichen Modernisierungsprozess zu sehen.

Das berührt die Frage, wie die nicht unbeträchtliche Kette von Integrationen zu politischen Großverbänden oder Reichen in Afrika seit dem ausgehenden ersten Jahrtausend zu erklären ist. Jedenfalls ist ein rein evolutionistisches Bild, das Reiche als fortgeschrittenes Stadium innerafrikanischer Modernisierung sehen will, nicht sinnvoll: Reichsbildungen vollzogen sich vielmehr parallel zum Fortbestand segmentärer Formationen, und diese konnten jene auch überleben. Ebenso können westliche Theorien über die Entstehung des Staats nicht ohne weiteres auf Afrika übertragen werden, will man nicht voraussetzen, was erst zu beweisen wäre, nämlich die Staatsähnlichkeit politischer Formationen Afrikas vor dem Kolonialzeitalter. Dennoch muss nach den Ursachen der Entstehung von größeren politischen Verbänden mit Zentralgewalt und Elementen von staatlicher Herrschaft gefragt werden.

Dafür hat man eine Reihe von Gründen angeführt. An erster Stelle stehen meist Expansion und Krieg, das heißt die Wanderung oder Ausdehnung des Einflussgebiets eines Klans oder einer Ethnie, die gewaltsame Unterwerfung oder Verdrängung ansässiger Bevölkerungsgruppen und die daraus folgende Notwendigkeit, Verwaltungsstrukturen aufzubauen, um beispielsweise die Sicherheit des Herrschers und die Eintreibung von Tributen zu garantieren, die wiederum den Aufbau einer Verwaltung erst finanziell möglich machten. Ein weiterer wichtiger Aspekt der politischen Integration ist die Kontrolle des Fernhandels. In vielen Fällen entwickelten sich staatliche Gebilde dort, wo sich Fernhandelsrouten kreuzten, etwa im Savannengebiet am Südrand der Sahara, wo wichtige Schaltstellen des Handels lagen, die zugleich Sicherheit verlangten und Erträge versprachen. Der Handel mit Gold, Salz und Sklaven hatte insofern politische Integrationsprozesse zur Folge. Freilich gibt es im zentral- und ostafrikanischen Binnenland auch Gegenbeispiele, Reichsbildungen ohne erkennbare kommerzielle Hintergründe. Einer Reichsbil-

dung ging oftmals die Professionalisierung und Reorganisation des Militärs voraus. Wichtige Bedingung der Etablierung einer Vorherrschaft waren dabei kriegs- und
militärtechnische Errungenschaften, die erst politisches
Gefälle möglich machten. Dazu zählte zunächst die Eisenverarbeitung, die schon vor unserer Zeitrechnung in Afrika bekannt war und die Herstellung wirkungsvollerer
Stoß- und Hiebwaffen erlaubte. Dann kam das Pferd hinzu, das seit dem 13. und verstärkt seit dem 14. Jahrhundert
aus dem arabischen Raum eingeführt wurde (zuvor waren
punktuell nur kleine Pferde in Pony-Größe eingesetzt
worden) und seit dem 16. Jahrhundert in mehreren Reichen der Savannenregionen Westafrikas, etwa in Songhay
und Bornu, bei der Kriegführung genutzt wurde. Das
Pferd garantierte zwar militärische Überlegenheit, hielt
aber nicht in allen Regionen dem Klima und den Krankheiten stand. Zudem war es teuer. Da es häufig in Sklaven
bezahlt wurde, förderte die militärische Nutzung des
Pferdes auch den Sklavenhandel. Der Preis für ein Pferd
war unterschiedlich, in jedem Fall entsprach es dem Wert
mehrerer Sklaven. Zudem trug die militärische Nutzung
des Pferdes zur Entstehung einer Reiterelite bei, die auch
symbolisch ihre Überlegenheit und ihr elitäres Bewusstsein demonstrierte. Von Bedeutung war ferner die Einfuhr
von Feuerwaffen. Bereits Ende des 17. Jahrhunderts waren Feuerwaffen an der westafrikanischen Gold- und
Sklavenküste weitverbreitet, dann gelangten sie ins Innere.
Mit Verzögerung verbreiteten sich Feuerwaffen auch in
Ostafrika von der Küste aus ins Binnenland. Nach Westafrika kamen die Waffen entweder aus Europa durch
Händler über die Küste oder durch die Sahara aus Nordafrika und dem Nahen Osten. Manche Binnenregionen erhielten allerdings bis ins 19. Jahrhundert kaum Zugang zu
Gewehren, zumal wenn ihnen adäquate Tauschgüter fehlten. Auch manche ostafrikanische Völker wie die Massai
hatten keine Gewehre. Umstritten ist in der Forschung,

welche Effekte Feuerwaffen für die importierenden Gesellschaften hatten. Vermutlich haben sie schon vorher angelegte Tendenzen der Konzentration von Macht beschleunigt, eventuell haben sie auch die Gewalt- und Expansionsbereitschaft gefördert oder sogar erst hervorgerufen. Jedenfalls stärkten sie durch die symbolische Überlegenheit, die von ihnen ausging, protostaatliche Regime auch dann, wenn ihre militärische Bedeutung angesichts unzulänglicher und fachunkundiger Wartung auf die Dauer gering blieb. Schließlich kam der Religion herausragende Bedeutung bei der symbolischen Ausdeutung der Herrschaft zu; die Herrscherkulte waren immer auch religiöse Kulte, die Herrscher wurden in der Regel sakral verehrt. Bedingung für die Gründung von Reichen war eine bestimmte Form der Religion nicht: Von autochthonen Kulten bestimmte Systeme standen neben islamischen Formationen. Eine Darstellung der Integrationsprozesse in Afrika vom 10. bis zum 18. Jahrhundert muss deshalb eher deskriptiv-phänomenologisch vorgehen. Dabei sind drei Aspekte besonders in den Blick zu nehmen.

Erstens basierte jede Reichsbildung, folgt man den mythischen Erzählungen und Berichten von Beobachtern, auf einer bedeutenden Familie oder herausragenden Persönlichkeiten. Ausgehend von den Gründern wurde das Herrscheramt erblich. Die Herrscher führten ihre Dynastie bis auf den Urahn des Volkes zurück. Amt und Person des Herrschers waren sakralisiert, obwohl er in der Regel nicht die obersten kultischen Funktionen wahrnahm. Der Herrscher symbolisierte die Einheit, die auch in Festen und Riten dargestellt und wieder mit seiner Person verknüpft wurde. Oft hatte er eine Residenz, oft allerdings herrschte auch noch eine Art Reisekönigtum, weil anders Herrschaft nicht realisiert werden konnte. Der Herrscher verfügte einerseits über eine außerordentliche Machtfülle, auch was Leib und Leben seiner Untertanen anging. Andererseits herrschte er weder autokratisch noch absolutis-

tisch im Sinne der europäischen Staatstheorie. Er musste
nicht nur Regeln folgen – selbst wenn er sie selbst mitge-
schaffen hatte –, sondern hatte wohl in den meisten Fällen
auch mit institutionalisierten Gegengewichten zu rechnen,
ob dies nun ein Ältestenrat, ein Rat der führenden Familien oder eine Vertretung der Klans oder Regionen des
Reichs war; auch Bünde oder Geheimgesellschaften konnten zur Integration der Eliten unabhängig vom Herrscher
dienen. Im Einzelfall konnte ein unfähiger Herrscher sein
Leben verwirken und wie im Yoruba-Staatswesen Oyo
von einem Rat zur Selbsttötung gezwungen werden.

Zweitens lässt sich das Herrschaftssystem weder als
Personenverband noch als Territorialregime hinreichend
erklären. Im Vordergrund stand die personale Bindung, an
erster Stelle die Bindung an den Fürsten. Doch gab es
durchaus eine Vorstellung von territorialer Herrschaft,
auch wenn sie mit dem europäischen Staatsrecht nicht vereinbar war, und zugleich das Bemühen, Räume zu beherrschen. Dazu dienten meist regionale Autoritäten, die aus
erblichen Führungsämtern hervorgehen oder auch ernannt
sein konnten. Ihre Aufgabe war im Wesentlichen die Eintreibung und Ablieferung der Tribute, die Sicherstellung
der Dienstleistungen und im Fall eines Kriegszuges auch
die Zusammenstellung des militärischen Aufgebots aus
der Region. Trotz dieser rational anmutenden Territorial-
einteilung ließ die Autorität der Zentrale zu den Grenzen
hin nach. Das Territorium wurde von der Zentrale her gedacht. Territorium des Reichs war, was militärisch be-
zwungen war und wo Tributleistungen durchgesetzt werden konnten. Grenzen waren dabei schon deshalb nicht
zu benennen, weil die unterworfenen Regionen wiederum
als Siedlungseinheiten oder Personenverbände mit flie-
ßenden Grenzen wahrgenommen wurden. Zudem war
es nicht ungewöhnlich, dass sich einzelne Familien und
Gruppen von der Zentralgewalt lossagten und einer anderen Herrschaft unterstellten. Das Reich konnte sich folg-

lich beständig an manchen Stellen ausdehnen, an anderen zusammenziehen, wie es dem Siedlungsgebiet der unterworfenen Bevölkerungsgruppe entsprach.

Drittens findet man viele Elemente von Staatlichkeit, in freilich je spezifischer Mischung. Dazu zählen vom Herrscher eingesetzte Amtsträger, eine Verwaltung also, die nicht auf den Erbeliten basierte und zum Teil sogar von Sklaven ausgeführt wurde. Manche Reiche hatten ein stehendes Heer oder jedenfalls eine Art Kriegerstand, in der Regel mit besonderer Ausrüstung (Pferd, Rüstung, später Feuerwaffen), der wiederum eine gesellschaftliche Sonderstellung mit sich brachte. Allerdings verfügten in den älteren und kleineren Reichen wie im Königreich Kongo die Herrscher vermutlich nur über eine Art Leibgarde. Im Kriegsfall wurden dann über die Regional- oder Dorfobrigkeiten junge Männer rekrutiert, außerdem Truppen von Verbündeten mobilisiert. Einen festen Sold erhielten die Soldaten in der Regel nicht, ihre Belohnung war die Beute, die im Kriegszug gemacht werden konnte, an erster Stelle Sklaven. Auch ein Gesandtschaftswesen wurde von den differenzierteren Gemeinwesen aufgebaut, zum Teil bereits mit ständigen Gesandten, dies wohl allerdings vor allem bei unterworfenen Herrschern, um die Tributzahlungen zu überwachen. Basis der politischen Organisation war eine Art Besteuerung, das heißt de facto eine regelmäßige Tribut- und Dienstpflicht der unterworfenen Bevölkerung. Damit wurden auch öffentliche Arbeiten sichergestellt, zum Beispiel und namentlich im Wegebau. Die Einheit von Herrscher, Dynastie und Land wurde durch öffentliche Kulte und Symbole ausgedrückt und befestigt. Der Ort der Herrschaft war der Hof. Dort versammelten sich Amtsträger und Eliten, auch die Vertreter der entfernteren Ethnien oder Regionen, ferner die Gesandten anderer Reiche, dort wurde Herrschaft nicht nur repräsentiert, sondern konzipiert und ausgehandelt. Symbolischer Ausdruck und reale Macht gingen dabei eine un-

Marokko

Mittelmeer

Ägypten

Rotes Meer

Soninke/
Ghana

Songhai

Niger

Hausa-
Staaten

Bornu

Kanem

Axum

Mali

Wagadugu

Nupe

Abessinien

Nil

Ashanti

Yoruba

Zande

Daho-
mey

Benin

Ubangi

Kongo

Bunyoro
Buganda

Äquator

Ruanda
Urundi

Kuba

Nyam-
wezi
Hehe

Kongo

Lunda

Luba

Atlantischer Ozean

Shona/
Simbabwe

Merina

Herero

Khoisan

Swasi

Sotho

Kap-
kolonie

Xhosa

Indischer Ozean

**Politische Formationen und Reiche
ca. 800 - 1800**

0   1000   2000 km

trennbare Verbindung ein. In diesem Rahmen konnten viele politische Großformationen über Jahrhunderte bestehen bleiben, ohne dass eine Entwicklung zu modernen Staatswesen im europäischen Sinn absehbar schien. Ein evolutionistischer Determinismus wäre also fehl am Platz. Der Blick auf Einzelfälle kann die Formen von Staatlichkeit in Afrika näher beleuchten.

Das nach Äthiopien bekannteste Beispiel einer Reichsbildung im ersten Jahrtausend ist wohl das Reich Ghana, das dem heutigen westafrikanischen Küstenstaat den Namen gegeben hat, aber in keiner territorialen oder gar ethnischen Kontinuität zu ihm steht (und deshalb zur präzisen Unterscheidung in der Literatur gelegentlich als »Gana« bezeichnet wird). Die erstmals im 8. Jahrhundert in Quellen genannte Formation lag im westafrikanischen Binnenland der Savanne, im Norden stieß sie an die Sahara, im Südwesten und Südosten an die Oberläufe der Flüsse Senegal und Niger, die sie zeitweise wohl überschritt. Die Anfänge liegen im Dunkel und sind Gegenstand weitläufiger Kontroversen geworden. Tatsächlich mussten wohl verschiedene Bedingungen zusammenkommen, die Reichtum und Macht der Region begründeten. Die im Gebiet ansässige Mehrheitsbevölkerung, das Volk der Soninke, betrieb Ackerbau und Viehzucht gleichermaßen, primär zwar in Subsistenzwirtschaft, doch dank dem Fehlen der Tsetse-Fliege und der günstigen klimatischen Bedingungen mit kontinuierlichen und sicheren Erträgen und regelmäßigen Überschüssen, die einen Marktaustausch ermöglichten. Für den Durchgangshandel lag die weitgehend flache Region zudem außerordentlich günstig zwischen Sahara und Regenwald; mehrere zunehmend bedeutende Handelsrouten kreuzten und liefen namentlich in Koumbi Saleh (im Südosten des heutigen Mauretanien) zusammen. Diese Siedlung wurde zum Handelszentrum und zugleich zur Hauptstadt des neuen Reichs. Sie wies offenbar Steinhäuser und eine sozial aufgefächerte Siedlungsstruktur auf; davon abgesondert war wohl der befestigte Wohnbereich des Herrschers. Hinzu kam, dass sich die Soninke seit dem 4. Jahrhundert auf die Eisenbearbeitung verstanden und Werkzeug und Waffen aus Eisen herstellten. Und schließlich hatten sie Zugang zu Goldfunden an den Oberläufen von Niger und Senegal, die sie über die Sahararouten in den arabischen Raum und bis nach Europa exportierten. Weitere für die Zeit bedeutsame Handelsgüter (z. B. Salz) trugen dazu bei, dass die Soninke eine Schlüsselfunktion erlangen konnten – dies freilich in einer Übergangszeit, in der die politische Raumordnung durch Veränderungen im arabischen Gebiet, einsetzende Bevölkerungsbewegungen und die Intensivierung des transsaharischen Handels in Bewegung geriet.

Auch die Soninke waren davon betroffen, der Islam drang hier ebenfalls vor. Im 11. Jahrhundert schloss sich das Herrscherhaus dem neuen Glauben an. Doch blieben tradierte Kulte daneben bestehen und erlaubten dem Herrscher, sich als religiös-gottähnlichen Führer in Koumbi zu etablieren. Bedingung der Macht des Herrscherhauses oder der quasi-aristokratischen Führungsschicht bildete die Kontrolle über den Handel und die Sicherung der Routen. Damit wurde der wichtige Austauschverkehr zwischen Nordafrika auf der einen und West- beziehungsweise Zentralafrika auf der anderen Seite garantiert. Gold und später Sklaven wurden nach Norden transportiert, Salz und gewerblich-handwerkliche Produkte nach Süden. Handelsabgaben stellten die fiskalische Basis dar, hinzu kamen Abgaben der umliegenden, mehr oder minder gut kontrollierten Siedlungen und ethnischen Gruppen. Das System bestand aus einer starken kommerziellen und politisch-militärischen Zentrale, deren Ausstrahlungskraft auf unterschiedlichen Ebenen unterschiedlich weit reichte und sich auch ständig veränderte; um eine Territorialherrschaft im engen Sinn mit klar definierten Grenzen handelte es sich nicht. Bestand hatte das System nur, solange es seine Existenzbedingungen garantieren konnte: Frieden und Handelssicherheit. Da das Herrschaftssystem indes auf der Einordnung unterschiedlicher Völker basierte und zugleich vielfältige materielle Begehrlichkeiten auf sich zog, war die Herrscherschicht ständig gefährdet. Dem Aufstieg und der Blütezeit um die Jahrtausendwende folgte eine Phase der Herausforderungen, kurzzeitiger Beherrschung durch islamische Reformkräfte, die Almoraviden, im späten 11. Jahrhundert, die zunehmende Konkurrenz anderer Handelsrouten, weiterer Machtverfall und schließlich um 1240 die Einordnung in das Herrschaftssystem des Reichs von Mali.

Ebenso wie Ghana hat auch Mali mythische Bedeutung im kollektiven politischen Gedächtnis des postkolonialen Afrika gewonnen und einem Staat als Namenspatron gedient, und ebenso wie Ghana ist Mali dabei als Staat und Reich apostrophiert worden. Eine größere Zahl an Quellen, namentlich wiederum arabische Reiseberichte, aber auch das Herrscher-Epos von Sundjata, hat dazu beigetragen, das Bild eines blühenden Reiches zu formen. Demnach erstreckte sich Mali in besten Zeiten im Savannengebiet vom Unterlauf des Gambia oder sogar vom Atlantik im Westen bis zum Niger im Osten; nördlich wurde es ebenfalls von der Sahara begrenzt, südlich von den gebirgigen Gegenden, die im Westen bis zum heutigen Guinea reichen. Nach den Berichten dehnte sich die Geschichte Malis vom Aufstieg im 11. Jahrhundert über die Blüte nach dem Ende Ghanas im 13. und 14. Jahrhundert bis zum Niedergang im 15. Jahrhundert. Wie Ghana basierte auch Mali auf Gold und Handel; die direkte Kontrolle von Goldfeldern im Süden, Salzminen und Kupferbergwerken in der Sahara im Norden und von Handelsrouten sowie die militärische Unterwerfung immer weiterer Regionen stärkten die Machtposition des Herrscherhauses. Das beständige Wachstum vergrößerte freilich auch die Konfliktfelder. Malis Kerngebiet lag am Oberlauf des Niger in dem

Siedlungsgebiet einer Mande-Gruppe, dort entstand auch die Residenz Niani als städtisches Zentrum und Verwaltungsmittelpunkt. Das Herrschaftssystem gründete sich auf einer recht ausdifferenzierten Verwaltungsstruktur, ökonomischer Blüte und bedeutenden Handelszentren wie Gao und Timbuktu, die auch beachtliche kulturelle Leistungen hervorbrachten. Doch im Kern handelte es sich um eine autoritäre Monarchie, die auf der personalen Macht und dem Charisma des wiederum gottähnlich überhöhten Herrschers, der Versklavung einiger unterworfener Gruppen und der Tributzahlung anderer Regionen und Gruppen basierte. Die zunehmende ethnische und territoriale Heterogenität ließ sich dabei immer schwerer zusammenbinden. Vor allem veränderten sich im 15. Jahrhundert die Rahmenbedingungen: Die Portugiesen unternahmen erste Fahrten an der Westküste und trugen zur Verlagerung der Handelsschwerpunkte bei, im Norden verstärkten sich arabische politische Formationen und bildeten eine neue Konkurrenz. Einzelnen bedeutenden Gruppen wie den Songhay-Führern am mittleren Niger gelang die Lösung aus dem Mali-Herrschaftsbereich und die Formierung eigenständiger Herrschaften. Innere Konflikte und Auseinandersetzungen um die Thronfolge waren die Folge.

Allerdings ist es missverständlich, in westlich-europäischen Kategorien eine präzise Gründung und ein datierbares Ende, gar eine formalrechtliche Beendigung eines Staates anzunehmen. Die westafrikanischen »Reiche« waren Zonen verdichteter Herrschaft: Von starken Zentren strahlte die Macht unterschiedlich weit aus, und was als Niedergang erscheint, bedeutete die Verlagerung von Machtzentren. Dazu zählte auch der Aufstieg eines Reiches am Tschadsee, das zunächst nach der nordöstlich des Sees gelegenen Schwerpunktregion Kanem, dann nach der im 14. Jahrhundert erfolgten Verlagerung des Herrschersitzes nach Bornu südwestlich des Sees Kanem-Bornu oder nur Bornu genannt wird. Die ethnisch-kulturelle

Vielfalt der Bevölkerung wurde durch den Islam über-
wölbt, der seit dem 11. Jahrhundert eindrang und sich mit
tradierten Formen des Herrscherkults wirkungsvoll verband. Bornu basierte nicht nur auf dem Handel mit
Agrarprodukten und dem Transsahara-Handel, sondern
vor allem auch schon auf dem Sklavenhandel. Das Gleiche
gilt für das Reich Ashanti (auch: Asante) im Gebiet des
heutigen Ghana. Es bestand ursprünglich aus einem als
föderal geschilderten Bündnis mehrerer Klans, die sich
einem gemeinsamen Oberhaupt, dem *Asantehene*, der
in Kumasi residierte, unterstellten, aber zugleich ihre
Vorrechte wahrten. Dazu diente eine Ratsversammlung.
Die Einheit des Gesamtreiches wurde in einem jährlichen
Fest, dem »Goldenen Stuhl«, ausgedrückt. Der »Goldene
Stuhl«, der nach dem Mythos vom Himmel herabgekom-
men war, symbolisierte zugleich das Amt des Herrschers.
Mit Hilfe europäischer Feuerwaffen, über die das Reich
schon um 1700 reichhaltig verfügte, und der Einheit stiftenden politischen Struktur gelang es dem Reich Ashanti,
immer weitere Territorien zu erobern, bis man schließlich
auch Zugang zur Küste gewonnen hatte. So stellte man die
Verbindung von den Gold und Sklaven liefernden Binnenregionen zu den Küstenhändlern her, von denen man
im Austausch wiederum europäische Produkte wie Waffen und Stoffe erwerben konnte. Nicht zuletzt die fortwährend Bedeutung des Sklavenhandels sicherte Ashanti
bis ins 19. Jahrhundert ökonomisch ab. Im Kongogebiet,
vor allem im Savannengebiet südlich des Flusses, entwickelte sich seit dem 15. Jahrhundert eine Reihe weiterer
Herrschaftszonen zu Reichen, darunter die Königreiche
Kongo, Luba, Lunda und Angola. Auch sie waren instabil
in ihren Grenzen und wurden von einem Ring weiterer
Häuptlingstümer umgeben, die mehr oder minder stark
der Zentralherrschaft untergeordnet werden konnten. Sie
standen bereits unter dem Einfluss des portugiesischen
Zugriffs und lebten vom Handel an der Küste.

Die Tendenz zur Bildung festerer politischer Territorialformationen war allerdings nicht zwingend. Mit der Ausdifferenzierung des Handels, der Handelsgüter und Handelsrouten, dann auch mit dem Eindringen europäischer Händler und dem Aufkommen des Sklavenhandels über die Atlantikküste breiteten sich in Westafrika auch Zonen verdichteter Siedlung aus, die eher Stadtlandschaften glichen und in großen Teilen polyzentrisch organisiert waren. Seit der Jahrtausendwende stiegen östlich von Mali, zwischen dem Fluss Niger und dem Tschadsee, gewerbliche und kommerzielle Zentren zu stadtstaatenähnlichen Gebilden auf. Diese sogenannten Hausa-Stadtstaaten waren Konsequenz der Ausweitung des Handels und der immer stärkeren Anbindung an die nördlich der Sahara gelegenen Regionen, zugleich Ausdruck einer stärkeren Spezialisierung: Besondere Produkte, zum Beispiel Stoffe und Leder, begründeten die kommerzielle Bedeutung der Hausa-Städte. Allerdings basierten auch die Hausa-Kommunen auf agrarischer Produktion: Die Mehrheit der Bevölkerung lebte in kleinen Weilern oder Dörfern im Umkreis der Städte und stellte die Versorgung der Stadtbewohner sicher. Deren Existenz basierte insofern auf einer Sicherung der Herrschaft über das Umland. Schon von daher waren die Städte an ihrer Autonomie existentiell interessiert. Stadtbefestigung und bewaffnete Einheiten garantierten die Unabhängigkeit. Die Städte bildeten eigene Erb-Dynastien sowie eine Aristokratie, und sie setzten festes Verwaltungspersonal ein. Auch verfügten sie über ein recht funktionstüchtiges, ausdifferenziertes System direkter und indirekter Abgaben. Trotz gemeinsamer Kultur und Sprache und partieller Zusammenarbeit, trotz auch des Eindringens des Islam setzte sich doch immer wieder der Autonomieanspruch der einzelnen Städte durch.

Südlich der Hausa-Region lag ein weiteres multipolares System von Herrschaften, die sich umso besser etablieren konnten, je mehr sie sich den Bedingungen des Handels anpassten, und das heißt besonders auch, je mehr sie den Handel zur Küste integrieren konnten. Dafür waren flexiblere Strukturen erforderlich. Beispielhaft zeigen sie sich in den recht gut dokumentierten und erforschten sogenannten Yoruba-Staaten wie Ife und Oyo sowie Benin, allesamt politische Gebilde, die ihre Blütezeit vom 15./16. bis ins 18. Jahrhundert erlebten. Sie erstreckten sich über das Gebiet des heutigen südlichen Nigeria von der Atlantikküste im Süden bis in den Regenwald im Norden. Es handelte sich um Herrschaften, die auf einer Art Städtelandschaft beruhten: auf einer größeren Zahl städtischer Zentren, die kommerzielle Betätigung mit agrarischer verbanden; viele Stadtbewohner betrieben Ackerbau im Umland. Die Städte waren nicht nur autark, sie produzierten auch agrarische und handwerkliche Güter für den Export. Später nahmen sie am Sklavenhandel teil, was kurzfristig den wirtschaftlichen und politischen Aufstieg beschleunigte, langfristig indes gefährliche Krisenherde und Konfliktzonen mit Nachbarformationen schuf.

Die Verbindung der Yoruba-Stadtstaaten wurde durch Kultur und Religion vermittelt; als gemeinsames kultisches Zentrum diente die Stadt Ife (auch Ife Ife). Hier wurden auch die gemeinsamen Wurzeln vermutet, die sich in der Vorstellung gemeinsamer Vorfahren und einer daher verwandtschaftlich verbundenen regierenden Elite ausdrückten. Die Formen politischer Herrschaft wiesen ebenfalls gemeinsame Strukturelemente auf. Die größeren und kleineren Yoruba-Formationen waren in ähnlicher Weise organisiert: An der Spitze stand ein sakral überhöhter Fürst, doch war seine Macht durch gewisse Elemente von *checks and balances* eingegrenzt. Meist handelte es sich um von einer Geburtselite getragene Räte, oftmals gab es zudem Geheimbünde oder religiöse Gesellschaften, in denen wiederum die quasi-aristokratische Elite ihre Machtpositionen gegen den Fürsten abzusichern wusste. Dabei legten die Yoruba-Eliten allerdings

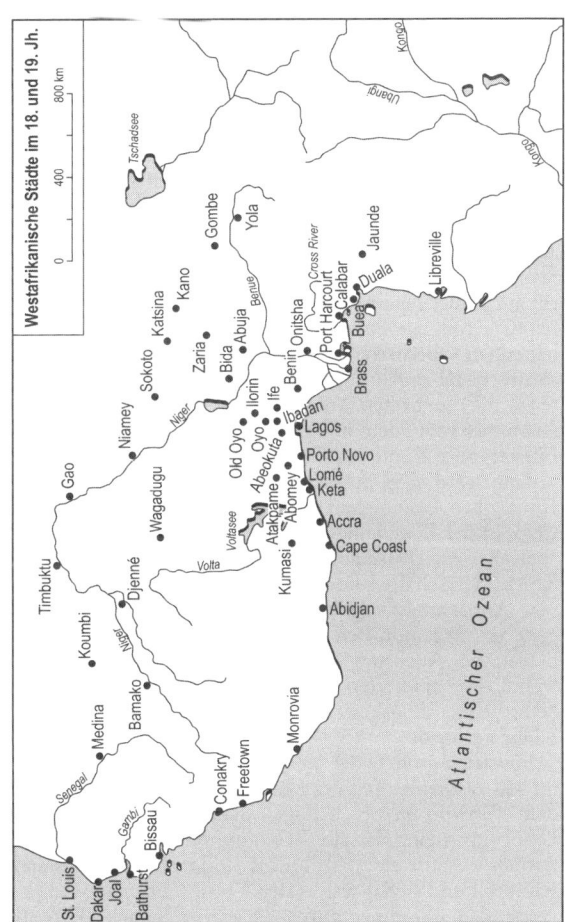

Westafrikanische Städte im 18. und 19. Jh.

großen Wert auf die Autonomie der jeweiligen Stadt. Das System der Yoruba-Städte bildete ein Netzwerk von unabhängigen Handelsmittelpunkten und war durch zahlreiche Verkehrswege verbunden, auch wenn die Städte selbst durch einen dichten Regenwaldgürtel voneinander getrennt schienen. Größere Zusammenschlüsse kamen zwar immer wieder vor, gefährdeten aber die prekäre Balance der Städte. Kooperation und Konkurrenz machten die beiden Pole des Beziehungsnetzes zwischen den Städten aus, immer wieder versuchten einzelne Städte eine dominante Position zu erlangen; nur wenige konnten sich darin auf Dauer behaupten. Phasen- und regionsweise bildeten sich föderale Strukturen oder Formen einer zurückhaltenden Oberherrschaft, manchmal indes auch politisch relativ straff organisierte Formationen. Am bedeutsamsten war Oyo, dessen Aufstieg im 16. Jahrhundert begann. Auch hier stand dem mit großer Machtfülle ausgestatteten Fürsten oder König ein Gegengewicht gegenüber: ein Rat, genannt *Oyo mesi*, der, wie erwähnt, das Recht hatte, den König bei Unfähigkeit zur Selbsttötung zu zwingen. Oyo, in der Forschungsliteratur oftmals behandelt, stellte aber eher eine Ausnahme dar. Das System von stadtstaatlichen Herrschaften konnte sich dank seiner Wandlungs- und Anpassungsfähigkeit wie dank seiner Resistenz gegenüber hegemonialen Ambitionen über Jahrhunderte behaupten. Auch das Eindringen des Islam wurde abgewehrt, die tradierten religiösen Formen sicherten die Selbstbehauptungskraft der kleineren und größeren politischen Verbände.

Im Osten grenzte das Yoruba-Gebiet an Benin (gelegen im südwestlichen Teil des heutigen Nigeria, also nicht auf dem Territorium des heutigen Staates Benin). In seinen Ursprüngen ging das alte Benin auf das erste Jahrtausend zurück, es hatte ebenfalls bis ins 19. Jahrhundert Bestand. Kulturell und sozial war es den Yoruba-Formationen eng verbunden, allerdings durch die eigene Sprache Edo abgrenzbar. So diente Ife auch Benin als religiös-kultisches Zentrum. Hier wurden die Herrscher Benins, genauer: die Köpfe der Herrscher, beigesetzt. Bekannt wurde Benin auf der einen Seite durch seine künstlerischen Leistungen, die Benin-Kunst, darunter vor allem Bronzeskulpturen, Elfenbeinarbeiten und Terrakottafiguren, die Auskunft über Verhältnisse am Hof und das Selbstverständnis der Herrschaft geben, auf der anderen Seite durch eine 1934 publizierte Darstellung des aus Benin stammenden Autors Jacob Egharevba. Benin verband eine polyzentrisch städtische Struktur mit einem wiederum gottähnlich überhöhten Herrscher und einem recht komplizierten System von Erbämtern. Die Grenzen des Herrschaftsgebiets sind nicht konstant und exakt zu bezeichnen. Das eigentliche Königreich ist von den vorgelagerten Einheiten zu unterscheiden, die dem Zentrum entweder in personal-kultureller Weise zuzurechnen sind oder durch Tributpflichten und militärische Gefolgschaft untergeordnet waren. Zudem expandierte das Reich phasenweise bis weit in Yoruba- und Igbo-Land hinein, umfasste also auch Gebiete, in denen nicht Edo gesprochen wurde, wie umgekehrt keineswegs alle edosprachigen Gruppen integriert werden konnten. Im späten 16. Jahrhundert reichte der Herrschaftsbereich im Westen bis über Lagos hinaus. Das politische Zentrum befand sich in der Stadt Benin im Landesinneren. Die Gestalt des Hauptorts ist durch eine Reihe von Reiseberichten und auch durch einen Stich aus dem Jahr 1670 dokumentiert. Der Monarch residierte in einem auf die Zeitumstände bezogen weiträumig angelegten, prächtigen befestigten Schloss mit einem beträchtlichen und ausdifferenzierten Hof. Vor allem im höfischen Handwerk entstand die Benin-Kunst. Das Benin-Reich erlebte seit dem 17. Jahrhundert einen langsamen Einflussverlust, der beherrschbare Raum schrumpfte. Doch konnte sich das Reich wie die Yoruba-Städte bis ins 19. Jahrhundert halten. Nunmehr förderten die zum Teil von außen induzierten Konflikte innere Kriege und trugen wesentlich zum Zusammenbruch bei, der dann vom Kolonialsystem endgültig besiegelt wurde.

Ausdifferenzierte Städtelandschaften wie in Westafrika gab es im östlichen und südlichen Afrika nicht. Nur an der ostafrikanischen Küste bestand eine Kette von oft arabisch geprägten Handelsorten, darunter Mogadischu, Mombasa, Sansibar, Lamu und Kilwa. Sie vermittelten den Fernhandel und Export aus dem Binnenland, etwa mit Gütern wie Gold, Eisen, Kupfer und Elfenbein. Materiell gesichert, etablierten sie sich vom 12. bis 15. Jahrhundert zu kleinen Stadtstaaten mit ausdifferenzierter Bevölkerungsstruktur. Die Führungsämter waren in der Regel wohl in bestimmten Familien erblich. Die ostafrikanische Städtelandschaft wurde zwar durch Sprache und Kultur des Swahili, einer arabisch beeinflussten afrikanischen Sprache (deren genaue Entstehungs- und Verbreitungszeit allerdings unklar ist), zusammengehalten, zugleich aber betonten die Städte ihre Autonomie und sicherten sie durch gemauerte Stadtbefestigungen ab. Nur im Einzelfall wurden sie zum Ausgangspunkt politisch ausgreifender Herrschaft wie Sansibar. Doch unter dem Einfluss der portugiesischen Eroberer verloren die ostafrikanischen Küstenstädte seit dem 16. Jahrhundert an Bedeutung. In weiten Regionen des ostafrikanischen Binnenlandes fehlten feste politische Formationen, bei nicht wenigen ostafrikanischen Völkern gab es keinen Begriff für einen »Häuptling«, und es gab keine Notwendigkeit und angesichts der natürlichen Gegebenheiten auch wenig Möglichkeiten, funktionsfähige Großreiche zu bilden. Ausnahmen stellten das äthiopische Reich dar und das vor allem durch archäologische Quellen wie Keramikscherben und eine Reihe von monumentalen befestigten Steinbauten dokumentierte Reich Simbabwe, das seine Blüte vermutlich in den ersten Jahrhunderten des zweiten Jahrtausends, vielleicht erst seit dem 13. Jahrhundert hatte.

Im Inneren Ostafrikas, im Zwischenseengebiet, existierte eine Reihe weiterer staatlicher Gebilde, die in der Regel zusammenfassend als Hima-Staaten bezeichnet werden. Die Belege über diese Staatswesen stammen zumeist aus mündlichen Überlieferungen und sind zwar recht vielfältig, aber selbst dann nicht sehr zuverlässig, wenn man die Grundaussagen über Völkergruppen und Zuwanderer übernimmt. Sie berichten von den mythischen Anfängen und der Abfolge von Herrschergeschlechtern und Herrschern. Doch über die präzisen Daten der Entstehung dieser Staaten, ihre genaue Ausdehnung und ihre innere Struktur ist in vielen Fällen nur Rudimentäres bekannt. Das gilt einmal für Bunyoro im westlichen Uganda, das etwa seit dem 16. Jahrhundert existiert haben soll und sich seit der Wende zum 18. Jahrhundert im Niedergang befand. Vermutlich gelang es hier nicht, ein festes System von Abgaben und Diensten einzurichten; es blieb wohl bei unregelmäßigen Tributzahlungen und der Bereitstellung von Diensten. Mehr Informationen gibt es für das wohl parallel entstandene Buganda im Nordwesten des Viktoriasees. Hier bildete sich aus der Zusammenarbeit verschiedener ethnischer Verbände und Klans ein größerer Territorialverband. Allzu stabile Strukturen entwickelten sich daraus vorerst nicht, es handelte sich um eine Art Kriegerstaat, der auf personalen Bündnissen aufbaute. Der König, der *Kabaka*, führte ein wiederum sakral überhöhtes, autoritäres Regime, gestützt auf loyale Klan-Obere und von ihm ernannte Amtsträger. Einige Herrscher verstanden es, ihre Macht mit dem gezielten Einsatz von Willkür und Gewalt zu steigern. Besondere Bedeutung hatte in Buganda wie in Bunyoro die höfische Kultur: Am Hof versammelten sich nicht nur die Familie und Bediente des Oberhaupts, sondern auch die Führer der Klans oder deren Vertreter und Abgesandte; hier war der Kern der Klientel- und Abhängigkeitsbeziehungen, der das System zusammenhielt. Die Macht Bugandas beruhte vermutlich mit darauf, dass seine verkehrsgünstige Lage es erlaubte, den Handel zwischen Binnenland und Ostküste zu kontrollieren. In Ruanda und Burundi entwickelten sich im 17. und 18. Jahrhundert weitere größere staatsähnliche Verbände, die aus der Konkurrenz und dem Zusammenschluss kleinerer Einheiten hervorgingen. Auseinandersetzungen zwischen Viehzüchtern (oft Tutsi) und Ackerbauern (Hutu) kamen hinzu. Die Region blieb in Bewegung: Gerade hier, wo Natur und Klima auch Tierhaltung erlaubten, waren es zuwandernde Viehzüchterklans, die neue Konflikte provozierten und Herrschaftsbildungen, wenn auch meist ephemeren Charakters, vorantrieben. Inwieweit beispielsweise Konflikte zwischen Viehzüchtern und Ackerbauern bloß soziale oder auch ethnische Spannungen ausdrückten, ist freilich bis heute umstritten geblieben.

Der Überblick über politische Integrations- und Verdichtungsprozesse zwischen dem 11. und 18. Jahrhundert lässt kein einheitliches Muster erkennen. Wie schon die Bedingungen der Entstehung vielfältig waren, wiesen auch die weiteren Entwicklungen zahlreiche Varianten auf. Im Zuge von Reichsbildungen wurden eher selten gänzlich neue politische Strukturen eingeführt, vielmehr entstand oft kumulativ und situativ ein neues politisches Gefüge, indem einzelne Elemente des bisherigen verstärkt und andere neu genutzt wurden. Anders ausgedrückt: Der Erfolg einer Reichsbildung hing weniger davon ab, inwiefern es gelang, neue Verwaltungsstrukturen aufzubauen, sondern eher davon, inwieweit es gelang, alte Strukturen einzubinden. Basierte die Expansion auf Gewalt sowie einer energischen Kriegerschicht und die wirtschaftliche Existenz oftmals auf dem Zugriff auf Handelsrouten und Knotenpunkte, so beruhte die Stabilität der Herrschaft auf der Einziehung von Abgaben und der Sicherstellung von Leistungen. Fast durchweg handelte es sich um korporative Pflichten: Familien oder Dörfer wurden zu Tribut und

Wege- oder Ackerbaudiensten verpflichtet. Dazu war keine völlige Neugestaltung der Herrschaftsstrukturen erforderlich. Die traditionale Gesellschaft wurde zentralherrschaftlich überformt, aber nicht durchdrungen. Verantwortlich für die Durchsetzung der Anforderungen der Zentralherrschaft blieben die Autoritäten im Dorf. Gerade an der Peripherie wurden gewissermaßen indirekte Herrschaftsformen genutzt, nur in der Kernregion entstand in Ansätzen eine direkte Verwaltungsform. Das erleichterte den schnellen Aufbau von Reichen, sicherte auch die Eliten und Herrscher in ihren Ursprungsregionen ab, bedingte aber zugleich die Fragilität der neuen Gebilde, die an den Rändern offen blieben. Selbst wo Vorstellungen von territorialer Herrschaft bestanden, konnten exakte Grenzen kaum gezogen werden. Herrschaft wurde vom Zentrum her gedacht, nicht von den Grenzen. Eine derartige Praxis hatte den Vorzug, dass man ohne eine ausdifferenzierte Verwaltung auskam und die Belastungen der unterworfenen Bevölkerung in den wenig kontrollierbaren Randzonen weniger fühlbar waren. Staatlichkeit konnte sich insofern auch durch den Verzicht auf eine intensivierte Staatsbildung bewähren.

Bevölkerung, Umwelt, Wirtschaft

Die Formen der Staatlichkeit in Afrika spiegelten die Bedingungen von Niederlassung und Wirtschaften wider. Die Entwicklung der Besiedlung Afrikas etwa vom Beginn unserer Zeitrechnung bis in das 16. Jahrhundert hinein, das Zusammenspiel von Migrationen und Niederlassungen, wird nicht selten mit *frontier*-Gesellschaften verglichen, mit der Erschließung Sibiriens und des amerikanischen Westens. Doch trifft dieser Vergleich die Verhältnisse in Afrika nur zum Teil, er bedarf der Differenzierung. Tatsächlich schoben sich über Jahrhunderte größere Bevölkerungsgruppen nach Süden, angetrieben vermutlich nicht zuletzt durch Klimaveränderungen und Trockenheit im Norden. Doch war dies nicht nur ein äußerst langsamer Prozess, er konnte teilweise auch rückläufig sein. Vor allem handelte es sich nicht um die organisierte Wanderung einer Großgruppe, vielmehr wanderten kleine Einheiten, Familien, Verwandtschaftsgruppen, bestenfalls Klans, und suchten neuen Siedlungsraum. Savanne und Regenwald wurden daher nicht durch eine immer weiter vorgeschobene lineare Grenze erschlossen, hinter der die Zivilisation und vor der die Wildnis gelegen hätte. Vielmehr drangen die einzelnen Gruppen auf unterschiedlichen Wegen vor, bildeten Siedlungen, verloren wieder Bevölkerungsteile durch Konflikte und Abspaltungen. Jede neue Siedlung setzte eine höchst aufwendige Rodungsarbeit voraus, und im Rücken der Siedler schloss sich gewissermaßen der Wald wieder. Natur und Wildnis eroberten sofort zurück, was der Mensch nicht unter dauernder Nutzung hielt. So bildeten sich eher Inseln als eine gemeinsame Grenze. Aus praktischen Gründen – zum Beispiel der Sicherheit – waren Zusammenschlüsse mehrerer wandernder Familiengruppen zu Siedlungsgemeinschaften sinnvoll. Zumal wenn andere Bedingungen hinzukamen, etwa günstige natürliche Verkehrswege, konnten diese Inseln zu Verdichtungszonen werden. Auch konnten sie auf ein größeres Gebiet ausstrahlen, sogar expandieren und herrschaftliche Dominanz gewinnen über weitere Siedlungsinseln im Umland. Doch eine Territorialhoheit mit präzisen Grenzen wurde daraus nicht.

Der Regelfall war dagegen in weiten Regionen West- und Ostafrikas die Trennung der Siedlungsinseln. Symbolisch schlug sich dies in der Grundform der Siedlung, dem Kreis, nieder. In Westafrika wurden die Häuser oder Hütten häufig um einen kreisförmigen Versammlungsplatz angelegt, darum schlossen sich weitere Kreise von Ackerland, die mit zunehmender Entfernung nur noch unregel-

mäßig bebaut wurden und schließlich in Wildnis, Wald-
und Buschland übergingen. Diese Wildnis, die »Natur«,
grenzte nicht nur von der nächsten Siedlung ab, sie wurde
auch als feindlich und bedrohlich empfunden. Die Natur
wurde, folgt man den mythischen Erzählungen, nicht
idealisiert oder romantisch verklärt. Erst die Politiker der
Négritude, der Befreiungsbewegungen und der nachkolonialen Zeit haben das Bild der Natur in den Volksmythen
umgedeutet, darin eine Idealisierung von Schönheit und
Größe zu finden gemeint und daraus wiederum Reichtum
und Ehre der jungen Staaten abgeleitet. Die afrikanischen
Siedler in vorkolonialer Zeit deuteten die Natur anders:
Die Wildnis war von bösen Geistern bewohnt, die Rodung war insofern nicht nur ein wirtschaftlicher, sondern
auch ein religiöser Akt. Da je nach Bedarf, Arbeitskräften
und Witterung größere oder kleinere Kreise des Ackerlan-
des um die Siedlung intensiver genutzt oder auch wieder
brachliegen gelassen wurden, schien sich das Territorium
des Dorfes ständig zu verändern. Auch hier wurde also
das Territorium vom Zentrum, vom Kern, her gedacht,
die Grenze war die Scheidelinie zwischen genutztem Land
und ungenutzter Natur. Zwar errichtete man in manchen
Fällen Erdwälle, um die Siedlungen und das Ackerland
von der Wildnis abzugrenzen und vor ihr zu schützen.
Aber das änderte nichts an der Vorstellung, dass die Wildnis erst die eigentliche Grenzzone zwischen den Siedlungen war.

Wald und Wüste, Wetter und Wasser bestimmten die
Siedlungsformen und den Lebenslauf, die Arbeit und den
Alltag. Doch waren sie nicht statisch und vorgegeben, sondern ihrerseits beeinflussbar. Die Nordgrenze des Regenwaldes soll sich seit dem Beginn des zweiten Jahrtausends
unserer Zeitrechnung um etwa 160 Kilometer nach Süden
verschoben haben. Rodung und Siedlung trugen wesentlich dazu bei. Vor allem die Grenzgebiete der Waldsavan-
ne wurden an erster Stelle erschlossen, waren sie doch bes-

ser zugänglich und leichter zu roden. Die Menschen arbeiteten sich derart über Siedlungsinseln an verkehrsmäßig oder klimatisch günstigen Orten vor: auf Anhöhen, an Flussläufen, überall da, wo Wetter und Natur Nahrung oder kultivierbares Land boten. Weite Gebiete aber blieben unerschlossen, vermutlich menschenleer. Rodung und Siedlung waren ohnehin nur möglich, wenn Gemeinschaften einer gewissen Größe zusammenarbeiteten. Die natürlichen Bedingungen forderten gewissermaßen die Sicherheit und Solidarität durch verwandtschaftliche Bindungen.

Das eigentliche Lebenselixier West- und Ostafrikas war das Wasser. Wasser bestimmte Raum und Rhythmus. Das gilt einmal für die langen Zyklen des Lebens. In Westafrika setzte um 1100 nach vielen Jahrhunderten guter Niederschläge eine Phase starker Trockenheit ein, die bis etwa 1500 andauerte. Im zweiten Drittel des 17. Jahrhunderts folgte eine erneute Trockenphase, die bis Mitte des 18. Jahrhunderts andauerte. Immer wieder kam es in diesen Perioden zu Hungersnöten, zumal wenn andere Naturereignisse, etwa Heuschreckenschwärme, hinzukamen. In Ostafrika waren Dürreperioden ebenfalls eine ständige Gefährdung, die Volkserzählungen vieler ostafrikanischer Völker berichten von Hungerperioden, die sich in kurzen Zyklen von weniger als einer Generation wiederholten. Alles zusammen führte zu ständigen großen Bevölkerungsverschiebungen; die Raumstruktur blieb in Bewegung. Sodann wurde auch der jahreszeitliche Rhythmus durch das Wasser bestimmt. Viehzüchter in Ostafrika wanderten mit ihren Rinderherden im Ablauf der Trockenperioden auf der Suche nach Wasserstellen. Regenzeiten bestimmten den Rhythmus und die Früchte des Feldanbaus: Wo es nur eine Phase starker Regenfälle gab wie am Nordrand des Regenwaldes wurde zum Beispiel Reis angebaut, eine doppelte Frühsommer- und Herbstregenzeit wie in der Äquatorialzone erlaubte den Anbau der Jamswurzel.

Angesichts einer derartigen Abhängigkeit vom Wetter und der noch wenig ausgeprägten Marktstrukturen war es lebenswichtig, flexibel und erfindungsreich zu bleiben. Angebaut wurde eine große Zahl unterschiedlicher Früchte. Dies war nicht zuletzt nötig, um Missernten durch Pflanzenkrankheiten und Schädlinge auszugleichen. Im relativ gut zu besiedelnden und fruchtbaren Zwischenseengebiet Ostafrikas wurden zum Beispiel Jams, Sorghum, Bananen und Hirse angebaut, dann die von den Portugiesen nach 1500 aus Brasilien eingeführten Pflanzen wie Mais, Maniok, Bohnen und Süßkartoffeln, die schrittweise bis ins frühe 17. Jahrhundert in das zentrale Afrika vordrangen. Oft wurde eher ein extensiver Feldbau betrieben: Durch Brandrodung wurden dabei immer neue Anbaugebiete erschlossen, diese Felder wurden einige Jahre in Fruchtwechselwirtschaft genutzt. Die Familie wanderte weiter, wenn der Boden ausgelaugt war und keinen Ertrag mehr abwarf. Aber es gab auch schon früh intensive Anbauformen, und die Methoden der Ertragssteigerung waren vielfältig: Für die bergigen Binnenregionen Ostafrikas sind Formen von Düngung, Bewässerungssysteme und recht weitläufige Kanalsysteme sowie Terrassenanlagen belegt. Sie stehen zugleich für Sesshaftigkeit, auch wenn der Wohnplatz saisonal je nach Wasserverhältnissen verlegt werden konnte. Wo es technisch möglich war, versuchte man der Natur Herr zu werden und wurde sesshaft. Wenn ein Fluss dagegen nicht einzudämmen und die Wasserversorgung nicht zu garantieren war, passte man sich durch erhöhte Mobilität an. Mobil blieben häufig Fischergesellschaften. Am Kongo hielten sich die Fischer nur kurze Zeit im Jahr in ihren Dörfern auf, ansonsten folgten sie dem Zug der Fischschwärme, die sich im jahreszeitlichen Rhythmus an unterschiedlichen Stellen im Fluss aufhielten, freilich nie berechenbar zu früheren Orten zurückkehrten. Deshalb errichteten die Fischer temporäre Lager. Wasser bestimmte also neben dem Rhythmus auch den

Raum. Die großen Wasseradern, namentlich der Niger und der Kongo, prägten Leben und Alltag. In Ost- und Südafrika fehlten Wasseradern von vergleichbarer Bedeutung. Aber die kleinen Flüsse wurden dort partiell für Warentransporte genutzt, und auf den großen Binnenseen, an erster Stelle dem Viktoriasee, fand ein ständiger Schiffsverkehr statt. Flüsse waren ebenso Verbindungslinien wie Verkehrshindernisse. Der Kongo wurde zwischen dem breit ausmäandernden Mündungsgebiet, das sich etwa 160 Kilometer weit ins Landesinnere erstreckte, und dem 500 Kilometer entfernten Malebo-Pool (Stanley-Pool) von 32 Stromschnellen und Wasserfällen unterbrochen; insgesamt wurde dabei ein Gefälle von fast 300 Metern überwunden. Unterhalb der Stromschnellen konnte der Fluss ebenso mit Booten befahren werden wie oberhalb, wo stromaufwärts rund 1700 Kilometer schiffbar waren. An manchen Stellen hatte der Fluss hier eine Breite bis zu 14 Kilometern. Im Jahr 1485 versuchte zum ersten Mal ein portugiesischer Forschungsreisender den Oberlauf zu erreichen, und seitdem unternahmen Europäer bis ins 19. Jahrhundert hinein immer wieder neue Anläufe, die Stromschnellen zu überwinden und weiter den Oberlauf zu bereisen. Doch alle Versuche scheiterten, bis Henry Morton Stanley schließlich 1877 eine Expedition den Kongo hinauf durchführte. Bis dahin blieben die Kulturen beiderseits der Stromschnellen voneinander getrennt. Die Europäer, die am Atlantik Handelsstationen unterhielten, wussten nichts über Leben und Kultur oberhalb der Katarakte. Dennoch standen die beiden Seiten durch den Handel mit Sklaven, Elfenbein, Kautschuk und anderen Waren aus dem inneren Kongogebiet in Verbindung. Voraussetzung war allerdings, dass heimische Händler des Landesinneren auf das Interesse der Europäer reagierten. Solche scheinbar unüberwindlichen Grenzen im Fluss filterten zwar Kontakte, verhinderten aber nicht die Einbindung des binnenafrikanischen Raums in einen globalen Markt.

Flüsse stellten auch in territorialer Hinsicht keine Grenzen dar. Sie trennten in der Regel nicht politische Einheiten voneinander. Vielmehr waren beide Flussufer durch einen intensiven Austausch miteinander verbunden; oft siedelten Angehörige derselben Großgruppe beiderseits des Flusses. Wenn in Volkserzählungen Räume beschrieben werden, taucht zwar das Meer, selten jedoch ein Fluss als Grenze auf. Eher markierten die Flüsse Grenzregionen: Das Siedlungsgebiet der Nachbargruppe begann demnach in einem unbestimmten Raum jenseits des Flusses. Der Fluss selbst war Verkehrsweg und Handelsraum in einem, denn Waren konnten auf dem Fluss getauscht werden, von Boot zu Boot. Auch in dieser Hinsicht stellten Flüsse eher Verbindungen zwischen Produzenten verschiedener Herkunft her, als dass sie zur Abgrenzung beitrugen. Erst die koloniale Aufteilung des Raums nutzte Flüsse als vermeintlich natürliche Grenzen, an erster Stelle den Kongo als Grenze zwischen dem französischen und dem belgischen Herrschaftsgebiet. Die soziale Realität des beständigen Austausches von Personen und Gütern konnte man damit nicht in Frage stellen.

Flüsse waren aber nicht nur Lebensadern, sie bargen auch Gefahren. In feuchten Gebieten, Flussebenen zumal, vermehrten sich höchst gefährliche Krankheitserreger. Denn neben Hungersnöten zählten Seuchen, Epidemien und andere Krankheiten zu den größten Herausforderungen des Alltags. Eine Reihe von chronischen Erkrankungen bedrohte jeden Einzelnen: die Malaria an erster Stelle, besonders in der westafrikanischen Tiefebene, während die Hochebenen in Westafrika (Kameruner Grasland) und Ostafrika (Hochland Kenias) besseren Schutz vor Moskitos boten und daher früher und dichter besiedelt waren. Besonders in waldigen Feuchtgebieten und an Wasserläufen, die gute Rückzugsräume für die Tsetsefliege boten, drohte die Schlafkrankheit. Weitere Krankheiten, etwa Hakenwurmanämie, Flussblindheit, endemische Syphilis, die Hautkrankheit Frambösie, die Pocken und teilweise auch die Pest, kamen hinzu. Die lokale Medizin bot mancherlei Abhilfe mit Kräutern und magischen Handlungen, aber sie konnte die Krankheiten nicht grundsätzlich bekämpfen. Immer wieder wurde die Bevölkerung dadurch dezimiert. Auch wenn, wie die Forschung neuerdings betont, die Krankheiten häufig nicht lebensbedrohlich waren, schwächten sie die Bevölkerung doch derart, dass diese in Dürre- und Kriegszeiten wenig Abwehrkräfte hatte. Vor allem die seit dem 17. Jahrhundert von Europäern eingeschleppten Krankheiten (Typhus, andere Varianten von Pocken und Syphilis, Tuberkulose, Geschlechtskrankheiten) führten dann zu zahlreichen Todesfällen und immer wieder auch zu einem zumindest regional spürbaren Bevölkerungsrückgang.

Aber schon vor der Ankunft der Europäer war die durchschnittliche Lebenserwartung gering. Vermutlich betrug sie bis ins 19. Jahrhundert nur um die 20 Jahre. Besonders die Säuglingssterblichkeit war hoch. Geschätzt wird, dass bis zu einem Drittel der Kleinkinder bereits im ersten Lebensjahr verstarb. Für die Gesellschaft und die Familie in Afrika hatte das vielfältige Konsequenzen. Voreilig wäre die Schlussfolgerung, dass man durch emotionale Distanz oder gar Kälte gegenüber den eigenen Kindern versuchte, quasi antizipierend mit dem möglichen Tod der Kinder zurechtzukommen. Die Namensgebungen deuten eher auf eine Beschwörung des Schicksals oder der Geister hin. Denn Kinder waren gerade angesichts der ständigen Bedrohung durch Hunger und Krankheit außerordentlich wertvoll. Sie sicherten die Existenz der Familie und des Klans. Trotzdem setzte man offenbar nicht allein auf eine hohe Geburtenzahl, um möglichst viele überlebende Kinder zu garantieren. Vielmehr war das durchschnittliche Alter von Frauen bei der ersten Geburt mit rund 20 Jahren für eine vorindustrielle Gesellschaft relativ hoch, und vor allem waren die Intervalle zwischen den Geburten recht lang; in der Regel hatte eine Frau in der Phase ihrer Fruchtbarkeit nur sechs Geburten. Dazu trug offenbar eine lange Stillzeit bei, die aus gesundheitlichen und praktischen Gründen üblich war; Schätzungen gehen von mindestens zwei Jahren aus, in manchen Berichten ist auch von drei bis vier Jahren die Rede. In dieser Zeit war der Geschlechtsverkehr tabuisiert. Derart sollten vermutlich die Überlebenschancen von Müttern und Kleinkindern erhöht werden.

Die Bedeutung von Kindern für den Fortbestand der Gemeinschaft förderte auch die Polygynie. Nicht alle, aber die Mehrheit der Frauen war davon betroffen. Das bedeutete indes auch, dass ein Großteil der Männer unverheiratet blieb, weil keine Frauen mehr verfügbar waren. Dafür waren die sexuellen Sitten in manchen Gesellschaften recht liberal, gelegentlich tolerierte man sogar außereheliche Geschlechtsverkehr, auch die Scheidung einer Ehe scheint vielfach möglich gewesen zu sein. Allerdings geschah dies immer zum Nachteil der Frau, die bei manchen südafrikanischen Völkern zum Beispiel den Anspruch auf ihre Kinder verlor. Außerdem beförderte die Polygynie die Auseinandersetzungen um Frauen. Möglicherweise standen damit auch die scharfen Generationskonflikte und die sorgfältigen Übergangsvorschriften in Zusammenhang, die für West- wie für Ostafrika belegt sind. Das Generationen- und Altersklassensystem drückte den Konflikt aus und versuchte ihn zugleich rituell einzuhegen. In den Übergangsriten wurde die Verdrängung der Alten symbolisch dargestellt. Die Jungen führten dabei Scheinkämpfe gegen die Alten aus, aber es konnte auch Teil des Übergangsrituals sein, dass die Jungen auszogen, um sich Kämpfe mit den jungen Kriegern anderer Siedlungsgruppen zu liefern. Eine bedingungslose Hochschätzung des Alters, wie sie im Nachhinein zur typisch afrikanischen Eigenschaft erklärt worden ist, wäre unter den Bedingungen allgegenwärtiger, auch kriegerischer Bedrohung nicht sinnvoll gewesen. Wenn die Älteren auch in Ratsgremien und Ämtern dominierten, finden sich in den mythischen Erzählungen doch immer wieder Berichte über ein Aufbegehren der Jungen und ihre Kämpfe gegen die Alten.

Dabei ging es oft um die Konkurrenz der Männer, auch der Väter und Söhne, um Frauen. In den Altersklassensystemen wurde die Eheschließung der Männer gesteuert. Solange junge Männer in der Kriegerklasse verblieben, bis etwa zum Alter von 30 Jahren, durften sie nicht heiraten. Die Klasse der Erwachsenen behielt also nicht nur die politische Macht, sondern wehrte auch die Konkurrenz der Jüngeren um Frauen ab. Frauen erscheinen in patrilinearen Systemen dabei bloß als Objekte. Für sie wurde ein Brautpreis gezahlt, dafür war die Jungfräulichkeit vor der Ehe wichtig. Vielfach wurde die Ehe auch durch Entführung der Braut begründet; der Erfolg legitimierte das Vorgehen. Frauen hatten in der Regel die weniger angesehenen Arbeiten zu verrichten, wobei bei einzelnen Gruppen damit sehr Unterschiedliches gemeint sein konnte. Im Extremfall oblag den Männern nur die Rodung des Waldes oder Buschlandes, ansonsten die Jagd, die zugleich in Erzählungen als heroisch-männlicher Kampf dargestellt wurde. Frauen hatten sich dann um die Feldarbeit und die Viehzucht zu kümmern. Nur selten genossen sie daraus abgeleitete Sonderrechte. In manchen Gesellschaften, etwa bei den Shona, wurde Feldarbeit auch von Männern verrichtet. Eine bessere Stellung in der Familie, wenn auch, wie gesagt, nicht in öffentlichen Ämtern, genossen Frauen in matrilinearen Gesellschaften. Hier gab es allenfalls einen geringen Brautpreis. Die Familie der Frau band den Bräutigam zunächst ein, etwa durch die Pflicht, für den Schwiegervater zu arbeiten. Frauen waren angesehen und wurden auch durch Grabbeigaben geehrt, wie bei einigen zentral- und ostafrikanischen Gruppen zu sehen ist.

Ein Effekt der relativ geringen Geburtenzahl und der hohen Kindersterblichkeit war, dass das Wachstum der Bevölkerung sich selbst in vergleichsweise stabilen Zeiten nur äußerst langsam vollzog; jährlich nahm die Bevölkerung allenfalls um wenige Promille zu. Massive Bevölkerungsverluste durch Hunger und Kriege konnten deshalb nur auf lange Sicht ausgeglichen werden. Doch beruht schon diese Aussage auf Vermutungen und Schlussfolgerungen, Aussagen über absolute Bevölkerungszahlen erscheinen vollends unmöglich. Die Schätzungen gehen deshalb in der Forschungsliteratur weit auseinander. Sehr unterschiedlich ist zudem, wie hoch die Verluste durch Sklavenhandel und später durch die Kolonialherrschaft veranschlagt werden. Gehen manche Bevölkerungshistoriker von einer Stabilität oder einem langsamen, seit dem 20. Jahrhundert beschleunigten Wachstum der afrikanischen Bevölkerung aus, das von 1650 bis 1950 zu einer Verdoppelung geführt habe, nehmen andere einen Rückgang seit dem späten 17. Jahrhundert an, der sich seit 1850 beschleunigt habe und bis etwa 1950 zu einer Halbierung im Vergleich zu 1650 geführt habe. Zu Beginn unserer Zeitrechnung dürfte die Bevölkerungszahl Afrikas nicht mehr als zwölf (nach anderen Schätzungen sogar nur zwei) Millionen Menschen ausgemacht haben. Für 1650 schwanken die Schätzungen zwischen 100 und 260 Millionen (bei einer geschätzten Weltbevölkerung von 500 Millionen Menschen), bis 1800 dürfte die Bevölkerung Afrikas nur minimal gewachsen sein (während die Weltbevölkerung auf gut 900 Millionen Menschen anstieg). Regional war die Bevölkerungsentwicklung in jedem Fall höchst unterschiedlich, abhängig von jeweils spezifischen Bedingungen, was Natur, Wetter und Katastrophen anging. Gesamtzahlen der Bevölkerungsentwicklung, wenn man sie denn seriös ermitteln könnte, wären also wenig aussagekräftig.

Wichtiger ist auch hier die Differenzierung: die Ungleichzeitigkeit von Wachstum und Rückgang, die Aufteilung der Bevölkerung, die Bevölkerungsdichte. Im Westen wie im Osten gab es dicht besiedelte Regionen: Im Westen war dies die Städtelandschaft der Yoruba, im Osten das Gebiet der großen Binnenseen. Dort wie hier gab es allerdings auch große Landstriche, die gar nicht besiedelt waren. Der Wechsel von Hügeln und Tälern wie in Ruanda oder der Wechsel von Hochflächen und tiefen Einschnitten wie in Kenia bot ein vielfältiges Potential, wiederum allerdings mit entscheidender Bedeutung des Wassers. Die Landschaft ließ es hier zu, den Wechsel von Hochwasser und Dürre zu nutzen, indem man vor dem Hochwasser auf Anhöhen zog und später wieder die überschwemmten Gebiete als Anbauflächen nutzte. Trotz dichterer Besiedlung war Ostafrika daher noch stärker agrarisch dominiert als Westafrika. Hier konnten auch agrarische Produkte systematisch angebaut werden, um sie als Handelsgüter einzusetzen, so etwa die Banane.

Dennoch blieb die Wirtschaftsstruktur insgesamt kleinteilig. Ein Geflecht vieler kleiner Wirtschaftsregionen charakterisierte den afrikanischen Kontinent. Die Siedlungsinseln waren zunächst im Wesentlichen auf Subsistenzwirtschaft gegründet. Zunehmend aber wurden sie auch durch kleine regelmäßige Märkte verbunden, auf denen Vieh und Überschüsse der Feldproduktion sowie besondere Produkte des jeweiligen Ortes gehandelt wurden. Auf Märkten umgesetzt wurde auch Fisch, etwa vom Niger oder Kongo. Als geräucherter oder getrockneter Fisch wurde er transportiert und verkauft. Selbst eine Art Währung wurde benutzt: In Westafrika dienten dazu häufig Kaurimuscheln, die über Nordafrika eingeführt wurden, freilich nicht überall akzeptiert waren, oder selbst hergestellte Tuche. Produktionsbedingungen und Verkehrsverhältnisse begrenzten die Reichweite derartiger Märkte. In der Regel blieb das Einzugsgebiet auf die Entfernung eines mehrstündigen Fußmarsches beschränkt. In weiten Regionen gab es allerdings bis ins späte 18. und 19. Jahrhundert hinein keine ständigen Märkte. Hier übernahmen reisende Händler den notwendigen Austausch von Waren.

Größere Entfernungen waren mit Waren schwer zu bewältigen. Zum Transport waren angesichts des Zustands der Pfade Rad und Wagen nicht brauchbar, vielmehr wurden teilweise Tiere benutzt: Kamele in den nördlichen Regionen, Esel am Südrand der Savanne in West- und teilweise auch in Ostafrika, Ochsen in Ostafrika. Doch war der Esel erheblich teurer als das Kamel, zudem konnten in manchen von Krankheitserregern gefährdeten Regionen Lasttiere nicht eingesetzt werden. Hier mussten menschliche Träger einspringen. Besonders günstig war der Transport über Wasser, über Binnenseen oder Flüsse. Ein Träger konnte bis zu 30 Kilogramm tragen und 15 bis 30 Kilometer am Tag zurücklegen, ein Ruderer konnte in seinem Kanu 65 bis 90 Kilogramm transportieren und damit zum Beispiel auf dem Kongo bis zu 80 Kilometer am Tag flussabwärts und immer noch bis zu 50 Kilometer flussaufwärts zurücklegen. Die Flüsse waren allerdings nur teilweise schiffbar, Zwischentransporte der Kanus über Fußwege verteuerten den Transport unverhältnismäßig.

Dichte Austauschverhältnisse entwickelten sich vor allem an der Küste und an den großen Flüssen. In den politischen Formationen des Kongogebiets dürfte es seit dem 16. Jahrhundert regelmäßige Regionalmärkte gegeben haben. In den städtischen Siedlungen an der Ostküste, im Swahili-Gebiet, wurden seit dem 14./15. Jahrhundert immer weniger gewerbliche Produkte selbst hergestellt, vielmehr konzentrierte man sich ganz auf den Handel. Das verstärkte die Abhängigkeit vom Hinterland. Die Städte konkurrierten insofern um den Zugriff auf die Gemeinden im Binnenland, und die Großhändler waren darauf angewiesen, ihre Kontakte zu den Produzenten zu pflegen. Die größeren Flüsse, Sambesi, Tana, Juba und Webe Schebele, stellten auch hier die Verbindung her. Gold, Kupfer und Elfenbein oder landwirtschaftliche Produkte wie Bananen und Reis wurden für den Bedarf der Städte und besonders für die Ausfuhr vom ostafrikanischen Binnenland an die Küste gebracht, dafür nahmen Produkte wie Baumwolle, Seide oder Perlen ihren Weg ins Landesinnere. Küstenstädte wie Mombasa waren daher schon vor der Kolonialzeit höchst geschäftige Marktorte, an denen sich Kaufleute unterschiedlicher Kulturen trafen.

In den ostafrikanischen Küstenstädten verknüpften sich Nah- und Fernhandel. Der Fernhandel in Ost- und Westafrika umfasste zum einen wichtige Güter, die nur in bestimmten Regionen vorhanden waren oder produziert wurden. Das konnten etwa Fischereiprodukte sein, aber auch Eisenwaren und Kupferprodukte. Er umfasste zum anderen Güter, die in Europa und im arabischen Raum verkauft wurden. Bedeutsam waren einmal der Fernhandel über die Transsahara-Routen, sodann der Handel über die westafrikanische Küste und schließlich der Handel im Indischen Ozean. Der Transsahara-Handel wurde von Karawanen getragen, die bereits im 15. und 16. Jahrhundert mehrere Tausend Kamele umfassen konnten. Es ging vor allem um Gold, das vom Inneren Afrikas nach Norden gebracht wurde, um Salz, das für die Agrarbevölkerung lebensnotwendig war, und später um Sklaven. Hier wie im Küstenhandel war die Kehrseite des Exports von Sklaven der Import von Feuerwaffen, die begehrt waren, weil sie Macht und Prestige versprachen. Im 18. Jahrhundert machten Gewehre und Pulver rund ein Fünftel des Werts der Waren aus, die von England nach Afrika verschifft wurden; insgesamt sollen in vorkolonialer Zeit mehrere Millionen Gewehre nach Afrika gebracht worden sein. Weil der Fernhandel wertvolle Güter betraf, Sicherheit beim Transport verlangte und beträchtliche Einnahmen durch Wegeabgaben versprach, trug er zur Ausbildung starker Autoritäten und zur Verdichtung von Staatlichkeit bei. Nicht weniger bedeutsam, aber anders geartet, war der Handel im Indischen Ozean, der nach Indien oder über den Persischen Golf in den arabischen Raum führte. Auch hier zählten Sklaven zu den wichtigen Handelsgütern.

Trotz mancher Berichte und archäologischer Befunde weiß man nach wie vor wenig über die gesellschaftlichen Folgen von Wirtschaft und Handel im vorkolonialen Afrika. Mythen und Chroniken wie auch mündliche Erzählungen geben kein vollständiges Bild über Veränderungen und Entwicklungsdynamik. Doch scheint sicher, dass städtische Siedlungen, gewerbliche Produktion und Handel die Arbeitsteilung beförderten und das gesellschaftliche Gefüge um so mehr in Frage stellten, je mehr neue Räume in einen globalen Austausch eingebunden wurden. Tendenzen, die auch in abgeschotteten Gesellschaften schon angelegt waren, wurden dadurch verstärkt. Dazu zählte die Herausbildung von berufsständischen Gruppen mit einem besonderen Bewusstsein und Ehrenkodex. Das betraf spezialisierte Gewerbe, etwa im Bereich von Töpferhandwerk, Eisenverarbeitung, kunsthandwerklicher Glas- und Keramikherstellung oder Baumwoll- und Lederverarbeitung. Daraus bildeten sich wiederum Korporationen oder Gilden, die ein eigenes raumübergreifendes Netzwerk knüpften. Eine solche Korporation von herausragender Bedeutung und mit ausgeprägtem Sonderbewusstsein waren die Eisenschmiede, die seit der Jahrtausendwende das Werkzeug für den Ackerbau ebenso wie Waffen für Jagd und Kriegszug herstellten. Aber auch andere Berufe, etwa die Fischer, konnten in eigenen Bünden zusammengeschlossen sein und sich eine Sonderstellung in der Gesellschaft sichern. Dasselbe gilt für die Handelsvereinigungen und Handelsbünde, die namentlich für den westafrikanischen Raum belegt sind und etwa den Handel in Benin dominierten.

Schwierig ist zu beurteilen, wie stark die Gesellschaften sozial differenziert waren und worin sich soziale Distanz ausdrückte. Jedenfalls legten west-, ost- und südafrikanische Gesellschaften Wert auf materiellen Reichtum. Sozialer Vorrang und Wohlstand konnten schon durch die Zahl der Frauen ausgedrückt werden. Reichtum bemaß sich im Übrigen an Vieh und Landbesitz. Bei Feldbauern ging es um Zugtiere, bei Viehzüchtern um Rinder. Klientelverhältnisse konnten aufgebaut werden, indem der Viehbesitzer ein oder mehrere Rinder an einen Klienten ausgab, dies sowohl zur Nutzung des materiellen Ertrags als auch des Prestiges, was mit Viehbesitz verbunden war. Eine grundsätzliche soziale Grenze zog sich ebenfalls zwischen denen, die über Land verfügten, und den Landlosen. Sozial differenziert waren darüber hinaus die Wohnformen, von Steinhäusern zu Hütten, die soziale Hierarchie drückte sich auch in der Anordnung von Wohnbauten aus. Weitere äußere Merkmale standen für materiellen Erfolg, etwa die Art der Ernährung. Über Klientelverhältnisse, die beispielsweise durch die Ausgabe von Vieh gegen Loyalität und Hilfsdienste begründet werden konnten, verfestigte sich das soziale Gefälle, dies selbst in segmentären Gesellschaften, die keine politische Zentralautorität kannten. Auch hier dominierten *big men*, die ihren Vorrang durch Tradition, Wohlstand und Patronage gleichermaßen begründeten. Ausweichmöglichkeiten gab es, solange die Besiedlung locker war und weite ungerodete Landstriche zur Verfügung standen. So konnten Unzufriedene oder aufstiegswillige Konkurrenten der *big men* aus dem eigenen Sozialverband ausscheiden und eine neue Ansiedlung gründen. Sanktionen hatten sie nicht zu befürchten. Die afrikanischen Gesellschaften waren in dieser Hinsicht doppelgesichtig: einerseits in hohem Maß von sozialen Zwängen und Riten eingegrenzt, andererseits im wahrsten Sinn des Wortes offen. In Religionen und Kulten fand dieser scheinbare Widerspruch seinen Ausdruck.

Religion und Kultur

Die Erforschung der Geschichte von Religion in Afrika wirft mannigfache Probleme auf. Das beginnt mit den Quellen. Da afrikanische Religionen fast durchweg keine Schriftreligionen waren, stehen nur drei Gattungen an Quellen zur Verfügung, gegen die alle grundsätzliche Einwände erhoben werden können: Berichte von Reisenden und Missionaren, erstens, geben äußere, punktuelle Eindrücke von Fremden wieder. Den auswärtigen Beobachtern wurde ein beträchtlicher Teil der Zeremonien, etwa Eidzeremonien und Elemente der Übergangsriten, nicht zugänglich gemacht. Die Beobachter, durchweg entweder Muslime oder Christen, sahen von vornherein die beobachteten Phänomene als Ausdruck »primitiver« Kulturen, von Aberglauben und Fetischismus an. Gegenständliche Überreste wie Masken oder Altäre, zweitens, bedürfen der Deutung. Ohne Kenntnis ihres Kontextes, ihrer Nutzung in der religiösen Praxis bleiben sie aussagelos. Heute noch praktizierte Formen des Kults, drittens, lassen, auch wenn sie scheinbar unvordenklichen Traditionen zu entsprechen scheinen, keine unmittelbaren Rückschlüsse auf die historische Praxis von Religion in Afrika oder gar auf die Geschichte von afrikanischen Religionen zu. Denn es ist nicht nur schwierig, sondern auch problematisch, eigentlich »afrikanische« Religionen zu ermitteln und von »synkretistischen« oder »hybriden« Formen abzugrenzen, die sich in der Begegnung mit Islam und Christentum entwickelt hätten. Die Gefahr einer essentialistischen Verzerrung liegt nahe, wenn man nach spezifisch afrikanischen Religionen und Kulten sucht und etwa von animistischen oder Naturreligionen spricht. Religionen in Afrika waren weder homogen noch statisch, sie waren beständig äußeren Einflüssen und inneren Wechselwirkungen ausgesetzt, sie treten zudem erst in dem Moment in den Blick, als sie bereits in einen Austausch eingebunden waren; sie waren insoweit ebenso transkulturelle Phänomene wie Islam und Christentum. Denn auch diese wurden nicht in quasi reiner Form nach Afrika importiert, sondern gingen vielfältige Verbindungen mit vorgefundenen religiösen Praktiken und Normen ein.

Dennoch lassen sich verschiedene Merkmale von Religion in Afrika phänomenologisch beschreiben, die sich signifikant von religiösen Formen in Europa und im arabischen Raum unterschieden und vor allem auch darauf verweisen, dass Religion in Afrika andere Funktionen haben konnte als in Europa. Dazu zählt an erster Stelle, dass Religion im subsaharischen Afrika immer die Religion eines Volkes, einer Ethnie oder einer anderen soziopolitischen Einheit war. Sie galt nur für diese, schloss also die Akzeptanz anderer religiöser Formen und Glaubensrichtungen als angemessene Form der Religiosität für andere Gruppen nicht aus. Ein Nebeneinander von verschiedenen religiösen Ausrichtungen war durchaus möglich. Selbst einzelne Mitglieder der Gruppe konnten Elemente anderer religiöser Ausrichtungen integrieren, daher rührt der viel beobachtete Eklektizismus der Religiosität im Zeitalter von Mission und Kolonialismus. Gerade das allerdings war für monotheistische Religionen wie das Christentum und den Islam zumindest im Grundsatz nicht akzeptabel. Daraus resultierten Missverständnisse bei der Begegnung dieser Großreligionen mit afrikanischen Gruppenreligionen.

In dieser Perspektive ist es gleichermaßen nicht unproblematisch, Religion getrennt von Politik und Gesellschaft zu behandeln. Denn anders als im Kontext moderner europäischer Staatlichkeit und Staatsrechtstheorie wurde in afrikanischen Gesellschaften Religion nicht als besonderer oder gar privater Bereich gedacht. Das Religionsverständnis war holistisch, es umfasste den ganzen Menschen, unabhängig davon, in welcher Eigenschaft und Situation er handelte. Eine Trennung von Privatem und Öffentlichem gab es ohnehin nicht. Die religiöse Gemeinschaft war auch

keine Vereinigung, der man beitreten und die man wieder
verlassen konnte. Religion, Kult und religiöse Praktiken
waren vielmehr Teil der gesamten Lebenswelt einer Gruppe. Sie begleiteten den Lebenslauf des Einzelnen wie den
Weg der Gemeinschaften, denen er angehörte. Die Bestimmung über die Kulte war zugleich mit gesellschaftlichem
Vorrang verbunden. So dominierten diejenigen, die sich
als ursprüngliche Siedler oder deren Nachkommen etablieren konnten, den Kult des Dorfes. Religion war aber nicht
nur herrschaftlich vermittelt. Vielmehr wurde sie ständig
umgeprägt und neuen Bedürfnissen angepasst. Gruppen
etwa, die sich abspalteten und neue Siedlungen gründeten,
konnten auch eigene Kulte entwickeln. Zudem bildeten
sich jenseits der Bindungen von Klan und Lineage religiöse Bünde und Gesellschaften, die es sozialen Gruppen
erlaubten, sich eigenständig und unabhängig von der dominanten Religion Kulte und Praktiken anzueignen und
dadurch ihre gesellschaftliche Position neu zu definieren.
   Religionen des vorkolonialen Afrika waren polytheistisch, aber sie kannten wohl oft, wenn auch möglicherweise schon durch den Einfluss christlichen Gedankenguts,
ein höchstes Wesen, das als Schöpfergeist beziehungsweise
Schöpfergott gedacht war. Die Vorstellung vom Schöpfergott konnte vage sein wie bei den westäquatorialafrikani-
schen Kongo oder relativ präzise wie bei den ostafrikanischen Kikuyu und Luo. Die Gottesvorstellung konnte in
Abstraktion entschwinden. Jedenfalls stand der Schöpfergott für sich selbst, er genügte sich selbst, er hatte, wie es
bei manchen Völkern, etwa den Kikuyu, hieß, weder Eltern noch Kinder und aß nicht. Er war körperlich und
bildlich nicht zu erfassen und auch zeitlich nicht eingrenz-
bar. Der Schöpfergott stand am Anfang der menschlichen
Geschichte und der Geschichte des eigenen Volks. Er war
im Prinzip allgegenwärtig, konnte aber einen bestimmten
Aufenthaltsort haben, wo er für den Menschen erkennbar
war. Neben dem Schöpfergott gab es weitere Gottheiten.

Das konnte in der Variante des griechischen Götterhimmels gedacht werden, mit einem Zeus an der Spitze, oder im Dualismus eines guten Schöpfergottes im Himmel und einer Gegengottheit, die sich an einem anderen Ort aufhielt, zum Beispiel im Wasser, und für das Böse verantwortlich war. Die Akamba in Ostafrika kannten einen obersten Gott (*Mulungu*), der zwei Hilfsgötter, darunter einen Schöpfergott, hatte. Die Chagga im Gebiet des heutigen Tansania nannten ihre höchste Gottheit *Ruwa* (»Sonne«). Dieser Gott war kein Schöpfergott, aber verantwortlich für eine freie Menschheit sowie die Früchte und Pflanzen. Die Kikuyu in Ostafrika verstanden die oberste Gottheit, den Schöpfergott, den sie als *Mwene-Nyaga* (»Besitzer des Lichts«), *Ngai* oder *Mogai* bezeichneten, als denjenigen, der das Land unter den Völkern verteilt hatte. Der eigene Urahn und Gründer des Volkes, Gikuyu, war demnach von *Ngai* zu sich gerufen worden, um seinen Anteil an Land zu erhalten. *Ngai*, der im Himmel wohnte, schuf sich zugleich einen Berg, den Kere-Nyaga (»Berg des Lichts«), auf dem er sich aufhalten wollte, wenn er auf der Erde weilte. Dort sollten die Menschen auch Zeichen seiner Größe und Wunder erhalten. Deshalb mussten sie bei den wichtigen Ereignissen und Ritualen der Gemeinschaft nicht nur zu *Ngai* beten, sondern sich auch beim Gebet mit dem Gesicht dem heiligen Berg zuwenden. Diese Version der Schöpfungsgeschichte der Kikuyu ist freilich selbst ein Konstrukt. Sie findet sich vor allem in der Darstellung, die der kenianische Politiker und spätere Präsident Jomo Kenyatta über Geschichte und Leben der Kikuyu verfasst und 1938 unter dem Titel *Facing Mount Kenya* veröffentlicht hat. Kenyatta selbst wollte sich in die Traditionen der Kikuyu stellen, deren Mythen, die er aufzeichnete und zum gemeinsamen Mythos verschmolz, wollte er sich gewissermaßen aneignen. Der Kere-Nyaga, der zum heiligen Ort der Kikuyu geworden war, spielte darin eine entscheidende Rolle. Tituliert nunmehr als Mount Kenya, wurde er nicht nur zum Symbol und Namensgeber der Kolonie und dann des nachkolonialen Staats Kenia, sondern auch zum Namenspatron Kenyattas selbst. Er diente zu verschiedenen Zeiten jeweils anderen religiösen und religiös-politischen Gruppierungen als Orientierungspunkt.

Unterschiedlich war freilich, welche Funktion die zentrale Gottheit hatte. Bei einigen Völkern konnte der Schöpfergott von jedem Einzelnen im Gebet angerufen werden, bei anderen war er nur für die gemeinsamen Angelegenheiten eines Dorfes oder Klans zuständig. Zum Teil widersprechen sich die überlieferten Mythen. Jedenfalls hatte der Schöpfergott zwar eine herausragende Position inne, nie aber diktierte er im Sinne monotheistischer Religionen absolute Werte. Vielmehr gab es zahlreiche weitere Gottheiten oder Geister, die den Alltag bestimmten, denen Opfer dargebracht werden mussten und die Regeln vorgaben. Das waren zum einen Naturgeister, zum anderen die Ahnen. Die Natur wurde bei vielen Völkern als beseelt gedacht (»Animismus«). Sie war voller Geister, und diese Geister waren in der Lage, mit Vorsatz zu handeln. Sie konnten und mussten daher verehrt und besänftigt, bestochen und beeinflusst werden. In der Natur fanden sich auch die heiligen Orte, die in den meisten afrikanischen Religionen eine wichtige Rolle spielten. Dazu zählten an erster Stelle Berge, die quasi schon durch ihre immanenten Eigenschaften die Vorstellung göttlicher Überhöhung auf sich zogen. Zumal wenn sie schwer zu besteigen waren, wie der Mount Kenya oder besonders der Kilimanjaro, standen sie für Entrücktheit und Größe der Gottheit, zugleich aber auch für ihre beständige Anwesenheit und Sichtbarkeit.

Allerdings war der Blick auf die Natur ambivalent: Die unzivilisierte Natur, Busch und Wald, beheimateten, wie angesprochen, vor allem die bösen Geister. Die entscheidende Trennlinie verlief zwischen Zivilisation beziehungsweise Siedlung und kultiviertem Boden einerseits, der Wildnis andererseits. Hier herrschten besondere Gesetze und Mächte, die dem Menschen im Regelfall nicht zugänglich waren, hier lauerten Gefahren für die Dorfbewohner. Gleichzeitig barg der Wald aber auch Lebensnotwendiges, Heilpflanzen und möglicherweise auch Nahrungsreserven, Tiere und Pflanzen, die Jäger und Sammler aus Busch oder Wald gewinnen mussten. Nur besonders eingeweihte Menschen oder besonders herausgehobene Gruppen konnten es wagen, die Geister der Wildnis zu bekämpfen.

Neben den Naturgeistern spielte der Ahnenkult in zahlreichen afrikanischen Religionen eine zentrale Rolle. Die Ahnen wurden häufig mit Grabbeigaben bestattet, darunter auch Waffen, mit denen sie im Jenseits bestehen konnten. Nur dadurch waren sie in der Lage, den Nachkommen in Geistgestalt weiterhin zu helfen. Die Ahnen waren dabei nicht wirklich vergangen, sie standen in einer unlösbaren Verbindung mit den Lebenden. Grenzen zwischen Leben und Tod gab es insofern nicht, wie es der senegalesische Schriftsteller und Politiker Léopold Sédar Senghor einmal ausgedrückt hat. In einer Gesellschaft, die durch Kindersterblichkeit, Hungersnöte und Kriege beständig mit dem Tod konfrontiert war, erleichterte diese Vorstellung den Umgang mit dem Verlust von nahen Verwandten. Die Beisetzung der Ahnen war daher auch keine Trennung oder Ablösung von den Vorfahren, vielmehr bestätigte sie die Verbindung. Durch die Beisetzung der Ahnen wurde häufig der Boden für die Gemeinschaft reklamiert. Umgekehrt stellte jede Vertreibung vom Boden, zum Beispiel durch Kolonialherren und ihre Landpolitik, einen Angriff auf die Ahnen und die religiösen Werte der Gemeinschaft dar. Im Einzelnen waren die Formen der Ahnenverehrung unterschiedlich. So konnten neben den lang verstorbenen Vorfahren der Gemeinschaft auch die in jüngerer Zeit Verstorbenen einbezogen werden, die gewissermaßen als Schatten angesehen und verehrt wurden.

Schließlich konnten auch bestimmte Objekte als Fetische kultisch verehrt werden. Ihnen wurde magische Kraft zugesprochen. Der Fetischglaube war unterschiedlich verbreitet, im äquatorialen Raum findet er sich wohl vor allem in den Küstengegenden. Der Glaube, mit Hilfe von Amuletten das Schicksal bannen zu können, gehört ebenfalls in diesen Kontext. Das alles zeigt auch die Bedeutung religiöser Praktiken für den gesellschaftlichen Zusammenhalt. Die Gemeinsamkeit der Gruppen entstand in schriftlosen afrikanischen Kulturen nicht durch gemeinsame Texte, einen gemeinsamen Glauben oder eine gemeinsame Gottheit, sondern durch gemeinsame Rituale. Diese umfassten auch Opfergaben (in der Regel Tiere wie Hühner, Ziegen und Rinder, manchmal wird von Menschenopfern berichtet). Religiöse Zeremonien und Anbetungen wurden da vollzogen, wo die Geister vermutet wurden: bei den Gräbern der Ahnen oder bei den natürlichen Phänomenen, die als beseelt empfunden wurden, das heißt bei oder mit Blick auf Wald, Gewässer, Höhlen, Felsen oder Berg, etwa an Granitfelsen bei den westafrikanischen Hausa. Altäre, Schreine oder andere Weihestätten wurden dagegen selten fix angelegt, allenfalls gab es sie bei Ahnengräbern. Meist handelte es sich aber um ephemere Anlagen. Die lokale Starrheit von Kirche und Altar widersprach der offenen Funktion einer Weihestätte kleiner afrikanischer Personenverbände. Wenn sich allerdings die gesellschaftlichen Strukturen ausdifferenzierten und größere Formationen entstanden wie bei den Yoruba, dann konnten auch räumlich gebundene Kult- und Weihestätten oder Tempel errichtet werden.

Nur in bestimmten Fällen waren Anbetung und religiöser Akt dem Individuum überlassen, in der Regel handelte es sich um kollektive Zeremonien, die von einem Medium oder Kultbeamten, einem Wahrsager, Weissager, Medizinmann, Orakel, Priester oder Klanältesten, begleitet oder vollzogen werden mussten. Wenn eine Kultstätte existierte, bedurfte es meist eines Priesters, der dort die kultischen Handlungen anleitete. Auch »Besessene« konnten als Medium dienen, durch das die Geister erkennbar wurden. Umgekehrt konnte ein Priester eine Art kollektive »Besessenheit« oder Trance durch religiöse Praktiken erzeugen, um die Teilnehmer in einen Zustand höherer Erkenntnisfähigkeit zu versetzen. Die Medien entschieden, von welchem Geist für ein konkretes Problem Abhilfe zu erwarten war. Die Priester traten auch an zentralen Wendepunkten der Gemeinschaft in den Mittelpunkt. So hatten sie bei manchen Formationen die Aufgabe, den Herrscherwechsel zu vollführen. Selbst allerdings wurden sie nicht zu Herrschern: Auch wenn das politische Führungsamt regelmäßig sakralisiert wurde und Könige häufig als gottgleiche Geschöpfe galten, blieben doch religiöses und politisches Führungsamt in den politischen Reichen im Prinzip getrennt; nur auf der Ebene von Familie und Klan waren Führungsaufgabe und religiöse Funktion gekoppelt. In den Reichen führten die Sonderstellung und Machtfülle der Priester zur Einschränkung profaner politischer Autorität. Deshalb bemühten sich politische Führer häufig, die Religion unter ihre Kontrolle zu bringen und einen Staatskult zu initiieren, so etwa bei Völkern Zentralafrikas wie den Luba und Lunda oder in besonders konsequenter Variante im ostafrikanischen Buganda.

Der Einzelne hatte ein mittelbares Verhältnis zum Kult und zur Gottheit. Die Medien konnten die Ahnen und Naturgeister zum Sprechen bringen und deren Botschaften den Lebenden mitteilen. Über die Medien und Priester wurden die Werte und Forderungen der Gemeinschaft an die Gottheiten und Geister wie auch an den Einzelnen vermittelt. Darunter stand die Fruchtbarkeit von Mensch und Boden an erster Stelle; beides wurde oft miteinander verknüpft wahrgenommen. Die Brauchbarkeit von Religion und Mittlern wurde daran gemessen, ob sie für die

Menschen unmittelbaren Nutzen abwarfen. Die Religionen waren insofern nicht nur sehr diesseitsorientiert, sondern auch pragmatisch. Deshalb konnte es vorkommen, dass Regenmacher bei Misserfolg hingerichtet wurden. Das erklärt zudem das auf den ersten Blick widersprüchlich erscheinende Verhalten gegenüber Herrschern. In den politischen Großverbänden und Reichen wurde der Herrscher zwar häufig religiös überhöht und wie eine Gottheit verehrt. Doch konnte er bei Fehlverhalten und Versagen nicht nur zum Amtsverzicht, sondern, wie gesagt, in manchen Fällen sogar zur Selbsttötung genötigt werden. Auch das Schlechte wurde also über Personen vermittelt. Missernten und Unglücksfälle wurden auf das Wirken böser Geister und die Einflussnahme menschlicher Medien zurückgeführt. Daher rührte der vielen afrikanischen Religionen eigene Glaube an die Wirkung von Hexerei. Hexen wurden aufgrund äußerer Merkmale wie Missgestalt oder Kinderlosigkeit erkannt oder durch Proben, etwa einen Kräuter-Gifttrank, ermittelt. Sie wurden besonders für die Unfruchtbarkeit von Boden wie Frauen verantwortlich gemacht. Daher mussten sie aus der Gemeinschaft ausgeschlossen oder sogar getötet werden. Das geschah teilweise in ritualisierter Form, teilweise auch durch höchst brutale Lynchpraktiken.

Religiöse Praktiken hatten dabei nicht nur eine herrschaftliche, sondern auch eine gemeinschaftlich-egalitäre Konsequenz. Sie dienten der Einübung in die Regeln der Gemeinschaft und dem Erlebnis von Gemeinsamkeit. Sie grenzten ein und grenzten ab. Die Beschneidungsjahrgänge waren durch Zeremonien zu unauflöslichen Gruppen zusammengebunden. Andere Vereinigungen und Bünde vollzogen ihren Zusammenschluss ebenfalls durch religiöse Rituale und Schwurzeremonien. Auch konnten bestimmte gesellschaftliche Gruppen sich besondere Kulte aneignen, um sich von der dominanten Religion abzusondern. Dies geschah nicht zuletzt dann, wenn Herrscher ei-

nen Staatskult zu etablieren versuchten oder wenn sie das
Christentum oder den Islam übernommen hatten. Der
Rückgriff auf die tradierte Religion konnte dann zum
Ausdruck von Opposition werden; den religiösen Praktiken und Geheimritualen kamen dabei integrierende und
abschottende Funktionen zu. Umgekehrt konnte aber
dann, wenn Autoritäten die tradierte Religion monopolisierten und in strikter Form zum Herrscherkult umgeformt hatten wie in Buganda, Christentum und Islam für
nachwachsende Generationen zum attraktiven Ausweg
werden, denn die neuen Religionen befriedigten Bedürfnisse nach ethischer Orientierung und Transzendenz.
Auch in dieser Perspektive gab es keine scharfe Trennlinie
zwischen Religion, Gesellschaft und Politik.

Vor allem war Religion nicht nur Teil der Kultur, sie
formte und steuerte auch das kollektive Gedächtnis. So
wie alle Religionen auf Erinnerungen fundiert sind, waren
autochthone Religionen in Afrika an erster Stelle Erinnerungskulturen. In einer schriftlosen Gesellschaft hatten
die Mittler und Priester das Monopol auf die Bewahrung
und Auslegung der Vergangenheit. Denn Schriftlosigkeit
bedeutete zwar, dass die Vergangenheit beständig umgedeutet und neuen Bedürfnissen angepasst werden konnte.
Sie bedeutete aber nicht, dass diese Umdeutung beliebig
gewesen wäre und sich in freier Konkurrenz der Überlieferungen und Sichtweisen durchgesetzt hätte. So gibt es
auf der einen Seite zahlreiche Beispiele dafür, dass in
mündlich überlieferten Erzählungen und Chroniken bei
Herrscherwechseln die dynastischen Stammbäume umge-
schrieben und ergänzt wurden, um den Interessen des
neuen Herrschers zu genügen. Auf der anderen Seite ist
ebenso eindeutig, dass angesichts der engen Verbindung
von Erinnerung, Kultur und Religion die Deutung der
Botschaften der Vergangenheit nur den berufenen Ältesten und Priestern zugestanden werden konnte. Diese entschieden, was überliefert wurde und wie es überliefert

wurde. Da alles Unglück auf Versagen von Menschen oder Mittlern zurückging, war das Verhältnis zur Vergangenheit ein grundsätzlich anderes als in der jüdisch-christlichen Tradition. Während in dieser Unglück und Katastrophen bewusst in Erinnerung gerufen werden, um eine Wiederholung zu vermeiden, wurden sie in nicht wenigen afrikanischen Gesellschaften aus dem öffentlich vermittelten kulturellen Gedächtnis ausgeklammert. Wenn man nämlich ein Unglück in Erinnerung rufe, so glaubten beispielsweise die Kikuyu in Kenia, drohe es sich zu wiederholen. Es musste also durch rituelles Vergessen gebannt werden. Über das Vergessen wachten die Ältesten oder Priester; das zu Vergessende war insoweit durchaus noch bekannt.

Neben dem Erinnern und Vergessen des Besonderen diente die religiöse Erinnerungskultur aber auch dem Verständnis des Geschichtsverlaufs im Allgemeinen. Geschichte wurde dabei als zyklisch begriffen. Dies schuf die Sicherheit des ruhigen, wieder zu sich selbst zurückfindenden Laufs der Geschichte. Geschichte war auch in dieser Hinsicht nicht vergangen, sondern wiederholte sich: In der Generation der Enkel kehrten die Großväter zurück. Daher rührte die zyklische Benennung von Generationseinheiten, die bei einigen ostafrikanischen Ethnien wie den Kikuyu feststellbar ist. Das zyklische Verständnis des Geschichtsverlaufs stand in einer gewissen Spannung zu den mythischen Erzählungen, die einen Schöpfergott, einen Urvater der jeweiligen Ethnie, des Klans oder der Lineage und die Abfolge von Herrschern, Kriegen, Wanderungen und Niederlassungen kannten. Doch dienten diese Erzählungen auch dazu, die gemeinsamen Wurzeln mit der gemeinsamen Religion zu verbinden und den Erfolg der Gruppe aus der religiösen Fundierung abzuleiten. Mythen und religiöse Praktiken vermittelten zusammen die sittlichen Werte, die ein Recht im europäischen Sinn ersetzten, und in den Geistern der Ahnen und der Natur präsentierten sie zugleich die Kräfte, die befugt und in der Lage waren, Fehlverhalten zu sanktionieren. Recht und Religion waren daher eng miteinander verwoben. Teile dessen, was im europäischen Kontext dem Zivilrecht zugeordnet wird, etwa die Eheschließung, unterlagen den religiösen Sittengesetzen, das Bodenrecht war mit Vorstellungen der Sakralisierung von Land verbunden. Ein besonderes Strafrecht konnte es allerdings in den größeren Reichen geben: Diese kannten Strafkataloge von verschiedenen Formen der Todesstrafe über andere Körperstrafen bis zu Freiheitsentzug, Einzug des Eigentums oder Zwangsrekrutierung für das Militär. Aus Sicht europäischer Beobachter wurden Strafen mit höchster Brutalität exekutiert.

Religionen in Afrika waren offen, polytheistisch und multifunktional. Sie halfen, die Probleme des Alltags, der Lebensphasen und der Gemeinschaft zu bewältigen. Sie dienten dem Selbsterhalt der Gruppe. Der Einzelne stand in seiner Religiosität gerade nicht in einer unmittelbaren Beziehung zu Gott, sondern war an erster Stelle Teil der Gruppe. Soweit diese harmonisch zusammenwirkte und Erfolg hatte, diente das auch wieder dem Einzelnen. Von außen eindringende Religionen, der Islam ebenso wie das Christentum, wurden deshalb unter funktionalistischen Gesichtspunkten betrachtet: Übernommen und integriert wurde, was der eigenen Gruppe dienen konnte. Und wenn sich die neue Religion als erfolgreich erwies, konnte man sich ihr ganz anschließen, zumal dann, wenn man dadurch in eine neue Bezugsgruppe überwechselte. Das schloss allerdings nicht aus, dass man bewährte Praktiken und Elemente der tradierten Religiosität dabei mitnahm. Für missionarische Religionen war dies kaum verständlich.

Begegnungen und kultureller Transfer

Kontakt und Transfer im Bereich der Religion stehen exemplarisch für die Situation der Begegnung überhaupt, die die Geschichte Afrikas im zweiten Jahrtausend zunehmend geprägt hat. Für die meisten Europäer galt Afrika bis in das 19. Jahrhundert hinein als dunkler Kontinent: undurchschaubar und undurchdringlich, von fremdartig anmutenden, wilden Wesen besiedelt. Diese lebten demnach gemäß ihren seit Jahrhunderten überlieferten Sitten und waren von daher auch geschichtslose Völker. Zu dieser Sicht trug bei, dass europäische Händler und Reisende nicht tiefer in das Landesinnere vordringen konnten. Dennoch war Afrika immer schon ein Kontinent der Begegnung. Die Kulturen in Afrika waren keineswegs statisch, sondern höchst flexibel, mobil und anpassungsfähig. So vermochten sie vielfältige Anregungen von außen aufzunehmen und zu integrieren, und so veränderte sich Afrika beständig im Austausch mit der außerafrikanischen Welt. Das betraf vor dem 19. Jahrhundert an erster Stelle die Küsten. Doch gelangten auf diesem Weg – mehrfach vermittelt durch afrikanische Kaufleute, Gesandte und andere Reisende – nicht nur Nachrichten, sondern auch Kulturelemente, etwa südamerikanische Pflanzen wie Mais und Maniok, langsam bis ins Landesinnere. Vor allem zwei Faktoren waren mehr als anderthalb Jahrtausende lang, bis an den Vorabend des modernen Kolonialismus im 19. Jahrhundert, Träger und Motoren des Kulturaustausches: der Handel und die Religion. Beide waren oft miteinander verknüpft, Händler fungierten als Mittler zwischen den Kulturen und trugen unbewusst auch zum Transfer religiöser Vorstellungen bei. Die Mission im engeren Sinn, die allein religiös motivierte Expansion islamischer oder christlicher Prägung, spielte dabei im subsaharischen Afrika vor dem 19. Jahrhundert nur eine geringe Rolle.

Am Anfang stand das Christentum. Schon im 2. Jahrhundert drang es nach Ägypten vor und breitete sich dann vor allem von Alexandria aus. Dabei profitierte es von der Schwäche der altägyptischen Religion. Das Christentum war in dieser Perspektive eine Religion der sozialen Erneuerung und Emanzipation. Es versprach zwar nicht Gleichheit im Leben, aber doch eine standesübergreifende Gemeinschaft im Glauben. Es legitimierte auch die Ansprüche junger Generationen gegen die Vorherrschaft des Alters. Zudem überwand die klare Ausrichtung auf einen einzigen Gott die Vielfalt übernatürlicher Wesen und Bedrohungen der hergebrachten Kulte. Und schließlich verhieß das Christentum Gerechtigkeit über den Tod hinaus. Die sich trotz vielfältiger Widerstände und Verfolgungen in Ägypten etablierende koptische Kirche strahlte wiederum nach Süden aus. Der zunehmende Handel, die Reisen von Händlern nach Nubien und der vermehrte Einschluss Äthiopiens in den Handel bis zum Roten Meer, trug dazu bei. Ab dem 4. Jahrhundert wurde der christliche Glaube auch am Hof des äthiopischen Königreichs in Axum übernommen, von dort drang er dann, mittlerweile zur Staatsreligion erhoben, bis zum 7. Jahrhundert weiter ins Land vor. In Nubien setzte sich das Christentum seit dem 5. Jahrhundert durch.

Weit wichtiger und nachhaltiger war allerdings die Ausbreitung des Islam. Dieser Prozess setzte bereits nach dem Tod Mohammeds im 7. Jahrhundert ein und erfasste zunächst den gesamten nordafrikanischen Raum, dann auch beträchtliche Teile des westlichen und östlichen Afrika. Bis an den Anfang des 8. Jahrhunderts zog sich die arabische Expansion in Nordafrika hin. Dabei wurde der Islam nicht zwangsweise aufoktroyiert, vielmehr über die Etablierung islamischer Herrschaft, die politische Unterwerfung christlicher Gemeinschaften, Tributeinforderungen und die kulturelle Durchdringung des gesamten Raumes schrittweise durchgesetzt. Im Laufe der folgenden Jahrhunderte etablierten sich im nordafrikanischen Raum arabisch-islamische Reiche, deren Geschichte von wirtschaftlicher Blüte und politisch weit ausstrahlender Machtentfaltung gekennzeichnet war. Eine Reihe von Faktoren trug dann wieder zum Niedergang bei, der etwa mit dem Ende des europäischen Mittelalters zusammenfiel. Dazu zählten die Pest, die erstmals im Jahr 1348 auftrat und danach in mehreren Wellen Nordafrika immer wieder heimsuchte und die zum massiven Bevölkerungsrückgang führte, ferner innere Kriege, der Machtverlust infolge der neuen Feuerwaffen, die Ausbreitung des Osmanischen Reichs im Maghreb und die zunehmende Dominanz der Europäer im Seehandel.

Auch wenn die islamische Blütezeit im Norden Afrikas damit zu Ende ging, wirkte sich der islamische Einfluss im subsaharischen Afrika doch erst mit dem Beginn der europäischen Neuzeit tiefgreifend aus. Die Anfänge lagen auch hier früher. Der Islam veränderte die Raumstruktur Afrikas. Das gilt für West- wie für Ostafrika. In Westafrika, besonders im Nigertal und südlich des Tschadsees, gab es, wie oben gezeigt, zur Zeit der Blüte islamischer Kultur und arabischen Handels im Norden bereits entwickelte städtische Siedlungen, deren Bewohner hauptsächlich gewerblich tätig waren, so in der Verarbeitung von Eisen und Kupfer. Zwischen den Städten existierte ein recht dichtes Netz an Handelswegen, doch fehlte es noch an Verbindungen nach Nordafrika. Seit dem 7. Jahrhundert aber setzte der transsaharische Handel ein, Gold und Sklaven wurden nach Norden gebracht, Tücher, Glasperlen und Pferde nach Süden. Auf diesem Weg, über Kaufleute und ihre Familien, die sich entlang der Handelsrouten und an Knotenpunkten ansiedelten, nahm auch der Islam seinen Weg in das westafrikanische Gebiet. Am Südrand der Sahara breitete sich der Islam unter mehreren kleinen politischen Formationen aus. Anfangs wurde er von den polytheistischen Formationen der Busch- und Waldregionen toleriert, einzelne muslimische Kaufleute konnten sesshaft werden. Dann übernahmen führende Personen bis hin zu den Herrschergeschlechtern den neuen Glauben, in der Regel ohne ihn zugleich verbindlich für die gesamte Bevölkerung einführen zu wollen. Am Hof des Königs von Ghana bekannte sich eine Reihe von Ratgebern und Ministern zum Islam, die Herrscher in Kanem traten um 1100 zum Islam über, diejenigen von Mali spätestens im 13. Jahrhundert; Mali verstand sich im 14. Jahrhundert als islamischer Staat. Allerdings drang der Islam nur langsam im Land vor. Denn er stellte zwar als Glaubens- und Lebensform für die Kaufleute der Zentren ein ideales Netzwerk bereit, aber für die Ackerbauern auf dem Land war er wenig attraktiv, weil er keine Antworten auf die Bedürfnisse des Alltags bot, wie sie die tradierten Naturkulte zu geben schienen. So bildeten sich wohl eher synkretistische Formen heraus. Das verzögerte die Durchsetzung des Islam, trug aber zur Akzeptanz und Verfestigung letztlich bei; zur Jahrtausendwende hatte er schon bedeutende Stützpunkte in Westafrika erworben.

In Ostafrika breitete sich der Islam, abgesehen von vereinzelten Kontakten seit dem 8. Jahrhundert, beschleunigt seit dem 11. Jahrhundert aus. Auch hier standen Handelsbeziehungen am Anfang. Vermutlich ging es dabei abgesehen von Sklaven an erster Stelle um Gold. Einzelne Niederlassungen entstanden, in denen auch Moscheen errichtet wurden. Kilwa wurde zum Zentrum einer neuen politischen Formation, an deren Spitze eine islamische Herrscherfamilie stand. Nach und nach setzte sich zunächst auf den Inseln wie Sansibar, Lamu, Pemba und den Komoren, dann in den Küstenstädten der Islam durch, von dort durchdrang er die gesamte Region. Hier entstand nun eine eigentliche Swahili-Kultur. Getragen wurde sie nicht nur von arabischen Kaufmannsfamilien, die ihre Stützpunkte an der Küste miteinander vernetzten. Vielmehr übernahmen auch ansässige Bevölkerungsgruppen die neue, mit Wohlstand und Fortschritt verbundene Kultur. Die Regionalsprache Swahili wurde um zahlreiche neue arabische Elemente und Wörter ergänzt und entwickelte sich zur Lingua franca Ostafrikas. Die neue Kultur war über Sprache und Religion verbunden, doch sozial weit aufgefächert: Sie umfasste wohlhabende Kaufleute der Küste ebenso wie landarme Unterschichten des Binnenlandes, sie war in blühenden Handelsstädten wie Kilwa und Mombasa, die über zahlreiche Steinhäuser (meist aus Korallenfels errichtet) verfügten, gleichermaßen erfolgreich wie in den Dörfern. Sie konnte von monarchischen Protostaaten ebenso übernommen werden wie – wenn auch mit Verzögerung – von segmentären Gesellschaftsformationen des küstenfernen ostafrikanischen Raumes. Jedenfalls handelte es sich nicht um eine arabische Kultur, die Träger auch in den Städten waren zum größten Teil Angehörige afrikanischer Bantu-Völker. Allerdings ist umstritten, wie homogen die Basis der Swahili-Kultur war, wie scharf die Gegensätze zwischen der eher arabisch geprägten Oberschicht der Küste und den traditionalistischen Ackerbau- und Viehzuchtkulturen des Binnenlandes blieben. Dessen ungeachtet entwickelte sich in Ostafrika eine einzigartige Kultur der Begegnung, die Stärke aus der Flexibilität von Islam und tradierten Kulten gewann.

Mit dem Vordringen Portugals an den afrikanischen Küsten endete die Blütezeit der Swahili-Kultur. Portugal ging es vor allem um den Seeweg nach Indien, das wegen seiner Gewürze lockte. Die ersten portugiesischen Schiffe tauchten in den 1430er und 1440er Jahren vor der westafrikanischen Küste auf. 1445 erreichten sie den Fluss Senegal. Die Portugiesen errichteten Handelsstützpunkte, von denen aus sie dann den Handel ins Landesinnere vorantrieben. An eine direkte Erschließung des Binnenlandes war freilich aus klimatischen, geographischen und politischen Gründen nicht zu denken. Vielmehr knüpften die Portugiesen Kontakte zu den Herrschern des Binnenlandes, die sie durch politische Privilegien und gewinnträchtige Handelsangebote in ihre Abhängigkeit zu bringen suchten. Paradigmatische Bedeutung hatte dabei das Königreich Kongo. Die Kontakte zwischen Portugal und Kongo gehen auf die 1480er Jahre zurück. Am Anfang standen Erkundungsfahrten und der Austausch von Gesandtschaften. Einige Mitglieder der führenden Familien Kongos traten zum Christentum über. Doch blieb die auch religiös vollzogene Anbindung an Portugal umstritten. Anfang des 16. Jahrhunderts intensivierte Portugal die Kontrolle. Ein Gesetz von 1519 bestimmte, dass alle aus dem Kongo exportierten Waren auf portugiesischen Schiffen zu transportieren seien. Portugal sicherte sich somit das Handelsmonopol. Besonders durch die Expansion des Sklavenhandels fühlte sich das Königreich Kongo bedroht, doch beschränkte man sich darauf, wenigstens die Versklavung von Kongolesen zu verhindern. Die Versklavung von Angehörigen anderer Völker im eigenen Land, der Teke, Hum und Ambundu, blockierte man dagegen nicht. Im Übrigen blieb Kongo formal souverän, doch versuchte Portugal, Kontakte des Königshauses mit anderen europäischen Regierungen zu unterbinden. Das betraf etwa zwei Gesandtschaften des kongolesischen Königs Affonso Mbemba Nzinga an den Vatikan 1532 und 1539, die von Portugal verhindert wurden. Im Inneren war der Einfluss der Handelsmacht Portugal beträchtlich, aber doch begrenzt. Affonso steuerte bis zu seinem Tod (vermutlich 1545) nicht ohne Erfolge einen Kurs der begrenzten Souveränität. In der Folge zeigte sich allerdings nicht zuletzt bei Herrscherwechseln das Bemühen Portugals, die Kontrolle über Herrschaftssystem und Eliten in Kongo zu behalten. Doch wuchsen Territorium und Macht des Königreichs bis zur Mitte des 17. Jahrhunderts weiter an. Am Ende des 17. Jahrhunderts brach Kongo unter den Angriffen der Jaga, die aus dem Inneren Zentralafrikas zur

Küste vorstießen, und durch Konflikte innerhalb der Herrscherfamilien auseinander. Als mehr oder minder loser Verbund zerstrittener Fürstentümer bestand das Reich bis ins 19. Jahrhundert fort.

Seit 1500 versuchte Portugal, auch an der Ostküste Fuß zu fassen. Die lebendigen Handelsstädte, die Aussicht auf Gold und die guten Häfen spielten dabei eine Rolle, außerdem hoffte man Niederlassungen an der afrikanischen Ostküste als Ausgangspunkt für Expeditionen über den Indischen Ozean nutzen zu können. Territorialkolonien gedachte man nicht zu errichten, lediglich Stützpunkte eines ausgreifenden Handelsimperiums. 1502 landete Vasco da Gama in Kilwa, eroberte den Palast und legte dem Sultan einen hohen jährlichen Tribut auf. Das konnte freilich noch nicht durchgesetzt werden. Die folgenden Jahre waren von weiteren portugiesischen Angriffen auf die arabisch-islamische Küste bestimmt, Sansibar und einige Küstenorte wurden eingenommen und ebenfalls zu Tributzahlungen verpflichtet. Bis zum Ende des ersten Jahrzehnts des 16. Jahrhunderts gelangte ein rund 4000 Kilometer langer Küstenstreifen am Indischen Ozean unter portugiesische Hoheit. Küstenstädte wie Kilwa und Mombasa, die sich den Angriffen widersetzt hatten, waren zerstört worden. Viele Küstensiedlungen wurden von der Bevölkerung aufgegeben, man zog sich ins Hinterland zurück. Über zweihundert Jahre kontrollierten nun Portugiesen die Küste. Dies warf allerdings zahlreiche Probleme auf: Mit der nur geringen Zahl an Soldaten, die Portugal nach Ostafrika brachte, konnte man eine effektive Herrschaft kaum etablieren. Es blieben nur wenige Stationen. Die Portugiesen lebten abgesondert, auch Missionare drangen kaum tiefer in das islamische Swahili-Gebiet vor. Der Handel mit Gold, der Ware, die im Mittelpunkt des portugiesischen Interesses stand, warf nicht die erhofften Erträge ab; arabische Händler suchten die Stützpunkte der Portugiesen zu umgehen. Die Verhaltensweisen der einheimischen Eliten waren im Übrigen nicht einheitlich. Manche Städte wie Malindi kooperierten, andere verweigerten sich. Hinter diesen Diskrepanzen standen differierende Kalkulationen, was die Vorteile und Dauerhaftigkeit der neuen Herrschaft anging. Kurzfristig nutzte dies den Portugiesen, langfristig verhinderte es eine stabile Herrschaft. Örtliche Aufstände durchzogen das ganze 16. Jahrhundert. Solange Portugal dank seiner Feuerwaffen militärisch überlegen blieb, stellte dies allerdings keine unmittelbare Bedrohung dar. Erst mit dem Auftauchen der englischen und holländischen Konkurrenz an der Ostküste änderte sich das. Ende des 17. Jahrhunderts brach die portugiesische Herrschaft an der Ostküste zusammen, und der Sultan von Oman (im südarabischen Raum) eroberte das Gebiet. Den Portugiesen war es nicht nur nicht gelungen, eine effiziente Herrschaft zu erringen, sie hatten auch die Kultur nicht zu durchdringen vermocht. Der islamisch geprägte Raum blieb den europäischen Herrschern fremd.

Vor 1800 scheiterten zudem auch fast alle Versuche einer christlichen Missionstätigkeit in Afrika. Die ersten – portugiesischen – Missionare kamen Mitte des 15. Jahrhunderts nach Westafrika. Bis Anfang des 17. Jahrhunderts blieb die Mission in portugiesischer Hand, erst dann begann sich der Papst zu engagieren, und auch aus anderen europäischen Staaten wurden Missionare nach Afrika geschickt. Vor allem im Königreich Kongo fanden die portugiesischen Missionare ihr wichtigstes Betätigungsfeld, setzte doch der kongolesische König nicht nur auf die Zusammenarbeit mit Portugal, sondern auch auf die Vorteile des christlichen Glaubens. Er wollte christliche Elemente nutzen, um einen neuen Staatskult aufzubauen und die tradierten Religionsformen, die seinen autokratischen Ambitionen widersprachen, in den Hintergrund zu drängen. Tatsächlich übernahmen zunächst die führenden Familien in Kongo das Christentum, dann setzte es sich auch in breiteren Bevölkerungskreisen durch. Doch hatten die nun entstehenden religiösen Formen wenig mit dem zu tun, was man in Europa unter christlichem Glauben verstand. Vielmehr bildeten sich neue quasi-synkretistische Formen, die wiederum die Akzeptanz des Christentums steigerten. Einzelne Elemente wurden dabei isoliert und übernommen oder tradierte Formen mit neuen Riten verbunden. So konnte auch der Ahnenkult in christlichem Gewand an christlichen Festen wie Allerheiligen weiter gepflegt werden. In dieser Form hielt sich das Christentum im Kongogebiet über den Niedergang des Reiches in der zweiten Hälfte des 17. Jahrhunderts hinaus. Eine durchgreifende Christianisierung war damit nicht verbunden: Die Mission arbeitete zu punktuell, vor allem dort, wo Portugal Küstenstationen unterhielt. Die Missionare vermochten den diesseitigen Nutzen der christlichen Religion, um den es in Afrika vor allem ging, nicht hinreichend zu erklären, und grundsätzliche Widersprüche etwa in Fragen der Polygynie konnten nur überbrückt, nicht ausgeräumt werden. Zudem fehlte der politische Rückhalt, der die Missionierung im Zeitalter des spätneuzeitlichen Kolonialismus zum Erfolg werden ließ. Die frühneuzeitlichen Kolonien in Afrika blieben befestigte Handelsstützpunkte. Portugal, Frankreich oder Brandenburg-Preußen wollten am Handel partizipieren, aber nicht das Christentum verbreiten.

Als Symbol des Scheiterns von Begegnung und Transfer gilt Südafrika. Südafrika schien zunächst nicht zum Sonderfall prädestiniert. Die Europäer kamen hierher nicht anders als nach West- und Ostafrika mit primär kommerziellen Interessen. Ausgangspunkt war wie im Fall Portugals das holländische Bemühen um einen geeigneten Seeweg nach Indien und zum ostasiatischen Gewürzhandel. Daraus ging freilich die erste Siedlungskolonie im subsaharischen Afrika hervor. Hier wurden Europäer früh ansässig und schufen eine Mischkultur, die von ständigen

Konflikten um Abgrenzung und Integration gekennzeichnet war. Zuvor waren bereits mehrere Bantu-Gruppen von Nordwesten in das südafrikanische Gebiet zugewandert und hatten die dort ansässigen Khoisan bedrängt. Die Khoisan waren aus einer Verbindung zwischen den ursprünglich ansässigen San, einem Volk von Jägern und Sammlern, und den danach vordringenden, mit ihnen verwandten Khoikhoi, die Viehzucht betrieben, hervorgegangen. San und Khoikhoi, die in Europa lange, vermutlich nach einem ihrer Tanzlieder, als »Hottentotten« bezeichnet wurden, gehörten nicht den Bantu-Völkern an. Vor allem Schiffe der holländischen »Vereinten Ostindischen Kompanie« passierten das Kap der Guten Hoffnung auf dem Weg ins indonesische Gebiet. Mitte des 17. Jahrhunderts beschloss die Kompanie, dort eine Küstenstation zur Versorgung der Schiffe und Besatzungen zu errichten. Unter der Leitung des Holländers Jan van Riebeeck wurde sie gegründet. Eine Territorialherrschaft sollte daraus nicht hervorgehen. Ende der 1650er Jahre ließen sich bereits die ersten Siedler am Tafelberg nieder. Es handelte sich zunächst um freigestellte Angehörige der Kompanie. Sie sollten vor allem Felder für die Versorgung der Station und der Schiffe anlegen. Doch in den nächsten Jahrzehnten folgten weitere holländische und norddeutsche Siedler, teilweise auch ehemalige Seeleute, dazu kamen französische Hugenotten. Die Gesamtzahl an Siedlern, den sogenannten *free burgher*, stieg bis zum Ende des 18. Jahrhunderts nur langsam und blieb mit insgesamt rund 15 000 auch relativ niedrig. Allerdings entwickelten diese Siedler schon früh ein starkes Zusammengehörigkeitsgefühl und eine Art nationale Identität. Als *Afrikaner* (auch *Afrikaaner, Afrikaander*) grenzten sie sich von den Khoikhoi und der »Ostindischen Kompanie« gleichermaßen ab. Gleichzeitig widersetzten sich die Siedler einer weiteren Einwanderung in die Kolonie. Sie wollten das Land unter sich aufteilen und benötigten Arbeitskräfte, um die sie mit weiteren Siedlern hätten konkurrieren müssen. Mit dem Beginn der europäischen Siedlung in Südafrika brachte die »Ostindische Kompanie« auch Sklaven ins Land. Sie stammten vor allem aus Madagaskar und Ostafrika sowie aus Indien und Indonesien und wurden in der Station selbst sowie vor allem in der Landwirtschaft des Umlands eingesetzt, wenn auch nicht im großen Maßstab auf Plantagen. Ihre Gesamtzahl machte wohl das Vierfache der europäischen Siedler aus.

Die Kompanie war nach wie vor lediglich an einer Versorgungsstation interessiert. Sie baute nur eine rudimentäre Verwaltung auf, an der die Siedler nicht beteiligt wurden. Gleichzeitig versuchte sie den Handel am Kap zu monopolisieren und zu verhindern, dass die Siedler eigenständig mit den Khoikhoi und mit fremden Schiffen Handel trieben. So stiegen die Spannungen zwischen Kompanie und Siedlern. Denn die Siedler waren wirtschaftlich erfolgreich. Sie bauten Getreide, Wein, Oliven, Obst und Gemüse an und produzierten Überschüsse vor allem an Getreide, besonders Weizen, die sie offenbar an der Kompanie vorbei vermarkteten und teilweise wohl auch nach Indonesien oder Europa exportierten. Die von der Kompanie zugeteilten Grundstücke umfassten anfangs nur etwa 11 Hektar, später 32 bis 64 Hektar. Sie waren allerdings so weitläufig verteilt, dass dazwischen noch große Freiflächen verblieben, die für die Tierzucht genutzt wurden. Die Konzentration auf Schaf- oder Rinderherden wurde für die Freibürger immer attraktiver, war die Tierzucht doch weniger kapital- und arbeitsaufwendig als der Ackerbau. Doch benötigte man dafür weite Landflächen. So strebten die Siedler und ihre Nachkommen seit dem ausgehenden 17. Jahrhundert weiter ins Landesinnere: Die Kompanie vergab großzügige Landkonzessionen, und neue Farmen wurden verstreut im Land angelegt, orientiert an den Wasserstellen. Im Verlauf des 18. Jahrhunderts dehnte sich so die Kapkolonie an die 400 Kilometer nach Norden und 800 Kilometer nach Osten aus. Die Siedler ihrerseits blieben mobil: Sie zogen weiter, wenn der Boden erschöpft oder die Wasserversorgung nicht hinreichend war, denn Land schien unbegrenzt zur Verfügung zu stehen, die Pacht war niedrig, und auf militärisch bedeutsame Widerstände stieß man vorerst nicht, trotz mancher gewaltsamer Auseinandersetzungen mit Khoisan und Xhosa-Gruppen. Insofern übernahmen die Siedler afrikanische Formen des Siedelns und Arbeitens. Die Kompanie förderte zwar die Expansion nicht unbedingt, akzeptierte sie aber, solange die Siedler zur Sicherstellung der Fleischversorgung in Kapstadt beitrugen.

Diese Siedler, die immer weiter ins Landesinnere zogen, wurden bald als »Trekburen« bezeichnet. Sie waren sozial weniger differenziert als die städtische und bäuerliche Bevölkerung am Kap, zugleich zwar einerseits individualistisch ausgerichtet, andererseits aber durch die gemeinsame *frontier*-Erfahrung geprägt und durch eine gemeinsame Identität und Mentalität einander eng verbunden. Gemeinsam grenzte man sich zunehmend von der Kap-Regierung ab, die man aber doch als Abnehmer noch benötigte, und ebenso gemeinsam wirkte man an der Unterdrückung der Khoikhoi mit. Die Khoikhoi, die nicht als Einheit auftraten, sondern in viele, teilweise konkurrierende Gruppen zerfielen, konnten die existentielle Gefahr, die von den Holländern drohte, kaum absehen. Kaufleute waren immer wieder an der Küste aufgetaucht, und selbst die Station der »Ostindischen Kompanie« musste noch nicht bedrohlich sein. Sie versprach immerhin Handel und Gewinn. Die Expansion der Buren vollzog sich dann so langsam und punktuell, dass sie wiederum für manche Khoikhoi-Gruppen profitabel erscheinen mochte. Dennoch kam es zu Widerständen und einzelnen Kriegen, bei denen die Khoikhoi 1677 schließlich endgültig unterworfen, freilich nicht versklavt wurden. Jedoch wurde der Druck auf sie erhöht. Ihnen gelang es immer weniger, gestützt auf ihren Viehbesitz eine starke Stellung zu behaupten. Vielmehr zogen Kompanie und Siedler immer mehr Vieh an sich, teils durch freien Ankauf, teils durch Druck oder Gewalt. Khoikhoi wurden so gezwungen, wieder als Jäger und Sammler für ihr Überleben zu sorgen, oder sie sicherten ihren Lebensunterhalt durch Viehdiebstahl, oder sie verdingten sich als Lohnarbeiter bei den Siedlern. Mit dem Niedergang der Viehzucht brach bei den Khoikhoi die soziale Ordnung zusammen, beruhten doch ihr Gemeinschaftsleben und ihre innere Hierarchie auf dem Viehbesitz. Die Autorität der Khoikhoi-Führer zerfiel, und dies umso mehr, als die Kap-Regierung in die inneren Angelegenheiten der Khoikhoi eingriff und sowohl die Rechtsprechung wie die Einsetzung von *Chiefs* kontrollierte. Vom Niedergang der Khoikhoi profitierten vor allem die »Trekburen«, die in der Regel keine Sklaven hielten und für die die verarmten Khoikhoi billigere und bessere Arbeitskräfte darstellten. Gesellschaft und Kultur der Khoikhoi gingen dabei zugrunde; ihre Bevölkerungszahl sank. Einer Pockenepidemie fiel 1713 dann ein Großteil der Khoikhoi zum Opfer. Bis heute ist umstritten, ob die Pocken Ursache oder bloß letzte Etappe eines katastrophalen Prozesses waren, der in sechzig Jahren zum Niedergang geführt hatte.

Die Gesellschaft Südafrikas war von Anfang an eine Gesellschaft sowohl der Begegnung als auch der Abgrenzung. Eine klare Rassentrennung im Sinn der späteren Apartheid gab es dabei anfangs nicht, stattdessen vielfältige auch sexuelle und teilweise eheliche Verbindungen zwischen den einzelnen Bevölkerungsgruppen. In Kapstadt, wo neben Verwaltungspersonal und Kaufleuten besonders viele Soldaten und Seeleute nur zeitweise lebten, kam es dabei zu Verbindungen zwischen männlichen Europäern und Sklavinnen. In den Ackerbaugebieten des Umlandes gab es hingegen nicht im selben Maß wie in der Stadt einen Mangel an Frauen, hier waren folglich Verbindungen

zwischen Weißen und Sklavinnen oder auch Khoikhoi-Frauen seltener. In den Viehzüchter-Gebieten der
»Trekburen« wiederum scheinen Verbindungen zwischen
Khoikhoi und Weißen üblicher gewesen zu sein. Schließ-
lich kam es auch zu Verbindungen zwischen Sklaven und
Khoikhoi-Frauen. All das schuf allerdings neue Konflikt-
linien zwischen den Gruppen, etwa zwischen Sklaven und
Khoikhoi-Männern, die ohnehin als Freie auf eine sorgfältige Abgrenzung von den Sklaven bedacht waren, und
es führte zu rechtlichen Unsicherheiten: Kinder freier
Khoikhoi-Mütter galten als frei, auch wenn der Vater
Sklave war, Kinder von Sklavinnen galten als Sklaven,
auch wenn der Vater frei und möglicherweise sogar ein
Weißer war. Beides förderte das Unbehagen der Europäer.
Zudem entstand aus der Vermischung der Bevölkerungsgruppen die neue soziale Schicht der sogenannten *Coloured*, der »Farbigen«. Da viele Sklaven Muslime waren,
wurde der Islam zum Kennzeichen und integrativen Element der neuen farbigen Schicht und diente gleichzeitig
zur Abgrenzung von den anderen Bevölkerungsgruppen
der autochthonen und der europäischen Bevölkerung. All
das trug dazu bei, dass auf die Dauer die Grenzen zwischen den Bevölkerungsgruppen schärfer gezogen wurden. Vor allem die Siedler, zumal die Viehzüchter, sahen
sich auf sich selbst gestellt und schotteten sich im Verlauf
des 18. Jahrhunderts immer stärker ab. Sie waren einerseits nur unzureichend in die Kolonie eingebunden, andererseits mussten sie sich in beständigen Kämpfen mit
feindlichen Gruppen behaupten, dies auch schon gegenüber den Xhosa, die von Norden nach Südafrika vorge-
drungen waren und deren Siedlungsgebiet nun durch die
»Trekburen« bedroht wurde. Am Vorabend des Besitz-
wechsels der Kapkolonie, die 1806 an Großbritannien fiel,
waren die vielfältigen Konflikte vorgezeichnet, welche die
Geschichte Südafrikas im 19. und 20. Jahrhundert bestimmten.

Es ist freilich missverständlich zu unterstellen, die Khoikhoi seien im Verlauf des beschriebenen Prozesses untergegangen. Richtig ist, dass das, was die europäischen Beobachter unter Khoikhoi verstanden, schon im zweiten Jahrzehnt des 18. Jahrhunderts als Einheit verschwand. Die neu entstandene Schicht der *Coloured* aber war Produkt der Begegnung von europäischer, asiatischer und afrikanischer Bevölkerung und insofern auch der Khoikhoi. Die Vorstellung vom Verschwinden der Khoikhoi spiegelt indes eine Wahrnehmungsweise europäischer Beobachter und charakterisiert den Prozess der Begegnung und des Transfers. Die Holländer, die sich am Kap ansiedelten, waren von Bildern asiatischer Kulturen voreingenommen, deretwegen sie ja das Wagnis der monatelangen Seereise auf sich genommen hatten. Was sie nun in Südafrika kennenlernten, war nicht nur das Erste, was sie überhaupt über Afrika erfuhren, es wich auch dramatisch von dem ab, was sie in Asien zu erwarten meinten. Die Khoikhoi wurden für sie daher zum Inbegriff des Afrikaners, und der schien von vornherein den Asiaten kulturell unterlegen. Die meisten europäischen Beobachter schilderten mit Abscheu die Sitten der Khoikhoi: Diese kleideten sich demnach in Felle, trugen Gedärme von Schafen und Rindern um den Hals, tranken Blut (mit Milch vermischt) und aßen Eingeweide von Tieren. Sie praktizierten eine auf Europäer abstoßend wirkende Verstümmelung der Finger, das heißt der Abtrennung von Fingergliedern in bestimmten Lebensphasen, und sie töteten Neugeborene durch lebendiges Begraben, wenn die Mutter bei der Geburt gestorben war oder wenn es ein Zwillingskind gab. Die Sprache mutete mit ihren Knacklauten ebenfalls fremdartig an. Kurz: Die Khoikhoi erschienen den Europäern als höchst primitives, auf einem Urzustand schlichter Gewalt verharrendes Volk, als Vorform des Menschen, als Verbindungsglied zwischen Tier und Mensch. Dieser Eindruck wurde noch dadurch verstärkt, dass die meisten

Europäer nur den Verfall der Khoikhoi-Kultur miterlebten, nur bettelnde und raubende Khoikhoi wahrnahmen und die Funktionsweise ihrer Gesellschaft nicht mehr verstehen konnten. Hinzu kam, dass manche der Khoikhoi, die zum Beispiel als Dienstboten oder Dolmetscher in die europäische Kultur integriert schienen, persönlich scheiterten. Am bekanntesten wurde der Fall von van Riebeecks Gehilfin Eva, die in seinen Haushalt aufgenommen und für ihn als Dolmetscherin tätig wurde. Getauft und dann mit einem dänischen Schiffsarzt verheiratet, endete sie doch nach dessen frühem Tod als Außenseiterin. Alkoholkrank, zeitweilig nach Robben Island verbannt, starb sie früh, ausgeschlossen letztlich aus der kolonialeuropäischen wie der Khoikhoi-Gesellschaft am Kap.

Zur gleichen Zeit begannen die Europäer auch die schwarzafrikanische Bevölkerung stärker wahrzunehmen. Manche Parallelen zum Umgang mit den Khoikhoi sind dabei festzustellen. Aber während die nach der Hautfarbe helleren Khoikhoi als degeneriert galten, weckten die Bewohner West-, Zentral- und Ostafrikas schon wegen ihrer schwarzen Hautfarbe Ängste. Immer stärker wurden Afrikaner einerseits als die Fremdartigen, andererseits als die Minderwertigen wahrgenommen, jedenfalls als die gemäß der göttlichen Schöpfungsordnung den Weißen Unterlegenen. Dabei kamen die frühneuzeitlichen Europäer durchaus mit Afrikanern in Berührung: Im Zuge der frühen Versuche zur Missionierung und Christianisierung gelangten auch Afrikaner nach Europa. Der König von Kongo schickte schon im 16. Jahrhundert Heranwachsende der führenden Familien nach Portugal. Im 16. und vermehrt im 17. Jahrhundert wurden bereits afrikanische Priester geweiht. Die meisten Afrikaner kamen indes als Sklaven in das frühneuzeitliche Europa, und zwar vorwiegend nach Spanien und Portugal. Im 16. Jahrhundert dürften daher mehr Afrikaner in Europa gelebt haben als im 19. Jahrhundert. Um die Mitte des 16. Jahrhunderts waren zehn Prozent der Einwohner Lissabons (schwarze) Sklaven, hinzu kamen nicht wenige Freigelassene. In Spanien lebten zu dieser Zeit etwa 100 000 Sklaven, mehr als sieben Prozent der Einwohner Sevillas waren Sklaven.

Sklaverei und Sklavenhandel

Der Sklavenhandel, zumal der transatlantische, stellte eine der schlimmsten kollektiven traumatischen Erfahrungen Afrikas dar. Die Frage einer Entschädigung für die Verschleppung und den Verkauf von Millionen Afrikanern nach Übersee spielt noch heute eine wichtige Rolle in Debatten über Standort und Zukunft des afrikanischen Kontinents. Umstritten ist indes der Anteil Afrikas am Sklavenhandel. Dabei geht es nicht nur darum, dass Sklaverei in Afrika durchaus eine eigene Geschichte hat, sondern auch darum, inwieweit für den Erfolg des europäischen Sklavenhandels Helfer und Händler erforderlich waren, in welchem Maße Afrikaner vom Sklavenhandel nicht nur profitiert haben, sondern ihn sogar mitinitiiert haben. Bis heute wird zudem debattiert, ob aktuelle soziale und ökonomische Probleme Afrikas noch als Folge des Sklavenhandels gesehen werden müssen. Schließlich ist eine Reihe von Forschungsfragen offen. Das reicht von der Frage, in welchem Maß und welcher Form Sklaverei vor dem transatlantischen Sklavenhandel üblich war, bis zur Frage nach der Quantität der Bevölkerungsverluste durch den Sklavenhandel.

Sklaven sind unfreie Menschen, ob Kinder oder Erwachsene, ob Männer oder Frauen, die im Eigentum einer anderen Person stehen und wie Güter behandelt, gekauft und verkauft werden können. Die Definition ist freilich einfacher als die Realität. Sie gibt Unterschiede, Wandlungen und Schwankungsbreiten nicht angemessen wieder und konzentriert sich ausschließlich auf die formale

Beschreibung eines personalen Herrschaftsverhältnisses, ohne die Subjektqualität des Sklaven hinreichend zu berücksichtigen. Die mittlerweile weit verzweigte Forschung zu Sklaverei und Sklavenhandel in Afrika lässt ein differenziertes Bild entstehen. Für das vorkoloniale Afrika müssen drei Ebenen unterschieden werden: erstens autochthone Formen von Versklavung und Sklavenhaltung in Afrika, zweitens der orientalische Sklavenhandel und drittens der transatlantische Sklavenhandel, über den vor allem die heutigen Debatten um Verantwortung, Folgelasten und Entschädigung geführt werden. Autochthone Formen von Sklaverei in Afrika, die erste zu betrachtende Ebene, sind in der Literatur höchst kontrovers beurteilt worden. Nicht zuletzt die auf die Aufwertung Afrikas und die Kontrastierung von idealer afrikanischer Geschichte und europäischem Zugriff angelegte nationalgeschichtliche Forschungsliteratur hat präzise Nachfragen bei diesem Thema vermieden. Einflussreich und umstritten war besonders die These des lange in Tansania lehrenden Historikers Walter Rodney, in Afrika habe es vor dem portugiesischen Sklavenexport keine autochthone Sklaverei gegeben. Doch existierten in Afrika viele Varianten von persönlicher Unfreiheit und Sklavenhaltung schon vor dem transatlantischen Sklavenhandel, und es gab sie auch noch, nachdem der Sklavenhandel formell unterbunden worden war. Der innerafrikanische Sklavenhandel wuchs allerdings im Gefolge des transatlantischen, er erreichte erst nach 1850 seinen Höhepunkt und lebte bis zum Ersten Weltkrieg fort. Man weiß wenig Exaktes über die Sklavenhaltung in afrikanischen Gesellschaften bis zum 15. Jahrhundert und außerhalb der politischen Großformationen sowie islamischer Einflussgebiete. Im östlichen und südlichen Afrika spielte die Sklaverei vor dem 19. Jahrhundert nur eine geringe Rolle, in Westafrika und im westlichen Äquatorialafrika kannten vor allem die größeren Reiche schon eine beständige Sklavenhaltung, wie Berichte etwa für Senegambien, das Königreich Benin, das Nigergebiet oder das Kongogebiet belegen. Allerdings war auch in vielen nichtstaatlichen Formationen Westafrikas Sklavenhaltung unbekannt.

Die Grenzen zwischen Freiheit und Unfreiheit waren freilich fließend. Personen konnten als Sicherheit für eine Schuld oder als Kompensation für ein Verbrechen in eine andere Verwandtschaftsgruppe oder Lineage gegeben werden. Das war noch keine Sklaverei, konnte aber zur dauernden Unfreiheit führen. Zudem konnte sich eine Person, die zum Beispiel infolge einer Hungersnot verarmt war, selbst in die Schuldknechtschaft eines Reichen begeben. Auch war es nicht ungewöhnlich, dass eine Familie in Notzeiten ein Kind verkaufen musste, in den matrilinearen Gesellschaften des Kongobeckens zum Beispiel auf Aufforderung eines Onkels mütterlicherseits. Und schließlich, der häufigste Fall, wurden bei Kriegszügen die Gefangenen versklavt. Eine große Zahl von Gefolgsleuten galt als Nachweis von Reichtum. Sklaven waren insofern auch dann symbolisches Kapital, wenn man sie als Arbeitskräfte nicht benötigte. Sie zählten zwar zur untersten sozialen Schicht, unterhalb der Bauern, die als frei galten, und der Handwerker wie zum Beispiel der Schmiede, die einen Zwischenstatus innehatten. Allerdings konnten Sklaven sehr unterschiedliche Tätigkeiten ausüben. Sie wurden keineswegs nur in der Feldarbeit eingesetzt, die das geringste Prestige genoss, sondern konnten auch in der Verwaltung aufsteigen und hochrangige Positionen ausfüllen oder im Handel eigenständig Karriere und Geld machen. Sklaven konnten wie adoptierte Kinder in der Familie des Herrn aufgenommen werden, vielfach nahmen Herren auch Sklavinnen zur Ehefrau. Auch männliche Sklaven konnten eine Ehe eingehen, sogar mit freien Frauen, und einen eigenen Hausstand gründen. In Sozialstandard, Alltagsleben, Kleidungssitten und Familienformen unterschieden sich Sklaven daher manchmal kaum von

Freien. Auch am gesellschaftlichen Leben, an Männerbünden und religiösen Ritualen konnten Sklaven, wenn auch wohl mit beschränkten Rechten, teilnehmen. Sie wurden also weitgehend in den Klan ihres Herrn integriert und waren in der Regel dann auch gegen einen Weiterverkauf geschützt. Mit dem Begriff der Sklaverei sind insofern für die innerafrikanischen Verhältnisse verschiedene Formen von Abhängigkeit gemeint, bei denen auch der »Sklave« nicht recht- und machtlos war, sondern sich Freiräume erwirken konnte. Bei Arbeit und Alltagsleben, so belegen Studien für den ostafrikanischen Raum, wurden Sklaven keineswegs ständig überwacht. Für manche Regionen wie am Kongo ist überliefert, dass Sklaven, die mit ihrer Situation und ihrem Herrn unzufrieden waren, sich selbst einem anderen Herrn anbieten konnten. Auch der Sklavenstatus bedeutete mithin nicht nur ein einseitiges Herrschaftsverhältnis, sondern war Gegenstand beständiger Neuverhandlung.

Die zweite Form von Sklavenhandel und Sklaverei stellte der orientalische Sklavenhandel dar. Er setzte schon im 7. Jahrhundert ein, vor der Expansion Portugals in Westafrika und vor dem transatlantischen Handel, blieb zunächst auf einem relativ stabilen, nicht sehr hohen Niveau und erlangte vom 12. bis 15. Jahrhundert besondere Bedeutung. Seine Blütezeit erlebte er von 1750 bis 1900, der Höhepunkt lag um 1850. Sklaven wurden aus dem subsaharischen Afrika entweder zu Land über die Transsahara-Routen nach Norden gebracht, über das Rote Meer in den arabischen Raum oder über den Indischen Ozean weiter Richtung Indien und manchmal sogar China verschifft. Vor allem islamische Kaufleute organisierten diesen Handel. Sie errichteten an der ostafrikanischen Küste erste Stützpunkte und belebten die Swahili-Kultur neu. Auch am Südrand der Sahara waren arabische Händler präsent und aktiv, die Gold und Sklaven durch die Sahara nach Norden brachten. Die arabischen Sklavenhändler ver-

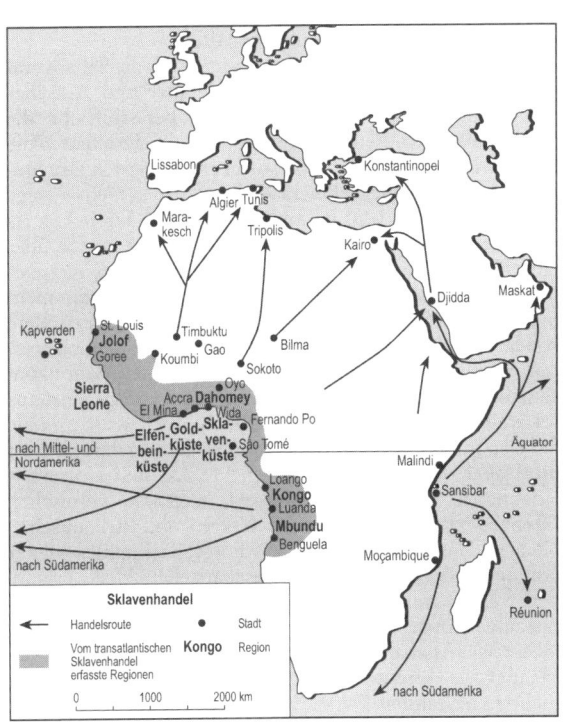

Lissabon

Konstantinopel

Algier Tunis
Mara-
kesch
Tripolis
Kairo
Djidda
Maskat

Kapverden
St. Louis
Jolof
Goree
Timbuktu
Koumbi Gao
Bilma
Sokoto

Sierra
Leone
Oyo
El Mina Accra Dahomey
Wida
Elfen- Gold- Skla-
bein- küste ven-
küste küste
Fernando Po
São Tomé
nach Mittel- und
Nordamerika
Äquator
Malindi
Loango Sansibar
Kongo
Luanda
Mbundu
Benguela
Moçambique
nach Südamerika
Réunion

nach Südamerika

Sklavenhandel

→ Handelsroute   ● Stadt

Vom transatlantischen   **Kongo** Region
Sklavenhandel
erfasste Regionen

0   1000   2000 km

suchten ihre Handelsinteressen politisch abzusichern: Sie schalteten sich in die Politik der Region ein, schlossen Bündnisse, inszenierten Kriegszüge und gründeten manchmal sogar eigene Territorialherrschaften.

Für die Opfer waren der Transport durch die Sahara und die Behandlung durch islamische Händler und Aufseher nicht weniger grausam als der Transport per Schiff über die Transatlantik-Routen. In den Empfängerländern hatten die Sklaven oft die härtesten und sozial am wenigsten geachteten Arbeiten zu übernehmen. Zudem wurden nicht wenige Sklaven kastriert, weil im arabischen Raum Eunuchen als besonders loyal galten, fehlte ihnen doch jede Chance, über eine Heirat ihre Position zu verbessern oder weiterzugeben. Eunuchen konnten deshalb im arabischen Raum nicht nur als Haremswärter eine wichtige Position ausfüllen, sondern auch zu Offizieren und hohen Beamten avancieren. Sklaven konnten sich insofern sogar eine Chance zum sozialen Aufstieg eröffnen. Generell war der Sklavenstatus im arabischen Raum zwar vererblich, doch wurden viele Sklaven in die Familie des Herrn integriert, so dass sich auf die Dauer die Grenzen zwischen Freiheit und Unfreiheit einebneten. Damit verschmolzen auch die ethnischen Grenzen zwischen arabischen Herren und afrikanischen Sklaven. Das hatte allerdings zur Folge, dass immer wieder von neuem Sklaven aus dem subsaharischen Afrika erworben werden mussten, um das erforderliche Reservoir für die ungeliebten harten körperlichen Arbeiten zu stellen. Wie viele Afrikaner insgesamt durch den orientalischen Handel aus Afrika verschleppt wurden, ist präzise nicht mehr zu berechnen. Für die Zeit vom 7. bis zum Beginn des 20. Jahrhunderts hat man die Zahl auf 12,45 Millionen geschätzt. Da sich der Abzug aber über einen so langen Zeitraum hinzog, dürften die demographischen und wirtschaftlichen Konsequenzen nicht allzu gravierend gewesen sein.

Der transatlantische Sklavenhandel, die dritte Form, setzte mit der Expansion der Portugiesen an der afrikanischen Westküste ein. Anfangs ging es vor allem um das Gold der Savanne, das man an der sogenannten Goldküste erwerben wollte. Auf der Suche nach einem angemessenen Tauschgegenstand verfiel man auch auf Sklaven. Diese erwarben die Portugiesen in anderen Regionen des Küsten- und Binnenlandes an Niger und Kongo. Bald nutzte man die Sklaven allerdings nicht nur als Tauschmittel, sondern auch als Arbeitskräfte für den Eigenbedarf. Afrikanische Sklaven wurden seit dem späten 15. Jahrhundert nach Portugal und Spanien gebracht und als Landarbeiter, Bergarbeiter oder Dienstboten eingesetzt, dann auch in der Zuckerproduktion auf den von Spanien und Portugal im 15. Jahrhundert kolonisierten Atlantikinseln, darunter den Azoren, Kapverden und Kanarischen Inseln. Im nächsten Schritt wurden Afrikaner nach Amerika verschleppt. Schon seit den 1540er Jahren wurden Sklaven auf den im portugiesischen Brasilien neu angelegten Zuckerrohrplantagen benötigt. Während die heimische indianische Bevölkerung den von den Europäern eingeschleppten Krankheiten zum Opfer fiel und auch die Weißen den Tropenkrankheiten wie Malaria, Typhus und Gelbfieber hilflos ausgeliefert waren, schienen Sklaven aus dem äquatorialen Afrika in idealer Weise den klimatischen und natürlichen Bedingungen Südamerikas zu genügen und zur Arbeit in den Tropen geradezu geschaffen zu sein.

Nun stieg der Sklavenexport an, zunächst langsam, seit dem 17. Jahrhundert schnell, bevor im späteren 18. und frühen 19. Jahrhundert der Höhepunkt erreicht wurde. Zwischen 1450 und 1600 sollen rund 367 000 Afrikaner nach Übersee gebracht worden sein, im 17. Jahrhundert 1 868 000, im 18. Jahrhundert 6 133 000 und im 19. Jahrhundert immer noch 3 330 000. Die Schätzungen für die Gesamtzahl der exportierten Sklaven, zu zwei Dritteln junge Männer, reichen von 11 bis zu 15 Millionen Menschen. Nur etwa 80 Prozent dürften allerdings Amerika erreicht haben. Bis zur Mitte des 17. Jahrhunderts wurde der Sklavenhandel in Westafrika von Portugal monopolisiert. Auch in die spanischen Lateinamerikakolonien gelangten dabei schon Sklaven aus Afrika, zumal Portugal von 1581 bis 1640 mit Spanien verbunden war. Danach beteiligten sich zunehmend auch Holland, Frankreich und Großbritannien am transatlantischen Handel. Sie drängten auf den westafrikanischen Markt und in die Karibik. Afrikanische Sklaven wurden nun besonders in das britische Jamaika und auf das französische Haiti verschifft. Insgesamt sollen 42 Prozent der Sklaven in die Karibik gebracht worden sein, 38 Prozent nach Brasilien und nur knapp fünf Prozent nach Nordamerika. Die führende Stellung im Sklavenhandel hatte im 18. Jahrhundert England inne mit einem Anteil von 41,3 Prozent, gefolgt von Portugal mit 29,3 Prozent, Frankreich, das seit dem 18. Jahrhundert auch Ostafrika für den Sklavenhandel erschloss, mit 19,2 Prozent und Holland mit 5,7 Prozent.

Die Sklaven stammten im 18. Jahrhundert zum größten Teil von der Goldküste sowie den Regionen an den Buchten von Benin (der »Sklavenküste« in europäischer Diktion) und Biafra. Der Ablauf von Sklavenfang und Verschiffung nach Amerika ist durch Augenzeugenberichte und durch Erinnerungen von Opfern recht gut dokumentiert. Sklavenjäger, in manchen westafrikanischen Regionen zu Pferd oder auf dem Kongo im Kanu, durchkämmten systematisch ganze Regionen. Die Opfer, oft Kinder, wurden in ihrer Hütte im Dorf oder auf dem Feld aufgegriffen und verschleppt. In Karawanen, zu Fuß oder im Kanu, wurden sie sodann an die Küste gebracht, in der Regel gefesselt und zu mehreren zusammengebunden mit einem Seil um den Hals. Auf dem Weg zur Küste konnten sie noch mehrfach den Eigentümer wechseln. Jedes Mal stieg dabei der Preis. Erst an der Küste wurden die Sklaven an Europäer verkauft: entweder direkt auf die Schiffe einzelner europäischer Händler, die die Küsten abfuhren, bis sie eine Schiffsladung voll hatten, oder an Handelsgesellschaften, die an der Küste befestigte Stützpunkte unterhielten. Allein an der sogenannten Goldküste war auf 400 Kilometern Küstenstreifen eine Kette von 24 Forts oder Sklavenburgen entstanden, die zur Sammlung der Opfer dienten. Die Europäer hatten dort einen quasi extraterritorialen Status, den sich die heimischen Herrscher gut entlohnen ließen. Sie versuchten in der Regel nicht, weiter ins Land vorzustoßen. Nur die Portugiesen drangen von Angola und Moçambique aus ins Landesinnere vor.

Von den Forts wurden die Sklaven auf die Schiffe gebracht, die Kurs auf Mittel- oder Südamerika nahmen. Zuvor aber wurden sie auf ihren Gesundheitszustand untersucht und mit einem Brandmal gezeichnet. Die lang erprobte Leidensfähigkeit der afrikanischen Bevölkerung, die es ihr erst erlaubt habe, die Versklavung zu überstehen, ist häufig betont worden. Doch gab es für die Opfer eine Reihe von traumatischen Einschnitten, die auch in Erinnerungen immer wieder hervorgehoben werden: einmal die Trennung von Familie und Verwandtschaft, die angesichts deren großer Bedeutung für religiösen Kult und sozialen Halt kaum überwunden werden konnte; dann die Übergabe an die Weißen, die die Sklaven noch weit brutaler behandelten als die Sklavenhändler des Binnenlandes; ferner das Ablegen von der Küste, die Angst, nun auf dem Meer den von manchen afrikanischen Völkern als Wasserwesen und Kannibalen verstandenen Weißen ausgeliefert zu sein; schließlich die unerträglichen und außerordentlich entwürdigenden Zustände während der zwei bis drei Monate dauernden Reise auf den Sklavenschiffen, wo man dicht gedrängt unter Deck liegen musste, unter katastrophalen hygienischen Bedingungen, ohne ausreichende Nahrung und Getränke, unter Kranken und Sterbenden, und beständig der Brutalität der Mannschaften ausgesetzt.

Mit dem zunehmenden Bedarf an Arbeitskräften in Amerika stiegen im 18. Jahrhundert auch die Preise, die für Sklaven gezahlt werden mussten. Das Geschäft war lukrativ – nicht nur für die europäischen Händler. Ohne die Mithilfe einheimischer Kräfte wäre die Versklavung von Millionen Afrikanern nicht möglich gewesen. Ausschlaggebend für die Ausweitung des Sklavenhandels war anfangs das Verhalten afrikanischer Herrscher, die sich von der Zusammenarbeit mit den Portugiesen materielle Vorteile und eine Stärkung ihrer politischen Stellung versprachen. Tatsächlich basierten mehrere Reiche Westafrikas zum großen Teil auf dem Sklavenhandel. Das galt zum Beispiel für das Kongo-Reich, dessen Herrscher sich zunächst eng an Portugal anschlossen, aber doch die völlige Entvölkerung des Landes zu verhindern und dann die Abhängigkeit von Portugal wieder zu lockern versuchten. 1526 protestierte Affonso beim portugiesischen Herrscher dagegen, dass Händler überall im Lande unterwegs seien und auch Adlige, selbst Mitglieder der Königsfamilie, fingen und als Sklaven verschleppten. Später wurden die Wege, Menschen zu versklaven, immer vielfältiger. Herrscher und Händler inszenierten Raubzüge unter fremden Völkern, aber auch Angehörige des eigenen Volkes wurden versklavt. So wurden Strafen vermehrt in Versklavung umgewandelt, oder es wurden Verarmte, Außenseiter oder vermeintliche Hexen an Händler verkauft. Herrscher, Beamte und Kaufleute zahlreicher politischer Formationen waren beteiligt. Ganze Klans konzentrierten ihre Wirtschaftstätigkeit auf die Jagd nach Sklaven. Einheimische Händler übernahmen es dann, die Sklaven an die Küste zu bringen und dort an europäische Kaufleute weiterzuveräußern. Im Tausch für Sklaven nahmen zahlreiche begehrte Güter den Weg ins Landesinnere: Zur Hälfte soll es sich um Stoffe und Tücher gehandelt haben, den Rest machten Alkohol, Tabak, Gewehre und Schießpulver, Eisen und Kupfer aus.

In kontinentaler und globaler wirtschaftshistorischer Perspektive waren die Folgen des transatlantischen Skla-

venhandels für Afrika wohl geringer, als man oft ange-
nommen hat. Das betrifft die Frage, inwieweit Afrika
durch den Sklavenhandel in den Welthandel eingebunden
wurde, und daran anknüpfend die Frage, welchen Einfluss
Welthandel und wirtschaftliche Globalisierung vor dem
Kolonialismus auf Afrika ausgeübt haben. Der Sklavenhandel betraf zunächst vor allem Westafrika, und er zog
die Großregion sehr schnell und dauerhaft in ein Dreieck
von Handelsbeziehungen ein, dass von dem arabisch-isla-
mischen Norden Afrikas, Westeuropa und Amerika gebildet wurde. Dennoch änderten sich die wirtschaftlichen
Strukturen in Westafrika kaum. Abgesehen vom Sklavenhandel wurde die Region nicht in den Welthandel eingebunden. Die für die Sklaven eingetauschten Waren, selbst
Tuche und Eisen, schädigten die heimische gewerbliche
Produktion nicht. Umgekehrt veränderte sich aber auch
die Produktionsweise in Afrika kaum. Formen westeuro-
päischer Agrarproduktion für den Markt, etwa die Plantagenwirtschaft, wurden wenig übernommen.

Vermutlich gravierender waren die demographischen
Folgen des Transatlantikhandels. Präzise Angaben sind
aber wiederum problematisch. Offenbar gab es auch hier
regional erhebliche Unterschiede. Vor allem Angola soll
besonders stark betroffen gewesen sein. Für andere Regionen ist es möglicherweise nicht zu einem absoluten
Rückgang der Bevölkerungszahl gekommen, weil positive
Entwicklungen, besonders die erwähnte Einführung amerikanischer Kulturpflanzen, das Bevölkerungswachstum
förderten. Außerordentlich schwerwiegend aber waren die
gesellschaftlichen Folgen des Sklavenhandels. Dazu zählte
an erster Stelle eine tiefgreifende Umstrukturierung der
politischen und sozialen Verhältnisse. Der weiträumige
Handel mit Sklaven erforderte eine bessere Organisation
und Vernetzung. Verwandtschaftsgruppen, Klans oder
Dörfer bildeten Handelsbündnisse, die noch durch die
Zuwanderung einzelner Mitglieder oder Familien bestärkt

wurden. In der Folge wurden auf diese Weise gemeinsame Genealogien geformt und mündlich weitergetragen, die das neue Bündnis zu einer Ethnie verschmolzen. So entstand am Oberlauf des Kongo seit dem 18. Jahrhundert die Gruppe der Bobangi. Die Händler der Ursprungsregion bauten ihr Beziehungsnetz beständig aus, weitere Einheiten wurden durch Bündnisse integriert, auch durch Kriegszüge wurde der Einflussbereich ausgedehnt. De facto handelte es sich im Ursprung lediglich um eine Handelsallianz, die aber schon im 19. Jahrhundert als Ethnie verstanden wurde. Auch innerhalb der Gruppen und zwischen den Gruppen änderten sich die Verhältnisse. Diejenigen Klanoberhäupter, Herrscher und Händler gewannen nun an Macht und Wohlstand, die mit den Europäern kooperierten. Dabei achteten sie darauf, die Europäer vom Binnenland fernzuhalten und somit auch die europäischen Kaufleute in ihre Abhängigkeit zu bringen. Afrikaner waren insofern nicht bloß Agenten der Europäer und hilflose Instrumente des frühneuzeitlichen Kolonialismus. Vielmehr waren sie eigenständige Akteure, die ihrerseits an Rang und Status im europäisch-afrikanischen Austausch gewannen. Zum beträchtlichen Teil profitierten Afrikaner also kurz- und mittelfristig vom Sklavenhandel. Allerdings stieg das soziale Gefälle zwischen den in die Sklaven-Routen integrierten Zentren und den peripheren Zonen, die überdies noch weitgehend ungeschützt gegen die Sklavenjagd der Nachbarstaaten blieben. Zudem trug der Sklavenhandel zur Brutalisierung der afrikanischen Gesellschaft bei. Angehörige fremder Völker wurden gejagt und verschleppt, sogar Angehörige des eigenen Klans bedenkenlos verkauft, um die begehrten europäischen Waren zu erwerben. Die im Tausch erworbenen Güter, besonders die Feuerwaffen, förderten die Gewaltbereitschaft und verführten zu weiteren Versuchen, die eigene Macht auf Kosten konkurrierender Herrscher auszudehnen.

Die Sklavenhaltung wurde dabei auch in afrikanischen

Reichen mehr und mehr zur üblichen Form der Herrschaftsausübung. Zumal man wegen des Verkaufs junger Männer als Sklaven nun Ersatz benötigte, wurden auch Frauen in größerem Maße versklavt als zuvor. Sklavensiedlungen entstanden, und wohlhabendere Guts- und Plantagenbesitzer beschäftigten zahlreiche Sklaven. In den Zentren des Sklavenhandels wurde körperliche Arbeit gesellschaftlich abgewertet. Die soziale Hierarchie veränderte sich dadurch, weil der Verkauf von Sklaven schnellen und hohen Gewinn versprach, entstand in den Einzugsgebieten des Sklavenhandels eine neue Gruppe von neureichen Aufsteigern, die auf die Präsentation von Wohlstand und soziale Distinktion auch in Lebensweise und Alltag Wert legten. Aber nicht nur die Händler profitierten. Mit dem Sklavenhandel stiegen auch die Reitertruppen der westafrikanischen Reiche auf, diejenigen Gruppen, die die Savanne durchstreiften und systematisch Jagd auf junge Männer machten. Die Reiter belebten das Jagdethos neu und empfanden sich als junge Elite. Das widersprach tradierten Vorstellungen vom Vorrang des Alters und konnte in Einzelfällen auch zu Putschversuchen junger Reiteroffiziere führen.

Dies leitet über zu der Frage nach den politischen Konsequenzen des Sklavenhandels in Westafrika. Schwierig zu beurteilen ist, ob Aufstieg und Untergang einer Reihe von westafrikanischen Reichen mit dem Sklavenhandel in Beziehung stehen. Generell jedenfalls stiegen diejenigen Reiche auf, denen es gelang, unabhängig von den Europäern eine starke Militärmacht aufzubauen und sich damit die Kontrolle über den Handel zu sichern. In denjenigen Staaten, in denen der Sklavenhandel Priorität genoss, dominierten militärische Eliten und Aristokratien, die mit den bei der Sklavenjagd gewonnenen Mitteln wieder ihre militärische Schlagkraft ausbauen konnten, etwa durch die Anschaffung von Pferden. Umgekehrt profitierten die staatlichen Gebilde namentlich Westafrikas vom Transatlantikhandel. Über Wegeabgaben und Zölle konnte man sichere Einnahmen verbuchen, die wiederum in den Ausbau der eigenen militärischen Macht gesteckt wurden. Politische Führung und wirtschaftliche Macht rückten dabei nahe zusammen. In gewisser Hinsicht stärkte dies die Tendenz zu quasi absolutistischen und merkantilistischen Formen. Eine neue Staatsreligion, der Islam (Wolof-Reiche) oder das Christentum (Königreich Kongo), konnte zur Stützung zentraler und unitarischer Macht beitragen, die Einführung von Schrift (Kongo) und die Differenzierung der Verwaltung dienten gleichermaßen den absolutistischen Herrschern. Aber auch nicht-staatliche Formationen nahmen am Sklavenhandel teil, ohne ihr erprobtes System des Zusammenlebens aufzugeben.

Afrikanische Gesellschaften waren also flexibel genug, um auf die neuen Herausforderungen in vielfältiger Weise zu reagieren. Unter dem Einfluss des Sklavenhandels erhielten lockere Großreiche festere Strukturen und Hierarchien und nahmen staatliche Gestalt an. Vor allem die politischen Systeme des Westsudan konnten sich mit Hilfe des Sklavenhandels etablieren. Allerdings waren die Konsequenzen ambivalent, folgte doch aus der Einbindung in den transkontinentalen Handel der Aufstieg einer starken Elite, die den König misstrauisch beobachtete, und die Entstehung eines modernen polyzentrischen Handelsnetzes, das bei ökonomischem Erfolg mit den gegebenen Mitteln politisch auf lange Sicht kaum mehr zu steuern war. Auch die nicht-islamischen politischen Gebilde der west- und äquatorialafrikanischen Küstenregionen profitierten zumindest zeitweise vom Sklavenhandel. Dahomey, Ashanti, Oyo und Kongo zogen ihre Macht und ihren Reichtum aus dem Sklavenhandel, blieben dadurch aber anfällig für Schwerpunktverlagerungen und für die unliebsamen gesellschaftlichen Folgeerscheinungen des Sklavenhandels. Letztlich zeigte sich daran, dass auch der transatlantische Sklavenhandel kein bloß europäisches

Projekt war, sondern von Interessengruppen in Afrika gefördert und genutzt wurde, um im Kampf um Ressourcen, Macht und Ehre eine bessere Position zu erlangen. In dieser – afrikanischen – Perspektive waren die Europäer auch Instrumente in innerafrikanischen Machtkämpfen.

Dafür, dass der Sklavenhandel nicht allein von europäischen Interessen geleitet war, spricht auch, dass es im 19. Jahrhundert nicht gelang, Sklaverei und Sklavenhandel zu unterbinden. Im 18. Jahrhundert hatte in Europa eine grundsätzliche Kritik am System des Sklavenhandels eingesetzt, in Frankreich getragen von der Aufklärung, in Großbritannien von religiösen Bewegungen wie Methodisten und Quäkern. Tatsächlich waren wohl ideell-moralische und nicht primär ökonomische Gründe für die Wende der britischen Politik verantwortlich, auch wenn das industrielle England im 19. Jahrhundert ein anderes Interesse am Weltmarkt und am weltweiten Absatz seiner Produkte auch unter afrikanischen Konsumenten entwickelte und im Zeitalter des Kapitalismus Lohnarbeit effektiver schien als unfreie Arbeit. 1807 beschloss Großbritannien die Abschaffung des Sklavenhandels, 1834 ließ es alle Sklaven frei, und auch der Wiener Kongress ächtete 1815 den Sklavenhandel. Allerdings hatten sich Frankreich, Portugal und Spanien skeptisch geäußert, die Wiener Deklaration verzichtete daher auf eine präzise Frist. Immerhin brachte die britische Marine in den folgenden Jahrzehnten zahlreiche Sklavenschiffe auf und befreite 160 000 Sklaven. Doch der Sklavenhandel ging erst seit der Mitte des 19. Jahrhunderts deutlich zurück; allzu viele profitierten noch von ihm. Frankreich nahm ihn bis 1848 hin, in Brasilien und Kuba wurde er sogar noch länger toleriert. In Afrika nahm anfangs die Sklavenhaltung sogar zu, weil die Absatzschwierigkeiten nach der Blockade des transatlantischen Handels zum Überangebot an Sklaven und damit kurzfristig zum Preisverfall führten. So bestand die Sklavenhaltung nicht nur in islamischen Regionen noch in der frühen Kolonialzeit fort, teilweise sogar über den Ersten Weltkrieg hinaus. Nicht wenige Kolonialbeamte vor Ort tolerierten sie, um die Stabilität zu bewahren und Einfluss auf lokale Eliten zu behalten. Jedenfalls wurde noch auf Jahrzehnte hinaus die offizielle britische und dann auch französische Politik von vielen Kräften umgangen: Süd- und mittelamerikanische Kaufleute übernahmen nun den Handel an der westafrikanischen Küste, weitere, den Briten schwer zugängliche Gebiete wurden für die Sklavenjagd erschlossen, und die Verschiffung wurde noch effektiver gestaltet. Da der Transport von Sklaven riskanter wurde, der Bedarf in Amerika aber zunahm, stiegen die Preise auf mittlere Sicht wieder an. Der gewinnträchtige Handel zog arabische Kaufleute wie den Sansibar-Kaufmann Tippu Tip an, der im späteren 19. Jahrhundert über Ostafrika neue Karawanen-Routen nutzte, um Sklaven und andere Waren in den arabischen Raum zu bringen. Im Kontext des entstehenden Kolonialismus waren Sklaven allerdings nur noch eine Ware unter anderen.

Ein Kontinent in Bewegung
Das lange 19. Jahrhundert Afrikas

Seit dem späten 18. Jh. Zahlreiche politische Umgestaltungen und Kriege in Afrika.

1794/95 Zusammenbruch der holländischen Herrschaft am Kap.

1795–97 Erste Reise des schottischen Arztes Mungo Park in Westafrika. Bei einer zweiten Reise 1805/06 kommt er ums Leben.

Ende des 18. Jh. Kriegerische Auseinandersetzungen in Südafrika zwischen burischen Siedlern und Xhosa.

1804 Beginn des *Djihad* in Westafrika unter Osman dan Fodio. Der Islam breitet sich südlich der Sahara weiter aus. In Westafrika entsteht das Sokoto-Kalifat, das in der Folge seinen Herrschaftsbereich ausdehnt. Das Kalifat baut auf von Fulbe (Fulani) getragenen Emiraten auf.

Ab 1805 Herrschaft Mehmed Alis als Vizekönig in Ägypten, Errichtung einer Modernisierungsdiktatur.

1806 Eroberung der Kapkolonie durch Großbritannien.

1807 Abschaffung des Sklavenhandels im britischen Herrschaftsbereich.

1808 Sierra Leone wird britische Kolonie.

1815 Ächtung des Sklavenhandels durch den Wiener Kongress.

Ab etwa 1815 Beginn der *Mfecane* (meist abgeleitet aus einem Begriff für »Zerquetschung«, »Verwüstung«): Politische Umgestaltungen, Expansionskriege und Bevölkerungsverschiebungen im südlichen Afrika mit Ausstrahlungen bis ins ostafrikanische Binnenland. Den Anstoß gibt der Aufstieg des Zulu-Reiches unter Chaka im östlichen Südafrika. Andere Herrschaften und Völker wie die Sotho oder Ndebele werden verdrängt.

Ab etwa 1820 Neue Initiativen der christlichen Mission in Süd-

	und Westafrika. 1827 errichtet die *Basler Mission* eine Station an der Goldküste.
1822	Entstehung Liberias als Niederlassung freigelassener Sklaven.
1830	Französische Expansion in Algerien.
1834	Freilassung der Sklaven im britischen Herrschaftsbereich aufgrund des *Slavery Abolition Act* vom August 1833.
1834/35	Grenzkrieg zwischen britischer Kapkolonie und Xhosa.
Ab etwa 1835	Machtverlust Oyos. Aufstieg neuer westafrikanischer Stadtstaaten wie Abeokuta (Gründung der Stadt 1835), Ibadan und Ijaye.
1835/36	Beginn des »Großen Treks« der Buren vom Kapgebiet nach Ost und Nordosten.
1838	Sieg der Buren über die Zulu bei der Schlacht am Blood River.
1840	Der arabische Oman verlagert seine Residenz nach Sansibar.
Ab etwa 1845	Vordringen erster Missionare ins Innere Ostafrikas.
1847	Liberia proklamiert seine staatliche Unabhängigkeit. Erste Reise Alfred Brehms nach Afrika.
1848	Algerien wird französische Kolonie.
Ab 1848	Frankreich baut seine Niederlassung an der Senegal-Küste zur Kolonie aus. Gouverneur Louis Faidherbe betreibt von dort aus seit 1854 die Inbesitznahme des westafrikanischen Hinterlandes. 1857 wird Dakar gegründet.
1849	Französische Gründung von Libreville (Gabun) als Siedlung freigelassener Sklaven.
1849–55	Der deutsche Altertumswissenschaftler und Geograph Heinrich Barth bereist Afrika.
1849–73	Der britische Missionar und Arzt David Livingstone unternimmt Reisen in Süd- und Ostafrika.
1850–80	Zahlreiche Kriege im östlichen Afrika um Macht und Handel.
1852/54	Anerkennung der Burenstaaten Transvaal (Südafrikanische Republik) und Oranje-Freistaat durch Großbritannien.

Ab 1853	Stärkung der Zentralgewalt und Wiederaufstieg des Kaiserreichs Äthiopien.
1856/57	Die Xhosa schlachten etwa 400 000 ihrer Rinder. Vorausgegangen ist die millenaristische Prophezeiung des Mädchens Nongqawuse. Demnach könne an der neuen Welt, aus der die Weißen verschwinden würden, nur teilnehmen, wer das unreine Vieh schlachte. In der folgenden Hungersnot sterben 25 000 bis 40 000 Menschen, das ist etwa ein Fünftel der Xhosa-Bevölkerung.
1861/62	Lagos wird zur britischen Kronkolonie.
1863–79	Herrschaft Ismail Paschas in Ägypten.
1864	Samuel Ajayi Crowther, ein aus der Yoruba-Region stammender Pastor, wird als erster Afrikaner zum anglikanischen Bischof geweiht. Von weißen Kaufleuten und Missionaren zunehmend kritisiert, erklärt er 1891 verbittert seinen Rücktritt.
1865	Abschaffung der Sklaverei in den Südstaaten der USA.
1867	Erste Diamantenfunde am Vaal.
1868	Der britische Autor Charles Dilke begründet in seinem Buch *Greater Britain* die Überlegenheit und zivilisatorische Mission Großbritanniens.
1868-71	Reisen des deutschen Botanikers Georg Schweinfurth in Afrika.
1869	Eröffnung des Suezkanals.
1869–75	Der deutsche Arzt Gustav Nachtigal bereist Afrika.
1869–89	Der britisch-amerikanische Journalist Henry Morton Stanley unternimmt zahlreiche Reisen in Afrika. Seine Berichte, wie *Through the Dark Continent* von 1878, werden zu Bestsellern.
1871	Zusammentreffen Stanleys und Livingstones am Tanganjikasee nahe Ujiji.
1874	Unterwerfung des Ashanti-Reiches durch Großbritannien. Die Goldküste wird zur britischen Kolonie.
1875–90	Der Kaufmann Tippu Tip aus Sansibar hält große Territorien am Oberlauf des Kongo unter seiner Kontrolle.
1877	Annexion von Transvaal durch Großbritannien.
1878	Der deutsche Arzt und Afrika-Reisende Mehmed Emin Pascha (eigtl. Eduard Schnitzer) wird für zehn

Jahre Gouverneur im ägyptischen Sudan. 1889/90 wirkt er im Auftrag des Deutschen Reichs an der Etablierung der Kolonialherrschaft im Nordwesten Deutsch-Ostafrikas mit.

1879   Der deutsche Missionsinspektor Friedrich Fabri fordert und begründet in seiner Schrift *Bedarf Deutschland der Colonien?* die imperialistische Expansion des Deutschen Reiches.

Ab 1880 Pierre Savorgnan de Brazza erwirbt große zentralafrikanische Territorien für Frankreich.
Der belgische König Leopold II. lässt im zentralafrikanischen Gebiet Land für seine geplante Kolonie erwerben.

1881   Die Burenstaaten erhalten weitreichende Autonomie unter britischer Hoheit.
Beginn des Mahdi-Aufstands im Sudan gegen die ägyptische Herrschaft.

1881/82 Großbritannien erlangt die Vorherrschaft in Ägypten.

1883   Paulus (Ohm) Krüger wird Präsident von Transvaal.

1884   Das Deutsche Reich erklärt die »Schutzherrschaft« über Gebiete in Südwestafrika, Kamerun und Togo.

1884/85 Berliner Westafrika-Konferenz (»Kongo-Konferenz«). Die Schlussakte vom 26. Februar 1885 fixiert Bedingungen und Regeln des europäischen Engagements in Westafrika und Sicherungen der Handelsfreiheit an Niger und Kongo. Die Herrschaft des belgischen Königs Leopold II. im Kongogebiet (»Kongo-Freistaat«) wird anerkannt. Der *Scramble for Africa* (»Balgerei um Afrika«) setzt ein und führt binnen zweier Jahrzehnte zur Aufteilung fast des gesamten subsaharischen Afrika unter europäische Kolonialmächte.

1885   Die »Gesellschaft für deutsche Kolonisation« erhält Reichsschutz für Gebietserwerbungen in Ostafrika. Die »Deutsch-Ostafrikanische Gesellschaft« (DOAG) beginnt mit dem Ausbau der Kolonie.
Britisches Protektorat über Botswana.

1886   Gründung der *Royal Niger Company*. Sie erhält eine britische Konzession zum Handel im Nigergebiet.
Erste Goldfunde am Witwatersrand bei Johannesburg.

1888/89 Sogenannter Araber-Aufstand (*Buschiri Wars*) gegen die Ausweitung deutscher Herrschaftsansprüche an der ostafrikanischen Küste nach dem Vertrag zwischen dem Sultan von Sansibar und der DOAG. Die Erhebung wird durch eine Askari-Truppe unter Hermann Wissmann niedergeschlagen. Das Deutsche Reich übernimmt Deutsch-Ostafrika.

1890	Cecil Rhodes wird Premierminister der Kapkolonie.
1891	Britisches Protektorat über Nyassaland (heute Malawi).
1893	Britisches Protektorat über das Yoruba-Gebiet in Westafrika.
1894	Britisches Vordringen nach Buganda.
1895	Großbritannien übernimmt von der *British East African Company* das später Kenia genannte Gebiet.

Gründung des Generalgouvernements Französisch-Westafrika.

Der Einfall einer britischen Einheit nach Transvaal (*Jameson Raid*) wird abgewehrt. Der deutsche Kaiser Wilhelm II. gratuliert dem Präsidenten Ohm Krüger in einem aufsehenerregenden Telegramm (»Krügerdepesche«). Cecil Rhodes tritt nach dem Scheitern der Aktion als Premierminister der Kapkolonie zurück.

Der afrikanische Pastor Carl Christian Reindorf verfasst die *History of the Gold Coast and Asante*, die als erstes Beispiel nicht-islamischer Geschichtsschreibung in Afrika gelten kann.

1896	Aufstand der Ndebele in Südrhodesien gegen die britische Herrschaft.

Aufstand der Wahehe in Deutsch-Ostafrika.

Äthiopien unter Kaiser Menelik I. wehrt den Angriff Italiens in der Schlacht von Adua ab und behauptet seine Unabhängigkeit.

1896/97	Rinderpest im Herero-Gebiet Deutsch-Südwestafrikas.
1897	Widerstand Bugandas gegen die britische Expansion.

Samuel Johnson, ein Pastor aus dem Yoruba-Gebiet, verfasst die *History of the Yorubas* (veröffentlicht 1921).

1898	*Hut Tax Rebellion* in Sierra Leone gegen die britische Kolonialpolitik.

1898/99	Faschoda-Krise zwischen Großbritannien und Frankreich über die Herrschaft im Sudan. Frankreich verzichtet auf das obere Nilgebiet, Großbritannien erkennt eine französische Interessenzone zwischen Darfur und dem Tschadsee an.
1899–02	Im Südafrikanischen Krieg (»Burenkrieg«) setzt sich Großbritannien gegen den burischen Widerstand durch.
Ab 1900	Die britischen Protektorate Süd- und Nordnigeria entstehen.
1902	Der englische Schriftsteller Joseph Conrad veröffentlicht die Erzählung *Heart of Darkness* (dt. Titel: *Herz der Finsternis*), in der er seine Erfahrungen im Kongo verarbeitet.
1904	In Deutsch-Südwestafrika erheben sich die Herero gegen die deutsche Herrschaft. Im Herbst bricht der Aufstand der Nama aus. Der Aufstand wird mit größter Brutalität niedergeschlagen. 75 000–80 000 Afrikaner werden getötet oder sterben in Internierungslagern.
1905	In Deutsch-Ostafrika setzt der Maji-Maji-Aufstand gegen die deutschen Kolonialherren ein. Dem Krieg der Deutschen und der Politik der verbrannten Erde fallen wohl an die 300 000 Afrikaner zum Opfer.
1906	Britisches Protektorat über Swasiland.
1906/07	Als Konsequenz aus den Aufständen in Südwestafrika und Ostafrika leitet der neue Kolonialstaatssekretär Bernhard Dernburg eine Reform der deutschen Kolonialpolitik ein, um eine rationalere Nutzung der afrikanischen Ressourcen zu ermöglichen.

Politische Entwicklungen und Staatenbildungen

Für das 19. Jahrhundert wird das Bild Afrikas einerseits schärfer, der Raum erhält klarere Konturen. Der Austausch mit der nicht-afrikanischen Welt nahm zu, und die Berichte und Nachrichten verdichteten sich. Andererseits wird das Bild widersprüchlicher. Denn die Beschleunigung des Wandels, der Afrika seit dem ausgehenden 18. Jahrhundert erfasste, führte zu zunehmenden Ungleichzeitigkeiten. Schon eine Periodisierung des 19. Jahrhunderts fällt daher schwer, und bei genauerer Betrachtung kann nicht einmal der um 1880/85 einsetzende europäische »Wettlauf nach Afrika« als eindeutige Zäsur oder gar Epochenschwelle dienen, zog sich die koloniale Eroberung und Aufteilung doch bis über die Jahrhundertwende hin und zeitigte zumindest bis zum Ersten Weltkrieg regional ganz unterschiedliche Folgen, die die Vielfalt eher erhöhten. Auch die Forschungsliteratur wählt unterschiedliche Gewichtungen. In der Regel wird die koloniale Invasion, Inbesitznahme oder Aufteilung als Wendemarke gesehen. Die Entwicklung im vorkolonialen 19. Jahrhundert wird häufig davon abgegrenzt und als eigene Epoche behandelt, wenn auch ohne präzise Benennung. Joseph Ki-Zerbo versah das einschlägige Kapitel seiner *Geschichte Afrikas* mit dem Titel »Integrationsversuche im 19. Jahrhundert«, John Iliffe beließ es in seiner Gesamtdarstellung afrikanischer Geschichte bei der vorsichtigeren Überschrift »Regionale Vielfalt im 19. Jahrhundert«. Tatsächlich gibt es viele Gründe, das 19. Jahrhundert als Einheit zu behandeln: Die politischen und ökonomischen Beziehungen verdichteten sich, gewaltsame Konflikte und Kriege brachen in schneller Folge aus, zahlreiche neue Staatenbildungen führten zu einer Neugestaltung der politischen Landkarte, vor allem zu einer Reduktion der politischen Einheiten und zur Entstehung von territorialstaatlichen Verbänden.

In dieser Perspektive erscheint die Zeit der kolonialen Aufteilung als Kulmination längerfristig angelegter Prozesse, die erst mit dem Ende der Kolonialkriege, die noch in der Kontinuität der Staatsbildungskriege des afrikanischen 19. Jahrhunderts standen, und der Niederschlagung der letzten Widerstände gegen die Etablierung des Kolonialstaats im ersten Jahrzehnt des 20. Jahrhunderts beendet waren. Insofern kann man von einem »langen 19. Jahrhundert« Afrikas sprechen, in Parallele, freilich nicht in völliger Analogie, zum langen 19. Jahrhundert Europas. Das lange 19. Jahrhundert Afrikas war zugleich eine »Sattelzeit« (so Reinhart Koselleck für die europäische Geschichte von 1750 bis 1850), eine Zeit des Übergangs und der Beschleunigung, geprägt von Ambivalenzen und Zwischenzuständen, in der Zielrichtung zwar nicht determiniert, aber doch ausgerichtet auf eine beständig zunehmende Integration in einen globalen Austausch an Personen und Gütern, Nachrichten und auch Werten.

In politischer Hinsicht gehörten zu den zentralen Prozessen des langen 19. Jahrhunderts zahlreiche Versuche, segmentäre Gesellschaften und kleinere Herrschaftsgebilde zusammenzufassen, größere Einheiten und Machtkonzentrationen zu formen. Diese Vorgänge gingen oft von autoritären Führungspersönlichkeiten aus, nicht selten von Militärs. Sie richteten sich gegen traditionelle Institutionen, Hierarchien oder Ältestenräte. Dabei wurden Reformen eingeleitet, sie betrafen vor allem das Militär und auch das Steuersystem, wirkten sich aber auf Verwaltung und Infrastruktur aus. So entstanden Staatswesen, die man als Militärdiktaturen bezeichnen könnte; in manchen Fällen könnte man – mit einem anachronistischen Begriff – auch von Entwicklungs- oder Modernisierungsdiktaturen sprechen, dies besonders dann, wenn die Reformen vom westlich-europäischen Modell inspiriert waren wie im nördlichen Afrika. Hier wie im südlichen Afrika zielten die teilweise radikalen Reformen zugleich auf die Abgrenzung

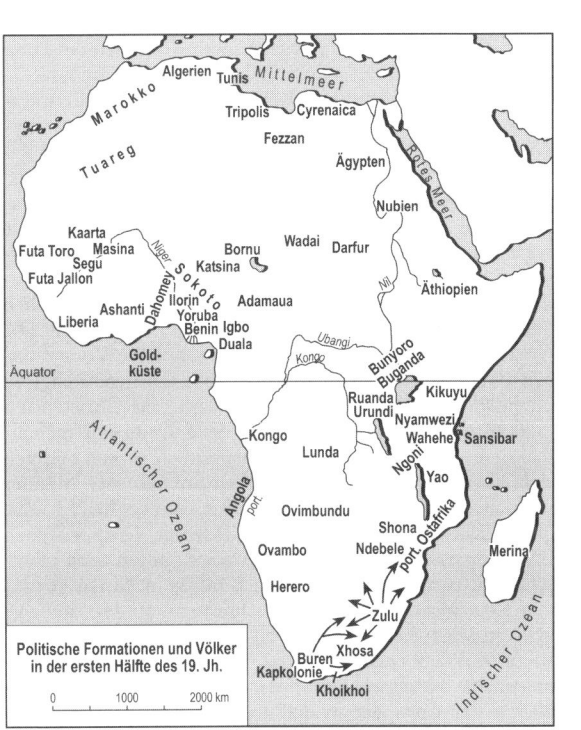

Politische Formationen und Völker
in der ersten Hälfte des 19. Jh.

0   1000   2000 km

Map labels:

Algerien · Tunis · Mittelmeer
Marokko
Tripolis · Cyrenaica
Tuareg
Fezzan
Ägypten
Rotes Meer
Nubien
Kaarta
Futa Toro · Masina · Wadai · Darfur
Segú · Bornu
Futa Jallon · Katsina
Niger · Sokoto
Nil
Äthiopien
Ashanti · Adamaua
Dahomey · Ilorin
Liberia · Yoruba
Benin · Igbo
Gold-küste · Duala
Äquator
Ubangi
Bunyoro · Buganda
Kongo
Ruanda · Kikuyu
Urundi · Nyamwezi
Kongo · Wahehe · Sansibar
Lunda · Ngoni
Atlantischer Ozean
Angola port. · Yao
Ovimbundu
Shona
Ovambo · Ndebele
Herero · port. Ostafrika
Merina
Zulu
Buren · Xhosa
Kapkolonie
Khoikhoi
Indischer Ozean

von Europa und den europäischen Zuwanderern. In West-
und Ostafrika wiederum ging es um Machtkonkurrenz
und Entwicklungschancen im Spannungsfeld von islami-
schem Vordringen, Niedergang des Sklavenhandels und
europäischen Einflüssen. Stabilisierung und Integration
wurden dabei nicht nur im Rahmen von Modernisierungs-
konzepten angestrebt, sondern oft auch durch das her-
kömmliche Instrumentarium politischer Steuerung herbeigeführt, durch Verhandlung, Bündnis oder Unterwerfung.

Daher wurde der Prozess der Staatsbildung von Destabilisierung, Unruhen und Kriegen begleitet. Er brachte
auch den Untergang mancher älterer afrikanischer Staatswesen mit sich, namentlich solcher, die vom Sklavenhandel lebten und durch dessen Eindämmung wirtschaftlich
und politisch in existentielle Schwierigkeiten gerieten. Die
Krise hatte auch zur Folge, dass hergebrachte Vorstellungen und Hierarchien in Frage gestellt wurden: Religiöse
Gewissheiten waren erschüttert, Islam und Christentum
fanden vermehrt Anhänger, und neue Kulte mit manchmal dem Anschein nach synkretistischen Formen bildeten
sich. Generationskonflikte brachen auf, jüngere Männer
und auch neue Militärführer drängten zur Macht. Zugleich suchten aufsteigende wie bedrohte Gruppen nach
Bündnispartnern, in neuen Allianzen konnten auch arabische und europäische Kräfte an Einfluss in Afrika gewinnen. Das provozierte oder erleichterte zumindest den Zugriff auswärtiger politischer Kräfte, Staaten oder Reiche.
In diesem Kontext setzte das zunächst langsame, kaum
merkliche Hereinrücken oder zum Teil auch Herein-
ziehen der Europäer in den Kontinent ein. Denn dieser
Prozess war anfangs keineswegs einer gezielten imperialistischen Strategie zur Eroberung oder gar Aufteilung Afrikas geschuldet, sondern begann gerade in den mittleren
Jahrzehnten des 19. Jahrhunderts, das heißt in einer Phase,
in der die zentrale Überseemacht, Großbritannien, am
Grundsatz des Freihandels festhielt.

Eine Begleiterscheinung der politischen Umstrukturierung im 19. Jahrhundert war die Ethnisierung des politisch-gesellschaftlichen Systems. Ethnische Identitäten und Loyalitäten gewannen an Bedeutung, sie konnten der Untermauerung traditionsbezogener Herrschaftsansprüche von Eliten und Älteren dienen, von jüngeren Generationen oder politischen Aufsteigern als Legitimationsreservoir genutzt und dabei bestärkt oder auch von bedrohten und marginalisierten Gruppen als politisch-kulturelle Ressource mobilisiert werden. In diesen weiten Rahmen gehört die Begründung von sich ethnisch definierenden Kaufmannsgruppen, die überregional agierten, aber auf die Solidarität ihrer Ethnie setzten, der Aufstieg ganzer Ethnien zu Handelsverbänden, etwa bei den Nyamwezi in Ostafrika oder den Chokwe in Zentralafrika, und die starke Betonung des ethnischen Zusammenhalts im südlichen Afrika: bei Zulu, Xhosa, Griqua und Buren. Das Phänomen der Ethnisierung war insofern Antwort auf neue Herausforderungen, auf Destabilisierung und Desintegration, zugleich war es Instrument neuer Identitätsbildung und system- wie krisenübergreifender Integration. Derart entfaltete es zunehmende politische Wirksamkeit bereits, bevor die Europäer den Kolonialstaat im frühen 20. Jahrhundert errichtet hatten und die afrikanische Bevölkerung nach ethnischen Kategorien zu ordnen begannen.

Zu den Merkmalen der neuen Entwicklung gehörte, dass nunmehr politische Veränderungen in Nordafrika auf das subsaharische Afrika zurückwirkten und hier deshalb kurz resümiert werden müssen. Der nordafrikanische Küstenraum war – mit Ausnahme Marokkos – im 16. Jahrhundert unter die Herrschaft des Osmanischen Reichs gelangt. Gouverneure und andere Provinzstatthalter regierten die Territorien. Die Machtverteilung zwischen den Provinzregenten vor Ort und der Zentrale in Konstantinopel musste ständig neu ausgehandelt werden. Vor allem regionalen und lokalen Militärkommandanten gelang es immer wieder, relativ unabhängig von Konstantinopel zu agieren. Regiert wurde der Raum in einer Art mittelbaren, für Afrika allerdings keineswegs untypischen Form politischer Herrschaft: Von den städtischen Zentren an der Küste als Standorten von Regierung und Militär aus, von Tunis, Tripolis, mit Abstrichen Algier, wurde über einheimische Mittelsmänner, regionale und lokale Gewalthaber oder Obere von ethnischen Gruppen die Kontrolle über das Binnenland durchgesetzt. De facto ging es primär um die Eintreibung von Tributen. Eine direkte Herrschaft wurde nicht angestrebt und wäre auch nur schwer realisierbar gewesen.

Denn die gesellschaftlichen Organisationsformen namentlich im Hinter- und Binnenland waren eher kleinteilig. Die Bevölkerung setzte sich zusammen aus nomadischen Gruppen und Ackerbauern. Dabei handelte es sich zum kleinen Teil um Großbauern, zum größten Teil aber um Kleinbauern oder Kleinpächter. In den Küstenstädten dominierten kleine Handwerker und Kleinhändler, hinzu kam eine Minderheit von Sklaven aus Schwarzafrika. Vor allem Epidemien bedrohten im 18. und 19. Jahrhundert Nordafrika immer wieder: Zunächst war das die Pest, die bis in das erste Drittel des 19. Jahrhunderts hinein in Nordafrika auftrat, dann kamen im 19. Jahrhundert mehrere Cholera-Epidemien hinzu. Sie reduzierten die Bevölkerungszahlen, führten wiederum zu Hungersnöten mit weiteren schweren demographischen Einbrüchen und erschütterten die gesellschaftliche Stabilität. Diese Situation trug dazu bei, dass Nordafrika den Anschluss an die europäische Wirtschaft verlor. In wirtschaftlicher Hinsicht hatten die nordafrikanischen Territorien ihre Blütezeit im ausgehenden 18. Jahrhundert bereits hinter sich. Zwar produzierten sie gewerbliche Produkte auch für den Export, etwa Tücher oder Olivenöl, doch sie waren zugleich auf Importe aus Europa angewiesen, von Metallwaren bis zu Schiffen.

Die Folgen waren für das 19. Jahrhundert lange Jahrzehnte der politischen Instabilität. Sie gingen einher mit Versuchen intensivierter Staatsbildung. Am Anfang steht Ägypten, dass ähnlich wie die europäischen Staaten an der Wende zum 19. Jahrhundert durch den Zugriff Napoleons politisiert und nationalisiert wurde: Nach der französischen Invasion von 1798, die 1801 durch osmanische Truppen beendet wurde, entstand ein Nationalismus, der auch zu einer Modernisierung des Staatswesens führte. Als Symbol des neuerlichen, aber vorübergehenden ägyptischen Aufstiegs gilt Mehmed Ali, der seit 1805 als Offizier der osmanischen Armee den Gouverneur in Kairo verdrängte, innere Gegner ausschaltete und sich an die Spitze Ägyptens stellte. Er erweiterte die Armee massiv bis auf 200 000 Mann, darunter zunächst auch Sklaven, erhöhte die Steuern und andere Staatseinnahmen, verbesserte die Infrastruktur und förderte die Landwirtschaft und das Gewerbe durch vielfältige Maßnahmen: durch Unterstützung, Bewässerungsanlagen, Handelsmonopole, die gegen die Einfuhr europäischer Waren schützen sollten, die Gründung industrieller Produktionsstätten, die Einrichtung allgemeinbildender und technischer Schulen und eine gezielte Gesundheitspolitik, darunter die Einführung der Pockenschutzimpfung, aber auch durch Zwangsmaßnahmen, etwa bei der Einführung bestimmter Baumwollsorten.

Das Experiment einer frühen Entwicklungsdiktatur führte in wirtschaftlicher wie in demographischer Sicht zu einigen Erfolgen. Aber es wurde durch britischen Eingriff beendet: Von 1838 bis 1841 erzwang Großbritannien die erneute Öffnung Ägyptens für europäische Produkte, außerdem musste Mehmed Ali seine Armee wieder abbauen. Damit stand Ägypten europäischem Einfluss offen, gleichzeitig setzten sich aber Bevölkerungswachstum und Modernisierung der Wirtschaft, etwa was Bewässerungssysteme oder den Baumwollanbau anging, fort. Neue Ver-

kehrsmöglichkeiten, wie der Ausbau der Eisenbahn von
der Jahrhundertmitte bis zum Ende der 1870er Jahre und
1869 die Eröffnung des Suezkanals, trugen zu einem wirtschaftlichen Aufschwung bei, der vor allem privaten Ei-
gentümern und darunter nicht zuletzt Briten, die nach
Mehmed Ali zunehmend ins Land gekommen waren,
zugute kam. Insofern ging der wirtschaftliche Aufstieg
Ägyptens weiter, ablesbar auch an Wachstum und Modernisierung der Metropole Kairo, die eher eine europäische
als afrikanische Stadt zu werden schien. Zugleich differenzierte sich die Gesellschaft aus. So entstand auch eine islamische Reformbewegung, die zu den Ursprüngen des Islam zurückkehren wollte. Sie wollte damit gleichzeitig
den Einfluss Europas zurückdrängen und einen eigenen
Weg in die Moderne suchen, der unter anderem wissenschaftlichen und technischen Fortschritt akzeptierte und
integrierte.

Diese Entwicklung vollzog sich unter der Herrschaft
des Enkels Mehmed Alis, Ismail Pascha, der von 1863 bis
1879 diktatorisch herrschte, aber zugleich eine wirtschaftliche Liberalisierung und Internationalisierung anstrebte
und anders als Mehmed Ali auch Anleihen im Ausland
aufnahm. Angesichts der wachsenden Staatsschulden
übernahm 1876 eine internationale Kommission die Fi-
nanzaufsicht, und 1879 wurde Ismail abgesetzt. Ägypten
war damit in einen semikolonialen Zustand hineinge-
rutscht, die Europäer wiederum hatten sich entgegen ihren ursprünglichen Absichten direkt engagiert. Obwohl es
nur um die Offenhaltung und Stabilisierung eines Wirt-
schaftsgebiets im Sinne britischer Interessen ging, zumal
um den Schutz des Suezkanals für den Seeweg nach Indien, stand am Ende ein erster kolonialer Zugriff. Die
ägyptische Staatsbildung im 19. Jahrhundert strahlte wie
die Kolonialisierung nach Süden aus. Auf der Suche nach
Sklaven für seine Armee expandierte schon Mehmed Ali
in die Savannenregionen des Sudan, Händler drangen in

den Süden vor und organisierten Sklavenjagd und -handel. Noch vor dem britischen Zugriff gelangten Kaufleute auch in die Hima-Staaten wie Bunyoro und in das ostzentralafrikanische Gebiet, um den Handel auszuweiten. Das führte zum Nachzug von Truppen, zu politisch-militärischen Eingriffen und im Einzelfall sogar zum Zusammenbruch innerafrikanischer Reiche.

Algerien wurde schon 1830 Ziel einer französischen Invasion, 1848 dann formell der französischen Nation eingegliedert. Die Motive des ersten Zugriffs lagen eher in Frankreich als in Afrika. Es ging um einen außenpolitischen Prestigeerfolg, der das Regime im Inneren absichern sollte. Dabei kollidierte die Invasion mit dem Staatswesen, das der Militärkommandant Abd-al-Quadir im westlichen Binnenland aufgebaut hatte. Auch dabei handelte es sich um eine Art militärische Entwicklungsdiktatur. Ein stehendes Heer wurde errichtet und regelmäßige Steuereinnahmen wurden sichergestellt. Für die segmentären Gesellschaften im Binnenland war das eine revolutionäre Neuerung. Die Jahrzehnte seit dem Beginn der französischen Invasion bis 1871 waren von beständigen Kriegen mit diesem Staat und mit weiteren Machthabern im Lande geprägt. Das anfängliche, scheinbar eingrenzbare Prestigeunternehmen hatte sich infolge der Probleme und Widerstände vor Ort immer mehr ausgeweitet, verselbständigt und die Franzosen immer weiter ins Land hineingezogen, und zwar weiterhin nicht aufgrund wirtschaftlicher oder strategischer Erwägungen, sondern zur Wahrung des nationalen Prestiges. Französische Siedler zogen allerdings nach, 1872 waren es bereits knapp 280 000; sie wiederum beanspruchten die Herrschaft in der Kolonie und drängten die einheimische Bevölkerung an den Rand.

In Tunesien reagierten die Herrscher auf die benachbarten Invasionen und Staatsbildungen in Algerien, Ägypten und Tripolis, wo 1835 das Osmanische Reich wieder Fuß gefasst hatte. Auch hier kam es in der Jahrhundertmitte zu

Formen einer Entwicklungsdiktatur. Dazu gehörten typischerweise der Ausbau der Armee und Maßnahmen der Gewerbeförderung. Doch der Staatsausbau war nicht gegenfinanziert, Steuererhöhungen führten zu Unruhen und erneuten wirtschaftlichen Einbrüchen. In den 1870er Jahren scheiterten weitere Sanierungs- und Modernisierungsversuche, 1877 wurde der osmanische Statthalter in Absprache mit den europäischen Konsuln vor Ort abgesetzt. Am Ende hatten die Staatsbildungsversuche zur Destabilisierung Tunesiens und zur Stärkung des europäischen Einflusses geführt.

In Marokko wurden gleichermaßen innere Reformen in die Wege geleitet, wiederum an erster Stelle der Ausbau der Armee, was eine weitere Modernisierung im Bereich von Finanzen und Verwaltung erforderte. Kriegerische Konflikte und Verschuldungen waren die Folge. Dies wiederum verstärkte den Einfluss der europäischen Gläubigerstaaten. Auch mit inneren Gegnern musste sich die Politik hier wie bei den meisten nordafrikanischen Staatsbildungsversuchen auseinandersetzen. Dazu zählte einmal die islamische Geistlichkeit, die um Privilegien und Deutungskompetenz, auch um konkrete Vorrechte etwa im Bildungswesen fürchtete. Sodann wollten die Führer der Klans und ethnischen Verbände ihre politische Autonomie nicht aufgeben und ihre Wirtschafts- und Handelstätigkeit nicht einer fernen Zentrale unterordnen. Binnen weniger Jahrzehnte hatten sich die europäischen Mächte bereits vor der Hochphase des Imperialismus auf dem afrikanischen Kontinent etabliert.

Südafrika stellte dem ersten Anschein nach einen Sonderfall dar. Bei genauerer Betrachtung fallen für das 19. Jahrhundert freilich Parallelen mit anderen afrikanischen Prozessen ins Auge, namentlich in Hinblick auf das spannungsreiche Mit- und Gegeneinander von expandierenden und ansässigen politischen Einheiten sowie zunehmend ethnisch definierten Bevölkerungsgruppen, das zu Widerständen, Kriegen und unerwarteten Lösungen führte. Spezifisch blieb jedoch, dass mit den Buren eine aus Europa stammende Gruppe eine zentrale Rolle spielte. Südafrika erlebte vor diesem Hintergrund im 19. Jahrhundert eine außerordentlich tiefgreifende Umgestaltung, die zwar vorher mit der Siedlungskolonie der Buren und den Trecks ins Landesinnere bereits möglich, aber keineswegs zwingend erschien.

Die niederländische Herrschaft am Kap brach mit der Expansion des revolutionären Frankreich in die Niederlande 1794/95 zusammen. Das veranlasste Großbritannien, quasi vorbeugend die Herrschaft über die niederländische Kapkolonie anzustreben, um einen Ausbau der Überseestellung Frankreichs zu verhindern. 1806 eroberte Großbritannien die Kapkolonie endgültig. Damit gerieten dort auch die rund 20 000 burischen Siedler unter britische Herrschaft. Die Buren wiederum stießen, nachdem sie die Khoikhoi verdrängt hatten, auf ihrem Zug nach Norden und vor allem Osten über kurz oder lang mit den Xhosa zusammen. Die zu den Bantu-Völkern gehörenden Xhosa breiteten sich langsam nach Süden und Südwesten aus. Dabei spalteten sich immer wieder Gruppen ab und suchten neuen Siedlungs- und Wirtschaftsraum. Diese Xhosa-Gruppen benötigten große Landflächen, denn sie betrieben einerseits Ackerbau, andererseits aber auch wie die Buren Viehzucht. Insofern musste es zum Konflikt um Land kommen, jedenfalls solange beide Bevölkerungsgruppen wuchsen. Erschwert wurde die Konstellation dadurch, dass beide Gruppen in geradezu gegensätzlichen Kulturen verankert waren. Dazu zählten unterschiedliche Formen der Integration von Angehörigen anderer Gruppen und ein unterschiedliches Eigentumsverständnis. Die Buren strebten individuelles Eigentum an Land an, während die Xhosa nur Formen von Gemeineigentum kannten. Das Land wurde durch die Führer einzelnen Familien zur Nutzung zugeteilt. Das konnte Land betreffen, das

die Buren beanspruchten, umgekehrt gaben Xhosa-Obere
Land auch an Burenfamilien aus, diese aber verstanden das
gegen die Intention nicht als vorübergehende Nutznie-
ßung, sondern als Verkauf.

Bei den fortwährenden Konflikten waren die Xhosa
wohl in der Überzahl, die Buren aber dank der größeren
Zahl und höheren Qualität ihrer Feuerwaffen, auch dank
ihrer besseren Ausstattung mit Ochsenwagen und Pferden
mindestens gleichrangig. Die Xhosa bildeten zudem keinen festen Verband und kein gemeinsames Staatswesen,
manche Gruppen kooperierten mit den Buren, dies selbst
bei kriegerischen Auseinandersetzungen mit anderen
Xhosa-Gruppen. Die Buren wiederum siedelten weit zer-
streut und konnten daher im Ernstfall keine schnelle Ver-
teidigung aufbauen. Mit dem Vordringen der Buren und
den zunehmenden Konflikten mit den Xhosa nahmen
auch die Konflikte mit den Briten und ihrer Regierung am
Kap zu. Denn die Briten waren primär an der Kapkolonie
interessiert, wo 1834 153 000 Menschen lebten, davon
rund 65 000 Weiße, im Burengebiet ging es ihnen primär
um die Sicherstellung von Frieden und Ruhe. Die burischen Siedler aber benötigten Waffen und Waren vom
Kap, sie waren insofern abhängig. Die Reibungen im
Dreieck zwischen britischer Regierung, Buren und Xhosa
führten schon 1795 dazu, dass sich einige Distrikte für unabhängig erklärten, wenn auch noch ohne Erfolg. In der
Folge kam es zu einer Reihe von weiteren Rebellionen,
gleichzeitig kämpften Kap-Regierung und burische Siedler
allerdings auch wiederholt zusammen gegen Widerstände
der Khoikhoi und der Xhosa.

Die britische Regierung warb 1820 in Großbritannien
weitere Siedler für Südafrika an, um die Grenzgebiete zu
den Xhosa dichter zu besiedeln und so einen Sicherheits-
gürtel zu schaffen. Diese neuen Siedler sollten Ackerbau
betreiben und erhielten jeweils rund 40 Hektar Land zugeteilt, während Burenfarmen bereits auf rund 2400 Hek-

tar angewachsen waren. Schon angesichts dieser Diskrepanz scheiterte das Projekt, viele britische Siedler gaben ihre Farmen auf und zogen in die Städte. Ergebnis war somit nur, dass nun neben den burischen Siedlern auch britische Kolonisten standen; die Interessen divergierten in mancherlei Hinsicht, Spannungen nahmen zu. Auch weitere Versuche der Briten, die Grenzen zwischen weißem und Xhosa-Land zu fixieren, scheiterten. Beim Grenzkrieg von 1834/35 wurde die Ostgrenze noch einmal 100 Kilometer nach vorne geschoben. Danach schien der Vormarsch zum Erliegen gekommen zu sein. Nun drangen Siedler eher nach Norden vor, in das von Klima und Bodenverhältnissen her weniger geeignete Land.

Parallel zu dieser Entwicklung vollzog sich im südlichen Afrika ein mit dem Begriff *Mfecane* bezeichneter, viel diskutierter Prozess der politisch-räumlichen Umgestaltung. Er setzte mit afrikanischen Staatsgründungen im Nordosten der Region ein. Dabei schlossen sich kleinere Einheiten zusammen, offenbar überwiegend zwangsweise im Zuge von Eroberungen. Meist basierten diese staatsähnlichen Gebilde auf einem starken Militär und Militärreformen. Dazu konnte die Einrichtung von Altersklassen als Regimenter gehören, die einem vom Herrscher ernannten Befehlshaber unterstellt waren. Zu den mächtigsten Staatswesen wurde das ursprünglich kleine Gebiet des Zulu-Führers Chaka (in der Literatur auch: Shaka, um 1783–1828), der ein stehendes Heer mit einer Wehrpflicht aller 16 bis 40 Jahre alten Männer und eine Art Dienstpflicht für Frauen einführte. Die Männer durften bis zum Alter von 40 Jahren nicht heiraten, lebten kaserniert außerhalb der Dörfer, wo sie auch Landwirtschaft betrieben, deren Überschuss dem Staat beziehungsweise dem Herrscher zugutekam. Eine konsequente Nutzung neuer Nahkampf-Waffen und Kampftechniken trug zu einer Reihe militärischer Erfolge bei. Die Unterworfenen wurden eingegliedert, die Zulu-Nation wuchs dadurch schnell und gewann an Macht, auch wenn sich der Staat schon seit Ende der 1830er Jahre wieder im Niedergang befand und 1887 aufgelöst wurde. Wie aber das Zulu-Reich aufgebaut war, welchen Umfang es hatte und wie groß die Bevölkerung war, ist nicht mehr genau zu ermitteln. Allein für die Zahl der Bewaffneten reichen die Angaben von 14 000 bis 100 000 Mann. Die Expansion des Zulu-Reiches löste Flucht- und Verdrängungsbewegungen aus, weit über die Region hinaus gerieten ganze Völker in Bewegung. Dabei wurden, teilweise nach dem Vorbild Chakas und seiner Militär- und Regierungstechnik, wiederum neue politische Formationen und kleinere Königreiche gebildet, etwa durch den Sotho-Führer Moshoeshoe, der im Nordosten des heutigen Südafrika 1850 eine staatliche Formation mit an die 80 000 Menschen errichtete.

Insgesamt war die Entwicklung in der ersten Hälfte des 19. Jahrhunderts doppelgesichtig: Auf der einen Seite gab es eine Reihe von Staatsbildungen, vom Zulu-Reich Chakas bis Swasiland, die sich zumeist im bergigen, schwer zugänglichen Hochland befanden, auf der anderen Seite nahmen die Destabilisierung und vor allem Entvölkerung des offenen Landes zu. Hier drangen die Buren vor. Seit 1835/36 zogen sie in immer neuen Trecks von einer oder mehreren Familien aus der Kapkolonie mit Ochsenwagen nach Nordosten und Norden in Richtung Natal und Transvaal. Dort schien es menschenleeres Land zu geben. Diese neuen »Trekburen«, später *Voortrekker* genannt, wollten sich jetzt dem britischen Einfluss ganz entziehen und vor allem den politischen Vorgaben der Briten ausweichen, etwa der Tendenz zur Gleichstellung von Weißen und Schwarzen. Bis 1845 verließen über 15 000 Buren im sogenannten »Großen Trek« die Kolonie, eine Minderheit unter den Buren zwar, aber doch eine beträchtliche Zahl. Die Briten konnten das nicht verhindern, sie wollten es wohl auch nicht, hofften sie doch vielleicht, dass auf diese Weise Konfliktstoff exportiert werden würde. Die

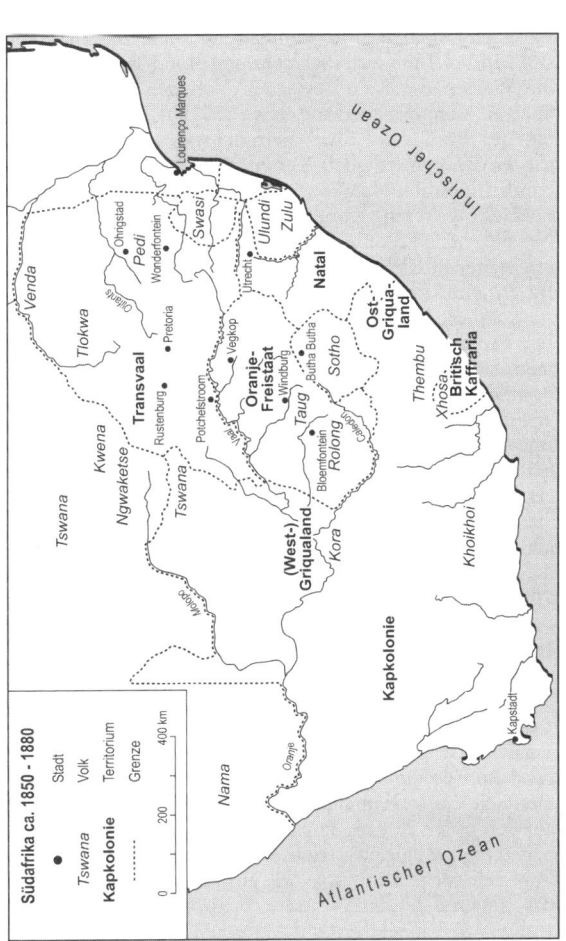

Südafrika ca. 1850 - 1880

Tswana	Volk
Kapkolonie	Territorium
••••••••	Grenze
•	Stadt

Kapkolonie

0   200   400 km

Lourenço Marques

Indischer Ozean

Ohrigstad
Wonderfontein
Pedi
Swasi
Ulundi
Zulu
Natal
Utrecht
Vryheid

Venda

Tlokwa

Olifant

Pretoria

Transvaal

Rustenburg

Vegkop
Oranje-
Freistaat
Windburg

Ost-
Griqua-
land

Kwena

Ngwaketse

Tswana

Potchefstroom

Vaal

Potchefstroom

Taug

Butha Butha

Sotho

Thembu

Britisch
Kaffraria

Xhosa

Moloni

(West-)
Griqualand

Kora

Bloemfontein

Rolong

Caledon

Khoikhoi

Nama

Oranje

Kapkolonie

Kapstadt

Atlantischer Ozean

»Trekker« stießen an das Zulu-Reich, und die Spannungen führten 1838 zur »Schlacht am Blood River«, bei der die Weißen die Zulu besiegten. Von den Zulu, die mit Speeren kämpften, verloren etwa 3000 ihr Leben. Auf Seiten der Buren, die über Steinschlossgewehre verfügten, gab es dagegen lediglich Verwundete. Die Sieger gründeten die Republik Natalia.

Nach weiteren Konflikten gliederte Großbritannien Natal der Kapkolonie ein. Daraufhin zog ein Teil der Buren weiter in Richtung Oranje-Gebiet und Transvaal. Die Buren annektierten jetzt ein großes Territorium, in dem sie quasi die britische Politik rückgängig machen wollten. Die Probleme zwischen den Völkern und Gruppen nahmen damit zu, und der britisch-burische Gegensatz verhärtete sich. Allerdings erkannten die Briten 1852 beziehungsweise 1854 in Verträgen mit Burenvertretern die Burenstaaten Transvaal, von den Buren zunächst Südafrikanische Republik genannt, und Oranje-Freistaat an, die zu diesem Zeitpunkt allerdings noch keine eigentlichen Staaten waren. Erst langsam bildeten sie sich zu Republiken heraus, in denen sogar alle weißen Männer, aber nur diese, an der Wahl der Volksvertretung teilnahmen. Gleichzeitig wurde auch Rassentrennung praktiziert, so vor allem in Transvaal durch eine Verfassung aus dem Jahr 1858.

Die Briten hatten die Unabhängigkeit zu einer Zeit zugestanden, als sie vor allem auf Freihandel setzten. In den 1870er Jahren wandelte sich die Lage grundlegend. Die Verhältnisse in den Burenrepubliken waren unbefriedigend und destabil; Grenzkonflikte traten auf. Hinzu kamen seit 1867 Diamantenfunde; die Briten mussten nun auf den freien Zugang von Arbeitskräften und die Sicherheit achten. Zugleich stieg in Europa die expansionistisch-imperialistische Stimmung, die auf Annexionen setzte und das gesamte Südafrika unter britische Hoheit bringen wollte. 1877 annektierten die Briten Transvaal. Nach heftigen Widerständen und Kämpfen, die 1880 ausbrachen, räumten sie aber im Friedensschluss von Pretoria 1881 Transvaal wieder Autonomie unter britischer Oberherrschaft ein, die sich auf die auswärtigen Beziehungen und die Politik gegenüber der einheimischen nicht-weißen Bevölkerung erstreckte. Das führte zu weiteren Konflikten, bis Transvaal 1884 schließlich seine Souveränität zurückerhielt, lediglich mit Ausnahme des Rechts, außenpolitische Verträge zu schließen. In den Jahren der verschärften Konflikte zwischen Buren und Briten, von 1876 bis 1881, erreichten auch die Kämpfe zwischen Weißen und einheimischer schwarzer Bevölkerung einen Höhepunkt. Briten und Buren waren daran gleichermaßen beteiligt, auf der Gegenseite kämpften verschiedene schwarzafrikanische Staatswesen, die sich konsolidiert hatten und aufgrund innerer Reformen und auch europäischer Waffen nun die Möglichkeit sahen, dem auf Landgewinn gerichteten Expansionsdruck der Weißen Widerstand entgegenzusetzen. Das war allerdings kein geschlossener schwarzer Widerstand, sondern erstreckte sich auf vielfältige Kampfhandlungen unterschiedlicher Gruppen in unterschiedlichen Bündniskonstellationen. Am Ende setzten sich die Weißen durch, konkret profitierten davon die Buren, da die Briten sich teilweise wieder zurückzogen. Dadurch fühlte sich der burische Nationalismus bestätigt. Jetzt begann die innere Staatsbildung. Bewegung in diese Konstellation kam erst durch das Interesse Großbritanniens und der Kapkolonie am Diamantengeschäft und am neu gefundenen Gold sowie durch die beschleunigte Aufteilung der Welt im Zeichen des Hochimperialismus am Jahrhundertende.

In Ostafrika gab es vor dem 19. Jahrhundert abgesehen von den Hima-Staaten im Gebiet der Großen Seen kaum größere Staatswesen oder Königreiche, sondern eher segmentäre Gesellschaften und kleinere Formationen. Ein breiter Küstenstreifen hatte zunächst unter portugiesischer Hoheit gestanden. Mit dem zunehmenden Handel, darunter auch dem Sklavenhandel, im 18. Jahrhundert wurde die Region für den arabischen Oman interessanter, der seine Präsenz an der Küste verstärkte, 1785 Kilwa übernahm, 1800 die Verwaltung in Sansibar reformierte und nach 1820 die Kontrolle über die Hafenstädte ausbaute, 1840 sogar die Residenz nach Sansibar verlegte. Im Zuge der neuen Herrschaft drangen arabische Kaufleute tiefer in das Landesinnere vor. Das provozierte Konflikte mit eingesessenen Regionalhändlern und Fürsten. Zumal der Handel mit Feuerwaffen weiter expandierte, nahmen die Auseinandersetzungen immer gewalttätigere Formen an. Insgesamt wurde Ostafrika in der Zeit zwischen etwa 1850 und 1880 von zahlreichen Kriegen und Konflikten erschüttert. Neue politische Herrschaften entstanden dabei. Dazu zählten auch die politischen Formationen der Nyamwezi und Yao, die John Iliffe als »merkantilistische Häuptlingstümer« bezeichnet hat (*Geschichte Afrikas*, München 1997, S. 245). Gerade die Yao galten als kriegerisch und höchst gewalttätig; sie bedrohten ihre Nachbarn am Malawisee und suchten beständig ihre Macht zu erweitern. Andere Formationen im ostafrikanischen Binnenland lösten sich unter dem von der Küste ausgehenden Veränderungsdruck auf, wenn traditionale Herrschaft von jüngeren Generationen in Frage gestellt wurde. Damit wurde die hergebrachte Hierarchie, die auf Herkunft und Alter gegründet war, ausgehöhlt. Erfolg legitimierte nun gleichermaßen politische Herrschaft. Fernwirkungen reichten bis in das Gebiet der Hima-Staaten hinein, wo Bunyoro und Buganda um die regionale Vorherrschaft kämpften. Die Öffnung durch und für Kaufleute, ebenso dann am Vorabend der Kolonialisierung das Vordringen von Islam und Christentum, zersetzten die Ordnung, führten zu neuen Allianzen, politischen Vereinnahmungen neuer Glaubenstendenzen in Herrscherkulten und immer neuen Konflikten zwischen Regionen sowie zwischen Generationen um die politische Macht. Nirgends schien sich klar das Alte oder das Neue – beziehungsweise eine Spielart davon – durchzusetzen. Selten war der Ausgangspunkt der Destabilisierung unzweideutig zu erkennen. Neben den Ausstrahlungen der ägyptischen Entwicklungen sowie den Einflüssen des Omans und der Küstenhändler waren es die von Südafrika ausgehenden Wellen von Wanderungen, die bis in das ostafrikanische Gebiet hineinwirkten. Wiederum förderten Feuerwaffen die Gewaltbereitschaft, die neuen Religionen, der Islam an erster Stelle, bestärkten die Forderungen der jungen Generationen nach Mitsprache und Partizipation an der Macht. Die neuen Religionen verdrängten aber nicht einfach das Alte, vielmehr entwickelten sich Mischformen und von der krisenhaften Entwicklung genährte neue Kulte.

Auch in Westafrika vollzogen sich Veränderungen im Spannungsfeld von Handel und Religion. Der Islam drang weiter vor, oft verbanden sich wie im Hausa-Gebiet islamische Praktiken mit autochthonen religiösen Formen. Religiöse Zweifel legitimierten jetzt gewaltsame Auseinandersetzungen um die politische Macht. Umgekehrt förderten Rivalitäten und Machtkämpfe unter den Hausa-Herrschern die Öffnung für neue Ideen, die Sicherheit in der Krise verhießen. Dazu trugen islamische Einflüsse bei, neue islamisch geprägte Gemeinschaften entstanden, an erster Stelle die *Qadiriyya*-Bruderschaft. Hieraus ging auch der sogenannte *Djihad* von 1804 hervor, der sich gegen die religiösen Praktiken im Hausa-Gebiet wandte und soziale Ambitionen mit religiösem Eifer verband. *Djihad* bedeutete nicht nur »heiliger Krieg«, sondern die generelle Rückbesinnung auf den Glauben und die Erneuerung durch den Glauben, dies allerdings auch mit kriegerischen Mitteln. Unzufriedene, religiös ideologisierte und mobilisierte junge Männer, ferner Hirten aus dem Fulbe-Volk und Kleinbauern aus dem Hausa-Volk sammelten sich hinter charismatisch überhöhten religiösen Führern und

kämpften gegen die Hausa-Herrscher. Am Ende standen
die Zerschlagung mehrerer Hausa-Staaten und die Errichtung eines islamischen Kalifats in Sokoto. Dezentral von
30 Emiren als Provinzfürsten verwaltet und an den Grenzen eher offen, entsprach es durchaus tradierten afrikanischen Herrschaftsformen. Die flexible Struktur garantierte
seinen Fortbestand, verhinderte allerdings nicht zahlreiche
Konflikte und Kämpfe. Freilich wurde das System durch
die geschriebenen Regeln des gemeinsamen Glaubens und
durch Amtsträger aufrechterhalten. Bald dominierten die
Fulbe, die sich aber wiederum Sitten und Lebensweise, sogar die Sprache der Hausa aneigneten. Die Fulbe (auch:
Fulani), die ursprünglich weit verstreut in verschiedenen
Regionen und Gesellschaften gelebt hatten, häufig allerdings der islamischen Gemeinschaft angehörten, wurden
zur dominanten Ethnie, die sich in den jeweiligen Kulturen etablierte, diese assimilierte und durchdrang. Die Kultur wurde dabei islamisch überformt, und der Islam breitete sich im Laufe des 19. Jahrhunderts nun auch bis in die
ländlichen Schichten aus. Das Ergebnis war widersprüchlich: Auf der einen Seite war damit ein gewisser Moderni-
sierungsschub etwa im Bereich von Bildungswesen und
medizinischer Versorgung verbunden, allerdings mit der
Festschreibung der islamischen Vorstellungen über die
Rollen der Geschlechter, auf der anderen Seite baute das
Kalifat eine umfassende Sklavenwirtschaft auf. Sklaven
wurden bei Kriegszügen gefangen genommen, viele dann
in Dörfern angesiedelt, um Ackerbau zu betreiben. An
den Handelsknotenpunkten des Kalifats entwickelte sich
zudem ein recht differenziertes Gewerbe.

Im Wandel war auch das Yoruba-Gebiet, ebenfalls von
internen gewaltsamen Auseinandersetzungen erschüttert
und zugleich von den *Djihad*-Ausläufern der Fulbe-Ex-
pansion aus dem Norden bedroht. *Warlords* übernahmen
faktisch die Macht, das Reich Oyo zerfiel. Ein Nachfolge-
reich versuchte sich um die Stadt Aga Oja zu bilden, diese

Stadt wurde dann als New Oyo bezeichnet. Doch auch New Oyo wurde aus dem Norden von Fulbe-Gruppen bedroht. Die Region blieb destabil. Yoruba-Gruppen zogen auf der Suche nach neuen Siedlungsmöglichkeiten ab. Ganze Städte wurden aufgegeben, neue wie etwa Ibadan oder Abeokuta (1835) gegründet oder verlassene ältere Ortschaften wie Ijaye neu besiedelt. Diese Städte wurden zumindest zeitweise wieder zu Zentren politischer Macht und neuer Staaten, in Ibadan etablierte sich eine Art Militärrepublik, in Ijaye ebenfalls eine Diktatur. Bis 1886, an den Vorabend der kolonialen Durchdringung, zogen sich die inneren Kriege und staatlichen Um- und Neubildungen hin. Das betraf auch Benin. Die Residenz, dann Benin City genannt, wurde 1897 von den Briten besetzt. Aber schon seit der Mitte des 19. Jahrhunderts war das Reich von Norden durch vorrückende Fulbe bedrängt worden, die nördlichen Gebiete wurden dem Emir von Bida tributpflichtig. Gleichzeitig unterhöhlte der über Lagos eindringende europäische Handel die wirtschaftliche Macht des Monarchen. Nur seine hohe kulturell-religiöse Reputation und Macht sowie die Funktionstüchtigkeit seines sorgsam die Interessen ausbalancierenden Herrschaftssystems sicherten ihn ab. Die Zunahme an rituellen Menschenopfern im Verlauf der politischen und ökonomischen Bedrohungen der zweiten Hälfte des 19. Jahrhunderts deutet auf Destabilisierung, Krisenerfahrung und Beunruhigung hin.

Zur Umgestaltung der westafrikanischen politischen Struktur gehörte die frühe französische Expansion am Senegal. Sie ging aus von einer Station, die Frankreich dort bereits seit 1659 unterhielt. Diese diente zunächst dem Sklavenhandel. Nach dessen Abschaffung stellte sich die Bevölkerung am Senegal auf Erdnussproduktion und -export um. Die Franzosen sahen ihren Einfluss schwinden und fürchteten zugleich die britische Handelskonkurrenz, die in Sierra Leone einen Stützpunkt hatte. Vier Gemeinden am Senegal-Fluss erhielten in den Jahren 1848 bis 1851 die französische Staatsbürgerschaft, betroffen waren vor allem dort ansässige französische Händler sowie eine aufstrebende »Mischlings«-Bevölkerung, die aus französischer Sicht kulturell assimiliert werden konnte und das auch anstrebte. Hier wie an anderen Orten waren es dann die Franzosen vor Ort, Militärs an erster Stelle, die eine weitere Expansion ins Landesinnere forcierten. So wurde die Verbäuerlichung der Bevölkerung vorangetrieben und der Anbau von Exportfrüchten, allen voran der Erdnuss, gefördert. Eine maßgebliche Rolle spielte dabei der französische Offizier Louis Faidherbe, der 1854 Gouverneur der Kolonie wurde und in den folgenden zehn Jahren die Kolonialisierung des Hinterlandes betrieb, um einen straffen und effizienten Kolonialstaat zu schaffen. Er sorgte auch für den Aufbau eines Schulwesens, und in seiner Zeit kam es 1857 zur Gründung von Dakar, seit 1902 Hauptstadt von Französisch-Westafrika und später des unabhängigen Senegal. Man kann dies als Vorbereitung der kolonialen Aufteilung Afrikas sehen, man kann es aber auch als typisches Muster einer afrikanischen Staatsbildung im 19. Jahrhundert deuten, ging es doch darum, mit starker Militärmacht ökonomische Reformen durchzusetzen, um zur regionalen Vormacht zu avancieren. Denkt man nicht deterministisch und hält man insofern die koloniale Aufteilung seit den 1880er Jahren nicht für zwingend, dann sollte man die kolonialen Erscheinungen der Jahrhundertmitte, also Südafrika, Algerien und Senegal, eher im afrikanischen Kontext deuten: als Ausdruck tiefgreifender, für die Zeitgenossen oft verstörender, in ihren Konsequenzen freilich nicht abzuschätzender Umstrukturierungsprozesse, die den ganzen Kontinent in ein neues politisches Beziehungsnetz einbanden.

Die Ursachen von Erschütterungen, Konflikten und Neuordnungsversuchen sind schwer zu fassen. Einmal in Gang, beschleunigte sich der Prozess, er löste Kettenreaktionen aus. Was ihn aber selbst in Gang gesetzt hatte, ist umstritten. Schaut man auf Westafrika, so könnte man annehmen, dass die Bekämpfung des Sklavenhandels und die Probleme einer Umstellung der Wirtschaft zur Destabilisierung beitrugen. Dann hätte gewissermaßen das philanthropische Ziel ein entgegengesetztes Ergebnis herbeigeführt und am Ende den kolonialen Zugriff der Europäer mit herausgefordert. Tatsächlich dürfte ein Bündel von Ursachen entscheidend gewesen sein. Dabei sind wirtschaftliche Aspekte nicht von politischen zu trennen.

Bevölkerung, Wirtschaft, Gesellschaft

Auch die wirtschaftliche und gesellschaftliche Entwicklung Afrikas im vorkolonialen 19. Jahrhundert war von tiefgreifenden Umwälzungen betroffen. Dazu zählte insbesondere die Integration Afrikas in die Weltwirtschaft, ein Prozess, den der Afrika-Historiker Leonhard Harding geradezu zum Signum des afrikanischen 19. Jahrhunderts erklärt hat. Dieser Prozess erlebte seinen Durchbruch bereits vor der kolonialen Eroberung, zwischen 1800 und 1880, und er stand in engem Zusammenhang mit dem Abkehr vom Sklavenhandel. Die imperialistische Expansion in Afrika könnte man sogar als Folge, nicht als Ursache der weltwirtschaftlichen Einbindung Afrikas ansehen. Freilich waren für die innere Entwicklung des Kontinents zunächst andere Prozesse zentral. Demographische, wirtschaftliche und soziale Entwicklungen wirkten dabei zusammen. Sie führten zu einer Erschütterung der Binnenstrukturen afrikanischer Gesellschaften, veränderten das Verhältnis zwischen den Geschlechtern ebenso wie zwischen den Generationen und provozierten eine soziale Unruhe, die wiederum politische Auswirkungen hatte. Der gesellschaftliche Wandel hatte insofern Konsequenzen auch für die politische Raumstruktur.

Die Bevölkerungszahlen Afrikas sind für das 19. Jahrhundert wie für die Jahrhunderte zuvor nicht exakt anzugeben. So schwanken etwa für das Jahr 1850 die Schätzungen der Bevölkerungszahl Afrikas zwischen 100 und 190 Millionen (bei einer Weltbevölkerung von 1,2 Milliarden Menschen), für das subsaharische Afrika werden sie zum Teil aber auch mit nur 50 Millionen angegeben. Doch ist wohl anzunehmen, dass die Bevölkerung von 1800 bis 1880 gewachsen ist, und zwar um rund 20 Prozent. Südlich der Sahara ließen zudem, anders als im Norden, Epidemien und Pandemien nach, etwa im westsudanesischen Raum am Südrand der Sahara. Hinzu kamen immer wieder, namentlich im südlichen Afrika, durch politische Entwicklungen und Staatenbildungen ausgelöste Verdrängungs- und Wanderungsbewegungen, die in manchen Gebieten des subsaharischen Afrika den Bevölkerungsdruck verstärkten. Schließlich wurde durch die Eindämmung des Sklavenhandels nicht nur der Abzug von Bevölkerung aus dem Kontinent reduziert, vielmehr nahm, wie oben gezeigt, die Sklavenhaltung innerhalb Afrikas zunächst zu, zumal bei den fortwährenden Kriegen immer neue Gefangene gemacht und versklavt wurden, die nun nicht mehr exportiert werden konnten. Auch Frauen wurden dabei versklavt und in die »Fänger«-Gesellschaften integriert, in polygamen Systemen oftmals als Ehefrauen. Das erhöhte wiederum die Zahl der Geburten. Zumindest vorübergehend wuchs daher in den betroffenen Regionen die Bevölkerung schneller.

Der Übergang vom Sklavenhandel zum sogenannten legitimen Handel hatte in binnenkontinentaler Perspektive also gravierende gesellschaftliche und auch politische Folgen, die zum großen Teil weder intendiert noch absehbar waren. So bildeten sich neue Wirtschaftsstrukturen innerhalb Afrikas heraus, dadurch brachen manche vom Sklavenhandel abhängige Regime zusammen, und die politische Landkarte veränderte sich. Vor allem wurden nun die

Europäer immer tiefer in den afrikanischen Kontinent hineingezogen. Der Sklavenhandel wurde zu Beginn des 19. Jahrhunderts zunächst lediglich völkerrechtlich geächtet, seit den 1820er Jahren dann auch konkret bekämpft. Dafür war es erforderlich, die europäische Präsenz zu erhöhen. An der Westküste Afrikas, an der sogenannten Sklavenküste im Gebiet von Nigeria, griffen britische Kriegsschiffe wiederholt ein, um Sklavenhändler und die politischen Autoritäten, die sie stützten, zu bekämpfen. 1849 ernannten die Briten einen Konsul für die Bucht von Biafra, der, wiederum gestützt durch Militär, das Verbot des Sklavenhandels durchsetzen sollte. Militärische und politische Eingriffe in die Küstenherrschaften waren die Folge. Dazu zählten Versuche, die britischen Sklavenforts an der Goldküste den Händlern zu entziehen und unter direkte staatliche Kontrolle zu nehmen, und dazu zählten auch die Gründungen neuer Siedlungen für befreite Sklaven.

Von diesen Ansiedlungen befreiter Sklaven sind für Westafrika vor allem drei zu nennen, von denen zwei wiederum zu Keimzellen europäischer Kolonien wurden, eine weitere jedenfalls westlichen Einfluss garantierte. Ende des 18. Jahrhunderts entstand um Freetown in Sierra Leone eine neue Kolonie. Ausgangspunkt war eine private Initiative von Gegnern des Sklavenhandels. Ehemalige Sklaven sollten hier angesiedelt werden, zugleich sollte damit ein Stützpunkt für den legitimen Handel zwischen Europa und Afrika errichtet werden. Bis zur Mitte des 19. Jahrhunderts siedelten die Briten 70 000 Afrikaner, die an der Küste, auf dem Festland oder vor allem auf Schiffen, den Sklavenhändlern weggenommen worden waren, in Sierra Leone an. Hier engagierten sich die protestantischen Missionen. In den befreiten Sklaven sahen sie eine neue, aufstiegsorientierte Bevölkerungsgruppe, die ihrem herkömmlichen Umfeld entfremdet war, in ihrem kulturellen Habitus stark europäische Züge aufwies und akademische Berufe wie Rechtsanwalt, Arzt oder Geistlicher oder auch

kaufmännische Tätigkeiten anstrebte. Einige der befreiten
Sklaven kehrten später in ihre Herkunftsgebiete zurück
und wirkten mit bei der Verbreitung europäischer Werte
und Vorstellungen, nicht zuletzt des Christentums. Liberia ging zurück auf eine Initiative amerikanischer Philan-
thropen aus dem Jahr 1821. Formell gegründet 1847 als
unabhängige Republik, wurde Liberia 1862 von den USA
völkerrechtlich anerkannt. Allerdings wurden die wenigen
Tausend befreiten Sklaven, die hier nun siedelten, von der
einheimischen Bevölkerung keineswegs akzeptiert, sondern als fremde Eindringlinge angesehen. Libreville in Gabun schließlich wurde 1849 von den Franzosen als Siedlung ehemaliger Sklaven gegründet, erlangte aber vorerst
ebenfalls keine große Bedeutung.

Auch in anderer Hinsicht brachte die Abkehr vom
Sklavenhandel die Europäer ins Spiel. Das betraf vor allem
die Umstellung auf neue Produkte. Für den Sklavenhandel
benötigte man bewaffnete Einheiten, die Sklavenfang und
Sklaventransport absicherten. Der Sklavenhandel erforderte also de facto die Rückendeckung durch starke politische Strukturen, wenn er nicht gleich von den Herrschern
selbst ausgeübt wurde. Ein Beispiel ist das westafrikanische Ashanti-Reich an der Goldküste. Der *Asantehene*,
der Monarch, soll zum Zeitpunkt des Verbots des Sklavenhandels 20 000 Gefangene in seiner Gewalt gehabt haben, die er nun nicht mehr verkaufen konnte. Einerseits
warf dies Versorgungs- und Ernährungsprobleme auf, andererseits fürchtete der *Asantehene* den Ausbruch von
Unruhen oder einen Aufstand. Anderenorts, etwa im
Mossi-Königreich von Wagadugu, wollte man das Problem beheben, indem man die für den Transatlantikhandel
gefangen genommenen Sklaven kastrierte und sie über die
Sahara in den Orient zu verkaufen suchte. Vor allem aber
mussten die Herrscher nun mit dem Wandel der Handelsstrukturen zurechtkommen. Fürsten wie der *Asantehene*
beanspruchten quasi das Monopol auf den Handel. Sein

Reich grenzte allerdings nicht direkt an die Küste, und er hatte keine sichere Kontrolle über die kleinen Küstenstaaten, mit denen wiederum die Europäer ihre Handelskontakte ausbauen wollten, aber er sah sie als seine Vasallen an. Mit dem Zusammenbruch des Sklavenhandels geriet er nicht nur in materielle Probleme, sondern musste auch die Konkurrenz von Händlern gewärtigen, die sich nicht mehr kontrollieren ließen. Neue Exportprodukte verlangten neue Handelsstrukturen. An die Stelle von Sklaven traten Palmprodukte, Öl, Kerne, dazu Häute und Felle sowie Kautschuk. Sie konnten auch von kleinen Produzenten veräußert werden, und zahlreiche neue Kleinhändler stiegen nun in das Vermittlergeschäft zwischen Binnenland und Küste ein. Umgekehrt konnten auch europäische Küstenhändler hier leichter einen Zugang ins Binnenland organisieren. In diesem Rahmen waren beide Seiten, Fürsten einerseits, Kleinproduzenten und Händler andererseits, daran interessiert, sich der Unterstützung der Briten zu vergewissern. So argumentierte der *Asantehene*, eine Aufweichung seiner faktischen Monopolstellung im Handel untergrabe seine Autorität und destabilisiere die Region. Großbritannien wiederum war am freien Handel interessiert und strebte deshalb einen Ausgleich mit den Gruppen, Gesellschaftsformationen und Händlern an der Küste an. Die komplizierte Gemengelage von Interessen brachte eine Reihe von Konflikten und gewaltsamen Auseinandersetzungen mit sich. 1874 griffen die Briten schließlich die Ashanti-Residenz Kumasi an, besiegten den *Asantehene* und sicherten sich im Friedensvertrag von Formena den privilegierten Zugang zum Küstenhandel. Die Goldküste wurde zur britischen Kolonie. Auf mittlere Sicht war die Zentralgewalt von Ashanti damit erheblich geschwächt. Innere Unruhen waren die Folge. 1883 verlor der *Asantehene* Mensa Bonsu sein Amt. Die Mittel- und Unterschichten protestierten gegen das Regime und verlangten die Abkehr von den merkantilistischen Prakti-

ken und eine wirtschaftliche Öffnung, von der sie sich
wiederum Anschluss an den neuen Wohlstand der Küstenregion versprachen. Die quasi-absolutistischen Systeme
wurden so in Frage gestellt, neue wirtschaftsliberal orientierte Kräfte suchten ihre Interessen politisch abzusichern.
Während die einheimischen Kräfte die Europäer als Bünd-
nispartner auf ihre Seite zu ziehen versuchten, meinten die
Europäer umgekehrt die afrikanischen Kräfte gegeneinander ausspielen und derart beherrschen zu können. Daraus
entstand eine Veränderungsdynamik, die den imperialistischen Zugriff aus binnenafrikanischer Perspektive nicht
als Zäsur, sondern lediglich als Beschleunigung eines autochthonen Wandels erscheinen ließ.

Unklar ist, wie weit die Prozesse der Veränderung ins
Innere Afrikas ausstrahlten. Vom Sklavenhandel war unmittelbar nur ein mehrere hundert Kilometer tiefer Küstensaum betroffen. Im Landesinneren schienen viele Systeme vom Wandel der Handelsprioritäten wie von den
Ambitionen europäischer Kaufleute noch kaum berührt.
Doch wie im politischen Bereich stellten sich – oft vermittelt und schrittweise – Fernwirkungen ein. Generell war
der soziale Wandel dabei in zentralisierten Staaten oder
Reichen größer als in dezentralen, segmentären Gesellschaften, und er betraf eher islamisierte Gebiete als vom
Islam nicht berührte Regionen. So unterschiedlich die jeweiligen regionalen Entwicklungen auch waren, gab es
doch gemeinsame Grundtendenzen.

Betroffen war zunächst Westafrika, dies erstens, weil
hier der Sklavenhandel relativ abrupt abbrach und am
drastischsten zurückging, während er im Inneren Afrikas
von den Europäern noch lange nicht erfasst oder gar
erfolgreich bekämpft wurde; zweitens, weil die westafrikanischen Kulturen schon ein Netz von Märkten und
Handelswegen ausgebaut hatten, es städtische Siedlungen
und überregional agierende Händlerfamilien gab; drittens
schließlich, weil die Europäer hier eher und schneller prä-

sent waren, denn im 19. Jahrhundert, vor allem nach etwa 1830, suchte eine ganze Reihe von europäischen Handelshäusern in Übersee Fuß zu fassen. Das betraf neben China oder dem Pazifik eben auch Afrika. So unterhielt etwa das Hamburger Handelshaus Adolph Woermann seit 1849 eine Niederlassung in Westafrika. Die europäischen Kaufleute waren in den Jahrzehnten von den 1830er Jahren bis in die 1870er Jahre in der Regel nicht an formeller Kolonisation interessiert. Sie strebten freien Zugang zu neuen Märkten an und sahen in nationalen Monopolmärkten, wie sie ein formeller Kolonialismus mit sich brachte, vor allem eine Einschränkung ihrer Handelsfreiheit. Allerdings verlangten sie in Krisenzeiten, bei Kriegen, bei Bedrohungen durch einheimische Kräfte oder im Fall der Konkurrenz starker überseeischer Reiche, die ihrem Handel Grenzen setzten, durchaus die Unterstützung ihrer Heimatregierung. Als Vorbild erschien China, wo die westlichen Kaufleute auf exterritorialem Gelände in sogenannten Vertragshäfen ihre Geschäfte errichteten und von dort aus im Inneren Handel trieben. In der Regel konnten sie sich darauf verlassen, dass das Mutterland sie nicht nur bei Konflikten schützen, sondern ihnen auch bei der Öffnung von Märkten helfen würde, wie etwa in den sogenannten Opiumkriegen zwischen Großbritannien und China (1840–42, 1856–60) oder beim Vertrag von Tienjin zwischen Preußen und China aus dem Jahr 1861, der Angehörigen der deutschen Staaten freien Handelszugang gewährte. Wenn es zu Kollisionen vor Ort kam, stieg freilich die Tendenz zur staatlichen Intervention. Dies war ein Muster für den Übergang von der Handelsexpansion, die Begleiterscheinung der westeuropäischen Industrialisierung und wirtschaftlichen Modernisierung war, zum formellen Imperialismus.

Auch in Westafrika waren die europäischen Handelshäuser vorerst nicht an Kolonialherrschaft interessiert, weil sie eine Einengung ihrer Arbeitsmöglichkeiten fürchteten. Erst als sich die Kolonisation ankündigte, stellten sich vorausschauende Kaufleute auf die neue Lage ein und gingen etwa dazu über, spekulativ Land zu erwerben, indem sie zweifelhafte Verträge mit einheimischen Fürsten und Großen abschlossen. Zuvor aber beschränkten sich die Europäer in Westafrika angesichts der Infrastruktur und der politischen Verhältnisse darauf, mit afrikanischen Kaufleuten und politischen Autoritäten Handelsbeziehungen aufzubauen. Dafür veränderte sich die Konstellation im 19. Jahrhundert grundlegend. Die westafrikanischen Gesellschaften waren flexibel genug, sich auf den neuen Markt umzustellen. Zunächst bedeutete dies eine Intensivierung der Sammelwirtschaft. Kautschuk und Palmöl konnten auch ohne gezielten Anbau erschlossen werden, ebenso fanden Jagdprodukte wie Elfenbein und Tierfelle nun guten Absatz bei den europäischen Händlern. Voraussetzung war allerdings, dass ein hinreichend weites Hinterland zugänglich war, um bei Erschöpfung einer Region die Sammelwirtschaft auszudehnen. Das erforderte politische Stabilität und Sicherheit in den betroffenen Regionen, führte aber gerade zur politischen Destabilisierung. Die westafrikanischen Gesellschaften wandten sich daher früh auch dem landwirtschaftlichen Anbau zu, der auf die Dauer höhere und sicherere Erträge versprach. Bereits vor der Kolonialisierung entstanden größere Pflanzungen, auf denen Kautschuk und Palmprodukte gewonnen wurden. Diese Produktionsform kam der polyzentrischen Struktur Westafrikas entgegen. Neben der Sammelwirtschaft, die vielfach durchaus bestehen blieb, verstärkten sich also Tendenzen des systematischen Anbaus für den Export, die Übergänge waren oft fließend. Abgesehen vom gezielten Anbau war dabei die Konzentration auf bestimmte, für den Export besonders wichtige Produkte folgenreich. Das betraf einmal Kautschuk, der den westeuropäischen Gummibedarf in der Elektroindustrie sowie für Fahrrad- und später Autoreifen decken sollte, sodann Palmprodukte, an erster Stelle Palmöl und Palmkerne, die man für die Margarineherstellung verwendete, Palmöl zudem auch für die Herstellung von Schmiermitteln, ferner Erdnüsse und schließlich Baumwolle. Die Konzentration auf diese Produkte verstärkte die Abhängigkeit von Weltnachfrage und Weltmarktpreisen. Der Konjunktureinbruch und die Depression seit Mitte der 1870er Jahre in Europa hatten somit bereits Auswirkungen auf afrikanische Produzenten.

Auch in Zentralafrika drang der Handel schrittweise ins Landesinnere vor. Die alten, auf Sklavenhandel mit der Küste basierenden Reiche verloren an Bedeutung. Neue politische Verbände im Inneren stiegen auf, die den Transport organisierten und den Handel monopolisierten. Im Westen Zentralafrikas, südlich des Kongogebiets, profitierten die Chokwe im 19. Jahrhundert vom Interesse der Küstenkaufleute an Bienenwachs und später Elfenbein. Die Chokwe verfügten über das Wissen und die Möglichkeiten, um Feuerwaffen herzustellen. Sie konzentrierten sich auf die Jagd und konnten so auf das wachsende Interesse an Elfenbein reagieren. Sie expandierten, bauten Beziehungsnetze auf und erwarben billige Sklavinnen, die sie als Ehefrauen nahmen, was wiederum ihre Bevölkerungszahl vermehrte. Mehr und mehr überformten sie andere zentralafrikanische Gesellschaften.

In Ostafrika etablierte sich in der Einflusszone des nunmehr in Sansibar residierenden Sultans eine arabisch-islamisch geprägte Schicht von Kaufleuten. An der Küste mischte sie sich mit der heimischen Elite und formte eine neue Kultur. Das Swahili als gemeinsame Sprache erleichterte Kontakt und Zusammenarbeit. Von der Küste aus dehnten die Kaufleute ihre Handelsnetze weiter ins Binnenland aus. Wiederum ging es unter anderem um Elfenbein. Zugleich wurde aber auch der orientalische Sklavenhandel auf den neuen Handelswegen weiter gefördert. Der immer tiefer ins Land eindringende Handel erfasste nun auch hier Bevölkerungsgruppen, die wie die Nyamwezi bislang kaum mit dem Küstenhandel verbunden waren. Als sie den Zugang zu einer Hauptverkehrsroute erhielten, konzentrierten sie sich auf den Handel. Die Männer waren in großer Zahl als Kaufleute und Träger in Karawanen unterwegs. Dabei erwarben sie zugleich Sklaven, die in den Heimatorten die Arbeit der Abwesenden verrichten sollten.

Südafrika erscheint unter primär wirtschaftlichen Aspekten bis an den Vorabend des europäischen Imperialismus als keineswegs untypisches afrikanisches Land. Zwar bot es die klimatischen Voraussetzungen für die Ansiedlung von Europäern, doch im Übrigen war es aus europäischer Sicht noch uninteressant. Deshalb kam es im 19. Jahrhundert zunächst auch noch zu keiner weiteren Zuwanderung. Die Region blieb dünn besiedelt und agrarisch geprägt. Die Infrastruktur war rückständig, die Burenstaaten schienen abgekoppelt vom Weltmarkt. Dennoch nahmen die Exporte im 19. Jahrhundert massiv und schnell zu. Zwischen den späten 1830er und den späten 1860er Jahren verzehnfachten sie sich. Wolle machte dabei den Hauptbestandteil aus. Das bedingte aber auch die Grenzen der Entwicklungsfähigkeit. Die Wollproduktion, das heißt die Schafzucht, erforderte lediglich große Nutzflächen, aber wenig Kapital und auch wenig Arbeitskräfte. Investitionen wurden auf diese Weise nicht ins Land gezogen, auch die Infrastruktur wurde nicht nennenswert ausgebaut. Die tropischen Produkte, die im 19. Jahrhundert das europäische Interesse auf sich zogen, konnte man in Südafrika nicht gewinnen.

Die Konstellation änderte sich mit den Diamantenfunden von 1867 in einem Gebiet, das als Territorium der Südafrikanischen Republik (Transvaal) galt, wenn es von dieser faktisch auch nicht beherrscht werden konnte. Nunmehr forcierten subimperialistische Kräfte am Kap, darunter an erster Stelle der britisch-südafrikanische Diamantenkaufmann und Kolonialpolitiker Cecil Rhodes, die Konflikte. Neue Diamantenfunde südlich des Vaal kamen hinzu; dieses Gebiet wurde vom Oranje-Freistaat beansprucht, dann aber von der britischen Kapkolonie in Besitz genommen. Die Annexion war ein weiterer Aspekt der zunehmenden Verbitterung und Spaltung zwischen Buren und britischer Regierung, die über beständige Konflikte bis zum sogenannten Burenkrieg, heute in der Regel »Südafrikanischer Krieg« genannt, an der Jahrhundertwende führte. Vorausgegangen war Ende 1895 der bewaffnete Einfall einer britischen Einheit unter Führung Leander Jamesons von Betschuanaland nach Transvaal (*Jameson Raid*), den die Buren-Republik unter ihrem Präsidenten Paulus (Ohm) Krüger abwehrte – was wiederum am 3. Januar 1896 zur Solidaritätsadresse des deutschen Kaisers Wilhelm II. (»Krügerdepesche«) und zu diplomatischen Verwicklungen führte. Im Krieg von 1899 bis 1902 schließlich verloren die Burenrepubliken ihre Selbständigkeit. Das britische Militär brach den Widerstand durch die Vertreibung der Bevölkerung aus ihren Siedlungen, die Vernichtung des Viehs und die Einweisung von Frauen und Kindern in Konzentrationslager, wo Zehntausende zu Tode kamen. Der Krieg erschien als Wendepunkt in der britischen Kolonialgeschichte und als Menetekel. Das britische Vorgehen desavouierte die Ansprüche einer zivilisatorischen Mission. Dabei könnte leicht in Vergessenheit geraten, dass erst die beständige Unruhe durch Wanderungen und Verdrängungsprozesse, an erster Stelle ausgelöst von den Buren, ganze Völker in Existenznot gebracht hatte und die Konstellation herbeiführte, die ein Eingreifen der Briten als Kolonialmacht möglich machte. Gleichzeitig verschärfte die Entwicklung burische Vorstellungen von einer Trennung der Rassen. Der Fall Südafrika enthält insofern Charakteristisches für die Zeit und den Kontinent, aber doch auch Spezifisches. In jedem Fall weist er auf die sozialen Folgen hin, welche die wirtschaftliche

Umwälzung mit sich brachte. Diese zeigten sich auf verschiedenen Ebenen.

Der wirtschaftliche Wandel stärkte im 19. Jahrhundert die kleineren Bauern und dörflichen Einheiten und schwächte die großen und zentralen Gewalten. Hunderttausende kleine Bauern Westafrikas vom Senegal bis zur Küste des heutigen Nigeria dürften am Vorabend der Kolonisation bereits an der Produktion von landwirtschaftlichen Gütern für den Export beteiligt gewesen sein. Angesichts der steigenden Nachfrage in Europa stiegen auch die Einnahmen westafrikanischer Bauern. Umgekehrt nahmen zugleich die Importe aus Europa zu; das reichte von Tuchen über Feuerwaffen bis zu weiteren Eisenprodukten. Auch afrikanische Gewerbetreibende profitierten davon. So entwickelte sich in Westafrika eine vielgestaltige, recht moderne, marktorientierte Gesellschaft. Sie war allerdings auch sozial stark differenziert, je nach Betriebsgröße und Weltmarktentwicklung schwankten die Ertragsmöglichkeiten stark. Nicht mehr, wie bisher oft, stand einer reichen Zentralgewalt mit Verwaltungs- und Militärelite eine arme ländliche Bevölkerung gegenüber, vielmehr war die ländliche Bevölkerung selbst nun vielfältiger differenziert, oft auch selbstbewusster, aktiver und gestaltender als zuvor.

Überdies kamen neue afrikanische Transport- und Kaufmannssippen oder Kaufmannsbünde auf. Das Transportwesen gewann an Bedeutung, zumal afrikanische Produzenten versuchten, sich von den Großhändlern unabhängig zu machen. Ganz gelang das nicht, vielmehr spezialisierten sich beispielsweise verschiedene Klans oder Ethnien an Flüssen, etwa am Kongo, auf das Transportgeschäft, was höhere Gewinne versprach, aber wiederum die Abhängigkeit vom Handel verstärkte. Auch die Karawanen nahmen rapide zu, sie erfüllten zudem vielfältigere Funktionen, vermittelten zwischen regionalen Märkten, schlossen innerafrikanische Produktionsgebiete über

Etappen an den Küstenhandel an, konnten im Einzelfall sogar die Nachfrage im Inneren anregen und bedienen. Ganze Klans oder Ethnien änderten also ihre wirtschaftliche Betätigung und reagierten auf die neuen Marktverhältnisse. Das zeigt die Flexibilität und Anpassungsfähigkeit afrikanischer Gesellschaften. Die Handelsspezialisten konnten sich besonders effektiv organisieren, wenn sie über kulturelle Gemeinsamkeiten verfügten oder über besondere, gemeinsame Startbedingungen. Wirkungsvoll im Sinn einer gegenseitigen Verstärkung war die Verbindung und Verschränkung mit religiösen Integrationsprozessen. Der Islam war besonders geeignet für überregionale Handelsverbindungen, Bünde und Netzwerke. Da er anders als die vielgestaltige religiöse Götterwelt afrikanischer Kulte übergreifende gemeinsame Regeln und Bruderschaften kannte, konnte er ein auf Vertrauen basierendes Netzwerk knüpfen helfen, wie es wesentlich für stabile Handelsbeziehungen war.

In der jüngeren Forschung werden auch die Rückwirkungen auf die Geschlechterverhältnisse betont. Das betraf zum Beispiel die Verschiebung der Arbeitsanteile zwischen Jagd, Ackerbau und Handel. In manchen westafrikanischen Gesellschaften oblag Frauen der Handel auf lokalen Märkten. Indem diese nun stimuliert wurden, wuchs der Einfluss von Frauen in Dorf und erweiterter Familie. Dasselbe gilt für den Ackerbau, der in vielen Regionen traditionellerweise Frauen oblag. Da die Bedeutung der Landwirtschaft durch den zunehmenden Handel über die Aufgabe der bloßen Selbstversorgung hinaus stieg, eröffneten sich für Frauen neue Spielräume. Allerdings konnte die Ausbreitung des Islam dem entgegenwirken, sah dieser doch enger definierte Rollen für Frauen vor. Außerdem wurden in Westafrika die neuen, exportorientierten Bauernwirtschaften gerade von Männern aufgebaut und geleitet. Freilich benötigten sie vermehrt Arbeitskräfte für den Transport der Güter, aber zum Beispiel

auch für die arbeitsintensive Herstellung von Palmöl. Hier
wurden zumeist Frauen beschäftigt. Schließlich veränderte
sich die Rolle von Frauen in den Familien, wenn die Männer als Kaufleute oder Transportunternehmer monatelang
unterwegs waren, wie es in manchen Gesellschaften wie
den Nyamwezi zunehmend die Regel wurde.

Mit den neuen Möglichkeiten, die Wirtschaft und Handel boten, änderte sich auch das Verhältnis der Generationen zueinander. Die Autorität der Alten, die ohnehin nie
unumstritten war und immer neu legitimiert werden
musste, wurde mehr denn je umkämpft. Gerade in Zeiten
von Krise, Migration und neuer wirtschaftlicher Orientierung zweifelten die Jugendlichen am Sinn des Altersvor-
rangs. Mancherorts forderten sie eine Verkürzung der
Wartezeiten, was ökonomische Selbständigkeit und Eheschließung anging, oder sie entzogen sich den Ritualen,
indem sie eigene informelle Gruppen und moderne Formen der Freizeitbeschäftigung suchten, neue Werte ausbildeten, Ansätze einer als geradezu machistisch beschriebenen Jugendsubkultur etablierten.

Die afrikanischen Gesellschaften waren insofern in vielfältiger Hinsicht in Bewegung, bevor die beschleunigte
europäische Expansion einsetzte. Auch der Form- und
Funktionswandel der Sklaverei zählte dazu, und dies nicht
nur, weil man Sklaven nun in den neuen Produktionszwei-
gen der jungen Exportwirtschaft einsetzte. Auch der wachsende Bedarf an Feuerwaffen fachte den innerafrikanischen
Sklavenhandel noch einmal an. Denn angesichts der zahlreichen Kriege stiegen die Preise für Feuerwaffen, Sklaven
boten sich als Zahlungsmittel an. Vor allem spielten befreite Sklaven eine zunehmend wichtige Rolle im Afrika des
19. Jahrhunderts. In nicht ganz unbeträchtlicher Zahl waren sie am Westküstenhandel beteiligt. Abgesondert in eigenen Siedlungen der Küstenregionen, strebten sie zugleich mit Hilfe westlicher Bildung und auf der Basis ihrer
Sprach- und Kulturkenntnisse den sozialen Aufstieg in den

Zonen der Begegnung und des Austauschs an. Als Mittler
zwischen den Kulturen gewannen sie an Bedeutung. Denn
der wirtschaftliche und gesellschaftliche Wandel und die
neuen Strukturen, die er mit sich brachte, erforderten mobile Vermittler. Dazu zählten neben ehemaligen Sklaven
auch Kaufleute, die sprachlich Verbindungen herstellen
konnten und zur Vernetzung und Verdichtung des afrikanischen Handels und der Wirtschaftsregionen wie zur Verstärkung der europäisch-afrikanischen Beziehungen beitrugen. Dazu zählten ferner diejenigen Menschen, die aus
afrikanisch-europäischen Verbindungen hervorgegangen
waren, zumal sie oft über ergänzende Fähigkeiten wie
Mehrsprachigkeit und Schreibfähigkeit verfügten. Gleichzeitig mit zwei Kulturen vertraut, stellten sie Kontakte und
Verknüpfungen her. Ein herausragendes Beispiel waren die
Griqua in Südafrika, die aus der Verbindung von Europäern und Khoisan hervorgegangen waren und sich quasi zur
eigenen Ethnie entwickelt hatten. Vom Gebiet um Kapstadt aus zogen sie ähnlich den Buren nach Nordosten und
siedelten sich im sogenannten West-Griqualand im Landesinneren (westlich der Burenstaaten) sowie im Ost-Gri-
qualand am Indischen Ozean an.

Zu der vielgestaltigen Gruppe der Vermittler zählten
überdies Inder, die schon seit der Mitte des 19. Jahrhunderts nach Ostafrika gelangten. Der Sultan von Sansibar er-
mutigte indische Kaufleute, sich in den Küstenregionen an-
zusiedeln. Sie brachten Kapital und belebten den Handel.
Zudem beschäftigte der Sultan Inder in seiner Wirtschaftsverwaltung. Araber und Inder bildeten in der Spätzeit des
vorkolonialen Ostafrika die wirtschaftliche Elite, die Spaltung der Gesellschaft zwischen arabisch-indischer Minderheit und schwarzer Mehrheit fand hier ihren Anfang. Ethnisch, kulturell und religiös waren die Inder eng aneinander gebunden und konnten so funktionierende Netzwerke
knüpfen. Im späten 19. Jahrhundert kamen auch indische
Kulis als Arbeiter, beispielsweise im Eisenbahnbau, nach

Ostafrika. Griqua wie Inder standen zugleich für die Probleme der Selbstbehauptung und Identitätsfindung von Mittlergruppen. Benötigt, aber auch angefeindet und sozial isoliert, pflegten sie ihre eigene Kultur und führten eine ständig bedrohte, höchst prekäre Existenz.

Eine besondere Rolle spielten in Ostafrika Großkaufleute und Karawanen-Unternehmer. Die seit dem 18. Jahrhundert zugewanderten arabischen Kaufleute dehnten ihren Landbesitz durch Erwerb oder gewaltsame Inbesitznahme immer weiter aus. Sie legten Plantagen an wie in Pemba oder auf Sansibar und bald auch auf dem Festland und produzierten Gewürznelken sowie Kokosnüsse für den Fernhandel. Araber wurden zu den größten Landeigentümern in der Region. Zugleich benötigten sie zahlreiche Arbeitskräfte, da bei Nelken und Kokosnüssen mehrere Ernten im Jahr möglich waren. Araber wurden daher auch die größten Sklaveneigentümer, Nutzung und Wert des Landes hingen von den zur Verfügung stehenden Sklaven ab. Die arabischen Kaufleute erschlossen in der ersten Hälfte des 19. Jahrhunderts die ostafrikanischen Handelsrouten. Sie legten Versorgungs- und Umschlagsplätze an der Küste an und schufen damit eine Infrastruktur, auf die später die europäischen Expeditionen zurückgreifen konnten. Zugleich bauten sie die Karawanenwege im Binnenland durch Zwischenstationen aus und sicherten sie gegen Widerstände. Zunehmend setzten sie Feuerwaffen ein und rekrutierten eigene bewaffnete Einheiten, um ihren Handel zu schützen. Manchmal hielten sie einige Tausend Mann unter Waffen. Seit den 1860er Jahren unternahmen sie regelrechte Kriegszüge, um Widerstand zu brechen, Sklaven zu erwerben und das Binnenland zu sichern. Einige bauten ein System indirekter Herrschaft auf. Sie stützten sich dabei auf kollaborationswillige Herrscher vor Ort oder setzten Verwandte als Regionalfürsten ein. In manchen Fällen entwarfen sie dafür eine neue territoriale Verwaltungsstruktur. So sicherten sie den Handel

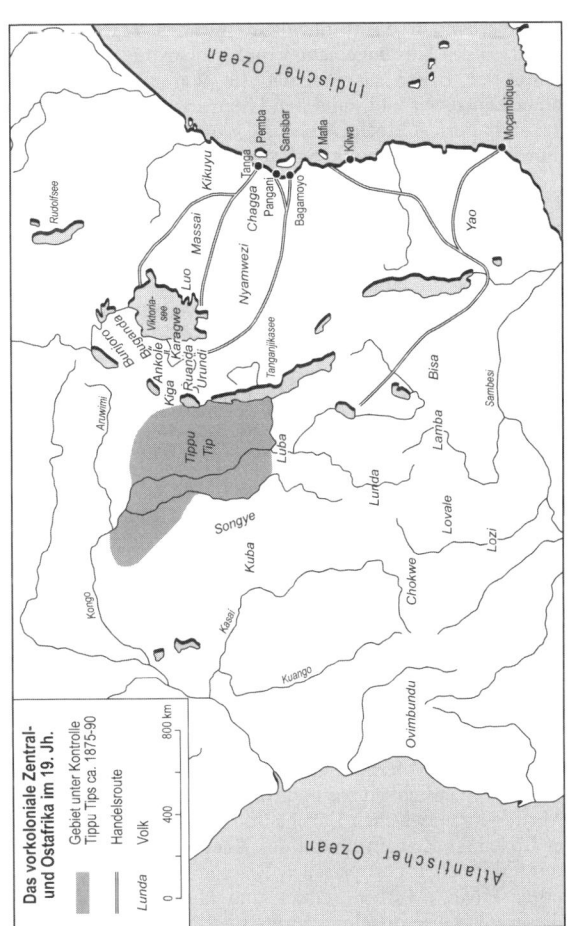

Das vorkoloniale Zentral-
und Ostafrika im 19. Jh.

Gebiet unter Kontrolle
Tippu Tips ca. 1875–90

Handelsroute

Lunda Volk

0   400   800 km

Indischer Ozean

Atlantischer Ozean

Rukoflsee

Rudolfsee

Kikuyu

Massai

Luo

Nyamwezi

Chagga

Tanga

Pangani

Pemba

Sansibar

Mafia

Kilwa

Bagamoyo

Moçambique

Yao

Bisa

Lamba

Sambesi

Luba

Lunda

Lovale

Chokwe

Lozi

Songye

Kuba

Kongo

Kasai

Kuango

Ovimbundu

Tippu
Tip

Aruwimi

Bunforo

Buganda

Ankole

Kiga

Karagwe

Ruanda

Urundi

Viktoria-
see

Tanganjikasee

und verbanden das Binnenland mit den Handelsstütz-
punkten des Küstengebiets. Von Sansibar und der ostafrikanischen Küste aus brachten sie Waren europäischen,
amerikanischen und indischen Ursprungs ins Landesinnere, etwa Perlen, Stoffe, Messing-, Kupfer- und Eisendraht,
für die sie Elfenbein und Sklaven eintauschten.

Eines der bedeutsamsten Beispiele war Hamed bin Mo-
hamed el Murjebi (1837–1905), der Tippu Tip genannt
wurde. Seine Autobiographie gibt Aufschlüsse über Bedeutung und Praxis des Karawanenhandels in der zweiten
Hälfte des 19. Jahrhunderts, zudem über transkulturelle
Begegnungen und die Kontakte zwischen Europa und
Afrika. Tippu Tip war nicht bloß Großkaufmann, sondern auch Sklavenhändler und Sklavenhalter. Er stammte
aus einer seit mehreren Generationen im Handel tätigen
Familie. Ein Vorfahr war aus dem Oman zugewandert. Er
wuchs in Sansibar auf und sprach wohl Arabisch ebenso
wie Swahili. Er baute weitläufige Handelsnetze auf, die
durch das Innere Afrikas bis nach Westafrika reichten.
Wie andere Großkaufleute rekrutierte Tippu Tip eigene
Kriegergarden, die auch mit Feuerwaffen ausgerüstet waren. Manche Schätzungen gehen davon aus, dass er bis zu
10 000 Mann in seiner Gefolgschaft hatte. Er war insofern
mächtiger als viele Herrscher des Binnenlandes, zumal er
für sie auch unabdingbare Dienste bei der Vermarktung
ihrer Produkte und beim Transport zur Küste übernahm.
Tippu Tip baute an seiner Handelsroute ein regelrechtes
Reich auf, indem er kleinere Formationen unterwarf und
tributpflichtig machte. Mehr noch als andere Karawanen-
händler war er offenbar in der Lage, eine zumindest rudimentäre Staatlichkeit zu unterhalten. Zugleich war er ein
Mittler auch zwischen Europa und Afrika. Seit 1887 stand
er für einige Zeit im Dienst des Kongo-Freistaats. Er traf
mit zahlreichen europäischen Reisenden zusammen, darunter Henry Morton Stanley und Hermann Wissmann,
die er zeitweise in seinen Karawanen mitnahm. Er zeich-

nete ein anschauliches Bild der Unsicherheit und Hilfsbedürftigkeit europäischer Reisender im fremden afrikanischen Binnenland, ein Bild, das vielen Selbstdarstellungen aus europäischen Reiseberichten widersprach. Gerade die frühen europäischen Afrika-Reisenden waren allerdings – anders als die späteren Kolonialeroberer – mit afrikanischen Karawanenführern, zumal mit beweglichen Unternehmern wie Tippu Tip, durchaus in gegenseitigem Respekt verbunden. Das gilt selbst für Wissmann, der in Deutschland später den Sklavenhandel bekämpfte.

Andere Begegnungen: Europäische Reisende in Afrika

Die Berichte Tippu Tips über seine Begegnung mit Europäern weisen auf Missverständnisse im Kulturkontakt hin, aber auch auf Annäherungen, Austausch, Verbindung und Hybridisierung. Das wurde umso wichtiger, als die Reisen von Europäern nach Afrika im 19. Jahrhundert deutlich zunahmen, vor allem seit der Mitte des Jahrhunderts. Diese Reisen scheinen auf den ersten Blick vor allem ein Thema der Geschichte Europas. Ihre Erforschung gibt Auskunft darüber, wann und warum das europäische Interesse an Afrika stieg, wie Wissen in Afrika zusammengetragen und in welcher Weise es nach Europa übermittelt wurde. Dabei brachten die Reisen von Europäern zahlreiche neue Quellen über Afrika hervor, mehr oder weniger reflektierte Informationen über den Kontinent und seine Bewohner, über politische Verhältnisse, Wirtschaftsweisen und Lebensformen. So geben derartige Quellen Aufschlüsse darüber, was die Zeitgenossen von Afrika wussten, aber auch, welche Bilder Afrikas sie in den Kontinent hineintrugen. Zugleich sind die Reisen europäischer Forscher ein wichtiges Thema der afrikanischen Geschichte. Auf der einen Seite zeigen die Reiseberichte, welche kulturellen Hürden Europäer zu übersteigen hatten, wo sie – im übertragenen Sinn – an Grenzen stießen. Auf der anderen Seite versprechen sie Aufschlüsse darüber, was Europäer in Afrika auslösten, was sich aus den Begegnungen entwickelte, inwiefern eine Seite sich dabei veränderte, inwiefern ganz Neues entstand. In dieser Perspektive geht es also um Kulturtransfer und Vermischung. Denn Reisende waren wichtige Kulturvermittler. Sie informierten über das Andere und wirkten auf das Bild vom Eigenen ein, indem sie die Besonderheit des Eigenen bestätigten oder in Frage stellten, indem sie verglichen und hierarchisierten, indem sie festgefahrene Sehgewohnheiten wiederholten oder unterliefen. Sie taten dies in der Regel unwillkürlich, die wahren Gründe für das Reisen und das Berichten darüber mochten auf einer ganz anderen Ebene liegen. Die Reisenden waren dabei zugleich Vertreter wie Überwinder ihrer Herkunftskultur. Jeder Reisende beobachtete vom Standpunkt seiner Kultur und seines Horizonts aus und versuchte das Gesehene in die Sprache und die Bilder seiner Kultur zu übertragen. Gerade indem er ein wahrheitsgemäßes Abbild zu geben versuchte, veränderte er daher das Gesehene. Aber der Reisende war nicht nur einfach Beobachter von seiner Heimatkultur aus. Er bewegte sich in der fremden Kultur. So befanden sich die Reisenden in einer prekären Situation, waren sie doch auf die Hilfe von Einheimischen und Vermittlern angewiesen.

Europäische Reisen in Afrika unterlagen im 19. Jahrhundert in quantitativer und qualitativer Hinsicht einem tiefgreifenden Wandel. Bis zum späten 18. Jahrhundert war Reisen in Afrika vor allem die Sache von im Land tätigen Missionaren, Kaufleuten, Staatsdienern und Militärs. Diese Reisen standen im Zusammenhang mit dem Engagement an den Küsten und reichten selten weit ins Landesinnere. Berichte über Land und Leute, Natur und Geographie verfaßten diese Reisenden kaum. Die Gründe für das seit dem frühen 19. Jahrhundert stark ansteigende Interesse an Reisen nach Afrika fanden sich in Afrika wie in Europa. Auf der einen Seite rückte Ägypten wieder verstärkt in den Blick Europas. Auslöser war einesteils die Ägypten-Expedition Napoleons von 1798 bis 1801, anderenteils die in Ägypten unter Mehmed Ali betriebene Entwicklungs- und Modernisierungspolitik, die das Land für Europäer öffnete. Man schien nun sicherer im Schutz der staatlichen Macht reisen zu können, wenn auch immer in Abhängigkeit von der ägyptischen Regierung. Daran knüpfte sich das Interesse an einer Erforschung der ägyptischen Hochkultur oder zumindest nach einer Besichtigung der ägyptischen Altertümer ebenso wie die naturgeschichtlich-geographische Neugier auf den Nil und seine Quellen. Das zweite Ziel der Reisen war Südafrika. Auf der einen Seite schien hier die britische Kolonialmacht Sicherheit zu garantieren, auf der anderen Seite lockten die reichen Wildbestände der Region. Die Aussicht auf neue Jagdabenteuer zog namentlich den europäischen Adel an. Von Südafrika wie von Nordostafrika drang man dann sukzessive in den Kontinent vor. Der erste Zugang wurde also nicht über die bereits vorhandenen Stützpunkte in Westafrika gesucht, schienen von dort aus doch keine sicheren, für Europäer gangbaren Wege in das Innere des Kontinents zu führen.

Das war aber nur der Anstoß für ein sich verdichtendes Interesse an Afrika. Der Kontinent rückte nun erst in den Horizont der europäischen Bildungselite. Dabei waren die Reisenden und Reisegesellschaften sehr unterschiedlicher Herkunft. Einen beträchtlichen Anteil machten anfangs adlige Jagdgesellschaften aus. Hinzu kamen nun Mediziner, Geographen oder Naturkundler, die aus Forschungsneugier den Weg nach Afrika suchten. Schon aus finanziellen Gründen mussten sich die Wissenschaftler dabei zunächst Jagdgesellschaften anschließen. Reiseziele und Reiserouten konnten sie nur begrenzt beeinflussen. Doch

naturkundliche und naturhistorische ebenso wie zoolo-
gische und geographische Interessen regten immer neue
Expeditionen an. Dahinter stand auch das seit der Auf-
klärungszeit wachsende Interesse an der Ordnung von
Menschheit, Völkern und Staaten unter evolutionistischen
Gesichtspunkten. Man suchte nach dem Ursprung der
Menschheit ebenso wie nach den Vorfahren zivilisierter
Kulturen. Im vermeintlich naturbelassenen Kontinent
Afrika hoffte man Aufschlüsse darüber zu finden. Charles
Darwins Werk über den Ursprung der Arten, das erstmals
1859 in London erschien, bestärkte die Neugier und ver-
langte nach vertiefenden Studien, die Vererbungslehre und
am Ende des 19. Jahrhunderts die Rassenlehren knüpften
daran an und schienen die Nutzanwendung der auch in
Afrika gewonnenen Beobachtungen zu belegen. Alfred
Brehm (1829–1884) stand exemplarisch für die Lebensläu-
fe der Reiseforscher des 19. Jahrhunderts. Von der Ausbildung her Architekt, war er 1847 im Tross einer adligen
Reisegesellschaft zu seiner ersten Afrika-Reise aufgebrochen. Dadurch kam er erst zur Zoologie. In dem erstmals
seit 1864 erschienenen *Tierleben* spiegelten sich seine Erfahrungen mit der Natur Afrikas. Durch das in zahlreichen Neuauflagen verbreitete mehrbändige, aufwendig il-
lustrierte *Brehms Tierleben* wurden zugleich europäische
Vorstellungen vom Kontinent Afrika über Generationen
hinweg geprägt. Wie Brehm hatten auch andere Reisende
einen wechselvollen Lebenslauf, oft handelte es sich um
schillernde Persönlichkeiten, die vielerlei Interessen und
Erfahrungen verbanden und erst in Afrika ihre Erfüllung
zu finden meinten.

Der erste Träger einer systematischen Erforschung
Afrikas war eine private Vereinigung. 1788 als *Association
for Promoting the Discovery of the Interior Parts of Africa*
und dann als *African Association* bekannt geworden, organisierte diese noch ganz in der Aufklärungstradition ste-
hende Londoner Honoratioren-Gesellschaft Erkundungs-

reisen ins Innere Afrikas, wobei sich geographische mit ökonomischer Neugier verband. Vier Expeditionen indes scheiterten, erst die fünfte, die 1795 bis 1797 von der Mündung des Gambia über den Senegal-Fluss ins west-afrikanische Nigergebiet hinein flussabwärts führte, hatte Erfolg. Der Leiter der Expedition, der junge schottische Arzt Mungo Park (1771–1806), der bei einer weiteren Ex-pedition ums Leben kam, wurde bald zur Legende. Er war Vorreiter und Vorbild zahlreicher Afrika-Reisender, die nun aus einem geographischen oder ethnologischen Interesse heraus, finanziert zunächst von privaten Vereini-gungen und auf eigene Verantwortung, versuchten, Afrika zu erkunden, die Quellen der großen Flüsse, namentlich des Niger, zu ermitteln und den Kontinent zu durchque-ren. Meist handelte es sich um junge Wissenschaftler, die auf der Suche nach Anerkennung, Qualifikation und uni-versitärer Anstellung ein neues Forschungsgebiet bearbei-teten, dies unter hohem persönlichem Risiko und oft ohne den erhofften akademischen Lohn. Der erste namhafte deutsche Afrika-Reisende war 1849 der Berliner Privat-dozent Heinrich Barth (1821–1865), ein Altertumswissen-schaftler und Geograph. 1853 brach er zu einer erneuten Expedition ins Innere Afrikas auf, der sich im folgenden Jahr der Astronom Eduard Vogel anschloss. Sie nahmen an einer britischen Expedition teil, von der 1855 nur Barth zurückkehrte. Die daraufhin vorbereitete und Anfang 1861 losgeschickte erste deutsche Expedition stand schon im Zeichen nationaler Agitation mit auch antibritischen Tönen: Es galt nach dem Schicksal eines deutschen Märty-rers zu fahnden. Die Öffentlichkeit nahm großen Anteil, nationale und Handelsinteressen verbanden sich, die im-perialistische Konkurrenz um Afrika bahnte sich an. Da-her wurden Afrika-Expeditionen nun zunehmend von den europäischen Staaten selbst initiiert, unterstützt und finanziert. Nach 1871 beteiligte sich auch das Deutsche Reich. Es ging um das nationale Prestige, das mit einer er-

folgreichen Expedition und der erstmaligen Entdeckung
bestimmter geographischer Orte und natürlicher Phänomene verbunden sein konnte. Deshalb wurden die Expeditionen zur nationalen Angelegenheit. Das wurde noch
dadurch verstärkt, dass seit den 1850er Jahren zahlreiche
Reiseberichte im Druck erschienen: Die Reisenden wollten so allerdings weniger zum Nationalismus beitragen,
als vielmehr ihre Reisen finanzieren. Das wachsende bür-
gerliche Lesepublikum in den europäischen Staaten nahm
die Nachrichten aus exotischen Erdteilen begierig auf.

   Die Übergänge zwischen Forschungsreisen und frühkolonialen Aktivitäten waren fließend, viele Reisende, etwa
Henry Morton Stanley, Pierre Savorgnan de Brazza, Gustav Nachtigal, Hermann Wissmann und Carl Peters, wirkten auf lange Sicht bei der Kolonialisierung mit und übernahmen konkrete Aufgaben bei der Inbesitznahme. Allerdings war dies in der Übergangszeit vom europäischen
Freihandelsdenken Mitte des 19. Jahrhunderts zum nationalen und imperialistischen Konkurrenzdenken seit den
späteren 1870er Jahren noch nicht unbedingt abzusehen.
Zumindest nahmen die Reisenden oft nicht intentional an
der nationalistischen Neuorientierung teil. Dafür gibt es
zwei Indizien: Zum einen waren die Reisenden nicht unbedingt für einen Auftraggeber des eigenen Herkunftslandes unterwegs, manchmal nahmen sie im Laufe ihres For-
scherlebens an Expeditionen unterschiedlicher nationaler
Trägerschaft teil. Heinrich Barth etwa reiste zunächst in
einer britischen Expedition nach Afrika. Henry Morton
Stanley (1841–1904), gebürtiger Brite, hatte seit 1859 die
Staatsbürgerschaft der USA. Als Journalist und Korres-
pondent des *New York Herald* suchte er auf einer Expedition von 1869 bis 1871 nach dem in Afrika vermissten Briten David Livingstone (1813–1873), 1879 bis 1884 bereiste
er Afrika im Auftrag des belgischen Königs Leopold II.
und erforschte das Kongogebiet; er bereitete damit die Errichtung des Kongo-Staats als Privatkolonie des belgi-

schen Königs vor. Der deutsche Offizier und Geograph
Hermann Wissmann (1853–1905) nahm ebenfalls zunächst
an belgischen Expeditionen teil, bevor er im Auftrag des
Deutschen Reichs in Ostafrika tätig wurde, dort Widerstände niederschlug, aus afrikanischen Soldaten, den sogenannten Askaris, eine Kolonialtruppe aufbaute und –
wenn auch nur für kurze Zeit – an die Spitze der Kolonie
Deutsch-Ostafrika rückte. Er genoss in der deutschen Ko-
lonialbewegung einen fast mythischen Ruf als »Deutsch-
lands größter Afrikaner«, wie auch der Titel einer zeitgenössischen Gedenkschrift lautete, und war vor Carl Peters
der prominenteste und populärste deutsche Kolonialpio-
nier. Doch bei seinem Tod 1905 erschienen zahlreiche
wohlwollende Nachrufe auch in belgischen, britischen
und französischen Organen, und an seiner Beerdigung auf
einem Kölner Friedhof nahmen Vertreter der belgischen
Regierung teil. Als 1908 in Lauterberg im Harz ein Denk-
mal für Wissmann eingeweiht wurde, hielt der Abgesandte des belgischen Königs eine Rede. Kurz: Es gab jenseits
der nationalen Stimmungen noch eine Internationale der
Afrika-Reisenden und Forscher. Geographische, naturkundliche und politische Interessen verschmolzen dabei.

Zum anderen spiegelten die frühen Reiseberichte noch
nicht eine dominant rassistische Einstellung oder die Vorstellung einer notwendigen Minderwertigkeit von Afrikanern. Nicht wenige Berichte erkannten Eigenständigkeit
und Wert afrikanischer Gesellschaftsformen und Kulturen
an. Mungo Park beschrieb, wenn auch noch rudimentär,
wie Livingstone und Heinrich Barth die Vielfalt afrikanischer Gemeinwesen und politischer Formen. Er nutzte
dabei die Begrifflichkeit seiner Zeit und seines Kontinents,
wenn er von Königen, Staaten, Verfassungen und Völkern
Afrikas sprach. So untauglich dieser Versuch einer Übersetzung afrikanischer Gegebenheiten in europäisches
Staatsrecht erscheinen mochte, so sehr drückte er doch die
Unbefangenheit des Beobachters aus. Mungo Park ver-

suchte, selbst Gewalt und Raub zu erklären, indem er soziale Hintergründe anführte und den Vergleich mit sozialen Problemen in Großbritannien andeutete, und noch
Barth relativierte in Europa gängige Vorstellungen von
der Grausamkeit und Despotie afrikanischer Herrscher.
Auch der deutsche Arzt Gustav Nachtigal (1834–1885),
der Afrika in den Jahren 1869 bis 1875 bereiste, zeichnete
in seinem Reisebericht ein differenzierendes Bild, das
Platz bot für Varianten afrikanischer Gemeinwesen. Anders als für viele europäische Denker wie an erster Stelle
Georg Wilhelm Friedrich Hegel, in dessen Augen Afrika
»kein geschichtlicher Welttheil« war, sondern »jenseits
des Tages der selbstbewußten Geschichte in die schwarze
Farbe der Nacht gehüllt« blieb (*Vorlesungen über die Philosophie der Geschichte*, in: G. W. F. H., *Sämtliche Werke*,
Bd. 11, Stuttgart 1928, S. 135, 145), war für die Afrika-
Reisenden der vorkolonialen Zeit Schriftlosigkeit kein
Kriterium von Geschichtslosigkeit.

Allerdings gerieten die Berichte von Barth noch im 19.
Jahrhundert in Vergessenheit, erst in jüngerer Zeit fanden
sie neues Interesse. Nachtigal, der als Reichskommissar im
Auftrag der deutschen Regierung im Jahr 1884 Togo und
Kamerun unter kaiserlichen »Schutz« stellte, wurde von
der Nachwelt zunächst eher als Kolonialpolitiker wahrgenommen und gerühmt. Wissenschaft und Öffentlichkeit
in Europa verweigerten sich dem von Barth und Nachtigal
zunächst ermöglichten europäisch-afrikanischen Kulturkontakt, der Öffnung des Bewusstseins für den Eigenwert
einer fremdartig anmutenden Kultur. Weit einflussreicher
wurden dagegen seit den 1860er Jahren diejenigen Berichte, die den nationalen Zeitgeist in Europa und die Vorstellungen einer Gliederung der Menschheit nach – allerdings
noch wenig präzise definierten – Rassen spiegelten, wie es
sich etwa in den Arbeiten des Botanikers Georg Schweinfurth (1836–1925) niederschlug, der von 1868 bis 1871
Afrika bereiste, oder in den Schriften des Arztes Wilhelm

Junker (1840–1892), der sich von 1875 bis 1878 und von 1879 bis 1886 in Afrika aufhielt. Die meisten Reisenden kamen nun mit der Vorstellung der Primitivität afrikanischer Völker, und sie meinten allenthalben Belege zu finden, die ihre Vorannahmen bestätigten. Immerhin bereisten sie Afrika in einer Zeit innerer Unruhen und zahlreicher Kriege. Sympathie empfanden die Reisenden nur für stabile Systeme mit starker Staats- und Herrschergewalt, das waren zu dieser Zeit oft islamische Staatswesen. Hier konnten die Europäer halbwegs sicher reisen. Die kleinteiligen Gesellschaften oder die abgeschotteten Militärherrschaften mit dem Anschein nach ethnischer Selbstdefinition waren dagegen undurchschaubar, die Reisen dorthin unkalkulierbar und höchst gefahrvoll. Hier schien sich das Bild eines rohen, dunklen, gefährlichen Kontinents mit blutrünstigen Herrschern und atavistisch-primitiven Sitten ständig zu bestätigen.

Am Vorabend der kolonialen Eroberung wandelte sich auch die Begrifflichkeit, mit der man den Kontinent Afrika und seine gesellschaftlichen Ordnungssysteme zu erfassen suchte. Immer seltener war jetzt von den Staaten und Völkern Afrikas, immer öfter bloß noch von den Stämmen die Rede. Der »Stamm« wurde nun als Grundkonstante und primäre Organisationsform des politischen, sozialen und kulturellen Lebens im Inneren Afrikas angesehen. Hier reagierten die Beobachter zwar auch auf die Ethnisierung afrikanischer Politik im Jahrhundert der Kriege und Staatsbildungen, allerdings verabsolutierten die Reisenden nun die wahrgenommenen Phänomene und akuten Krisen als spezifisch afrikanische Konstanten. Vor allem aber übertrugen sie Vorstellungen von der europäischen Frühgeschichte auf Afrika, das man gewissermaßen im Urzustand der Menschheit wähnte. Fortan suchte und entdeckte man allenthalben neue »Stämme«, indem man auch lockere Verwandtschaftsgruppen oder bloße Sprachgruppen derart kategorisierte. Zugleich entstand der To-

pos von Stammeszersplitterung und Stammeskriegen als
dem Kernübel Afrikas. All dies fügte sich in ein Bild, in
dem Afrika gewissermaßen den Kindheitszustand der
Menschheit darstellte – und also der Erziehung durch die
zivilisatorische Hand Europas bedurfte. Insofern legitimierten die Berichte der Afrika-Reisenden seit den 1870er
Jahren die koloniale Aufteilung Afrikas.

Im Laufe der Jahrzehnte veränderten sich auch die Motive und Ziele der Reisenden. Bis in die Mitte des 19. Jahrhunderts stammten die Berichte von jungen Wissenschaftlern. Diese wurden von der Hoffnung auf neue Erkenntnisse und den wissenschaftlichen Durchbruch sowie auf
eine Karriere in Europa angetrieben. Mit dem wachsenden
Interesse an Handel und Politik und vor allem mit der kolonialen Eroberung verlor dieses Motiv an Antriebskraft.
Aus Sicht der europäischen Regierungen waren die bloß
wissenschaftlich interessierten Reisenden eher Störenfrie-
de im kolonialen Arrangement, und aus Sicht der Wissenschaftler war mit der Errichtung der Kolonialherrschaft
und der weitgehenden Einschränkung der Reisefreiheit
auf die Kolonialgebiete des eigenen Herkunftslandes eine
karrierefördernde Entdeckerreise nicht mehr möglich.
Nunmehr waren die europäischen Staaten an Reisenden
interessiert, die Land im politischen Interesse und im Sinne des nationalen Prestiges erkundeten, möglicherweise
Verträge mit einheimischen Herrschern abschlossen oder
die gewaltsame Eroberung vorbereiteten. Diese Reisenden
wurden nun qua Finanzierung und Organisation enger an
staatliche Vorgaben gebunden. Öffentlich-staatlich geför-
derte Organisationen standen jetzt hinter den Unternehmungen, etwa die 1876 geschaffene *Royal Geographical
Society* oder die Brüsseler »Internationale Afrika-Assozia-
tion« aus demselben Jahr. An dieser belgischen Gründung
waren namhafte deutsche Afrika-Forscher beteiligt, und
auch in Deutschland entstand eine Sektion der Brüsseler
Gesellschaft, die »Deutsche Afrikanische Gesellschaft«.

Sie fand allerdings vom Deutschen Reich noch wenig Unterstützung. Die nationenübergreifenden Anfänge derartiger Gesellschaften zeigen im Übrigen auch, dass sich die europäischen Afrika-Forscher noch nicht gänzlich in nationales Fahrwasser begeben wollten, sondern ihre Aufgabe darin sahen, Afrika für Europa zu öffnen und Wissen über Afrika bereitzustellen. Eine Kongo-Expedition des belgischen Königs von 1883 wurde von der »Deutschen Afrikanischen Gesellschaft« mitorganisiert und mitfinanziert. Nun ging es um die Erschließung Afrikas für Handel und Verkehr sowie um die Bekämpfung des Sklavenhandels, zwei Ziele, die sich eng verbanden und de facto politische Kontrolle nach sich zogen. Bis 1884 wurden auf den Kongo-Expeditionen der 1879 gegründeten Brüsseler *Association Internationales du Congo* 450 Verträge mit lokalen und regionalen Autoritäten abgeschlossen.

Aus europäischer Perspektive war die Geschichte der Reisen in Afrika eine beispiellose Erfolgsgeschichte, die binnen weniger Jahrzehnte einen ganzen Kontinent für Europa öffnete und das Interesse des europäischen Bürgertums weckte. Die Reiseberichte waren oft kommerziell sehr erfolgreich und legten es auch darauf an. Kurz nach Ersterscheinung wurden etwa die Schriften von Mungo Park oder Henry Morton Stanley auch ins Deutsche übersetzt. Stanleys Buch *How I found Livingstone* aus dem Jahr 1872 wurde zu einem regelrechten Bestseller. Seit den 1880er Jahren setzte eine Flut von Veröffentlichungen, Berichten und Zeitungsartikeln über Afrika ein, namentlich über die je eigenen Kolonien. Die Ansprüche stiegen dabei. Reiseberichte konnten jetzt nicht mehr bloß mit der Exotik und dem Außergewöhnlichen aufwarten, es traten neue Attraktionen hinzu, um das europäische Publikum anzusprechen. So wurden Berichte jetzt durch Illustrationen und schließlich auch Fotografien angereichert, oder es wurde etwa, wie in einem Buch von 1910, über die Durchquerung Afrikas mit dem Automobil berichtet.

Derartige Berichte und die dahinterstehenden Reise-
erfahrungen spiegelten immer deutlicher die Stereotypen,
mit denen der fremde Kontinent und seine Menschen nun
betrachtet und bewertet wurden. So präsentierten sie immer neue Beobachtungen über exotische Verhältnisse und
fremdartige Lebensweisen, über »Pygmäen« etwa oder
über Kannibalismus und andere makabre Sitten des Umgangs mit Tod und Toten. Allerdings nahm durch die Fülle an Reiseberichten zwischen 1850 und 1900 auch das
Wissen über Afrika in frappierender Weise zu. Afrika
wurde in den europäischen Wissenskanon integriert.
Exemplarisch kann man dies an der Weltgeschichtsschrei-
bung des 19. Jahrhunderts wie an den großen Enzyklopädien ablesen. Die Weltgeschichten der ersten Jahrhundert-
hälfte, etwa Karl von Rottecks *Allgemeine Geschichte
vom Anfang der historischen Kenntniß bis auf unsere Zeiten* von 1834, gingen in aufgeklärter Manier vom unauf-
haltsamen Fortschritt des Menschengeschlechts aus und
sahen wie Hegel im subsaharischen Afrika noch einen
Kontinent, der jenseits der wirklichen, um Europa zen-
trierten »Weltbegebenheiten«, das heißt der »bedeutenden
Veränderungen der Erde und Menschheit« lag (Bd. 1, 10.
Aufl., Freiburg i. Br. 1834, S. 60, 80) und deshalb im
Grunde kein Interesse verdiente. Die Weltgeschichten aus
der Zeit um 1900 enthielten dagegen schon ausführlichere
Erörterungen über Afrika. Wenn diese auch noch nicht so
umfangreich waren wie die Darlegungen über Asien und
Amerika, wurde Afrika doch im Zeitalter der Weltpolitik
zunehmend als unlösbarer Bestandteil einer Universalge-
schichte verstanden. Die Enzyklopädien geben ein noch
deutlicheres Bild. Die zehnbändige *Allgemeine deutsche
Real-Encyclopädie für die gebildeten Stände* (Brockhaus)
enthielt 1822 einen Artikel von gerade vier Seiten über
Afrika. Er begann mit den Worten: »Afrika, einer der fünf
Erdtheile, – zwar schon seit Jahrtausenden in der Geschichte angeführt, dennoch auch für uns noch immer,

was er den Alten war, – das Reich des Wunderbaren! Nur eine Spanne Meer scheidet Afrika von Europa, seine nördlichen Küsten liegen im Angesicht der civilisirtesten Nationen, und doch kennen wir kaum seine äußern Umrisse, in das weite Binnenland ist noch nie der Fuß eines Europäers gedrungen!« (Bd. 1, S. 79.) Die folgenden Informationen betrafen vornehmlich Geographie, Pflanzen- und Tierwelt Afrikas sowie Kultur und Wirtschaft, enthielten aber keine Aussagen über politische Verhältnisse. Am Ende des 19. Jahrhunderts änderten sich Perspektive und Wissensbestände grundsätzlich. 1905 enthielt *Meyers Großes Konversations-Lexikon*, das in 24 Bänden erschien, bereits über 25 zweispaltig bedruckte Seiten zu Afrika, darunter Karten, Farbtafeln und andere Abbildungen, Statistiken und Übersichten. Dabei orientierte sich der *Meyer* eng an den Forschungsreisen, er dokumentierte die Reiseverläufe und stellte die Reisenden vor. Er informierte im Übrigen über Geographie, Pflanzen, Tiere, Bevölkerung und Völker, Religion und Kultur, politische Verhältnisse, Handel und Verkehr sowie über die jüngste Geschichte der Kolonialzeit. Die Informationen waren aber keineswegs nur kolonialpolitisch ausgerichtet und keine nationalistischen Pamphlete, sondern höchst präzise Informationssammlungen aus freilich europäischer Perspektive.

Doch mehrte sich nicht nur das europäische Wissen über Afrika. Vielmehr rückten die Europäer nun auch in den afrikanischen Blick. Im Zuge der sich ausweitenden Begegnungen und Kontakte wurden Europäer immer stärker in das innerafrikanische Kräftespiel integriert, ohne dass es den Europäern bewusst war. Freilich wurden sie nicht von vornherein als Eroberer wahrgenommen. Aus afrikanischer Perspektive betrachtet, waren die Reisenden nämlich keineswegs, wie es in deren Berichten suggeriert wurde, souverän Agierende, sondern Fremde, die in ein Land kamen, über das sie nur vage Vermutungen hatten, und die in fremder Umgebung und in einer Lage fast per-

manenter Unsicherheit und Bedrohung auf einheimische
Hilfe angewiesen waren. Die Reisenden erreichten Afrika
in einer Zeit, als binnenafrikanische Handelswege neu erschlossen wurden. Die Karawanen, die Tausende von
Leuten umfassen konnten, die Karawanenstationen und
die Karawanenunternehmer stellten gewissermaßen die
Infrastruktur bereit, die auch Europäer nutzen mussten,
um sicher ins Landesinnere zu gelangen. Sie waren auf
Zwischenhändler oder Makler angewiesen, die Waren und
Träger vermitteln und Schutz garantieren konnten, und
benötigten Führer und Dolmetscher. Eine Schlüsselrolle
spielte dabei in Ostafrika der schon erwähnte Tippu Tip,
doch war er nicht der Einzige. So hatte sich in Ostafrika
der indische Geschäftsmann Sewa Haji auf die Anwer-
bung und Vermittlung von Trägern spezialisiert, auch die
Europäer mussten mit ihm ins Geschäft kommen, zumal
er ihnen sogar eine Art von Garantie bot, Entschädigung
für desertierte Träger zu leisten. Vor allem benötigten die
Europäer erfahrene Karawanenführer, um mit den politischen Gewalten der zu durchquerenden Gebiete zu ver-
handeln, geeignete Tauschwaren zu erwerben und nicht
zuletzt um die Träger zu dirigieren und unter Kontrolle
zu halten. Denn die großen Karawanen waren außerordentlich heterogen. Die Träger stammten aus unterschiedlichen Regionen oder Ethnien und hatten unterschiedliche
Vorstellungen und Erwartungen. Ständige Verhandlungen
um Weg, Verpflegung, Lagerplätze und Arbeitsbedingungen waren wichtiger als Demonstrationen von Autorität
oder gar Gewalt. Der Reisende musste als fürsorglicher
Patron erscheinen.

Allerdings wollten und mussten die europäischen Reisenden auch ihre Macht und Kompetenz vorführen. So
verteilten sie etwa westliche Medizin und griffen damit in
afrikanische Hierarchien und religiös-kulturelle Sitten ein.
Sie versuchten, die Träger an europäische Vorstellungen
von Disziplin und Pünktlichkeit zu gewöhnen, oft mit

kontraproduktiven Ergebnissen. Im Vorgehen der Europäer ist dabei ein Wandel festzustellen: Neigten die Reisenden zunächst, bis in die 1880er Jahre, noch dazu, sich den örtlichen Gegebenheiten anzupassen, versuchten sie seit der kolonialen Durchdringung verstärkt, Afrikaner mit Zwang und Gewalt ihren Maßstäben unterzuordnen. Dieser Wandel schlug sich in den Reisebeschreibungen nieder. Zwei Gattungen von Reiseliteratur standen fortan nebeneinander: Das eine waren Bücher von Afrika-Reisenden für Afrika-Reisende, zum Teil regelrechte Ratgeber, die zeigten, wie man sich auf afrikanische Verhältnisse einzustellen hatte, wo man sich den Gegebenheiten unterordnen musste, wie man mit der afrikanischen Bevölkerung umgehen sollte und wie man durch flexibles Verhalten gewünschte Ziele erreichen konnte. Auch machten viele Reiseberichte mittelbar deutlich, welche Ängste und Gefahren sich selbst für erfahrene Reisende mit Afrika verbanden. Ausführliche Darstellungen der hygienischen Vorkehrungen spiegelten zeitgenössische Vorstellungen über die Verbreitung von Krankheiten, etwa wie im Fall der Malaria die Furcht vor den ungesunden Ausdünstungen von Wasserläufen. Das andere waren Reisebücher für die europäische Öffentlichkeit. Hier wurde die grundsätzliche Überlegenheit des europäischen Reisenden hervorgehoben und von der vermeintlichen Naivität der Afrikaner abgegrenzt, die man durch symbolische Gesten, Medizin, technische Instrumente wie Fotoapparate und Ferngläser, Bilder und Waffen beeindrucken konnte. Unbestreitbar nutzten die Europäer ihre technische Überlegenheit für symbolische Machtdemonstration, doch wurde dieser Aspekt für die europäische Leserschaft oft noch bis ins Groteske gesteigert, um Mut, Intelligenz und Geschick des Berichterstatters zu betonen.

Besonders deutlich wurde das in den Anfängen der Kolonialisierung, wenn Reisende über die Inbesitznahme von afrikanischem Land durch Schutz- und Kaufverträge berichteten. Bei den Verträgen handelte es sich in der Regel um extrem ungleiche Verträge. Die Europäer demonstrierten mit Soldaten oder Kanonenbooten ihre Stärke und ließen dem Gegenüber wenig Entscheidungsfreiheit. Die Verträge offerierten dem heimischen Herrscher gegen die Abtretung der Hoheit lediglich einen nicht näher definierten Schutz oder übertrugen große Gebiete gegen aus westlicher Sicht wertlose Waren auf einen neuen Eigentümer. Freilich ist das Bild, das die Nachwelt von den Vertragsschließungen erhalten hat, wesentlich durch die Berichte der europäischen Seite geprägt. Die afrikanischen Herrscher erscheinen darin als unfähige und unwillige Vertragspartner. Der Hamburger Kaufmann Eduard Woermann monierte anlässlich eines Kameruner Abtretungsvertrags, »der berühmte König Bell« könne »sich nicht einmal zu einer Unterschrift bequemen, ohne seine Großen zu befragen«, die »mächtigen Untertanen« hätten anders als die durchaus willigen Duala-Herrscher einen Vertragsabschluss zu verhindern versucht (Ernst Gerhard Jacob, Hrsg., *Deutsche Kolonialpolitik in Dokumenten*, Leipzig 1938, S. 75 f.). Häufig wurde die Umständlichkeit afrikanischer Verhandlungen, das tagelange Palaver, beklagt. Carl Peters schilderte in seinen Erinnerungen 1885, wie er beim Vordringen in Ostafrika durch Alkohol, taktische Winkelzüge und kleine Vorführungen deutscher Macht seine Verhandlungspartner gefügig gemacht und Verträge zur Unterschriftsreife gebracht habe. Nach Vertragsschluss folgten gemäß seiner Darstellung Flaggenhissung, Verlesen des Vertrags in deutscher Sprache, Rede, Hoch auf den Kaiser und schließlich »drei Salven«; diese »demonstrierten den Schwarzen ad oculos, was sie im Fall einer Kontraktbrüchigkeit zu erwarten hätten. Man wird sich nicht leicht vorstellen, welchen Eindruck der ganze Vorgang auf die Neger zu machen pflegte« (*Die Usagara-Expedition* [1885], in: C. P., *Gesammelte Schriften*, hrsg. von Walter Frank, Bd. 1, München 1943, S. 302 f.).

Derartige Berichte sollten Unerschrockenheit und Geschick der Afrika-Reisenden und Kolonialpioniere unter Beweis stellen. Die Verhandlungsführung ihrer Gegenüber konnten oder wollten die Europäer nicht verstehen. Denn die Palavertaktik machte deutlich, dass die afrikanischen Gesellschaften Kontrollen und Gegengewichte gegen die Monopolisierung von Macht kannten. Dem Vertragsschluss ging ein interner Aushandlungsprozess voran. Er stärkte auch den afrikanischen Vertragspartner, der jetzt als Autorität im Inneren anerkannt war und von den Europäern gestützt werden musste, wollten diese die Legitimität des Vertrags behaupten. Ohne es sich bewusst zu sein, wirkten die Europäer also in der Phase des Übergangs zur formellen Kolonialherrschaft an innerafrikanischen Auseinandersetzungen um Macht und Einfluss mit und dienten auch den Interessen afrikanischer Autoritäten. Mit den Verträgen war daher die weitere Entwicklung noch keineswegs festgeschrieben. Vielmehr begannen nun erst die Auseinandersetzungen um die reale Macht. Karawanen-Reisen und Vertragsschlüsse offenbaren insofern einerseits, dass die Europäer die Gegebenheiten ebenso wie ihre Möglichkeiten, zumal ihren technischen Vorsprung, zu nutzen versuchten, um ihre Position und ihr Ansehen in Afrika zu festigen. Andererseits zogen eben auch Afrikaner die Reisenden in ihr Kalkül ein. Vertragspartner und Kaufleute wie Tippu Tip banden die Europäer an sich und konnten daher auch nach der kolonialen Eroberung ihre Geschäfte mit Erfolg weiterführen.

Afrikanische Religion, islamische Revolution und christliche Mission

Die Ausweitung des europäischen Wissens über Afrika fand eine Grenze gerade in einem Bereich, in dem Europäer bereits seit längerem engagiert waren, im Bereich der

Religion. Denn so sehr das geographische Wissen über Afrika angewachsen war, so wenig wusste und verstand man von afrikanischen Religionen. Die Reisenden, die über Afrika berichteten, und ebenso oder mehr noch die europäischen Enzyklopädien waren sich einig, was die Religion anging: Afrikas Religion war von Fetischglauben, primitiven Vorstellungen aller Art, befremdlichen Riten und blutigen Opfergaben gekennzeichnet. So hieß es in *Meyers Großem Konversations-Lexikon* von 1905 über Religion in Afrika: »Wo nicht der Islam und an einigen Punkten das Christentum Eingang gefunden haben, herrscht fast überall roher Fetischdienst. Einigen Völkern scheint jede religiöse Vorstellung, jede Ahnung von einer Fortdauer des Daseins zu fehlen, so den Buschmännern; dagegen schlachten die Kaffern den Geistern ihrer Vorfahren (Amahlozi) Opfer. Verbunden mit dem Glauben an eine Fortdauer nach dem Tode, finden wir darin eine Erklärung vieler Züge der Grausamkeit, des Hinschlachtens von Sklaven, selbst der Frauen, des Mitgebens von Speise und Trank etc. Gegenstände des religiösen Glaubens sind böse und gute Geister, die unter der Gestalt von Tieren und Götzenbildern aller Art verehrt werden, und denen man Opfer, selbst Menschenopfer bringt. Die Priester sind zugleich Ärzte, Wahrsager und Zauberer, bei den Kaffern und Hottentotten wenigstens Regenmacher. Jede Krankheit, jeder Todesfall wird der Hexerei zugeschrieben, und Gottesurteile werden angerufen. Diesem rohen Heidentum gegenüber bewirkt der Islam einen Fortschritt in der Gesittung der Neger. Er ist bereits über den ganzen Norden, dann im Sudan und in Ostafrika verbreitet. Das Christentum, vor Mitte des 7. Jahrh. über ganz Nordafrika verbreitet, danach durch den Islam unterdrückt, hat sich, freilich in sehr verderbter Form, nur bei den Kopten in Ägypten und in Abessinien erhalten. Die Mission (katholische und evangelische) hat hier schon seit geraumer Zeit eingesetzt und arbeitet an der Küste wie im Innern auf zahlreichen Stationen.« (Bd. 1, 6. Aufl., Leipzig 1905, S. 144.)

Eine solche Deutung sagt mehr über die Beobachter als über Religion und religiöse Praxis in Afrika aus. Tatsächlich hatten die vielfältigen Umschichtungen, Krisen, Kriege, Staatsauflösungen und Staatsgründungen im 19. Jahrhundert zur Folge, dass auch die Religion, die ja gruppen- und erfolgsorientiert war, neue Aufgaben und neue Formen übernahm; neue politische Einheiten schufen sich neue Kulte. Ob diese allerdings bei den Militärdiktaturen des 19. Jahrhunderts denselben Rang hatten wie in früheren Jahrhunderten, ist fraglich. Zugleich wurde das 19. Jahrhundert durch das neuerliche Vordringen von Islam und Christentum geprägt, beide wirkten auch auf heimische Religionen ein und veränderten sie. In der zweiten Hälfte und besonders am Ende des 19. Jahrhunderts zeigten sich Ansätze neuer religiöser Bewegungen, die schon auf die koloniale Herausforderung reagierten.

Die mit dem Begriff des *Djihad* verbundene neue Offensive des Islam prägte in besonderer Weise die afrikanische Geschichte des 19. Jahrhunderts. Man hat von der islamischen Revolution in Westafrika gesprochen oder das 19. Jahrhundert sogar als »das Jahrhundert des Islam in Afrika« bezeichnet (Christoph Marx, *Geschichte Afrikas. Von 1800 bis zur Gegenwart*, Paderborn 2004, S. 87). Abgesehen von Nordafrika beherrschte der Islam nach der Errichtung der *Djihad*-Formationen wie des Fulbe-Reichs einen großen Teil Westafrikas. Das Zusammenwirken von Politik und Religion nahm hier einen neuen Charakter an. Denn die Islamisierung beschränkte sich nicht mehr, wie bei früheren islamischen Herrschern in Westafrika, auf kleine Eliten, während die breitere Bevölkerung weiterhin ihre eigenen religiösen Sitten beibehalten konnte. Vielmehr entfalteten die neuen Staaten eine umfangreiche Missionstätigkeit. Neue Ausbildungsanstalten trugen dazu bei und verbreiteten zugleich die Schriftlichkeit, die wieder-

um der Popularisierung des Korans diente. Auch in Ostafrika gewann der Islam im 19. Jahrhundert an Einfluss
und Anhängerschaft. Kaufleute und Handel trugen den
neuen Glauben von Sansibar aus immer tiefer ins Landesinnere. Im letzten Drittel des 19. Jahrhunderts erreichte er
auch Uganda.

Eine wesentliche Rolle bei der Ausbreitung des Islam
spielten in Westafrika und am Vorabend der Kolonialisierung auch in Ostafrika aber nicht Eliten und Kaufleute,
sondern *Sufi*-Bruderschaften, die schon Jahrhunderte zuvor in Nordafrika aktiv gewesen waren. Sie setzten gegen
die Schriftreligion der Korangelehrten eine mystische Spi-
ritualität. Orientiert an charismatischen Führern, boten sie
in ihren auf Beteiligung, Körperlichkeit und Emotion zie-
lenden religiösen Praktiken eine unmittelbare Gotteser-
fahrung an. Die Religion wurde nicht mehr ausgewählten
Sachverständigen überlassen, sondern stand nun jedem offen, unabhängig von Herkunft und Beruf. In einer Zeit
der Umbrüche und Krisen, der Staatenbildungen und
Wanderungen vermittelte das Halt und Orientierung. Dabei stellte jede Bruderschaft ein überregionales soziales
und kulturelles Netzwerk bereit. Wer sein Dorf verlassen
musste, behielt seine soziale und geistige Heimat. Das un-
terschied die Bruderschaften von traditionellen afrikanischen Religionen. Zudem schufen die Bruderschaften mit
dem Modell der *Silsila* eine Generationenkette, die vom
Gründer der Bruderschaft über die Lehrer der Vergangenheit und Gegenwart bis zu den – noch frei gehaltenen –
Kettengliedern für künftige religiöse Führer reichte. Nicht
nur Vergangenheit, Gegenwart und Zukunft wurden dabei verbunden, auch die Diskrepanzen von Zeit und Raum
sollten in der Praxis der Bruderschaften aufgelöst werden,
etwa in der Praxis zeitlich paralleler und inhaltlich analo-
ger Rituale an verschiedenen Orten. Die Bruderschaft war
dabei ebenso eine soziale Gemeinschaft wie eine spirituelle Einheit, und das auch dann, wenn die Mitglieder zer-

streut wurden. Die Bruderschaften ließen sich deshalb schnell mobilisieren, sie spielten in vielen *Djihads* eine wichtige Rolle. Zu ihrer Attraktivität trug bei, dass sie sich trotz ihres scheinbar kompromisslos missionarischen Charakters und ihres Anspruchs einer tiefgreifenden islamischen Erneuerung auch gegenüber heimischen Kulten öffneten und tradierte religiöse Elemente adaptierten. Sie knüpften an Lebensweisen und Werte in Afrika an, integrierten verwandtschaftliche Bindungen und propagierten die Ehrfurcht vor den Älteren, überformten die Überlieferung aber durch das Bruderschafts- und Lehrerprinzip. Sie waren insofern zugleich ein Ergebnis transkultureller Begegnungen und Ausdruck praktischer Hybridität. Politische Neuordnung, gesellschaftliche Restabilisierung und religiöse Durchdringung ergänzten sich so.

Das Christentum drang wie der Islam im 19. Jahrhundert in Afrika vor, freilich auf andere Weise. Es war nicht zu lösen von der Erfassung des Kontinents durch Europäer. Das begann aber nicht erst mit der Kolonialherrschaft. Vielmehr setzte das Vordringen der Mission früher ein, manchmal in Kooperation mit Händlern, oft in Verbindung mit Forschungsreisenden, zum Teil auch autonom. In mancher Hinsicht bereiteten die Missionen den Kolonisatoren den Boden in Afrika, doch wäre es zu einfach, sie lediglich als Wegbereiter des Imperialismus zu sehen. Überdies sollte auch der Einfluss des Christentums nicht als bloße Überfremdung verstanden werden, vielmehr kam es auch hier wie beim Islam zu hybriden Erscheinungen und neuen Formen von Religiosität.

Abgesehen von der Verbreitung des Christentums in Nordostafrika war der Kontinent bis zum späten 18. Jahrhundert vom Christentum noch wenig berührt. Die ersten christlichen Missionare, die, wie erwähnt, im Gefolge der Portugiesen in der Frühneuzeit nach Afrika gelangt waren, hatten nie weit ins Landesinnere eindringen können. Seit dem ausgehenden 18. Jahrhundert kamen allerdings verschiedene Faktoren zusammen, die das Wiederaufleben der Mission in Afrika bedingten. Dazu zählte die Antisklavereibewegung. Philanthropisch-religiöse Motive spielten dabei eine zentrale Rolle, und an erster Stelle kritisierten Quäker den Sklavenhandel, dann weitere protestantische Bewegungen. Zugleich bot sich durch die Ansiedlung ehemaliger Sklaven in Westafrika schon seit dem frühen 19. Jahrhundert die Möglichkeit, den christlichen Glauben energischer zu verbreiten. Die *Sierra Leone Company*, die 1790/91 entstanden war, wurde von einem Bankier geführt, der zugleich Schatzmeister der *Church Missionary Society* und der *British and Foreign Bible Society* war. Angestrebt war zunächst, das Gebiet von Sierra Leone in privater Trägerschaft zu halten. Von dort aus sollte das afrikanische Binnenland für Handel und Mission geöffnet werden. Die befreiten Sklaven sollten bei der Verbreitung europäischer Kulturwerte und besonders des Christentums mitwirken. Allerdings scheiterte die private Verwaltung des Territoriums. Gewaltsame Konflikte mit der ansässigen Bevölkerung sowie französische Angriffe trugen dazu bei. Deshalb übernahm Großbritannien Sierra Leone 1808 als Kronkolonie. Missionierungsbestrebungen zogen hier wie auch bei einem anderen britischen Missionierungsprojekt am Niger die formelle Kolonialherrschaft nach sich, weil auf andere Weise Sicherheit und Stabilität nicht zu garantieren waren.

Tiefere Wurzeln hatte die Missionsbewegung des späteren 18. und des 19. Jahrhunderts im religiösen Aufbruch in Europa. Es waren nun nicht mehr, wie in der Frühen Neuzeit, die Staaten, welche die eng an sie gebundenen Kirchen zu missionarischen Tätigkeiten verpflichteten. Vielmehr ging die Mission im 19. Jahrhundert von einer neuen Volksfrömmigkeit und neu aufkommenden religiösen Volksbewegungen aus. An erster Stelle betraf das die protestantischen Kirchen. Sozial engagierte Bewegungen reagierten auf die Umbrüche und Krisenerfahrungen in Europa seit 1750, auf Bevölkerungswachstum und Kriege, auf die Intensivierung von Staatsbildung und Verwaltung, auf die Starre der Kirche und den Rationalismus in der Theologie. In der protestantischen Kirche trugen verschiedene Reformbewegungen, so Dissenters, Pietisten, Methodisten und Quäker, zum Aufleben der Mission bei. In Großbritannien verkündeten Methodisten, dass Erlösung durch individuelles Bemühen, zum Beispiel auch missionarische Tätigkeit, erlangt werden könne. In Deutschland bündelten Neupietismus und Erweckungsbewegung die Kritik. Man betonte die buchstabengetreue Autorität der Bibel, das religiöse Gebot hatte unbedingten Vorrang vor weltlichen Forderungen. Dabei dachte man ganzheitlich, sozial und missionarisch. Die Menschheit sollte durch Bekehrung gerettet werden. Protestantische Missionsgesellschaften wurden seit dem Ende des 18. Jahrhunderts in schneller Folge gegründet, darunter 1792 in London die *Baptist Missionary Society*, 1795 die *London Missionary Society* und 1800 die *Church Missionary Society*. Weitere Missionsgesellschaften folgten in den Niederlanden seit 1797, 1815 entstand die pietistische »Basler Mission«, die wesentlich von deutschen Missionaren getragen wurde. Seit den 1820er Jahren wurden in Deutschland die ersten missionarischen Gesellschaften errichtet, die »Berliner Mission« 1823, die »Rheinische Missionsgesellschaft« 1828, die »Norddeutsche Mission« 1836, der Berliner »Missionsverein« 1836 und die »Hermannsburger Mission« 1849. Im Katholizismus zeigte sich eine vergleichbare Entwicklung. Auch hier wandelte sich die Volksreligiosität, eine neue Volksfrömmigkeit entstand, die von sozialen Unterschichten getragen wurde und die Autorität der Kirche bedrohte. Die Kirche versuchte dies aufzufangen und das Kirchenvolk wieder an die Obrigkeit zu binden, indem neue Formen integriert wurden, etwa in der Massenwallfahrt von 1844 nach Trier zum »Heiligen Rock«, an der sich eine halbe Million Menschen beteiligten. Aus diesen Quellen speiste sich eine neue Missionierungsstimmung in der katholischen Bevölkerung. Führend waren zunächst französische Missionsgesellschaften, für die auch deutsche Missionare nach Übersee gingen.

Die ersten Missionare, die im vorkolonialen 19. Jahrhundert nach Afrika aufbrachen, stammten häufig aus unterbürgerlichen Schichten, es handelte sich um soziale Aufsteiger mit hohem Engagement, aber eben nicht rationalistischem Verständnis von Religion und Glaube. Sie waren skeptisch gegenüber der Moderne und dem Liberalismus und vertraten bäuerlich-handwerkliche Vorstellungen. Sie wollten Familie und Dorfgemeinschaft schützen, Tugenden wie Fleiß, Ordnung und Disziplin vermitteln. Dabei konnten Missionare auch mit europäischen Händlern vor Ort zusammenarbeiten, die gleichermaßen auf die Förderung kleiner selbständiger Existenzen setzten, die beständig ihrem Ackerbau nachgingen und über Markt und Mission in den Austausch mit Europa eingebunden waren. Insofern schienen die Missionen vorerst allenfalls auf einen informellen Imperialismus hinzuwirken, nicht auf eine europäische Territorialherrschaft in Afrika. Anfangs waren die Missionen vor allem in West- und Südafrika aktiv. In Südafrika engagierten sich die »Herrnhuter Brüdergemeine« und die *London Missionary Society*. Hier bildeten sich Muster aus, die später auch für die Missionierung in Ost- und Zentralafrika genutzt wurden. Ein Netzwerk von Missionsstationen wurde errichtet, von dort versuchte man, die einflussreichsten örtlichen Großen, die Älteren und *Chiefs* für das Christentum zu gewinnen, um dann auf die breitere Bevölkerung einzuwirken. Die Missionare griffen auch in ethnische Konflikte ein und förderten etwa diejenige Gruppe in der Bevölkerung, die aus der Verbindung unterschiedlicher ethnischer Bevölkerungsteile hervorgegangen war. Diese Gruppe wurde von den Missionaren nun als »Griqua« bezeichnet. Die Griqua schienen den alten Kulturen entfremdet, kulturell beweglich und offen gegenüber christlichen Einflüssen. Missionarische Bemühungen um Bildung und Ausbildung und um die Ansiedlung der Griqua bestärkten allerdings auch Sonderrolle und Sonderbewusstsein der Gruppe sowie den Prozess der Ethnisierung. In Westafrika suchten die Missionare ebenfalls in der Situation des Umbruchs Einfluss zu gewinnen. Parallel zur Auflösung der Yoruba-Staatswesen im Raum Nigerias drangen Missionare weiter ins Land vor, beispielsweise in die Stadt Abeokuta. In Ostafrika gelangten britische Missionare seit den 1840er Jahren von Mombasa aus ins Landesinnere. Zwei Missionare waren es, die 1848 als erste Europäer den Kilimanjaro sahen, der Missionar der *London Missionary Society* David Livingstone erreichte als erster Europäer das Gebiet der Großen Seen, wo er Missionsstationen errichtete. Seit den 1860er Jahren engagierten sich auch französische Missionare an der Ostküste. In Zentralafrika gelangten Missionare über das Kongogebiet weiter ins Landesinnere.

Auf die Dauer zogen die Missionare die Kolonialisierung nach sich, selbst wenn sie es anfangs keineswegs beabsichtigt hatten. Vier Beispiele stehen für Varianten der Verbindung von Mission und Kolonialisierung. Das erste Beispiel betrifft die »Rheinische Missionsgesellschaft« in Barmen. 1828 gegründet, sandte sie 1842 Missionare in das südwestafrikanische Nama-Gebiet, 1843 zu den Herero. Bis zum Ende der 1870er Jahre entstand hier ein Netz von Missionsstationen. Die zunehmenden kriegerischen Konflikte in der Region bedrohten allerdings die Mission und legten europäischen Schutz nahe. 1868 wandte sich die »Rheinische Mission« deshalb um Schutz an Großbritannien, das am ehesten in der Lage schien, militärische Präsenz zu zeigen. Später forderte man auch vom Deutschen Reich Engagement und Sicherheit und half bei der Vorbereitung der sogenannten Schutzverträge. Der Missionsinspektor Friedrich Fabri propagierte nun offen die Errichtung einer deutschen Kolonie.

Ein zweites Beispiel bezieht sich auf das missionarische Engagement, das vom Kap auf die südafrikanische Region ausgriff. Das führte zu Konflikten mit burischen Siedlern, die alle Versuche der Missionare, unter indigenen Afrikanern zu leben, ablehnten, und die erst recht Ansätze, die Gleichstellung getaufter Afrikaner mit den Weißen zu fördern, kritisierten. Aber auch in der einheimischen Bevölkerung gewann die Mission kaum Anhänger. Vor allem die Autoritäten und *Chiefs* lehnten den neuen Glauben ab. Zulauf erhielt die Mission allenfalls von Armen und Außenseitern. Bei den kriegerischen Auseinandersetzungen mit den Zulu Ende der 1870er Jahre setzte auch die Mission auf die Macht der britischen Invasoren, die ihnen den Weg öffnen sollten.

Drittens ist der Fall Livingstone zu erwähnen. Der Arzt und Missionar wollte mit seinen Reisen ins afrikanische Binnenland den Kontinent für Handel und Mission gleichermaßen öffnen und derart auch zur Unterbindung des Sklavenhandels beitragen. Mit seinen Reisen weckte er in besonderem Maße das europäische Interesse an Afrika, zumal nachdem der vermeintlich Verschollene von Stanley wiedergefunden worden war. Das Treffen der beiden Reisenden im ostafrikanischen Gebiet der Großen Seen, nahe dem heutigen Kigoma, wurde in Europa zum öffentlichen Ereignis und Fanal eines neuen kolonisatorischen Engagements in Afrika.

Ein viertes aussagekräftiges Beispiel ist der Fall des Kongo. Zahlreiche britische und französische Missionsgesellschaften, protestantische wie katholische, suchten in den 1870er Jahren nach einer Möglichkeit, in das Kongogebiet vorzurücken. Deshalb waren sie an den Initiativen des belgischen Königs interessiert; sie wollten sich dessen private Expeditionen zunutze machen. Der Wandel der öffentlichen Stimmung in den Mutterländern ließ die Missionare nicht unberührt. Namentlich manche französische Missionare propagierten nun die Expansion ihres Landes im Kongogebiet und die Verdrängung konkurrierender europäischer Initiativen und missionarischer Aktivitäten. Mission und kolonialpolitisches Interesse rückten hier in den frühen 1880er Jahren eng aneinander.

Die Vorbereitung der Kolonialisierung durch Missionare ist aber nur ein Aspekt missionarischer Tätigkeit. Wenn nach der Verbreitung des Christentums in Afrika gefragt wird, richten europäische Darstellungen den Blick meist auf die Europäer vor Ort. Afrikanische Historiker fragen dagegen stärker nach der Beteiligung von Afrikanern, manchmal werten sie die Missionierung geradezu als afrikanische Leistung. Denn in dieser Perspektive waren die frühen europäischen Missionsstationen noch relativ isoliert von der Bevölkerung, und die Missionare, die zunächst die heimischen Sprachen nicht verstanden und sich in einer fremdartigen Umgebung erst zurechtfinden mussten, konnten bei der Christianisierung keine unmittelbaren Erfolge verzeichnen. Aber sie bildeten auf ihren Stationen Einheimische aus, die dann als Prediger und Katecheten ins Land hinein zogen und die Verbreitung des Christentums ermöglichten. Schon in der ersten Hälfte des 19. Jahrhunderts entstanden an der Westküste, etwa in Sierra Leone, Schulen; bereits 1827 wurde hier sogar ein College gegründet, das in Großbritannien anerkannte Abschlüsse vergab. Insgesamt dürften die Erfolge der vorkolonialen Missionierung im 19. Jahrhundert aber noch sehr beschränkt geblieben sein. Dies ist gerade im östlichen und südlichen Afrika beobachtet worden, etwa für Shona und Ndebele. Nur wenige Schulen konnten dauerhaft betrieben werden. Der Schulbesuch war vor 1890 unregelmäßig, und die Zahl der Taufen blieb weit hinter den Hoffnungen zurück. Manche Missionsstation verzeichnete über Jahre hinweg keine einzige Taufe. Außerdem erwarteten viele für den Schulbesuch eine materielle Kompensation; anfangs, und bis in die frühe Kolonialzeit hinein, wurde der Schulbesuch oft noch vergütet, bevor dann umgekehrt Schulgelder erhoben werden konnten. Immerhin deuten regionale Untersuchungen für West- und Südafrika darauf hin, dass das Interesse der Afrikaner an den Missionen vornehmlich im Zugang zu Bildung und Schriftlichkeit begründet lag. Hier ergaben sich Chancen zu Statusverbesserung und Aufstieg, die gerade von Gruppen, die am Rand standen oder um ihre gesellschaftliche Position fürchteten, besonders befreite Sklaven und jüngere Altersgruppen, schnell erkannt und genutzt wurden, freilich auch von den alten Autoritäten gezielt blockiert wurden, um eine Auflösung der tradierten Hierarchien zu verhindern.

Nur im Einzelfall allerdings stiegen Afrikaner in der weißen Hierarchie und kaum in der kirchlichen Hierarchie auf. Erster schwarzafrikanischer Bischof wurde der anglikanische Geistliche Samuel Ajayi Crowther (um 1805–1891), ein befreiter Sklave, der aus dem Yoruba-Gebiet stammte. Er besuchte eine Missionsschule und wurde zunächst Lehrer. 1843 ordiniert, wurde er 1864 Bischof der *Church of England*. In den folgenden Jahrzehnten aber breiteten sich auch unter Missionaren nationalistische und rassistische Vorstellungen aus. Crowther wurde zunehmend an den Rand gedrängt und isoliert. In den 1880er Jahren erklärte er seinen Rücktritt. Aus dem in vorkolonialer Zeit ausgebildeten Predigerstand stammten auch die ersten afrikanischen Historiographen, nämlich Carl Christian Reindorf (1834–1917) und Samuel Johnson (1846–1901). Reindorf verfasste 1895 die *History of the Gold Coast and Asante*, Johnson 1897 die *History of the Yorubas*, die allerdings erst 1921 veröffentlicht wurde. Reindorfs Vater war dänischer Herkunft, seine Mutter entstammte dem Volk der Ga von der Goldküste. Hier wuchs Reindorf auf und wurde Lehrer und Katechet der »Basler Mission«. 1862 schied er vorübergehend aus dem Dienst der Mission, wohl auch, weil er wie andere Katecheten Sklaven hielt. Dennoch wurde er 1872 zum Priester ordiniert. Johnson entstammte einer Honoratiorenfamilie aus Oyo im Yoruba-Gebiet (heute Nigeria). Seine Eltern waren allerdings als Sklaven verschleppt und dann in Sierra Leone befreit worden. Die Familie gehörte der anglikanischen Kirche an. Wie Reindorf wurde auch Samuel Johnson zunächst Lehrer und Katechet. 1887 ordiniert, wirkte er fortan als Pastor der *Church Missionary Society* meist in Oyo. Reindorf wie Johnson versuchten eine politische und soziale Geschichte ihres Volks und ihrer Herkunftsregion zu entwerfen, dabei mythische Elemente von belegbaren Prozessen zu unterscheiden und auch konkurrierende Überlieferungen zu diskutieren. Daran knüpfte seit den 1930er Jahren eine große Zahl lokaler Geschichtsdarstellungen an, die teilweise in Englisch, teilweise aber auch schon in heimischen Sprachen niedergeschrieben wurden.

Anliegen der Mission war es früh, heimische Sprachen zu bewahren und zu fördern, um auch die Bibel in afrikanische Sprachen übersetzen und so besser verbreiten zu können. Schon deshalb erforschten die Missionare afrikanische Sprachen, sie untersuchten Grammatik und Wortschatz und leisteten sprachwissenschaftliche Basisarbeit. Der Effekt war aber ambivalent, was die afrikanische Gesellschaft betraf. Denn die Übersetzung der Bibel ermöglichte auch die Rezeption und Aneignung durch lesekundige Afrikaner. So bildeten sich synkretistische Formen aus. Vor allem das Alte Testament sprach von Gesellschaftsformationen und Normen, die den afrikanischen Sozialgruppen nicht fremd waren, die Praktiken von Opfer und Magie ebenso kannten wie Polygamie. All das förderte eigenständige Adaptationen der Bibel in afrikanischen Gesellschaften und die Gründung unabhängiger Religionsgemeinschaften und Kirchen. Diese Gemeinschaften versuchten sowohl die Religiosität der indigenen älteren Generationen wie das christliche Modell zu überwinden, indem sie Elemente beider Traditionen neu kombinierten und so Eigenständiges entwarfen, das vor allem auf einer neuen religiösen Praxis basierte.

Wesentliches Element der neuen religiösen Gruppen war die Aufnahme eschatologischer Vorstellungen, die die Bedrückungen der Gegenwart erträglicher machen konnten. Die Anhänger mancher der neuen Gemeinschaften rechneten mit der bevorstehenden Rückkehr von Jesus Christus und dem Beginn eines tausendjährigen Zeitalters von Frieden und Gerechtigkeit. Diese adventistische Botschaft machte es erforderlich, unmittelbar und rigoros missionarisch tätig zu werden. So trat schon im frühen 19. Jahrhundert in Südafrika unter den Xhosa ein Prophet mit Namen Ntsikana auf, der christliche Elemente mit heimischen religiösen Traditionen verband. Vor allem im späten 19. Jahrhundert verließen zahlreiche afrikanische getaufte Christen die Missionen und gründeten unabhängige Religionsgemeinschaften. Die Weißen, namentlich die Kolonialbehörden, sprachen von der »äthiopischen Bewegung«. Es handelte sich dabei um Bewegungen, die zwar von der *African Methodist Episcopal Church* in den Vereinigten Staaten beeinflusst waren, aber mit der religiösen Unabhängigkeit auch Gemeinschaft, Solidarität und Autonomie Afrikas verbanden und panafrikanisches Gedankengut vorbereiten halfen. Seit der Jahrhundertwende entstanden im südlichen Afrika zudem sogenannte »zionistische« Kirchen, benannt nach ihrer Ausrichtung auf Zion als Land der Verheißung und des Heils. Sie vertraten anders als die äthiopischen Kirchen eher die ärmere Landbevölkerung und die Wanderarbeiter.

Auch in West- und Zentralafrika kamen neue religiöse Bewegungen auf, die Christentum und tradierten Glauben verknüpften und insofern die Mission und dann die Kolonialherrschaft bedrohten. In Westafrika zählten dazu ebenfalls die »zionistischen« Kirchen und darunter die *Aladura*-Bewegung. Sie integrierten reformierte, methodistische, katholische und anglikanische Elemente. Wie bei vielen sogenannten unabhängigen Kirchen stand die gemeinsame religiöse Praxis, beispielsweise der unmittelbar ausgelebte und im Gottesdienst präsentierte religiöse Enthusiasmus im Vordergrund. Auch die frühen Widerstände gegen koloniale Herrschaft speisten sich nicht selten aus neuen religiösen Gruppierungen, Praktiken und Vorstellungen oder wurden in Ost-, Süd- und Südwestafrika von neuen religiösen Führern beeinflusst. Das offenbart die Ambivalenz oder Dialektik von Mission, Kolonialisierung und dadurch ausgelöster religiöser Erneuerung. Nicht zum geringsten Teil gehörte dazu der Bildungsschub, der sowohl vom Islam wie von der christlichen Mission ausging, dann von Afrikanern aufgegriffen und genutzt wurde. Im Zuge der einsetzenden kolonialen Durchdringung seit dem frühen 19. Jahrhundert nahmen afrikanische Gesellschaften neue Formen an, die auf die Herausforderung reagierten. Afrika blieb beständig im Wandel, und auch die neuen religiösen Bewegungen waren nicht nur Reaktion auf eine Bedrohung, sondern ebenso Ausdruck eigenständiger Suche nach Sinn und Zukunft. Die koloniale Eroberung wurde dabei ebenfalls, freilich erst im Nachhinein, in eschatologische Deutungen eingefügt.

Koloniale Expansion und Aufteilung

Im Kontext der vielfältigen Erschütterungen afrikanischer politischer Formationen und gesellschaftlicher Ordnungssysteme bedeutete der europäische Zugriff keine scharfe Zäsur. Denn die Grenzziehungen, die seit 1884 von europäischen Mächten vorgenommen wurden, standen zunächst auf dem Papier, weder real noch auch nur symbolisch waren sie zumal im Inneren Afrikas sichtbar und wirkmächtig. Für die Zeit bis 1914 sollte man allenfalls von kolonialen politischen Formationen sprechen, erst für die Zeit seit dem Ersten Weltkrieg erscheint der Begriff des Kolonialstaats plausibel und angemessen. Insofern lässt sich auch aus afrikanischer Perspektive kein präziser kolonialer *point of no return* im 19. Jahrhundert finden. Vielmehr, so zeigten die vorhergehenden Abschnitte, wurde Afrika mit dem Ende des Sklavenhandels mehr und mehr in einen transkontinentalen Austausch eingebunden, der Wirtschaft und Kultur betraf und in dessen Folge immer mehr Europäer nach Afrika kamen – auch, allerdings in weitaus geringerem Maße, immer mehr Afrikaner nach Europa. Missionare, Händler und Forschungsreisende errichteten in Ost- und Westafrika neue Stützpunkte und drangen ins Landesinnere vor, in Südafrika entstand ein britischer und burischer Subimperialismus. All das provozierte Reibungen, gewaltsame Auseinandersetzungen und Eingriffe des europäischen Militärs, erforderte Absicherungen, beständige Präsenz und schließlich die Verdichtung kolonialer Strukturen. Anfangs handelte es sich dabei lediglich um Inseln kolonialer Präsenz, die jedoch weitere Ambitionen weckten, Konflikte provozierten und zur Verdichtung der Herrschaft führten. Europäische Herrschaft war dabei vorerst quasi »afrikanischer«, als die Europäer es wahrhaben wollten: Sie blieb punktuell, mit mehr oder minder weiter Ausstrahlung. Die Grenze lag in der scheinbar undefinierbaren, undurchdringlichen Natur und entsprach nicht dem europäischen Modell von Grenzziehung und Herrschaft. Die Herrschaftsausübung war in hohem Maße personenorientiert, sie genügte nicht dem Anspruch bürokratischer Herrschaft, wie er in Europa erhoben wurde. Die linearen Grenzziehungen, am Reißbrett in Europa vorgenommen, standen insofern nicht für eine besonders ahistorische Machtpolitik Europas in Afrika, sondern eher für die Hilflosigkeit europäischer Politiker angesichts eines für sie vorerst nicht beherrschbaren Kontinents.

Diese Probleme, die in Europa nicht unbekannt waren, werfen die Frage auf, weshalb überhaupt der »Fieberwahn« des Imperialismus und besonders der *Scramble for Africa* einsetzte und seit den 1880er Jahren zahlreiche europäische Staaten bemüht waren, sich einen Anteil am afrikanischen Territorium zu sichern. Schon die Zeitgenossen haben nach einer Erklärung für den aus europäischer Perspektive abrupt anmutenden Übergang zum Imperialismus gesucht, und von der Jahrhundertwende bis zu den 1970er Jahren haben namentlich Kritiker des westlichen Kapitalismus immer neue Imperialismustheorien entwickelt. Ökonomische, politische und gesellschaftliche Faktoren wurden dabei in unterschiedlicher Gewichtung einbezogen. Doch ist der Glaube an die Erklärungskraft großer Theorieangebote ins Wanken geraten. Die Forschung geht nicht mehr von einer Einheit des europäischen Imperialismus aus, sondern von einer Vielzahl an Imperialismen, die im Kontext vielfältiger Vernetzungen, Konkurrenzen und Wechselbeziehungen in Afrika wirksam wurden und den Kontinent in die Kolonialherrschaft hineinzogen. Dieser Prozess vollzog sich auf verschiedenen Ebenen; globale Aspekte, europäische Antriebskräfte und afrikanische Bedingungen bildeten dabei ein schwer durchschaubares Beziehungsgefüge. Jedenfalls waren afrikanische Kräfte nicht bloß hilflose Objekte westlicher technischer Überlegenheit und industriekapitalistischer Weltbeherrschungsstrategien, sondern Akteure mit eigenen Interessen und eigenständigen Handlungsoptionen. Auch daher vollzog sich die koloniale Expansion nicht über Zäsuren, sondern eher als kontinuierliche Beschleunigung von Intervention und Annexion, die an vielen Punkten Afrikas, wie in Südafrika, an der westafrikanischen Küste und in Ägypten, lange vor 1884 begonnen hatte.

Den Hintergrund bildete die Erfahrung der im zweiten Viertel des 19. Jahrhunderts einsetzenden Globalisierung. In wirtschaftlicher Hinsicht konnten Karl Marx und Friedrich Engels schon um die Mitte des 19. Jahrhunderts von einem Weltmarkt sprechen. In demographischer Hinsicht waren die großen Migrationen, die – verursacht vom Bevölkerungswachstum in Europa einerseits, vom Wirtschaftsgefälle andererseits – nach 1850 einsetzten und bis zum Ersten Weltkrieg zur Auswanderung von knapp 45 Millionen Menschen aus Europa nach Übersee führten, gleichermaßen Ausdruck der weltweiten Verknüpfung von Wirtschafts- und Lebensräumen. Dem diente auch die Verbesserung von Kommunikation und Infrastruktur, etwa die Verkürzung der Entfernungen durch neue Verkehrswege wie den Suezkanal, die Beschleunigung des Güter- und Menschentransports durch die Eisenbahn seit den 1840er Jahren und den Einsatz von Dampfschiffen, die seit 1860 Segelschiffe ablösten, sowie die Telegraphie, die seit dem ersten Transatlantikkabel 1866 zur revolutionären Beschleunigung des Informationsaustausches führte. Hinzu kam schließlich eine kulturelle Globalisierung, die im 19. Jahrhundert vorangetrieben wurde durch Reiseliteratur, Enzyklopädien, populäre Weltgeschichten sowie eine zunehmende Zahl kulturmorphologischer und im letzten Drittel des Jahrhunderts auch biologistisch-organologischer Gesamtdeutungen von Natur, Kultur und Menschheit.

In diesem Kontext ging die kurze Phase des Freihandels in Europa zu Ende und verschärfte sich in den 1870er Jahren die Agitation für eine überseeische Expansion. Sie stellte im Kern eine nationalistische Reaktion auf die Folgen – und die Wahrnehmung – der Globalisierung dar. Für die Kolonialagitatoren waren die überseeischen Gebiete Verfügungsmasse gemäß den je nationalen Bedürfnissen. Die Argumente für die Expansion und für den Erwerb und die Angliederung von Überseeterritorien umfassten – und das gilt für Großbritannien, Frankreich und Deutschland gleichermaßen – vornehmlich fünf Punkte. Das war erstens die Verheißung von Absatzmärkten, die den eigenen Handel beleben und die seit der europäischen

Wirtschaftskrise von 1873 stagnierende Nachfrage im Inland ausgleichen sollten. Industrialisierung, Weltmarkt und Große Depression wirkten hier seit der zweiten Hälfte der 1870er Jahre zusammen. Dabei war die Expansion nicht zwingende Folge der Krise, sondern beruhte auf einer möglichen Deutung. Zweitens galten die Kolonien als Auffangbecken für eine wachsende Bevölkerung. Die Auswanderungsströme sollten in eigenes Territorium umgelenkt werden. Freilich wurde das Auswanderungsargument auch in Frankreich vorgebracht, so 1886 von dem Nationalökonomen Paul Leroy-Beaulieu, obwohl die Bevölkerungszahl dort fast stagnierte und Frankreich sogar Zuwanderer anzog. Tatsächlich wurde nämlich in der Imperialpropaganda Bevölkerungswachstum nicht als Problem, sondern als Notwendigkeit gesehen: In zahlreichen prognostischen Berechnungen wurde eine große Bevölkerungszahl mit nationaler Stärke gleichgesetzt. Da aber der Raum im Mutterland erschöpft schien, sollte eine räumliche Ausdehnung in Übersee Abhilfe schaffen. Durch Abwanderung in die Kolonien sollte insofern nicht nationaler Druck abgelassen, sondern im Gegenteil der globale Druck der Nation erhöht werden.

Drittens unterstrich die Kolonialagitation Auserwähltheit und Sendung der eigenen Nation. Die Vorstellung eines besonderen nationalen Schicksals und Auftrags war nicht grundsätzlich neu, sondern im modernen Nationalismus seit dem Zeitalter der Französischen Revolution angelegt. Neu war indes die Behauptung einer grenzüberschreitenden zivilisatorischen Mission. Der britische Politiker und Schriftsteller Charles Dilke führte in seinem Buch *Greater Britain* von 1868 die Überlegenheit Großbritanniens auf kulturelle Gemeinsamkeiten und Besonderheiten der britischen Rasse zurück. Cecil Rhodes, der die Karte Afrikas britisch-rot malen wollte, formulierte 1877, dass Gott sich die Briten zu seinem Werkzeug geformt habe, um ein Weltreich zu errichten und »Gerechtigkeit, Freiheit und Frieden« zu verbreiten. Dies konnte durchaus, wie bei Rudyard Kipling, als »Bürde des weißen Mannes« beschrieben werden. In diesem Kontext rückten viertens Stärke und Prestige der eigenen Nation im internationalen Konkurrenzkampf in den Blick. Vorstellungen von lebenden und sterbenden Nationen und Weltreichslehren prägten die Anschauungen, nur Weltpolitik schien das Überleben der eigenen Nation zu garantieren. Auch aus französischer Sicht war die Expansion eine Aufgabe, die dem Erhalt der eigenen Nation diente. Dabei sollte die eigene Nation in Übersee gewissermaßen vielfach reproduziert werden. Diese Deutung wurde getragen von der neu entstehenden Massengesellschaft, die wiederum eine neue Art von Öffentlichkeit mit sich brachte. Politiker mussten sich jetzt vor der Presse rechtfertigen und Wahlen stellen, Presse und Parteien wurden zur öffentlichen Macht. Nationalistische Massenverbände entstanden, so formte sich in Großbritannien aus einem protektionistischen Verband 1881 die *Fair Trade League*, später kamen hier wie in Deutschland Militär- und insbesondere Marine-Verbände hinzu, vor allem die *Navy League* von 1895 oder der »Deutsche Flottenverein« von 1898. Die Flottenpropaganda förderte imperialistische Konkurrenz. Charakteristisch wurde der britische *Jingoismus*, ein radikaler populärer Massennationalismus mit expansionistischen Zielen, den Teile der Wirtschaftselite gezielt förderten. Der Begriff *Jingo* war 1877/78 während des russisch-türkischen Kriegs als Spottname für britische Imperialisten entstanden und wurde zum Ausdruck eines populistischen britischen Hurra-Patriotismus. Die in Großbritannien schon entwickelte Massenpresse, etwa die *Daily Mail* mit einer Millionenauflage an der Jahrhundertwende, spielte dabei eine wichtige Rolle. Der Imperialismus wurde nun von pan-englischen und alldeutschen Kreisen zunehmend rassistisch aufgeladen und als Auftrag zur kompromisslosen Anglisierung beziehungsweise Germanisierung verstanden. Vor diesem Hintergrund verstanden Kolonialagitatoren Imperialpolitik fünftens als Möglichkeit, die Arbeiter auf die Nation zu verpflichten und somit Sozialismus und Arbeiterbewegung zu bekämpfen. In Deutschland stand dafür beispielhaft der Missionsinspektor Friedrich Fabri mit seiner 1879 veröffentlichten und außerordentlich einflussreichen Schrift *Bedarf Deutschland der Colonien?*

Auffallendes Merkmal der Kolonialagitation war die Standardisierung der Denkweisen und die Verwendung fast stereotyper Argumente, mit denen ein spezifisch nationaler Auftrag begründet wurde. Insofern war die Kolonialagitation auch Ergebnis eines Transfers von Sichtweisen und Wertungen sowie Folge vorausgegangener internationaler Vernetzung. Dabei spiegelten die Argumente die Furcht von dem Verlust nationaler Identität in einer als bedrohlich wahrgenommenen ungesteuerten Globalisierung, etwa in einer Verschmelzung der migrierenden Bevölkerungsmassen. Nun sollte dieser Globalisierungsprozess in nationale Bahnen gelenkt und dadurch begrenzt, der eigenen Nation in der entstehenden Weltgesellschaft Geltung bewahrt und der drohenden Einebnung nationaler Eigenart durch die konsequente Verbreitung eigener Kultur und Werte entgegengearbeitet werden. Insofern spielte die Kolonialpropaganda eher eine reaktive Rolle. Sie ging dem Expansionsprozess nicht voraus, sondern begleitete ihn und prägte dadurch seine Formen und seine Rezeption.

Der Erwerb neuer Territorien in Übersee durch europäische Staaten stand jedenfalls häufig nicht im unmittelbaren Zusammenhang mit den Aktivitäten der Kolonialpropaganda. Vielmehr gaben die Konstellationen in Afrika den Ausschlag für die konkreten Abläufe. Die Hintergründe konnten auf der wirtschaftlichen wie auf der politischen Ebene liegen, aber auch durch strukturelle und personelle Faktoren vor Ort bedingt sein. Dabei verliefen die Prozesse in Nord-, West-, Süd- und Ostafrika im Einzelnen sehr unterschiedlich, insgesamt aber deuteten sie in dieselbe Richtung. Denn bereits am Vorabend der imperialistischen Aufteilung bildeten die afrikanischen Handels- und Verkehrswege die Basis eines Beziehungsnetzes, das autonome Prozesse in einer Teilregion kaum mehr zuließ. Lokale Anstöße führten umgehend zu regionalen Ausstrahlungen und kontinentalen Wechselwirkungen. In den Jahrzehnten zwischen der Jahrhundertmitte bis zum *Scramble* kulminierten die Konflikte. In dieser Zeit wurden Experimente mit neuen, europäisch induzierten Staaten in Westafrika wie am Senegal und in Sierra Leone intensiviert. Im nordafrikanischen Algerien etablierte sich eine französische Siedlerkolonie. Im südafrikanischen Raum steuerten die Konflikte um Briten, Buren und indigene Bevölkerungsgruppen auf einen Höhepunkt zu. In Ostafrika etablierten sich neue arabisch-afrikanische Handelseliten und Netzwerke, von denen die Europäer ausgeschlossen schienen. Gleichzeitig drängten Reisende, Missionare und Kaufleute immer weiter nach Zentralafrika hinein. Sie hatten teilweise parallele, teilweise aber auch divergierende Zielsetzungen. Gefahren und Widerstände sowie zunehmend die Konkurrenzen im Landesinneren bestärkten Forderungen nach politisch-militärischem Schutz. Das traf sich mit den in Europa kursierenden Gerüchten und Hoffnungen hinsichtlich der in Afrika zu erwerbenden Reichtümer. In der nach 1873 einsetzenden wirtschaftlichen Depression wuchsen zudem auch die Hoffnungen der in Westafrika tätigen britischen Kaufleute auf die Erschließung eines neuen Marktes, auf Millionen von Konsumenten, wie sie im zentralafrikanischen Raum vermutet wurden.

In der Regel ging es bis 1880 noch nicht um förmlichen Gebietserwerb im Binnenland. Territorialkolonien im äquatorialen Afrika schienen aus personellen, infrastrukturellen, strategischen und gesundheitlichen Gründen jenseits realistischer Erwägungen. Doch an den Küstenstationen entwickelten sich erste Pläne, wie im britischen Sierra Leone und im französischen Senegal, gewissermaßen Musterkolonien zu schaffen. Standen sie auch zunächst im Kontext afrikanischer Staatsbildungsprozesse, so entwickelten sie doch vor dem Hintergrund der europäischen Krisen in den 1870er Jahren Sprengpotential, zumal sie in Europa nunmehr anders wahrgenommen wurden. Auch die Kollisionen im Kongogebiet zwischen belgischen Interessenvertretern wie Stanley und französischen Sachwaltern um Brazza, die um 1880 durch Verträge mit einheimischen Herrschern Zugang und Handelsmonopole sichern wollten, wurden nun als europäische Prestigeprojekte wahrgenommen. Es waren abgesehen vom belgischen König Leopold II., der schon früh von einem zentralafrikanischen Reich träumte, vor allem sekundäre Expansionen und subimperialistische Strömungen, die den Prozess vorantrieben. Ausschlaggebend blieb insofern das Verhalten der Europäer vor Ort, der *men on the spot*, das heißt der Kaufleute, Siedler, Militärs und Diplomaten, die nach ihren eigenen Vorstellungen und Interessen Annexionen vornahmen und dadurch Konflikte mit der einheimischen Bevölkerung und mit anderen expandierenden Kräften provozierten. Nicht Großbritannien, sondern der südafrikanische Politiker und Geschäftsmann Cecil Rhodes betrieb von Südafrika aus 1884 den Erwerb des Betschuanalandes und – mit Hilfe der von ihm gegründeten *British South Africa Company* – des später nach ihm Rhodesien genannten Territoriums. Nicht das Deutsche Reich, sondern der Kolonialagitator und Afrika-Reisende Carl Peters annektierte mit seiner »Deutsch-Ostafrikanischen Gesellschaft« Gebiete am Indischen Ozean. Die überraschten Mutterregierungen, Premierminister Salisbury in London, Reichskanzler Bismarck in Berlin, sahen sich unter Zugzwang und versuchten, die Bewegung einzudämmen, dabei militärischen Konflikten auszuweichen, ohne das nationale Prestige zu opfern. Auch noch zu Beginn der 1880er Jahre zielten die meisten europäischen Regierungen daher nicht auf die Errichtung neuer Territorialherrschaften in Afrika, sondern wollten entweder, wie Großbritannien, Handelsfreiheit oder, wie Frankreich, Handelsprivilegien sichern.

Die Bereitschaft zur Intervention stieg allerdings zum Ersten, wenn unmittelbare wirtschaftliche und finanzielle Interessen des Mutterlandes betroffen waren. So intensivierte Großbritannien den Zugriff auf Ägypten, als nach dem Staatsbankrott von 1878, dem Scheitern international kontrollierter Konsolidierung und inneren Unruhen die Nutzung des für den Indienverkehr wichtigen Suezkanals gefährdet war. Zum Zweiten intervenierten europäische Staaten, wenn Bürger der eigenen Nation bedroht schienen. Die deutschen kolonialpolitischen Initiativen unter Bismarck standen nur oberflächlich in Zusammenhang mit der seit dem Ende der 1870er Jahre ausgeweiteten Kolonialagitation. Tatsächlich folgten sie jeweils einer Gefährdung deutscher Kaufleute vor Ort und beschränkten sich darauf, genau diese Gefährdung einzudämmen, so ablesbar an der Reichstagsrede des deutschen Kanzlers Otto von Bismarck vom Juni 1884, in der er die Unterschutzstellung afrikanischer Territorien begründete. Zur Errichtung einer formellen Kolonialherrschaft sollten sie nicht dienen, sondern diese vielmehr vermeiden; ein weitergehendes koloniales Programm stand nicht dahinter. Daher wollte das Deutsche Reich die Verwaltung der sogenannten Schutzgebiete zunächst Kolonialgesellschaften überlassen. Erst als diese scheiterten und beispielsweise in Ostafrika 1888 Unruhen ausbrachen, die wiederum die Deutschen vor Ort bedrohten, griff das Reich ein, entsandte Truppen und begann damit, eine effizientere kolonialstaatliche Administration aufzubauen. Zum Dritten lösten derartige punktuelle Vorgehensweisen Kettenreaktionen aus, die keiner vorhergesehen hatte. Durch die Festsetzung des Deutschen Reiches in Südwestafrika 1884 beispielsweise fühlte sich die britische Regierung herausgefordert, nun ihrerseits Grenzterritorien und die burische Bewegung stärker unter Kontrolle zu nehmen, um antibritische Bündnisse zu verhindern. Auch die Handelskonkurrenz förderte den politisch-militärischen Zugriff. Jedes Vordringen einer Konkurrenzmacht führte vor Ort zu kleineren Kollisionen und in Europa zur Forderung nach Intervention. Öffentlichkeit, Presse und Wahlkämpfe ließen kaum eine andere Möglichkeit.

Völkerrechtliche Regeln und Beschränkungen für die europäische Expansion und Annexionspolitik in Afrika existierten kaum. Förmlicher Ausgangspunkt des *Scramble for Africa* war die Akte der Westafrika-Konferenz (»Kongo-Konferenz«), die – ausgelöst durch das Engagement Leopolds II. in Zentralafrika – vom 15. November 1884 bis zum 26. Februar 1885 in Berlin tagte. Einberufen durch Bismarck, ging es aus deutscher Sicht wohl zunächst darum, das ungezügelte Ausgreifen nach Afrika zu kanalisieren und mittelbar auch Spannungen, die von der afrikanischen Situation auf Europa hätten zurückwirken können, durch geregelte Verfahren einzugrenzen. In Berlin stimmten die Vertreter vierzehn westlicher Staaten – Afrika war nicht beteiligt – daher nicht nur der Errichtung einer quasi privaten Kolonie des Königs zu, vielmehr legten sie auch Grundsätze wie die freie Schifffahrt auf Teilen von Niger und Kongo sowie vor allem Regeln für die Annexion afrikanischer Territorien fest. Demnach erforderte der Rechtsanspruch eines europäischen Staats auf afrikanisches Gebiet, gemeint war zunächst der westafrikanische Küstensaum, die effektive Durchsetzung staatlicher Gewalt und die Garantie der Sicherheit anwesender Europäer. Eingeschlossen war dabei der Anspruch auf Einflusssphären im Hinterland, so dass de facto die Errichtung von Flächenkolonien vorbereitet, jedoch noch nicht die Aufteilung des Kontinents vollzogen wurde.

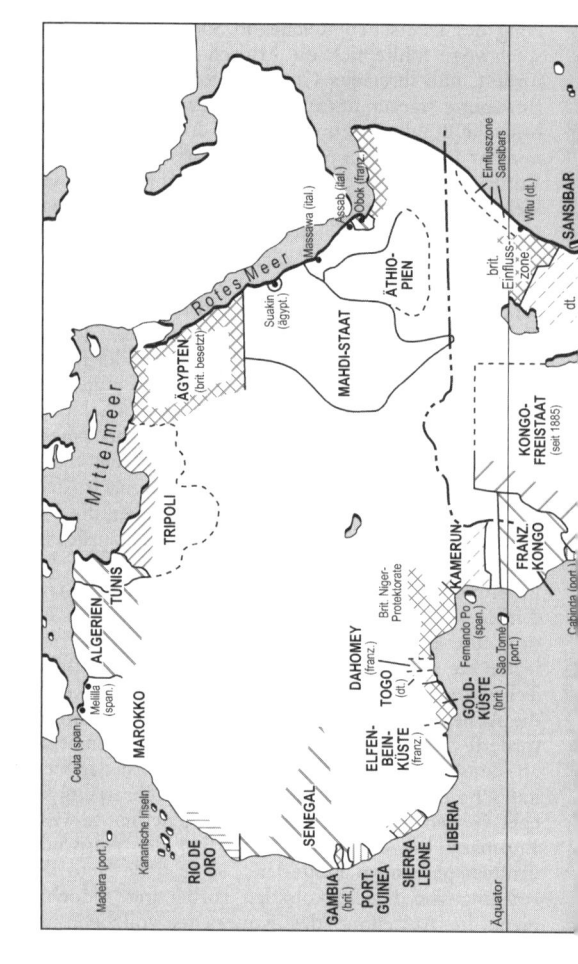

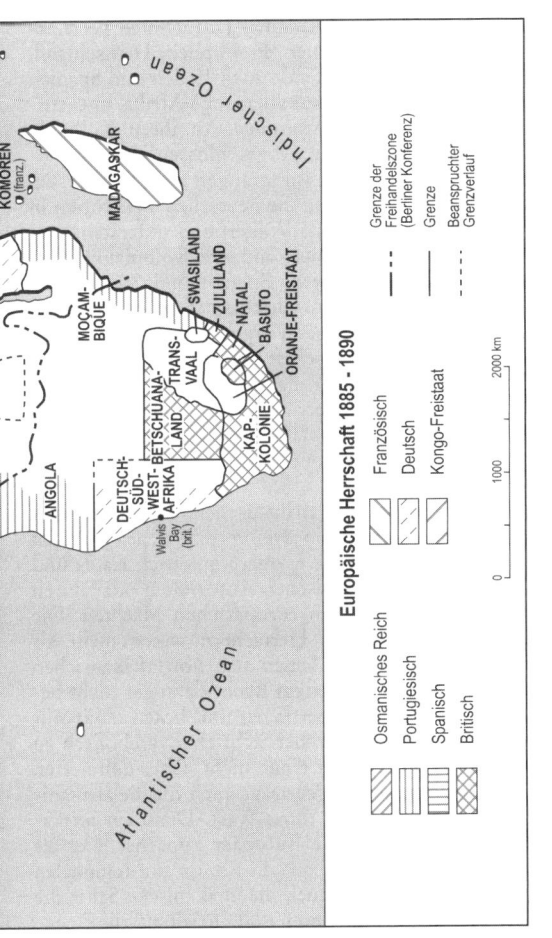

Europäische Herrschaft 1885 - 1890

▨ Osmanisches Reich	▨ Französisch
▥ Portugiesisch	▦ Deutsch
▤ Spanisch	▧ Kongo-Freistaat
▨ Britisch	

Grenze der
Freihandelszone
(Berliner Konferenz)

Grenze

Beanspruchter
Grenzverlauf

0   1000   2000 km

Atlantischer Ozean

Indischer Ozean

KOMOREN
○ (franz.)

MADAGASKAR

MOÇAM-
BIQUE

SWASILAND

TRANS-
VAAL

ZULULAND

NATAL

BASUTO

ORANJE-FREISTAAT

ANGOLA

DEUTSCH-
SÜD-
WEST-
AFRIKA

BETSCHUANA-
LAND

KAP-
KOLONIE

Walvis
Bay
(brit.)

Diese wurde erst in den folgenden Jahrzehnten verwirklicht, in denen Großbritannien, Frankreich, Deutschland, Portugal und Belgien, am Rande auch Italien und Spanien nach und nach das gesamte subsaharische Afrika, mit Ausnahme von Liberia und Äthiopien, zu ihren Kolonien oder Protektoraten erklärten. Abgeschlossen war der Prozess erst mit den Friedensbestimmungen nach dem Ersten Weltkrieg. Nunmehr wurden die deutschen Territorien in Afrika dem neu geschaffenen Völkerbund unterstellt und von diesem als Mandatsgebiete anderen Kolonialmächten – Großbritannien, Frankreich, Belgien und Südafrika – zur Verwaltung übergeben. Gleichzeitig wurde mit der expliziten Legitimation dieses Vorgehens durch den Hinweis auf deutsche Misswirtschaft und die falsche Behandlung der indigenen Bevölkerung implizit ein rudimentäres Kolonialvölkerrecht etabliert und sogar die Basis für Rechtsansprüche der Kolonialunterworfenen geschaffen, wenn auch vorerst noch ohne institutionelle und praktische Konsequenzen.

Die Inbesitznahme der afrikanischen Territorien seit den 1880er Jahren konnte in drei verschiedenen Formen verlaufen: durch militärische Eroberung, durch Kauf- und Schutzverträge mit einheimischen Autoritäten oder durch bilaterale Verträge zwischen europäischen Mächten. Die Verträge mit afrikanischen Herrschern waren mehr als fragwürdig. Die Europäer ließen sich von afrikanischen Autoritäten, die nach tradiertem Recht dazu gar nicht befugt sein konnten, Land übertragen und boten dafür nur unzureichende, aus europäischer Sicht eher symbolisch zu verstehende Bezahlung oder einen nicht näher definierten Schutz an. Doch hatten die Verträge auch für die afrikanischen Verhandlungspartner ihren Wert. Denn aus afrikanischer Sicht erschienen die Europäer zunächst eher als weiterer, mächtiger Kontrahent im Kampf um regionalen Vorrang. Daher versuchte auch die afrikanische Seite, die Europäer zu instrumentalisieren und gezielt auf die eigene

Seite zu ziehen. Gerade die alten Eliten versprachen sich von der Kooperation mit den Europäern eine Stärkung ihrer internen Machtposition, die in den Wirren und Wandlungen des 19. Jahrhunderts vielfach von konkurrierenden Gruppen oder jüngeren Generationen bedroht war. Zugleich konnten sie sich die gewinnträchtige Einbindung in den Europahandel erhoffen. Die Bereitschaft zur vertraglichen Landabtretung war also von Opportunitätserwägungen abhängig und konnte in Widerstand umschlagen, wenn sich Erwartungen an materielle und politische Erträge nicht erfüllten.

An Bedeutung gewannen in den 1880er Jahren daher vor allem die Militärs, die bei immer neuen Expeditionen ins Landesinnere Herrschaftsansprüche demonstrierten, Widerstände bekämpften und Stützpunkte errichteten. Ihr Vorgehen hatte wenig mit den Formen von Kriegsführung in Europa zu tun. Der Gegner war schwer zu identifizieren, jedenfalls handelte es sich selten um klar bestimmbare Territorialstaaten mit politisch handlungsfähiger Spitze, sondern oft um ein Gefüge von Personenverbänden mit jeweils regionaler Ausstrahlung und unkalkulierbarer militärischer Verhaltensweise und Taktik. Zwischen Kombattanten und Zivilbevölkerung war auf afrikanischer Seite ohnehin schwer zu unterscheiden. Personell den afrikanischen Gegnern weit unterlegen, technisch aber dank Qualität und Quantität der Schusswaffen, besonders der Maschinengewehre, weit überlegen, mussten die militärischen Eroberer vor allem nachhaltigen Eindruck erzeugen. Am Anfang standen deshalb nicht selten Gewalt oder Terror, die sich zumal gegen die Großen und Führer des Gegners richten und in Demütigungen oder Massakern kulminieren konnten. Die Militärs fühlten sich umso mehr berechtigt, europäische Normen der Kriegsführung zu vernachlässigen, weil sie auf die von ihnen angenommene besondere Grausamkeit afrikanischer Kriegsführung quasi antizipierend zu reagieren meinten. Die Erfolge waren indes nur kurzlebig. Immer wieder flammten Widerstände auf, mussten neue Expeditionen eingeleitet werden, bis ein Netz von befestigten und dauerhaft besetzten Stationen den Anschein territorialer Kolonialherrschaft vermittelte. Die drei Jahrzehnte von 1884 bis 1914 waren daher bestimmt vom beständigen Wechsel zwischen militärischer Expansion, Verhandlungen, erneuten Kriegszügen und Widerstand.

Frühe Widerstände, Kriege und Aufstände gegen die Kolonialherrschaft

Aus der Gesamtschau ist nicht immer klar ersichtlich, inwiefern sich Widerstände gegen die Eroberung an sich (früher als »primärer Widerstand« bezeichnet) oder gegen bestimmte Erscheinungsformen der frühkolonialen Gewaltherrschaft und Raubwirtschaft (»sekundärer Widerstand«) richteten. Programmatische Aussagen sind nur punktuell überliefert, Positionen und Ziele wandelten sich, und oftmals waren die Grenzen zwischen Machtkämpfen und Widerständen fließend. Allerdings gewannen die Auseinandersetzungen zwischen Europäern und Afrikanern seit den 1890er Jahren eine neue Qualität. Waren die ersten Widerstände quasi Verteidigungskriege, die von den Europäern freilich nicht so genannt wurden, weil sie die völkerrechtliche Qualität der afrikanischen politischen Formationen nicht anerkennen wollten, selbst wenn sie Verträge mit ihnen schlossen, so gingen die späteren Kriege auf Aufstände zurück, die sich gegen illegitime Herrschaft richteten. Das brachte die Europäer in Begründungsnöte und führte dazu, wie beispielhaft am Fall der großen Erhebungen der Herero und Nama in Deutsch-Südwestafrika und der Maji-Maji-Bewegung in Deutsch-Ostafrika 1904/05 zu sehen, dass sie nun ihrerseits den moralisch aufgeladenen Begriff des Aufstandes, der seit der Erhebung gegen Napoleon in Deutschland eine positive Konnotation hatte, weitgehend vermieden und in offiziellen Darstellungen explizit von »Kriegen gegen die Hereros und Hottentotten« sprachen, um ihre Vorgehensweise gegen Herero und Nama zu rechtfertigen: Verhängung des Kriegszustandes, Einsatz des Militärs, standrechtliche Bestrafungen, Einrichtung von Internierungslagern und Umsiedlungen. Aus der Rückschau afrikanischer Staaten wird die terminologische Frage unterschiedlich beantwortet. In Tansania werden alle gegen die deutschen Eroberer und Kolonialherren gerichteten Erhebungen ausdrücklich als (National-)Kriege bezeichnet und in die Kontinuität und Tradition tansanischer Nationsbildung eingeordnet. In Namibia dagegen ist die Erinnerung an die Aufstände gespalten, und die politische Elite, die sich auch auf am Aufstand nicht beteiligte Bevölkerungsgruppen stützt, argumentiert zurückhaltender, will sie doch die Herero beziehungsweise Nama nicht als eigene Nation erscheinen lassen. Aus Sicht der afrikanischen Geschichtswissenschaft wiederum erscheinen die Auseinandersetzungen als Einheit, als Epoche der Selbstbehauptung und Identitätsfindung in Abgrenzung von der europäischen Herausforderung. Der von afrikanischen Historikern verantwortete einschlägige Band der *UNESCO General History of Africa* über die Jahre der Kolonialzeit von 1880 bis 1935 widmet allein rund 200 Seiten dem Thema »African initiatives and resistance« während der Jahre 1880 bis 1914, die ostafrikanischen Ereignisse von 1905 werden hier als »Maji Maji rising« bezeichnet (Bd. 7, London, 1985, S. 45–248, hier S. 49). Namentlich die deutsche Geschichtswissenschaft spricht dagegen mittlerweile häufig von Kriegen; manchmal ist sogar vom »Kolonialkrieg in Namibia« die Rede. Damit wird der Nationalstaat Namibia, dessen Name erst nach 1966 entstand, gewissermaßen vordatiert und der Aufstand als nationaler Befreiungskrieg gedeutet.

Die Europäer führten die Widerstände und Aufstände auf Niedergang, Verzweiflung und irrationale Antriebskräfte, Aberglauben und religiöse Rädelsführer zurück. Tatsächlich spielten häufig prophetische Religionen, neue, aber sich auch auf Tradition beziehende religiöse Kulte und Praktiken, Weissagungen und Glaubenselemente, göttliche Zeichen und Wunder, etwa das heilige, vermeintlich Unverletzlichkeit verleihende Wasser (*maji maji*) in Ostafrika, eine wesentliche Rolle. Die Führer beanspruchten auch religiöse Autorität wie Kinjikitele Ngwale in Ostafrika sowie Klaas Stuurman und Hendrik Witbooi in Südwestafrika. Doch war das nicht durchgängig der Fall, vor allem waren auch die prophetischen Bewegungen oftmals gespalten zwischen denjenigen, die ein Arrangement mit dem kolonialen System empfahlen, und denjenigen, die zum Widerstand mobilisierten. Ungeachtet dessen waren die Aufstände alles andere als irrational, und dies gerade dann, wenn die Führer zwischen Kooperation und Widerstand wechselnde Strategien einschlugen. Vielmehr gehörten sie zu einem aus verschiedenen Motivationsbündeln gespeisten Vorgehen, das der Selbstbehauptung der eigenen Gemeinschaft – und durchaus häufig auch der individuellen Führungsrolle – dienen konnte. Denn die Widerstände, namentlich der Frühzeit, waren oft eher Elitenkämpfe um die Bewahrung von Machtpositionen. Mit den europäischen Mächten drang ein neuer Machtfaktor nach Afrika ein, der im eigenen Kräftespiel eine Rolle spielen konnte. Deshalb passten afrikanische Eliten Strategie und Taktik beständig den je neuen Herausforderungslagen an. Zugleich standen die Auseinandersetzungen noch in der Kontinuität der Kette von Kriegen und Staatsbildungsversuchen, die bereits das vorkoloniale 19. Jahrhundert geprägt hatten. Die Auseinandersetzung mit europäischen Versuchen der Staatsbildung in Afrika musste deshalb nicht als Zäsur verstanden werden, wenn die Europäer auch eine neue Qualität der Kriegsführung und Kriegstechnik mit sich brachten. Und ebenso wenig musste das Verhalten der afrikanischen Kriegsführer neuen Motiven folgen. Erst im Nachhinein, ablesbar an Autobiographien afrikanischer Führer der Befreiungsepoche, wurde das gewaltsame Eindringen der europäischen Eroberer als scharfe, kollektiv wie individuell erlebte und nachwirkende Zäsur gedeutet.

Allerdings gerieten die einheimischen Eliten seit 1880 zunehmend in die Defensive, was sie veranlasste, wenigstens innerhalb der kolonialen Raum- und Herrschaftsordnung Machtpositionen zu bewahren, namentlich als teilsouveräne Fürsten im System indirekter Herrschaft oder in anderer Form als Amtsträger mit kolonialstaatlicher Inthronisierung oder als Kaufleute und Verbindungspersonen im Landesinneren, als Übersetzer und Vermittler. Diese Kooperation war freilich gerade anfangs brüchig. Wenn eigene Interessen bedroht waren oder gar die Loyalität der eigenen Bevölkerung schwand, sahen sich die alten Eliten zu Widerstand genötigt. So erhoben sich die arabischstämmigen Kaufleute der ostafrikanischen Küste 1888 gegen die deutsche Expansion, nachdem sich das Deutsche Reich den Zugriff auf die Küstenregion gesichert hatte. Ausschlaggebend war offenkundig die drohende neue Handelskonkurrenz. Diesen Widerstand bezeichneten die Deutschen als Araber-Aufstand, die Niederschlagung legitimierten sie damit, dass es gelte, den Sklavenhandel zu bekämpfen. Dafür wurde der erfahrene Afrika-Reisende und Offizier Hermann Wissmann nach Ostafrika entsandt. Er verhängte 1889 das Kriegsrecht über die betroffenen Gebiete und bekämpfte die Unruhen mit afrikanischen Söldnern schnell und brutal. Im Dezember 1889 wurde ein Führer der Aufständischen, der Kaufmann Abuschiri (auch: Buschiri) bin Salim al-Harthi, gefangen genommen und hingerichtet. Die Auseinandersetzungen werden heute in Tansania als *Buschiri Wars* bezeichnet und in die Vorgeschichte der nationalen Befreiung eingeordnet. De facto führten sie zur endgültigen Etablierung des Kolonialstaats, die Verwaltung wurde nun der anfangs damit betrauten Kolonialgesellschaft, der »Deutsch-Ostafrikanischen Gesellschaft« um Carl Peters, entzogen. Aus der ad hoc gebildeten Askari-Truppe entstand eine ständige Kolonialarmee.

Wurden zunächst gewissermaßen die Verhältnisse zwischen indigenen Eliten und fremden Invasoren neu geregelt, so entwickelten sich seit den 1890er Jahren Unruhen aus einer Vielzahl neu entstandener Probleme und Herausforderungen: Sie konnten sich an Belastungen wie der Hütten- und Kopfsteuer entzünden, sich gegen die koloniale Raubwirtschaft wenden, erste Ansätze einer Reservatspolitik zum Anlass nehmen, die Intensivierung kolonialstaatlicher Kontrolle zum Beispiel durch Feuerwaffenverbote wie in Ostafrika zur Ursache haben oder auch durch von der imperialistischen Globalisierung induzierte Krisen begründet sein, wie schon beim ersten Kautschukpreisverfall infolge asiatischer Konkurrenz in den späten 1890er Jahren. Immer wieder kamen reale Belastungen, Enttäuschungen über nicht erfüllte Erwartungen sowie kulturell-symbolische Demütigungen zusammen, Letzteres etwa Anfang 1904 im Fall der Herero Südwestafrikas; schließlich konnte es auch um die Vorahnung künftiger Repression und Beseitigung letzter Autonomierechte gehen wie im Herbst 1904 im Fall der Nama Südwestafrikas. Insgesamt handelte es sich also weniger um Begleiterscheinungen der Eroberung als vielmehr der Machtdurchsetzung und Machtetablierung, Träger waren soziale Großverbände, manchmal auch wie in Deutsch-Ostafrika ethnisch übergreifende Regionalkooperationen. Wiederholt forderten aufständische Gruppen benachbarte Formationen und Völker zur Unterstützung auf. Eine solche Kooperation gelang aber nur dort, wo bereits Verbindungen bestanden, sei es auf wirtschaftlicher, verwandtschaftlicher oder religiöser Basis. Nie nahmen alle Formationen eines

Kolonialgebiets an den Aufständen teil, oft kämpften Teile der heimischen Bevölkerung auf Seiten der Kolonialherren – und sie hatten häufig auch die meisten Opfer zu verzeichnen –, immer stand am Ende zumindest kurzfristig eine Stärkung des Kolonialstaats.

Wie schnell es den Europäern gelang, ihre Macht durchzusetzen, hing auch von den vorgefundenen politischen Strukturen und Formationen ab. Schwer zu erobern waren kleinteilige Gesellschaften, die kein klares politisch-militärisches Zentrum hatten, wie die Igbo im Südosten Nigerias und ein Großteil der sozialen Formationen in dem ostafrikanischen Gebiet, das später zu Kenia und Tanganjika wurde, sowie mobile Gruppen wie namentlich Viehzüchter, etwa die Massai in Kenia. Obwohl sie politisch-militärisch scheinbar schwach waren, konnten sie im Grunde kaum effektiv beherrscht werden, solange keine echte Kolonialstaatlichkeit etabliert war, und das gelang erst nach dem Ersten Weltkrieg. Leichter fiel die Durchsetzung europäischer Macht dort, wo bereits staatliche Strukturen existierten oder sogar indigene Eliten miteinander in Konkurrenz um die Macht standen, wie in Ashanti, Dahomey oder Buganda. Dann konnte man mit einzelnen Machtgruppen kooperieren und gemeinsam europäische Dominanz garantieren. Allerdings brachen gerade in dieser Konstellation häufig nach der Etablierung rudimentärer Kolonialherrschaft Aufstände aus. Sie wurden von den entmachteten und oft auch gedemütigten alten Eliten getragen, die angesichts ihres Machtverfalls und der Folgen von Raubwirtschaft, Hüttensteuern und Landpolitik nun Autorität und Legitimität in der eigenen Bevölkerung verloren. Bevor sie unwiderruflich in das Kolonialsystem hineingezogen wurden, stellten sie sich an vielen Orten an die Spitze von Rebellionen. Das gilt für die Ndebele Südrhodesiens 1896, für die Wahehe in Deutsch-Ostafrika 1896, für den *Kabaka* von Buganda 1897, für die sogenannte *Hut Tax Rebellion* in Sierra Leone 1898 oder für die Ashanti 1900.

Die Aufstände waren zunehmend nicht mehr nur Kämpfe um die Macht, gerichtet gewissermaßen gegen einen neuen Mitspieler, sondern Folgen der frühen, fast ungesteuerten Gewaltherrschaft und Raubwirtschaft. Beispielhaft zeigte sich die Gemengelage möglicher Ursachen einer Rebellion 1898 in Sierra Leone. Dazu zählten der Ausbau von Verwaltung und Grenzpolizei, die Bekämpfung von Sklavenhaltung und Sklavenhandel, die Konflikte zwischen der indigenen Bevölkerung und den befreiten Sklaven und deren Nachkommen, eine Selbstermächtigung der Regierung, über ungenutztes Land zu verfügen, und die Einführung einer Hütten- und Haussteuer. Das gab den Anlass zur Rebellion. Die Temne-*Chiefs* verweigerten die Entrichtung der Steuer und initiierten den Widerstand. Die Mende schlossen sich an, fast drei Viertel des Protektorats waren betroffen. Die Aufständischen attackierten nicht nur die Briten, sondern auch die kreolische Bevölkerung von Freetown. Die Briten wiederum wähnten sich in einem Rassenkrieg und reagierten mit brutaler Repression, die Ansätze genozidaler Politik zeigte. Vergleichbare Wahrnehmungen und Reaktionen prägten wenige Jahre später die Art und Weise, in der die großen Aufstände im deutschen Kolonialgebiet 1904/05 niedergeschlagen wurden. Vor allem zeigten diese Erhebungen, wie bedeutsam neben konkreten Bedrückungen die Erschütterung der gesamten Sozialordnung durch die Kolonialherren war und in welcher Weise nunmehr neue Antworten und Kooperationen gesucht wurden. Und schließlich offenbarten der Herero-Aufstand einerseits und der Maji-Maji-Aufstand andererseits die Spannbreite der Konstellationen und Konflikte.

Die Herero erhoben sich im Januar 1904. Ihre Führer hatten zuvor mit den Deutschen zusammengearbeitet, der deutsche Gouverneur Theodor Leutwein hatte sie in eine Art feudal-patriarchalisches System eingebunden, ihren Oberhäuptling Samuel Maharero mit einem Gehalt ausgestattet und an der Macht gehalten. Allerdings verschärfte sich die Lage zur Jahrhundertwende rapide. Die etwa 2200 deutschen Siedler drängten mit militärischer Unterstützung in das Land der an die 80 000 Herero. Deren Viehherden, Basis von Wohlstand und Ausdruck von Rang und Status, fielen 1896/97 zum beträchtlichen Teil einer Rinderpest zum Opfer, Malaria- und Typhusepidemien, Heuschreckenplage und Dürreperiode folgten. Die Herero sahen sich gezwungen, Land an deutsche Siedler zu verkaufen und sich bei deutschen Händlern zu verschulden. Die Kolonialverwaltung betrieb eine zweideutige Politik. Sie förderte Landverkäufe, um die Herero zu Sesshaftigkeit und Lohnarbeit zu zwingen, und sie begann 1901 mit der Vorbereitung von Reservaten, um den Herero reduzierten, aber gesicherten Siedlungsraum zuzuweisen und den völligen Ausverkauf des Landes zu verhindern. Die 1903 verkündeten Reservatsgrenzen drängten die Herero allerdings auf schlechte Böden zurück und entzogen ihnen vollends ihre hergebrachten Existenzgrundlagen. Eine 1902 fertiggestellte Eisenbahnlinie von der Küste nach Windhuk sowie 1903 bekannt gewordene neue Eisenbahnprojekte zogen weitere Siedler ins Binnenland. Schließlich sah eine am 1. November 1903 in Kraft getretene Kreditverordnung vor, dass Schulden nach einem Jahr verjährten und die Gläubiger keinen Anspruch mehr auf Deckung individueller Schulden durch Kollektiveigentum der Herero, sogenanntes »Stammeseigentum«, erheben konnten. Obwohl die Verordnung die verschuldeten Herero schützen sollte, bewirkte sie de facto das Gegenteil: Die aufgeschreckten Händler begannen umgehend, ihre Schulden mit Gewalt einzutreiben. Den Herero blieb kaum noch ein anderer Ausweg als der Aufstand.

Dabei kam ihnen zwar entgegen, dass im Oktober 1903 das Volk der Bondelzwart im Süden des Landes rebelliert hatte, als die Kolonialregierung es aufforderte, seine Feuerwaffen registrieren zu lassen, und dass daher ein Groß-

teil der deutschen Truppen in den Süden abgezogen worden war. Doch gelang es den Herero-Führern nicht, andere Gruppen wie die Ovambo, Bergdamara und Nama zur
Teilnahme zu bewegen. Im Gegenteil, die Nama, die
ebenfalls von Leutwein in sein Modell neofeudaler Herrschaft integriert worden waren und deren Führer Hendrik
Witbooi von den Deutschen gleichermaßen ein jährliches
Gehalt bezog, stellten anfangs Truppen für den Kampf gegen die Herero. Erst im Oktober 1904 erhoben sich auch
die Nama, fürchteten sie doch nicht zu Unrecht, nach einer Niederschlagung des Herero-Aufstandes gleichermaßen entwaffnet zu werden und verbliebene Autonomierechte zu verlieren. Zur Bekämpfung der Herero schickte
die deutsche Reichsregierung den in mehreren Kriegen,
auch Kolonialkriegen, so beim Wahehe-Aufstand 1896 in
Ostafrika und beim Boxeraufstand 1900 in China, erprob-
ten Generalleutnant Lothar von Trotha als Oberbefehlshaber nach Südwestafrika. Er wollte die Herero zunächst
in einer Umzingelungsschlacht am Waterberg besiegen
und in eigens vorbereiteten Gefangenenlagern festsetzen.
Diese Strategie radikalisierte er im Verlauf der Kämpfe.
Trotha trieb die Herero in die Halbwüste Omaheke, um
sie, wenn sie nicht das Land verließen, dem Tod durch
Verdursten auszuliefern. Sein sogenannter Schießbefehl
vom 2. Oktober 1904 drohte an, alle Herero zu erschie-
ßen, die das Land nicht verließen. Auch wenn davon
Frauen und Kinder ausgenommen wurden, war damit
doch eine offene Vernichtungspolitik proklamiert worden.
Herero, die sich ergaben, sollten in Ketten Zwangsarbeit
leisten. Im Dezember 1904 mussten diese Befehle nach
Anweisung der Reichsregierung aufgehoben werden, doch
zu diesem Zeitpunkt waren die Herero längst besiegt,
Zehntausende getötet, außer Landes getrieben oder interniert. Und die Revision des Schießbefehls ging auch nicht
nur auf humanitäre Proteste zurück. Ebenso wichtig waren pragmatische Zweifel, ob eine Kolonie ohne indigene

Bevölkerung, wie es ein Teil der Siedler und Militärs, nicht aber Missionen und Verwaltung, offenbar für erstrebenswert hielt, wirtschaftlich überlebensfähig sei.

So wurden am Ende die Herero zwar nicht völlig vernichtet. Doch vermutlich fielen rund 80 Prozent der Herero und auch 50 Prozent der etwa 20 000 Nama, die ein Jahr lang – bis November 1905 – den Deutschen in einer Art Guerilla-Krieg Widerstand geleistet hatten, dem Krieg und seinen Folgen zum Opfer. Auf deutscher Seite kamen durch den Krieg rund 1750 Siedler und Soldaten ums Leben. Viele überlebende Herero, darunter auch Samuel Maharero, flohen ins britische Betschuanaland. Die in der deutschen Kolonie Verbliebenen mussten lange Internierung und Zwangsarbeit hinnehmen, viele kamen dabei ums Leben. Ihre Lebensbedingungen wurden weiter eingeschränkt, sie verloren alle Kollektivrechte, durften keinen Boden mehr besitzen und konnten sich nur noch auf den Farmen der Weißen verdingen. Ihre Freizügigkeit wurde eingeschränkt, und sie mussten ständig eine Passmarke mit sich führen. Sozial entwurzelt, lehnten sich viele Herero nun an die Missionen an, die als letzter Schutz wie zugleich als Vertretung der überlegenen Kultur angesehen wurden. Gleichzeitig drängte erneut eine Welle deutscher Siedler ins Land, ihre Zahl stieg auf fast 15 000 im Jahr 1913 an.

Deutsch-Ostafrika, wo im Juli 1905 ein Aufstand ausbrach, war keine Siedlungskolonie, und auch die strukturellen Voraussetzungen unterschieden sich erheblich von Südwestafrika. Das Gebiet war kleinteilig organisiert, zahlreiche Formationen und ethnische Gruppen lebten hier in Gemengelage, ohne dass es einen gemeinsamen politischen Verbund gegeben hätte. Auch in kulturell-religiöser Hinsicht war die Region aufgesplittert. Vor allem zwei koloniale Eingriffe bedrohten die materielle Existenz der Dorfgemeinschaften: Das war zum einen die Hüttensteuer, die im März 1905 in eine Kopfsteuer umgewandelt und dabei erhöht wurde. Wer die Steuer nicht aufbringen konnte, musste sie abarbeiten, dies oft fern dem eigenen Wohnort unter härtester Repression. Und das war zum anderen die von den Männern eingeforderte Pflichtarbeit (28 Tage im Jahr) auf den in jeder Gemeinde neu anzulegenden Baumwollpflanzungen, den sogenannten Kommunalschamben. Dadurch sollte seit 1902 die Verbreitung der Baumwolle vorangetrieben werden; zunächst allerdings gerieten aufgrund der Arbeitsverpflichtung die bäuerlichen Felder in Vernachlässigung. Entscheidend für den Ausbruch war wohl der Konflikt um den Baumwollanbau: Die Bauern der Baumwollregionen des Südens erhoben sich, als die Baumwollernte beginnen sollte, sie rissen anfangs Baumwollpflanzen heraus und steckten Baumwollfelder in Brand. Zur Auslösung der Unruhen trug möglicherweise bei, dass die Kolonialregierung seit 1904 verstärkt die Entwaffnung der einheimischen Bevölkerung betrieb. Das betraf weite Gebiete der Kolonie und würde die große Verbreitung der Erhebung über die Baumwollregion hinaus erklären.

Die bevorstehende Entwaffnung macht auch den religiösen Kult verständlich, der die Aufständischen einigte, den Kult um das *maji* (Swahili für Wasser). Die chiliastische Bewegung, die dahinter stand, ging auf Kinjikitile (auch: Kinjeketile) Ngwale zurück, der seit einem Erweckungserlebnis 1904 im Südosten des Schutzgebietes als Prophet wirkte. Er versprach Heil und Erlösung aus der Vertreibung der Kolonisatoren. Das in besonderer Weise zubereitete und gekochte Wasser des Flusses Rufiji sollte als *maji maji* getrunken, über den Körper versprengt oder mit sich getragen werden und dann magische Kräfte verleihen und unverwundbar machen – auch gegen Gewehre der Kolonialtruppen. Kinjikitile selbst spielte beim Aufstand keine bedeutende Rolle mehr; an den ersten Aktionen war er wohl nicht beteiligt, nach wenigen Tagen wurde er festgesetzt und am 5. August 1905 hingerichtet.

Auch ohne ihn breitete sich die Bewegung schnell über die Kolonie aus, sie erfasste große Gebiete im Süden, ferner Regionen im Binnenland der Nordhälfte sowie an der Nordgrenze des Viktoriasees; fast die Hälfte des Schutzgebietes war betroffen. Unter dem Kult des *maji maji*, der mit Zeremonien und Eidesleistungen bestärkt wurde, konnten sich sehr unterschiedliche Gruppen und Ethnien einigen, die unter einem bloß politischen Programm kaum zusammengearbeitet hätten. Boten (*hongo*) des Kults und wohl auch islamische Lehrer, die die Maji-Maji-Ideen verbreiteten, stellten das Netzwerk bereit, das die Kommunikation über größere Entfernungen ermöglichte, denn eine übergreifende Organisationsstruktur existierte nicht.

Die bäuerlichen Teilnehmer des Aufstands wandten sich gegen konkrete Bedrückungen, auch gegen die Amtsträger, namentlich ortsfremde Akiden, welche die alltägliche Gewalt der Kolonialmacht repräsentierten. Eine gemeinsame Strategie oder einen konkreten, womöglich schriftlich fixierten Forderungskatalog gab es nicht. Geführt wurden die Aufständischen von lokalen Autoritäten, von »Häuptlingen« und von Jumben, den Dorfvorständen, die schon im hergebrachten System die Führungsebene gebildet hatten. Eine Zusammenfassung unter gemeinsamer Führung wurde auch deshalb nicht angestrebt, weil die beteiligten Ethnien und Klans zurück zu ihrer traditionell kleinteiligen Struktur strebten. Der vom Maji-Maji-Kult vermittelte Zusammenhalt trug daher nicht lange. Die überkommenen Konflikte unter den Ethnien, Klans und Gemeinschaften waren zahlreich und die Interessen und Ziele vielfältig. Rivalitäten zwischen den Gruppen wurden auch gewaltsam ausgetragen, und manchmal wurden mit Hilfe der Deutschen eigene Ansprüche auf Kosten der Nachbarn durchgesetzt. Zudem ging es um die Hierarchie innerhalb der einzelnen Gruppen, die durch die Eingriffe der Kolonialmacht in Frage gestellt war und im Rahmen des Kriegs durch Kampf, Raubzüge und die

Eroberung der Insignien von Macht und Reichtum wiederhergestellt oder neu bestimmt werden sollte.

Auf deutscher Seite wurde die Aufstandsbewegung in den ersten Wochen erheblich unterschätzt. Die vom Gouverneur im August 1905 in Berlin angeforderten Truppen trafen erst im Oktober ein. Dafür warb man Askaris in den umliegenden Kolonien und im eigenen Schutzgebiet an. Ähnlich wie in Südwestafrika beteiligten sich nämlich nicht alle heimischen Ethnien am Aufstand. Die großen Gruppen der Wahehe, die sich noch 1896 selbst erhoben hatten, und der Yao unterstützten die Deutschen mit eigenen bewaffneten Einheiten. In noch größerem Maß als in Südwestafrika wurden die Kämpfe daher unter Afrikanern ausgetragen. Die Aufständischen, vermeintlich geschützt durch das *maji maji*, versuchten es am Anfang mit offenen Massenerstürmungen deutscher Stationen und rannten ungeschützt in das Maschinengewehrfeuer der Verteidiger. Im September 1905 erreichte der Aufstand seinen Höhepunkt, danach drangen die Deutschen vor. Im Frühherbst gingen die Aufständischen zum Guerillakampf über. Die Deutschen reagierten mit äußerster Brutalität, indem sie die Rückzugs-, Unterschlupf- und Versorgungsmöglichkeiten der Gegner zerstörten. Dörfer wurden niedergebrannt, Felder verwüstet, Viehherden konfisziert, Familienangehörige von Aufständischen in Sippenhaft genommen, Gefangene zur Zwangsarbeit abtransportiert, viele auch standrechtlich oder aus Rache hingerichtet. Die Zerstörung von Dörfern und Pflanzungen ruinierte die Existenzbasis ganzer Völker auf Jahre hinaus, dem Krieg folgte der Hunger. Durch all dies dürften an die 300 000 Afrikaner ums Leben gekommen sein, während angeblich nur rund 15 Deutsche im Krieg getötet wurden.

Wie in Südwestafrika hatte das Militär die Zerstörung des Landes sogar gegen die eigenen materiellen Interessen, die eine Schonung von Land und Arbeitskraft nahegelegt hätten, vorangetrieben. Im November 1905 versuchte der

Gouverneur von Ostafrika, Adolf von Götzen, die Vorgehensweise der Schutztruppen zu kanalisieren, indem er die Unterwerfungsbedingungen fixierte: Demnach waren die Anführer auszuliefern, die Waffen abzugeben, Strafgelder zu zahlen sowie in besonders gravierenden Fällen auch Fron-, Straf- und Zwangsarbeit zu leisten. So waren es am Ende mehr noch als in Südwestafrika ökonomische Erwägungen, die zur Eingrenzung der Gewalt führten, dann aber auch die Restabilisierung der Ordnung ermöglichten. Allerdings strebte der neue Gouverneur Albrecht von Rechenberg in Übereinstimmung mit dem neuen Berliner Kolonialstaatssekretär Bernhard Dernburg eine rationalere Kolonisation an, die wissenschaftliche Erkenntnisse nutzte, technische Hilfsmittel einsetzte und den Schutz der einheimischen Bauern und Arbeiter anstrebte, um letztlich in beiderseitigem Interesse einen höheren Ertrag aus der Kolonie zu erzielen. Der Landverkauf an Europäer wurde gestoppt, Ostafrika sollte keine Siedlerkolonie werden, vielmehr sollte die heimische bäuerliche Produktion für den Exportmarkt gefördert werden. Nur indische Kaufleute wurden in größerer Zahl (9000 bis zum Jahr 1914) ins Land gezogen, um den Binnen- und Überseehandel zu befördern. Dennoch drängten nun auch in Ostafrika vermehrt deutsche Siedler und Pflanzer ins Land, ihre Zahl stieg von 180 im Jahr 1905 auf 882 im Jahr 1913 an. Mit den neuen europäischen Plantagen nahm auch der Bedarf an Arbeitskräften wieder zu, die Konflikte mehrten sich.

Ebenso wichtig war aber auch in Ostafrika die tiefe soziale und mentale Erschütterung, die der Krieg hinterließ, er hatte Feindschaft und Hass innerhalb der afrikanischen Gesellschaften gesät. In den Kämpfen standen Einheimische auf beiden Seiten. Beide Seiten verlangten Loyalität und setzten sie mit brutaler Gewalt durch. Erfahrung und Erinnerung waren folglich vielfältig gespalten und zersplittert. Der Aufstand blieb nicht als heroischer Befreiungskampf in Erinnerung. Die zersprengten Gruppen suchten jetzt neuen Halt, auch in Ostafrika profitierten davon die Missionen, die soziale Sicherung und in gewissem Maß politischen Schutz boten. Mehr noch wandte sich die Bevölkerung in Ostafrika dem Islam zu, der nun einen bemerkenswerten Aufschwung nahm, weil er einerseits trotz partieller Unterstützung nicht mit dem Odium der Niederlage behaftet war wie die indigenen religiösen Kulte, andererseits nicht an die Kolonialherrschaft gebunden schien wie das Christentum. Vor allem aber bewirkten und erlaubten die Aufstände, in Ostafrika nicht anders als in Südwestafrika, die endgültige flächendeckende und effektive Durchsetzung der kolonialen Herrschaftsordnung, die für Autonomierechte sozialer Verbünde und Formationen im wahrsten Sinn des Wortes keinen Platz mehr bot. Am Ende von drei Jahrzehnten immer neuer Kämpfe, Aufstände und Kriege stand der Kolonialstaat.

Die Herausforderung eines Kontinents
Afrika in der Kolonialzeit

Seit dem frühen 20. Jh.   Der Kolonialstaat etabliert sich.

1908   Der Kongo-Freistaat des belgischen Königs wird nach zunehmender internationaler Kritik an den »Kongo-Gräueln« vom belgischen Staat als Kolonie übernommen.

1909   Gründung der panafrikanischen *National Association for the Advancement of Coloured People* durch W. E. B. Du Bois.

1910   Gründung der Südafrikanischen Union.
Gründung des Generalgouvernements Französisch-Äquatorialafrika.

1912   Gründung des *South African National Congress*, seit 1923 *African National Congress* (ANC) genannt.

1912–19   Frederick Lugard versucht als Gouverneur im britischen Nigeria Prinzipien indirekter Herrschaft umzusetzen. Unter seiner Leitung werden 1914 die Protektorate Nord- und Südnigeria zusammengefasst.

1914   Gründung der *Universal Negro Improvement Association* durch Marcus Garvey.

1914–18   Im Ersten Weltkrieg werden die deutschen Kolonien von Truppen der Alliierten angegriffen und erobert. Afrikanische Soldaten kämpfen auf beiden Seiten.

1919   Nach der Niederlage im Ersten Weltkrieg verliert das Deutsche Reich seine Kolonien endgültig. Diese werden als Völkerbundmandate unter die Verwaltung anderer Kolonialmächte gestellt: Deutsch-Südwestafrika fällt an Südafrika, der Hauptteil Deutsch-Ostafrikas als Tanganjika an Großbritannien, Ruanda und Burundi fallen an Belgien. Kamerun und Togo werden unter Großbritannien und Frankreich geteilt.
Erster »Panafrikanischer Kongress« in Paris.
Gründung der *Young Baganda Association* in Uganda,

eine der ersten politischen Organisationen in Ostafrika.

1920   In Accra (Goldküste) tritt der *National Congress of British West Africa* zusammen und formt sich zur Partei. Afrikanische Delegierte aus den britischen Kolonien verlangen eine Verbesserung ihrer Rechtssituation.

In Lagos (Nigeria) entsteht ein Zweig der *Universal Negro Improvement Association*.

Gründung der *Kikuyu Association* in Kenia als Interessenvertretung der loyalen *Chiefs*.

1921   Gründung der *Young Kikuyu Association* (wenig später umbenannt in *East African Association*) unter Harry Thuku als Vertretung der jungen, reformorientierten Missionsschulabgänger im britischen Kenia.

Entstehung der *Église de Jésus-Christ sur la Terre par le Prophète Simon Kimbangu* im Kongo, die zur bedeutendsten unabhängigen Kirche in Zentralafrika wird.

Zweiter »Panafrikanischer Kongress« in London, Brüssel und Paris.

1922   Frederick Lugard beschreibt in seinem Werk *The Dual Mandate in Tropical Africa* die Grundsätze indirekter Herrschaft.

Unabhängigkeit Ägyptens. Großbritannien behält allerdings vorerst die Kontrolle über die Außenpolitik, und britische Truppen bleiben im Land stationiert.

1923   Gründung der *Nigerian National Democratic Party*. Sie fordert eine Beendigung der wirtschaftlichen Diskriminierung von Afrikanern, die Ausweitung politischer Mitsprache, Verbesserungen im Bildungswesen und die Afrikanisierung der Verwaltung.

Die britische Siedlerkolonie Südrhodesien erhält Autonomie.

Dritter »Panafrikanischer Kongress« in London und Lissabon.

1924   Gründung der *Kikuyu Central Association* in Kenia.

1927   Vierter »Panafrikanischer Kongress« in New York.

1928   Gründung der in der Sprache Kikuyu gedruckten Zeitschrift *Muigwithania* (»Der Versöhner«) in Kenia.

1928–30   Höhepunkt des Konflikts zwischen der *African Inland Mission* und Kikuyu um die Beschneidung von

Mädchen. Die Kikuyu gründen eigene Schulen, die sich in der *Independent Schools Association* zusammenschließen.

1929 Westafrikanische *Igbo Unions*, Vereinigungen der in die Küstenstädte abgewanderten Bevölkerung, schließen sich in Accra (Goldküste) zum *Youth Conference Movement* zusammen.

Nach dem Ausbruch der Weltwirtschaftskrise initiiert Großbritannien mit dem *Colonial Development Act* Ansätze einer kolonialen Entwicklungspolitik.

1930 *Land Apportionment Act* in Südrhodesien. Land der indigenen Bevölkerung wird zugunsten europäischer Siedler enteignet.

Entstehung der *Church of the Lord* als größte Gemeinschaft der *Aladura*-Bewegung.

1931 Weitgehende Souveränität Südafrikas.

1935 Gründung der Zeitschrift *L'Étudiant noir* in Paris als Organ der Négritude.

Gründung des *Nigerian Youth Movement*.

1935/36 Das faschistische Italien erobert Äthiopien. Die italienische Kolonialherrschaft bricht 1941 unter britischem militärischem Druck zusammen. Kaiser Haile Selassie I., der 1930 den Thron bestiegen hat, kehrt nach Äthiopien zurück.

1937 Nnamdi Azikiwe ruft in seinem panafrikanischen (Buch-)Manifest *Renascent Africa* zur Erneuerung des Kontinents auf.

1938 *Native Lands Trust Ordinance* in Kenia. Die Zurückdrängung der indigenen Bevölkerung aus dem fruchtbaren Hochland wird bestätigt.

Jomo Kenyatta veröffentlicht eine einflussreiche Ethnographie der Kikuyu unter dem Titel *Facing Mount Kenya*.

1940 Mit dem *Colonial Development and Welfare Act* leitet Großbritannien eine entschiedenere koloniale Entwicklungspolitik ein. 1946 geht auch Frankreich mit dem *Fonds d'investissement pour le développement économique et social des territoires d'Outre-mer* (FIDES) zu einer neuen Entwicklungspolitik in seinen Kolonien über.

Die Kolonialreiche:
Prinzipien, Verfassung, Verwaltung

Die koloniale Herrschaft brachte eine neue Raumordnung mit sich, koloniale Macht kristallisierte und konkretisierte sich im Raum. Das betraf drei Aspekte. Erstens führten die Umgestaltungen des 19. Jahrhunderts und die koloniale Aufteilung zu einer drastischen Reduktion von Herrschaftszonen. Aus Tausenden von kleinen, oft primär personal bestimmten, in Ausdehnung und Bevölkerungszahl höchst unterschiedlichen Einheiten wurden knapp 30 Kolonialterritorien, die den Anspruch auf eine präzise, lineare Grenzziehung erhoben. Zweitens wurden dabei aber nur scheinbar Grenzen vermindert, de facto zog die neue Herrschaftsordnung zahlreiche neue administrative, lineare Grenzen auch unterhalb der Ebene der Gesamtkolonie. In vielen Fällen zerschnitten diese Grenzen Räume, die bislang durch soziale, kulturelle und wirtschaftliche Beziehungen vernetzt waren, und forderten neue Orientierungen und Loyalitäten. Auf mittlere Sicht verfestigten sich so neue Raumstrukturen. Drittens errichtete die Kolonialherrschaft Verwaltungszentren, die wiederum raumbildend wirkten. Alte administrative, aber auch wirtschaftliche oder kulturell-religiöse Zentren konnten dadurch marginalisiert werden. Neue Mittelpunkte europäischer Präsenz, Aktivität und Herrschaft entwickelten Ausstrahlungskraft und zogen Bevölkerung und Handel an. Noch bis weit in die Zwischenkriegszeit hinein war die koloniale Raumordnung primär von den neuen Zentren, nicht den Grenzen bestimmt.

Denn stabilisiert, ausgeübt und sichtbar gemacht wurde Kolonialherrschaft an Verwaltungsmittelpunkten. Der Kolonialstaat war am Anfang ein polyzentrisches Gebilde, das mehr vorkolonialen afrikanischen politischen Formationen als modernen europäischen Staaten glich. In Europa hatten sich seit der Frühneuzeit spezifische Vorstellungen von

Ordnungs- und Leistungsverwaltung herausgebildet. Sie setzten einen Staat, das heißt nach der klassischen Definition Staatsterritorium, Staatsvolk und Staatsregierung, voraus, der wiederum Legitimität vor allem durch Verfahrenskorrektheit und dann durch Konstitutionalität gewann. Im kolonialafrikanischen Kontext war das Territorium nur formal abgegrenzt, ein Staatsvolk nicht präzise bestimmbar und die Kolonialstaatsregierung allenfalls rudimentär erkennbar. Die normative Staatsordnung entstand sukzessive, experimentell, sie blieb bruchstückhaft und essentiell segmentär. Einheitliche Verfahrensregeln gab es erst in Ansätzen, von Konstitutionen des Kolonialstaats kann erst für die Zeit nach 1945 gesprochen werden, und auch dann noch keineswegs für alle Kolonien. Legitimität gewann der Kolonialstaat, ungeachtet der hier nicht interessierenden Rechtfertigungen und Leistungsbilanzen gegenüber den Mutterländern, allein durch Überlegenheit: Er musste in militärischer, administrativer, ökonomischer, sozialer, kultureller und darunter auch religiöser Hinsicht durch ein Bündel von Handlungen, von Gewalt bis zu symbolischen Akten, beständig seine Dominanz gegenüber indigenen Autoritäten, Institutionen und Kulten unter Beweis stellen. Angesichts nur unvollständiger administrativer Durchdringung, schlechter Infrastruktur und außerordentlich begrenzten Verwaltungspersonals hieß das vor allem, dass Präsenz vorgeführt werden musste, dass auch nur punktuelle oder vorübergehende Anwesenheit von Militärs oder Beamten an einem Ort rituell überhöht und symbolisch verstetigt werden musste. Der Kolonialstaat legitimierte sich also durch reale und symbolische Praxis.

Besondere Bedeutung hatte deshalb der Ort, an dem Verwaltung stattfand. Verfestigt und sichtbar gemacht wurde Kolonialherrschaft zunächst durch Stationen, die im Zuge von Expansion und militärischer Expedition errichtet wurden und die beständige Präsenz von Europäern ermöglichen sollten. Die Stationen waren befestigt, sie

umfassten Wohngebäude oder -trakte und Amtsstuben.
Anfangs waren sie noch provisorisch aus Holz errichtet.
Als die Verkehrswege verbessert und das Territorium be-
friedet war, konnten auch Steinfestungen gebaut werden.
In ihrem Umkreis entstanden weitere Siedlungen. Häufig
waren die Stationen durch bestimmte Gestaltungselemen-
te, etwa die Errichtung auf Anhöhen oder die Anlage breiter alleenartiger Zugangswege, baulich als Zeichen über-
legen-distanzierter Machtentfaltung hervorgehoben. Seit
dem ausgehenden 19. Jahrhundert dokumentierten symbolische Ergänzungen, namentlich Denkmäler, Dauerhaftigkeit und Festigkeit der neuen Herrschaft. Die Station
sollte insofern Herrschaft zugleich repräsentieren und
praktizieren. Aber es kam auf die Ausstrahlungskraft an,
wie in vorkolonialer Zeit war die Reichweite einzelner
Zentren unterschiedlich, jedenfalls war die Grenze nur auf
dem Papier fixiert, in der Herrschaftspraxis aber weder zu
erreichen noch zu markieren oder gar zu befestigen.
Umso wichtiger war es, Autorität und Legitimität nicht
nur durch militärische Gewalt, sondern auch durch die Inszenierung von Herrschaft zu gewinnen.

Das galt an erster Stelle für das Verwaltungszentrum
selbst. Hier repräsentierte der leitende Beamte, hier emp-
fing er Delegationen und Bittsteller aus dem Land, hier
wurden Paraden abgenommen, Reden gehalten, Flaggen
gehisst, offizielle Feiertage begangen, etwa im deutschen
Kolonialgebiet Kaisergeburtstage, hier wurden Denkmäler
eingeweiht. Bei derartigen Anlässen wurden zugleich die
koloniale Hierarchie, Ordnung und Disziplin sinnlich-
körperlich vorgeführt: In Gruppen geordnet, traten die
europäischen und indigenen Bewohner der Siedlung und
des Umlands dabei an. Europäische Offiziere, Zivilbeam-
te, einheimische Soldaten (Askari), Angehörige der Kolo-
nialmilitärs und -beamten, Missionsschüler in Schuluniform, heimische Angestellte, heimische Honoratioren,
weitere Gruppen der indigenen Bevölkerung, möglicher-

weise noch indische oder arabische Bevölkerungsgruppen
nahmen getrennt voneinander Aufstellung und sahen den
europäischen Festritualen zu. Nicht selten wurden dabei
auch indigene Gruppen einbezogen, sei es durch Liedvor-
träge etwa von Missionsschülern, sei es durch folkloristi-
sche Darbietungen wie Tänze. Hier konnte es auch für die
einheimischen Festteilnehmer eine großzügige Versorgung
mit Speisen und Getränken geben. In diesem Rahmen
sollten Einheimische kontrolliert feiern, während traditionelle, von den Kolonialherren nicht durchschaubare Feste
misstrauisch kontrolliert und oft verboten wurden.

Häufig wurden bei derartigen festlichen Gelegenheiten,
jedenfalls im Rahmen zeremonieller Akte, Titel, Ämter
und Ehren verliehen. Hier wurden Amts-*Chiefs* ernannt,
wurden ihnen Urkunde, Amtskleidung oder Häuptlingsmütze verliehen. Hier wurden Verwaltungsakte vorgeführt und bekannt gemacht, vor allem wurde hier Recht
gesprochen. Das geschah nicht nur öffentlich, sondern in
den ersten Jahrzehnten auch häufig im Freien, möglichst
auf einem Podest und unter einem Baldachin, wobei der
agierende, zum Beispiel Recht sprechende Beamte herausgehoben Platz nahm, eingerahmt von Verwaltungsangestellten und Soldaten. Koloniale Verwaltung vollzog
sich vor Ort in der Regel nicht in schriftlicher Form, und
auch die Rechtsprechung durch die Beamten, die zugleich
Richter waren, wurde nur rudimentär protokolliert.
Wichtiger waren vielmehr Präsenz und Inszenierung der
Macht, war die performative Praxis. Da der Kolonialstaat
mangels Personal und angesichts schlechter Infrastruktur
nur in wenigen Stationen ständig präsent sein konnte,
mussten Beamte mit Gefolge und Truppen immer wieder
das Land bereisen, sich vor Ort über anstehende und strittige Fragen informieren, unmittelbar Entscheidungen treffen und exekutieren, loyale Ortsgewalten einsetzen und
honorieren. Denn wo der Staat nicht präsent war, drohte
sich die koloniale Herrschaft aufzulösen. Viele Gebiete

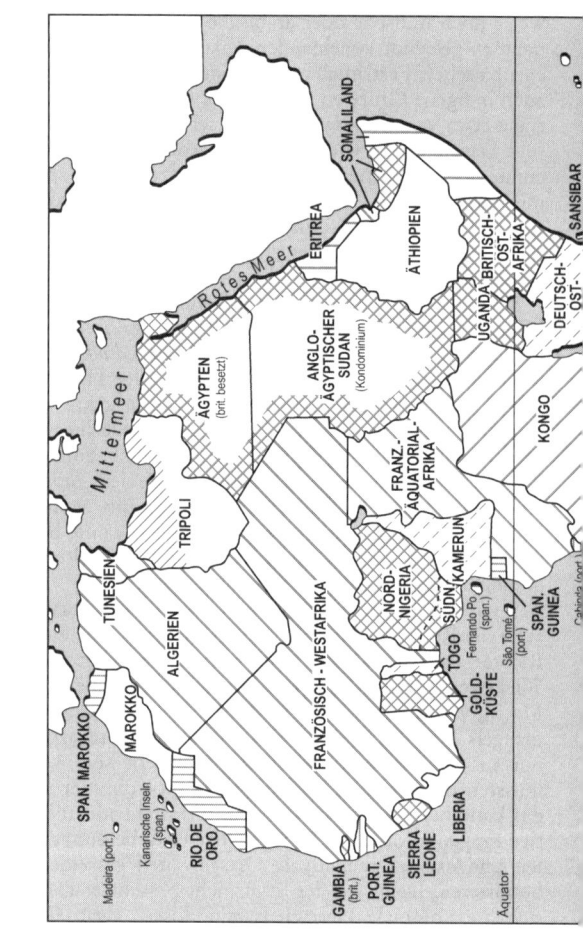

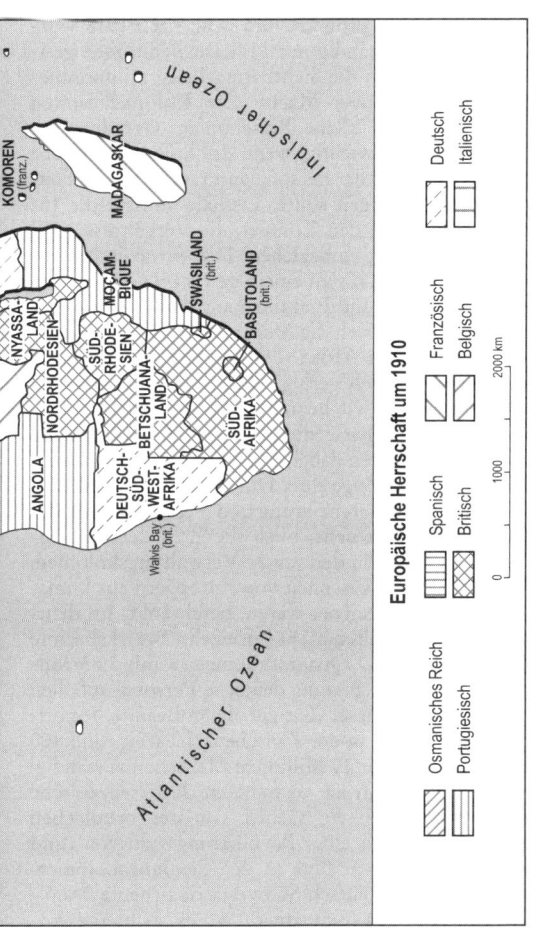

Atlantischer Ozean

Indischer Ozean

Walvis Bay (brit.)

ANGOLA

NYASSA-LAND

NORDRHODESIEN

DEUTSCH-SÜD-WEST-AFRIKA

SÜD-RHODE-SIEN

MOÇAM-BIQUE

BETSCHUANA-LAND

SÜD-AFRIKA

SWASILAND (brit.)

BASUTOLAND (brit.)

KOMOREN (franz.)

MADAGASKAR

Europäische Herrschaft um 1910

Osmanisches Reich	Spanisch	Französisch	Deutsch
Portugiesisch	Britisch	Belgisch	Italienisch

0   1000   2000 km

musste man mehrfach erobern, und noch nach 1918 wurden manche Teile beständig mit Militärexpeditionen gesichert, sei es nur durch die Sichtbarmachung militärischer und dann administrativer Macht. Die Kolonialbeamten waren gewissermaßen kleine Reisekönige. Gerade dabei war die Inszenierung wichtig, wenn das kolonialstaatliche Handeln über die Zeit der personalen Präsenz hinaus dauerhaft Loyalität erzeugen sollte. Deshalb musste die Inszenierung sehr genau den Kontext, die Verhältnisse und Erwartungen vor Ort, einbeziehen. Der europäische Kolonialstaat musste sich bis zu einem gewissen Grad afrikanischen Bedingungen und Praktiken anpassen.

In alledem spiegeln sich die Merkmale der europäischen Kolonialverwaltung in Afrika. Erstens war die personelle Präsenz außerordentlich gering. Ausgangskonstellationen in den Mutterländern wie begrenzte Finanzmittel und geringes Interesse am Überseedienst sowie die Bedingungen in den Kolonien wirkten dabei zusammen. Auch wenn die Zahl der Beamten im Zuge einer Durchdringung der Kolonien und einer Ausdifferenzierung und Verfachlichung der Verwaltung langsam wuchs, blieb die Zahl der europäischen Beamten zumal in den reinen Verwaltungskolonien, die für dauerhafte Anwesenheit von Europäern aus klimatischen Gründen ungeeignet waren, beschränkt. Im deutschen Kamerun verwalteten 1914 dreizehn Bezirksbeamte ein Gebiet von 420 000 Quadratkilometern mit 3,85 Millionen Menschen. Das gesamte deutsche Personal auf allen Ebenen umfasste zu dieser Zeit gerade 93 Beamte. Im britischen Nigeria waren in der Zwischenkriegszeit rund 400 europäische Beamte für 20 Millionen Menschen zuständig. In Französisch-Westafrika verwalteten 220 französische Distriktkommandanten ein Gebiet von der neunfachen Größe Frankreichs mit einer Bevölkerungszahl von rund 15 Millionen Menschen. Nur in den Siedlungskolonien, zunächst Südafrika, Deutsch-Südwestafrika (heute Namibia) und Südrhodesien (Simbabwe), wo es auch eine größere europäische Bevölkerung zu betreuen und versorgen galt, wuchs die Zahl der europäischen Verwaltungsangestellten schneller. Erst nach dem Zweiten Weltkrieg, mit einem gesteigerten Zuzug von Europäern nach Ostafrika (vor allem Kenia) nahm auch dort das Personal zu.

Zweitens bündelten die Beamten eine große Zahl an Kompetenzen. Auf der untersten Verwaltungsebene waren Exekutive und Judikative nicht getrennt. Zudem konnte der Beamte alle administrativen Fragen de facto alleine entscheiden. Beratende Gremien traten erst in der Zwischenkriegszeit punktuell und mit beschränktem Wirkungsbereich hinzu. Durchsetzungskraft und Qualität kolonialer Herrschaft hingen von der Persönlichkeit des Beamten ab, von seinem Verwaltungsstil, seinem Charisma, von seiner Fähigkeit zur Nutzung angemessener symbolischer Formen und von seinem Geschick bei der Berücksichtigung heimischer Amtsträger und Sitten.

Drittens galt das umso mehr, als angesichts der skizzierten Rahmenbedingungen, der großen Entfernungen und der unzulänglichen Infrastruktur an eine bürokratische, normengerechte Verwaltungspraxis nicht zu denken war. Die Kolonialverwaltung betrat auch im übertragenen Sinn Neuland, für das es keine Regeln gab und für das die Beamten auch keine Regeln anstrebten. Angesichts der Fülle an unerwarteten Aufgaben und den besonderen Eigenheiten der indigenen Bevölkerung müsse der Beamte, so die Selbsteinschätzung, in der Lage sein, flexibel und schnell zu reagieren, ohne Rücksicht auf höhere Entscheidungen und formalisierte Normen. Die ersten Generationen von Kolonialbeamten verzichteten auch deshalb oft auf eine schriftliche Verwaltungspraxis. Sie hätten, so konnte man hören, Wichtigeres zu tun, als Berichte zu schreiben. Einheitlichkeit, Kontrollierbarkeit und Berechenbarkeit der Verwaltung blieben dabei auf der Strecke. Die koloniale Administration ging nur langsam zu normierten und schriftlichen Verfahrensweisen über, im deutschen und belgischen Bereich noch später als im britischen und französischen. Frankreich sah auch schon früher eine Fachausbildung für Kolonialbeamte vor, die in Deutschland erst mit der 1898 eingerichteten Kolonialschule in Witzenhausen und dem 1908 gegründeten Kolonialinstitut in Hamburg möglich wurde, aber bis zum Ende der deutschen Kolonialherrschaft im Ersten Weltkrieg nicht die Regel war.

Viertens war unter diesen Bedingungen die Realisierung von kolonialer Herrschaft nur möglich, wenn man in großem Umfang auf die Mithilfe indigener Autoritäten, Fachleute und Hilfskräfte baute. Der Kolonialstaat benötigte nicht nur Zehntausende von einheimischen Trägern, Arbeitern und Dienstboten für seine unmittelbaren praktischen Bedürfnisse, sondern auch Soldaten und Verwaltungsangestellte. Außerdem brauchte er Dolmetscher und Verbindungspersonen, die mit Sprache und Gebräuchen der heimischen Bevölkerung vertraut waren, bei exekutiven Handlungen ebenso wie bei Gerichtsverfahren assistierten und eine zentrale Funktion bei der Vermittlung zwischen den Kulturen einnehmen konnten. Vor allem aber stützte sich der Kolonialstaat auf heimische Autoritäten. Als Patchwork-Staat setzte er sich aus verschiedenen Herrschaftsbezirken zusammen, die nach unterschiedlichem Recht regiert wurden und in denen auf unterschiedliche Weise heimische Instanzen mitwirkten. Es gab einmal Gebiete, die nur pro forma der Kolonie einverleibt waren, bestenfalls Kollektivtribute abliefern mussten, aber de facto außerhalb der europäischen Präsenz blieben. Weiterhin gab es Gebiete, deren Herrscher im Amt belassen worden waren, denen aber ein Resident zur Seite gestellt wurde. Der Resident konnte auch, im eigenen Interesse oder in dem des jeweiligen indigenen Fürsten, auf koloniales Militär zurückgreifen. Dieses System erwies sich besonders dann als sinnvoll, wenn relativ stabile politische Formationen integriert wurden, namentlich islamische Emirate wie die Hausa-Fulbe-Staaten im Norden des bri-

tischen Nigeria oder die nördlichen Territorien des deut-
schen Kamerun sowie die gut organisierten Staaten des
Zwischenseegebiets wie Urundi und Ruanda in Deutsch-
Ostafrika und das Reich Buganda im britischen Ostafrika.
Sodann wurden heimische Klan- und Dorfautoritäten als
Chiefs in das koloniale System integriert. Und schließlich
wurden in anderen Gebieten, wo es traditionale Autoritäten nicht gab, auch neue sogenannte *Chiefs* oder Dorfvorgesetzte förmlich ernannt. Charakteristisch für koloniale
Verwaltung war insofern nicht nur ein herrschaftlicher
Dualismus, sondern auch die Installierung einer traditio-
nal-kolonialen Mischautorität. Der Kolonialstaat basierte
auf beständiger Kooperation, er war vielfältig mit der vorgefundenen Gesellschaft, die er überformte, verknüpft.
Der europäische Kolonialbeamte, erst recht der Resident,
wurde auf diese Weise in Beziehungsnetze eingebunden,
die ihn den metropolitanen Interessen zu entfremden
drohten. Die französische Kolonialregierung in Paris setzte deshalb nicht nur auf eine einheitliche Ausbildung der
Kolonialbeamten, sondern auch auf regelmäßige Rotation
des Personals.

Europäische Kolonialterritorien in Afrika um 1930 (in Auswahl)

Territorium	Fläche (in Mio. Quadrat- kilometer)	Einwohner (in Mio.)
Franz.-Westafrika davon:	4,71	15,20
Senegal	0,20	1,57
Elfenbeinküste	0,32	1,90
Obervolta	0,29	3,02
Dahomey	0,12	1,10

Territorium	Fläche	Einwohner
Franz.-Äquatorialafrika davon:	2,26	3,13
Gabun	0,27	0,39
Kongo (Brazzaville)	0,24	0,70
Ubangi-Shari (Zentralafrika)	0,49	1,07
Gambia (brit.)	0,01	0,20
Sierra Leone (brit.)	0,08	1,54
Goldküste (brit., einschl. Mandat West-Togo)	0,24	3,12
Nigeria (brit., einschl. Mandat West-Kamerun)	0,96	20,53
Uganda (brit.)	0,24	3,52
Kenia (brit.)	0,58	2,89
Tanganjika (brit. Mandat)	0,94	4,88
Nordrhodesien (brit.)	0,75	1,30
Südrhodesien (brit.)	0,39	1,10
Südafrika	1,22	7,89
Belg. Kongo (einschl. Mandat Ruanda und Urundi)	2,44	13,45
Angola (port.)	1,26	2,50
Moçambique (port.)	0,77	3,71

Doch die Kolonialregierung in der Metropole war weit entfernt und aufgrund der langwierigen Nachrichtenübermittlung im afrikanischen Binnenland mit der Praxis der Kolonialverwaltung kaum vertraut. Eigentliche Kolonialministerien bildeten sich in den Metropolen erst in der Folge der Etablierung des Kolonialstaats in Übersee heraus, und dieser Prozess war zögerlich, sprunghaft und von Rückschlägen begleitet. Insofern leitete die metropolitane Kolonialadministration die Expansion weniger, als dass sie darauf reagierte. Selbst in Großbritannien fehlte es anfangs an einer einheitlichen starken Kolonialzentrale. Seit 1854 bestand zwar ein Kolonialministerium, doch es brauchte mehrere Jahrzehnte, bis es maßgebliche Bedeutung erlangte. Zunächst amtierten nur als zweitrangig eingestufte Politiker als Kolonialminister; sie vermochten sich gegen Eingriffe anderer Ministerien nicht zu wehren. Erst unter Joseph Chamberlain, der von 1895 bis 1903 als Kolonialminister wirkte, erlangte das Kolonialministerium eine einflussreiche Rolle. Die Normen der Kolonialpolitik wurden durch Kabinettsbeschluss oder Ministerialverordnung festgelegt. Das Parlament wurde selten an Entscheidungen über die Kolonialadministration beteiligt. In Frankreich waren zunächst die Fachministerien auch in Übersee zuständig für ihre jeweiligen Ressortangelegenheiten, verstand Paris doch die Kolonien im Prinzip als bloße Erweiterung des Mutterlandes. In der Praxis wurde eine Konzentration der Kompetenzen erforderlich, 1883 entstand daher ein Unterstaatssekretariat für Kolonialfragen, 1894 ein eigenständiges Kolonialministerium. Formal oblag die Gesetzgebung für die französischen Kolonien der Nationalversammlung, in der auch Abgeordnete der Kolonien vertreten waren. Da nur die Angehörigen der Vollkolonien, die das volle französische Bürgerrecht erworben hatten, auch das Wahlrecht erlangten, blieb die Zahl gering: 1936 zum Beispiel waren es gerade 20 von 612 Abgeordneten. Im Deutschen Reich lag anfangs die Zuständigkeit für die Überseegebiete beim Auswärtigen Amt, wo 1890 eine Kolonialabteilung eingerichtet wurde. Nach den Aufständen in Deutsch-Südwestafrika und Deutsch-Ostafrika von 1904/05 wurde 1907 ein eigenes Reichskolonialamt unter einem Staatssekretär geschaffen, um die Kolonialpolitik zu konzentrieren und zu reformieren. Der Reichstag hatte an der Gesetzgebung für die Kolonien keinen Anteil. Nur wenn besondere Finanzhilfen erforderlich waren, etwa bei der Niederschlagung des Herero-Aufstandes, musste das Parlament qua Budgetrecht einbezogen werden.

Wie die Struktur der Kolonialregierung selbst wurden auch die Prinzipien der Kolonialpolitik erst in Reaktion auf die Herausforderungen in den Kolonien entwickelt und oftmals propagandistisch als spezifische Ausprägung nationalen Selbstverständnisses dargestellt. Gemeinsam war dabei bereits seit den Tagen des *Scramble for Africa* der Anspruch einer zivilisatorischen Mission. Daraus wurden aber unterschiedliche Schlussfolgerungen gezogen. Auf britischer Seite basierte die Legitimation kolonialer Herrschaft auf den Prinzipien von *trusteeship* (Treuhandschaft), *dual mandate* (doppeltem Mandat) und *indirect rule* (indirekter Herrschaft). Der Begriff der Treuhandschaft enthielt den Anspruch, die Hoheitsrechte zum gemeinen Besten, quasi im Auftrag der Völkergemeinschaft, über ein ansonsten herrenloses oder nicht regierbares Land auszuüben. Das doppelte Mandat, wie es der britische Kolonialpolitiker Frederick Lugard, von 1912 bis 1919 Gouverneur in Nigeria, 1922 definierte, umfasste auf der einen Seite die Entwicklung und Zivilisierung der Kolonialbevölkerung, auf der anderen Seite die Öffnung und Erschließung des Territoriums für die Zivilisation. Aus Sicht Lugards forderte das ein System indirekter Herrschaft, wie es im Nachhinein als Prinzip britischer Kolonialherrschaft dargestellt worden ist. Auch hier wurde zum beträchtlichen Teil eine aus Sachzwängen der Kolonialherrschaft hinsichtlich Personal, Infrastruktur und Finanzen rührende Vorgehensweisen zum Konzept überhöht. Demnach sollten die vorgefundenen Herrschaftssysteme mitsamt ihren Hierarchien und Dynastien so weit wie möglich unter der Oberaufsicht der Briten weiterbestehen. Dabei hatte der Kolonialherr das Recht, bei Unfähigkeit der Herrscher einzuschreiten, etwa durch die Bestellung eines anderen Fürsten. Bestehende Rechtsverfassungen und Normen wurden weitestgehend akzeptiert, allerdings bereinigt um als barbarisch angesehene Rechtsbräuche und Strafpraktiken wie Verstümmelungen. Für bestimmte Fälle war zudem die Bestätigung durch britische Beamte erforderlich, und wenn Briten betroffen waren, sollten ohnehin europäische Gerichte zuständig sein. Auch die heimischen Exekutivgewalten zum Beispiel in Bezug auf Steuer und Polizei blieben nach diesem Modell bestehen, allerdings unter britischer Oberaufsicht. Da das britische Militär bereitstehen sollte, um im Konfliktfall einzugreifen, stand außer Frage, dass auch indirekte Herrschaft an erster Stelle Herrschaft bedeutete.

Dennoch widersprach das britische Modell in seiner Akzeptanz vorgefundener politischer Gebilde dem französischen Konzept, das auf Zentralisierung, Vereinheitlichung und strikter Unterordnung unter die Kolonialregierung basierte. Auch diese Politik wurde mit einem zivilisatorischen Auftrag legitimiert. Das prinzipielle Ziel der französischen Kolonialpolitik, und zwar auch unter republikanischer Führung, war die *assimilation*, die Angleichung und Verschmelzung. Die Kolonien waren demnach Teil der Nation, ihre Bewohner sollten zu Franzosen und auf direktem Weg in die westeuropäische Zivilisation hineingezogen werden. Das Assimilationsprinzip musste sich deshalb an erster Stelle auf das Bürgerrecht auswirken. Die Bewohner der Vollkolonien besaßen zunächst nur die französische Staatsangehörigkeit. Das Bürgerrecht konnten sie erwerben, wenn sie bestimmte Bedingungen erfüllten, wie die Aufgabe der alten Sitten und der nichtchristlichen Religion, französische Sprachkenntnisse und eine gewisse Bildung. Allerdings blieb die Zahl derjenigen Kolonialbewohner, die das französische Bürgerrecht erwerben konnten und wollten, sehr gering. Die Bedingungen für die Assimilation waren derart rigide, dass sie diese gerade behinderten. Zudem konnte eine konsequente Assimilationspolitik auch ungewollte Auswirkungen haben, vor allem die Zahl der französischstämmigen Bürger in die

Minderheit drängen. Und schließlich waren indirekte Herrschaftsformen oft kostengünstiger. Daher wurden die kolonialpolitischen Prinzipien Frankreichs in der Zwischenkriegszeit umformuliert. Neue Begriffe wie *association* (Verbindung, Vereinigung) und *adaptation* (Anpassung) sollten nun mehr Flexibilität in der Praxis legitimieren. Das Fortbestehen tradierter Herrschaftsformen, die Anpassung an je regionale Gegebenheiten und Bedürfnisse und die bloße Verbindung der vorgefundenen Herrschaftssysteme mit dem Mutterland konnten so als geeignete Schritte interpretiert werden, um langfristig einen gewissen Grad an Assimilation zu erreichen.

Auch in der deutschen Kolonialregierung entstanden leitende Prinzipien erst in Reaktion auf die krisenhafte Entwicklung in den Kolonien. Hatte man anfangs nach dem Bismarckschen Prinzip die Verwaltung privaten Kolonialgesellschaften überlassen wollen, so musste man seit dem Scheitern dieses Modells, seit etwa 1890, eigene Konzepte verfolgen. Diese waren zunächst ganz an die Personen der Gouverneure gebunden, einheitliche Berliner Vorgaben fehlten. Die Kolonien waren laut Reichsverfassung nicht Teil des Reichsterritoriums, deutsches Reichsrecht galt dort nicht, wenn es nicht ausdrücklich eingeführt worden war. Auch wenn gemeinhin die Kolonien dennoch als Inland angesehen und behandelt wurden, blieb ein unüberbrückbarer Graben im Rechtsstatus zwischen indigener Bevölkerung und Bürgern des Reichs. Eine Assimilation war nicht vorgesehen. Nach den Aufständen von 1904/05 entwickelte der neue Staatssekretär Bernhard Dernburg (1906/07–1910), ein linksliberaler Bankier, Prinzipien einer an Treuhandschaft und *dual mandate* erinnernden Kolonialpolitik. Diese wurde vor allem vom Gouverneur Albrecht von Rechenberg (1906–1912) in Deutsch-Ostafrika umgesetzt, allerdings seit 1910 unter Dernburgs Nachfolgern revidiert. Dernburg ging gleichermaßen vom ökonomischen wie vom zivilisatori-

schen Auftrag der Kolonisation aus. Ziel sei »die Nutzbarmachung des Bodens, seiner Schätze, der Flora, der
Fauna und vor allem der Menschen zugunsten der Wirtschaft der kolonisierenden Nation«, und diese sei »dafür
zu der Gegengabe ihrer höheren Kultur, ihrer sittlichen
Begriffe, ihrer besseren Methoden verpflichtet« (Bernhard
Dernburg, *Zielpunkte des deutschen Kolonialwesens*, Berlin 1907, S. 5). Wenn man gewaltsam in die überkommenen Strukturen eingreife, wenn man deutsche Rechts-
begriffe ohne Weiteres auf Afrika übertrage und zum
Beispiel deutsche Arbeitsvorstellungen von Afrikanern er-
zwinge, dann provoziere man allenfalls Aufstände. Früher
habe man mit »Zerstörungsmitteln« kolonisiert, etwa mit
Alkohol und Waffen, jetzt könne man mit »Erhaltungs-
mitteln« kolonisieren, »und dazu gehören ebenso der Missionar wie der Arzt, die Eisenbahn, die Maschine, also die
fortgeschrittene theoretische und angewandte Wissenschaft auf allen Gebieten« (ebd., S. 9).

Die Debatte um Kolonialprinzipien betraf die Zielsetzung von Kolonialpolitik in Afrika überhaupt. Betrieben
die Kolonialgesellschaften in den ersten Jahrzehnten bis
zum Beginn des 20. Jahrhunderts eine Politik der unmittelbaren Raub- und Beutewirtschaft, so setzte sich Dernburg für eine schonende Inwertsetzung der Kolonien und
eine paternalistische Erziehung der indigenen Bevölkerung zu bäuerlichem Leben und europäischer Arbeitsdis-
ziplin ein. Dahinter stand nicht die Absicht, die Kolonien
auf die Selbständigkeit vorzubereiten, im Gegenteil: Man
versuchte sich auf eine dauerhafte Kolonialherrschaft einzustellen und den langfristigen Nutzen sowie die Stabilität
der Kolonie sicherzustellen. Daraus ergaben sich die Ausgestaltung der Ämter und der schrittweise Aufbau eines
Kolonialstaats. Die praktischen Aufgaben der Verwaltung
in den europäischen Afrikakolonien waren dabei ungeachtet divergierender Prinzipien und Legitimationen ähnlich:
Sie umfassten die Wahrnehmung der Hoheit, den Schutz

der Europäer vor Ort, die Organisation von Infrastrukturmaßnahmen, und zwar an erster Stelle den Straßen-, dann den Eisenbahnbau, dabei auch die Rekrutierung von Arbeitskräften, die Fiskal- und Zollverwaltung, insbesondere zur Sicherstellung der Steuereintreibung, die Organisation und Garantie des Gerichtswesens, die Einleitung gewisser sozialpolitischer, medizinischer und hygienischer Vorkehrungen und zunehmend auch die Regulierung des Kultur- und Bildungsbereichs. Auf den ersten Blick war das ein umfassendes Aufgabenfeld, das eine weit ausdifferenzierte Verwaltung zu verlangen schien. De facto aber vollzog sich der Aufbau von Fachbehörden nur mit großen Verzögerungen.

Die formale Vielfalt der Benennungen der Überseegebiete, nämlich Dominions, Kronkolonien, Kolonien oder Protektorate (im deutschen Fall »Schutzgebiete«), sagte dagegen wenig über die Verwaltungsstruktur aus. Für Ansätze und Reichweite von Selbstverwaltung und Partizipation war vielmehr wichtig, ob es sich um Siedlungskolonien oder reine Herrschaftskolonien handelte. Die Südafrikanische Union verfügte als Dominion über ein eigenes Parlament und eine eigene Regierung. Allerdings stellte Großbritannien die Gouverneure und hatte das Vetorecht in Fragen der Gesetzgebung. Südrhodesien, gleichermaßen Siedlungskolonie, galt als Kronkolonie, hatte aber seit 1923 ebenfalls ein Parlament und eine parlamentarisch verantwortliche Regierung. In den übrigen britischen Afrika-Besitzungen, die bis zum Zweiten Weltkrieg über keinen größeren europäischen Bevölkerungsanteil verfügten, wurden nur Exekutiv- oder Legislativräte eingerichtet, die den Gouverneur als Leiter der Kolonie berieten. Die Mitglieder stammten anfangs freilich zum großen Teil aus dem Verwaltungsapparat und wurden ernannt, erst in den 1920er Jahren wurden einige wenige Vertreter der indigenen Bevölkerung einbezogen und für einen Teil der Ratsmitglieder Wahlen eingeführt. Im französischen Bereich verzichtete man dagegen bis in die Zeit des Zweiten Weltkriegs, im belgischen und portugiesischen Bereich sogar noch danach auf partizipative Gremien.

Angesichts der geringen Bedeutung von Mitwirkungsgremien war die Machtfülle der Verwaltung außerordentlich groß. Oberflächlich betrachtet ähnelte die Verwaltungsstruktur europäischen Modellen. Die Kolonialverwaltung war dabei nach dem territorialen Prinzip dreistufig aufgebaut. An der Spitze der Kolonie stand ein Gouverneur (in den Kolonialverbünden Französisch-Westafrika und Französisch-Äquatorialafrika darüber noch ein Generalgouverneur). Er war der Mittler zwischen Mutterland und Kolonie, dem fernen und eher schlecht informierten Kolonialministerium zwar untergeordnet, doch mangels Kontrolle und Gegengewichten vor Ort weitgehend souverän im Alltagsgeschäft. Dem Gouverneur war die gesamte Exekutive unterstellt, einschließlich der Polizei. Er durfte zudem Recht setzen, indem er Verordnungen an Gesetzes statt erließ, und zum Teil die Justiz kontrollieren, beispielsweise Körperstrafen überprüfen und bestätigen. Die Machtfülle ermöglichte autokratische oder quasi-feudale Herrschaftspraktiken und führte dazu, dass einzelne Gouverneure der Kolonie ihren Stempel aufdrücken konnten. Sie fand aber ihre Grenze zumal in den ersten Jahrzehnten häufig an Konflikten mit militärischen Befehlshabern und an den Informationsdefiziten des Gouverneurs selbst, der seinerseits die untergeordneten Behörden nicht beständig kontrollieren konnte.

Denn der Kolonialstaat war im Land eher präsent durch die mittlere Verwaltungsebene (britisch: Distrikte, französisch: Kreise, deutsch: Bezirke). Diese Einheiten, die teilweise noch einmal in größeren Territorialeinheiten zusammengefasst waren, konnten räumlich die Ausmaße eines deutschen Staates wie Sachsen erreichen und waren in Untereinheiten (Unterbezirke) mit eigenem Personal gegliedert. An der Spitze stand ein Distriktkommissar (Kreiskommandant, Bezirksamtmann), der nicht nur de jure und erst recht de facto eine außerordentliche Machtfülle vereinte, sondern auch die eigentliche Schlüsselstelle der Kolonialverwaltung und die Nahtstelle zwischen Europäern und indigener Bevölkerung darstellte. Das Aufgabenfeld dieser Beamten umfasste die gesamte innere Verwaltung, wiederum auch den Erlass von Verordnungen und oftmals die Kontrolle und Ausübung der Zivil- und Strafgerichtsbarkeit, Letztere vorbehaltlich gouvernementalen Zugriffs ab einem gewissen Strafmaß. Der Grundsatz der Gewaltenteilung war auf dieser Ebene jedenfalls erheblich eingeschränkt. Auch war der Mittelbeamte zwar im Prinzip in die Hierarchie eingebunden und weisungsabhängig, doch war der Gouverneur weit entfernt und die Handlungsweise des Beamten auf seiner Station zumal angesichts unzureichender bürokratischer Verfahrensweisen, etwa des Verzichts auf Schriftlichkeit bei Verwaltung und Rechtsprechung, kaum kontrollierbar. Der Beamte richtete sein Augenmerk denn auch oft eher nach unten, auf die Ebene der ethnischen Einheiten, Klans und Dörfer, bei denen er Präsenz zeigen und seine Herrschaft realisieren musste. Hier entschied sich der Einfluss des Beamten. Gerade wenn es nicht gelang, in Form einer indirekten Herrschaft heimische Gewalten einzubinden, übernahmen die Kreiskommandanten oder Distriktkommissare quasi afrikanische Formen von Herrschaft und Repräsentation. Das ließ sie zu Kolonialkönigen werden, vergrößerte aber die Distanz zu Werten, Normen und Zielen des Mutterlandes.

Unterhalb der Mittelebene versuchten die Kolonialmächte eine Art Kommunalverwaltung aufzubauen, indem sie indigene Dorfvorgesetzte (*Chiefs, Headmen, Chefs*) bestätigten oder ernannten, mehrere Dörfer unter neu eingerichteten Instanzen (*Warrant Chiefs*) zusammenfassten und generell eine als traditionsgeprägt verstandene, aber in die Verwaltungsstruktur integrierte Häuptlingsautorität etablierten. Im britischen Bereich versuchte man dabei, gemäß dem Grundgedanken indirekter Herrschaft stärker auf vorhandene Strukturen und Autoritäten zurückzugreifen; die *Chiefs* sollten aus den alten Eliten ausgewählt werden und sich auf deren quasi natürliche Legitimität stützen. Im französischen Bereich sah man gemäß dem Prinzip direkter Herrschaft die Kommunalinstanz (*Chefferie*) bloß als unterstes Organ im hierarchisch-bürokratischen Instanzenzug an. Die französischen *Chefs* sollten deshalb ihre Legitimität ausschließlich aus der staatlich-französischen Ernennung beziehen. Dabei wurden bewusst auch ortsfremde, allerdings afrikanische Dorfvorgesetzte ernannt. In der Praxis konvergierten freilich beide Systeme. Auf solche indigenen Instanzen konnte man nicht nur wegen des geringen europäischen Personals nicht verzichten, sie waren auch unabdingbar, um ohne ständige militärische Präsenz koloniale Autorität durchzusetzen, Legitimität zu vermitteln und Loyalität zu erzeugen. Vor allem war es ihre Aufgabe, als intermediäre Instanzen Kollektivverpflichtungen, nämlich Steuern, Arbeitsdienstpflichten und Militärrekrutierung, auf die einzelnen Mitglieder der von ihnen repräsentierten Gemeinschaft umzulegen.

Der Kolonialstaat:
Herrschaft und Teilhabe

Das System der Häuptlingschaften war das charakteristische und paradigmatische Merkmal des Kolonialstaats in Afrika. In ihm spiegelten sich die Formen der Herrschaft, die Probleme der Inkorporierung indigener Gewalten und die Grenzen von Partizipation und Emanzipation. In ihm offenbarte sich zudem, dass Herrschaft und transkulturelle Begegnung zwei Seiten einer Medaille darstellten. Und schließlich hatte das System der Häuptlingschaften langfristige Konsequenzen in Hinsicht auf ethnische Identi-

tätsbildung, soziale Umschichtung, Elitenbildung und die
Bedingungen politischer Herrschaft weit über das Ende
der Kolonialzeit hinaus. Dabei entstand es als Verwal-
tungssystem erst kurz vor dem Ersten Weltkrieg, und bereits in den späten 1920er Jahren galt es vielen als gescheitert. Bis in das erste Jahrzehnt des 20. Jahrhunderts blieb
es bei tastenden, experimentellen, punktuellen, von Rückschlägen begleiteten Ansätzen. Formen und Begrifflich-
keiten waren unterschiedlich. Doch wurde das System in
den britischen, französischen und deutschen Kolonien
gleichermaßen genutzt und fand sich sowohl dort, wo
protostaatliche Strukturen in das Kolonialregime integriert wurden, als auch in Gebieten, die bislang akephal
aufgebaut waren und somit keine Zentralgewalt kannten,
sondern die Regelung gemeinschaftlicher Angelegenheiten
auf unterschiedliche Räte und Personen übertragen hatten.

So verfügte das Königreich Buganda um 1900, als es in
das britische Kolonialreich übernommen wurde, bereits
über eine zentral organisierte Territorialstruktur. Unter
dem *Kabaka* standen Gouverneure mit regionaler Zuständigkeit, darunter wieder jeweils für territoriale Untereinheiten zuständige Distrikt- und Dorfvorsteher. Abgesehen
von dem *Kabaka* handelte es sich nicht um Erbämter. Die
Briten deuteten die Vorsteherämter als *Chiefs*, übernahmen das System, vereinheitlichten es und glichen es dem
Modell der *Chief*-Verwaltung in anderen afrikanischen
Kolonien an. Die Grenzen der Amtsbezirke wurden ebenfalls korrigiert, zum Teil auch neu gezogen, doch blieben
die Territorien sehr unterschiedlich. Die der Regierung
untergeordneten *County Chiefs* hatten eine Bevölkerungszahl von 70 000 bis 80 000 Personen in ihrem Amtsbezirk,
die *Sub-county Chiefs* etwa 8000 Personen, die *Parish
Chiefs*, die mehrere Dörfer zu verwalten hatten, rund
1000 Personen. Konflikte entstanden um die Ernennung
der *Chiefs*, die der weiterhin vom *Kabaka* geleiteten Bu-
ganda-Regierung oblag. Zunächst führten die Briten 1919

Dienstanweisungen ein, die die *Chiefs* über Umfang und Art ihrer Dienstpflichten, besonders hinsichtlich Steuererhebung, Gesundheitspflege, Bildung und Erziehung, Landwirtschaftsförderung, Arbeiterrekrutierung, Verfolgung von Straftaten und Rechtsprechung, informierten. Die *Parish Chiefs* hatten das breiteste und problematischste Aufgabenfeld, mussten sie doch die Regierungsbeschlüsse im Kontakt mit der Bevölkerung durchsetzen, aber auch zum Beispiel Straftäter festnehmen und zum *County*-Gericht bringen. Hier fungierten sie unter anderem als Mitglieder des *Sub-county Court*, der wiederum exekutive, legislative und jurisdiktionelle Kompetenzen verband.

Anfangs wurden den *Chiefs* anstelle eines Gehalts große Ländereien zur freien Verfügung zugeteilt, die sie für den Baumwollanbau nutzten und auf denen ihr Reichtum gründete. Seit Mitte der 1920er Jahre erhielten sie fixierte, allerdings nach Rang stark abgestufte Gehälter. Auf den beiden oberen Ebenen erwarben sie auch Pensionsanspruch. Dann wurde die Amtsführung intensiver kontrolliert, die Zahl der Entlassungen wegen dienstlicher Mängel nahm zu. Hinter den Spannungen stand der Konflikt um zwei Amtskonzepte – auf der einen Seite das bugandische Verständnis persönlicher Loyalität und Bindung der *Chiefs* an den *Kabaka*, auf der anderen Seite das Verständnis der *Chiefs* als Amt in einer Verwaltungshierarchie – und zugleich ging es um den Autoritätsverfall des *Kabaka*, dessen Macht zuvor auf dem Recht zur Ernennung der Vorsteher beziehungsweise *Chiefs* basiert hatte. Der Konflikt blieb bis zum Ende der Kolonialzeit ungelöst, wenn sich auch im Zweifel die britische Oberaufsicht durchsetzte. Dabei gewannen freilich vor allem die *Chiefs*. Das Amt war zwar nicht erblich, doch de facto wurden die *Chiefs* aus der quasi-feudalen, grundbesitzenden Schicht der alten Vorsteherfamilien ausgewählt, auf der obersten Ebene der *County Chiefs* waren sogar 55 Prozent der Amtsträger selbst Söhne von *Chiefs*. Die ersten *Chiefs* nutzten ihr Vermögen, um ihre Söhne in Missionsinternate zu schicken, wo sie wiederum auf künftige Führungspositionen vorbereitet wurden. In der späteren Kolonialzeit verfügten zwei Drittel der *Chiefs* in Buganda über eine Sekundarschulbildung. Die familiäre Vernetzung trug dazu bei, dass die *Chiefs* ihre Position zwischen den konkurrierenden Herrschaftsansprüchen bewahren und sich als Sozial- und Funktionselite noch bis in die nachkoloniale Zeit behaupten konnten. Ihren Rang im kolonialen und nachkolonialen System legitimierten sie dabei mit der Berufung auf die Tradition und kaschierten so ihre tatsächliche Einbindung in das moderne Kolonialsystem.

Auch in den Kolonien Frankreichs, die nach dem Modell der direkten Herrschaft verwaltet wurden, knüpfte die neu eingeführte *Chefferie* an vermeintliche Traditionen an, man folgte aber dem französischen Modell der dreistufigen Büroverwaltung, nur dass eben die Amtsvorsteher nun als »Häuptlinge« (*Chef de Canton*, *Chef de Village*) tituliert wurden. Doch die so installierten Amtsträger waren einerseits stärker als vorkoloniale Klan- und Dorfhonoratioren, da sie nun die staatliche Macht bündelten und vertraten und vom Kolonialstaat im Zweifel auch militärisch gestützt wurden, andererseits aber schwächer als ihre Vorgänger, denn diese konnten sich nicht nur auf die Tradition berufen und so selbstverständliche Loyalität erwarten, sondern sie hatten auch religiös-kultische Funktionen, die ihren Einfluss absicherten. Daraus entwickelten sich vielfältige Varianten: Entweder wurden die bisherigen Hierarchien als *Chefferie* weitergeführt, oder koloniales und traditionelles System arbeiteten de facto nebeneinander, Letzteres mehr oder minder toleriert von den Kolonialherren. Das bisherige System konnte aber auch vollständig verdrängt werden. Von den indigenen Amtsträgern und Eliten wie von den Kolonialbeamten hing es ab, wie die Spannungen in der Praxis abgemildert werden konnten. In manchen

Fällen traten eingesetzte Häuptlinge wie in Französisch-Westafrika zum Islam über, um ihre Akzeptanz zu erhöhen.

Selbst in Gebieten, die vor der Kolonialzeit keine staatlichen Formationen gekannt hatten und wo das Chiefamt völlig neu eingeführt wurde, etwa im Süden Nigerias, in Tansania oder in Kenia, waren es am Ende gerade diese *Chiefs*, die sich als vermeintlich traditionelle Elite dauerhaft etablieren konnten. So wurden bereits seit den 1890er Jahren in der kleinteilig strukturierten, akephal organisierten, marktwirtschaftlich aber aktiven und daher für die Briten wichtigen Igbo-Gesellschaft im südöstlichen Nigeria erste Versuche zur Einführung eines Systems von *Warrant Chiefs* eingeleitet. Diesen *Chiefs* unterstand jeweils ein lokaler Amtsbezirk. Zugleich sollten auf Subdistrikt- und Distriktebene die *Chiefs* in sogenannten *Native Courts* zusammentreten, die jurisdiktionelle und administrative Aufgaben hatten. Ihre Beziehungen zum kolonialbritischen Verwaltungsapparat waren allerdings noch unklar. Mehr und mehr wurde mit der Erschließung des Territoriums auch die Praxis der indigenen Verwaltungsinstanzen systematisiert. Sogenannte *Native Courts Proclamations* fixierten und vereinheitlichten 1900 und 1901 für Südnigeria das, was bereits entstanden war. Die Mitglieder der *Native Courts* benötigten mittlerweile offizielle Ernennungsurkunden, und ihre Verwaltungs- und Rechtspraxis wurde nun und in den folgenden Jahren einerseits akzeptiert, festgeschrieben und in das Kolonialsystem integriert, andererseits aber auch im Sinne der Kolonialherren modifiziert. Dabei ging es nicht nur darum, bestimmte, als menschenunwürdig abgelehnte Praktiken wie Menschenopfer oder die Tötung von Zwillingen abzustellen, sondern auch um die Nutzbarmachung der indigen besetzten Instanzen für die Kolonialmacht, indem ihnen neue kolonialstaatliche Aufgaben wie die Besteuerung übertragen und zentrifugale Tendenzen durch eine bessere Einbindung bekämpft wur-

den. Dazu gehörte zum Beispiel, dass in manchen Fällen
britische Beamte einfache Mitglieder oder Präsidenten der
Native Courts wurden. Das konnte man allerdings aus personellen Gründen nur für eine kleine Zahl der indigenen
Räte umsetzen. *Minor Courts* ohne britische Beteiligung
standen nun neben *Native Councils*, die in den Distrikt-
hauptstädten unter britischer Präsidentschaft wirkten.

Die Räte behielten in den Anfängen exekutive, legislative, zivil- und strafrechtliche Kompetenzen. Sie konnten
Verfügungen erlassen, um die Ruhe in ihrem Territorium
zu garantieren oder um die soziale Wohlfahrt zu fördern,
und sie konnten auch sicherheitspolizeiliche Maßregeln
ergreifen. Auf die Dauer rückten allerdings die jurisdiktionellen Aufgaben in den Vordergrund, denn die Kolonialverwaltung suchte vor allem eine Institution zur Beile-
gung von Konflikten zwischen Dörfern und Klans, die gewaltsame Lösungen vermied und zugleich die britischen
Beamten aus der unmittelbaren Verantwortung zog. Insofern hatten die Räte die Aufgabe, zwischen gewohnten
Formen der Konfliktregulierung sowie Partizipation einerseits und kolonialen Interessen an stabilen Rahmenbedingungen für eine florierende Kolonialwirtschaft andererseits zu vermitteln. Letztlich stand dabei das koloniale
Interesse im Mittelpunkt. Daher wurden auch die jurisdiktionellen Kompetenzen genau fixiert und hinsichtlich
des Streitwerts und Strafmaßes begrenzt. Die *Minor
Courts* unterlagen hier engeren Restriktionen als die
Native Councils, denen darüber hinaus die Aufsicht über
die Ersteren oblag. Generell behielten sich die Briten vielfältige Eingriffsrechte vor. Die Aufsichtsbehörde
konnte einzelne Mitglieder der Räte entlassen oder auch
die Tätigkeit des gesamten Gremiums suspendieren. Doch
der (europäisch besetzte) Oberste Gerichtshof der Kolonie, dem die Kontrolle der Rechtsprechung oblag, war
kaum in der Lage, die große Zahl an Verfahren der schon
vor dem Ersten Weltkrieg rund 70 *Native Courts* in Süd-

nigeria zu überwachen. Die Berichtspraxis war uneinheitlich und wurde offenbar den komplexen Verhältnissen vor Ort nicht gerecht. Auch konnten die Distriktkommissare angesichts der Ausweitung ihrer Aufgaben, der wachsenden Zahl an *Native Courts* und der rapiden Zunahme der verhandelten Fälle de facto nicht, wie geplant, an den Verhandlungen teilnehmen.

Wenn das System also selbst dort nicht zur Europäisierung und Vereinheitlichung der Rechtsprechung beitrug, wo es gerade nicht traditionaler Vielfalt folgen sollte, so hatte es doch tiefgreifende Auswirkungen auf die lokale Gesellschaft, auf Schichtung und soziale Mobilität. Die *Warrant Chiefs*, aus denen sich die Räte zusammensetzten, gewannen erhebliche Macht, und das weniger durch ihre jurisdiktionellen als vielmehr durch ihre exekutiven Aufgaben. Sie hatten die kolonialstaatlichen Verfügungen auf lokaler Ebene zu verkünden und durchzusetzen. Sie mussten Straßen anlegen und Amtsgebäude errichten lassen. Vor allem hatten sie drei wesentliche Pflichten, die ihre Macht und Abhängigkeit gleichermaßen begründeten, nämlich die Durchsetzung von Steuern, Zwangsarbeit (vor allem für den Verkehrswegebau) und Militärdienst. In der Regel wurden diese Lasten aufgrund von Volkszählungen beziehungsweise Schätzungen pauschal auferlegt und vom *Chief* konkret auf die einzelnen Familien oder Männer umgelegt. Dabei hatte er einerseits Einfluss, indem er die Informationen zur Bevölkerungszahl filterte, andererseits konnte er bei der Umlegung bestimmte Personen, Angehörige und Anhänger, freistellen. Auch war es wohl nicht unüblich, wenn auch illegal, gegen eine Art Ablösezahlung die Freistellung von kolonialen Pflichten zu erkaufen. Nur die Unterordnung unter einen *Chief* bot also Schutz vor kolonialen Lasten; das System förderte die Entstehung eines neuartigen Klientelismus. Hinzu kam, dass die *Chiefs* schon aus pragmatischen Gründen weiteres Amtspersonal, lokale *Headmen*, anwerben mussten.

Chiefs und *Headmen* erhielten als Amtssymbole eine Art
Häuptlingsmütze mit metallenem Kronenemblem und bei
herausgehobener Position auch einen Häuptlingsstab.
Diese Insignien verbanden koloniale und traditionelle Autorität. Die Inhaber hatten Zugang zu Macht und Pfrün-
den, und für junge Männer bot das System die Chance, die
Hürden der überkommenen Rang- und Altersordnungen
zu umgehen und sozial schneller zu avancieren. Aber die
Chiefs waren zu einer gewissen Grundloyalität gegenüber
den Kolonialherren gezwungen. Sie konnten nur innerhalb des Systems ihren Einfluss bewahren. Insofern waren
die *Chiefs* Garanten von Stabilität, und deshalb hatten die
Kolonialmächte ein Interesse daran, trotz aller Widersprüche und Missbräuche das *Chief*-Modell weiterzuführen.
Nur langsam wurde es rationalisiert und bürokratisiert.

Dabei war dieses frühe britische System weit entfernt
von dem, was als indirekte Herrschaft beispielsweise in
den Emiraten Nordnigerias praktiziert und was als Ideal
angestrebt wurde. Frederick Lugard, der als Gouverneur
in Nigeria die Nord- und Südprovinzen zusammenfassen
sollte, wollte das System daher umgestalten. Aus einem
vernetzten System europäisch-afrikanischer Instanzen
sollte nach Lugards Konzept wieder ein dualistisches
Modell werden. Die afrikanischen Instanzen hießen nun
Native Court. Das Berufungs- und Revisionsrecht
des Obersten Gerichts sollte entfallen, um die Autonomie der
Native Courts wiederherzustellen. Das hatte freilich auch
einen Rückschritt hinsichtlich Einheitlichkeit und Präju-
dizierbarkeit der Rechtsprechung zur Folge. Allerdings
bestimmte weiterhin die Kolonialmacht, in welchen Fällen
ihre eigenen Gerichte zuständig waren. Auch die Verfahrensweisen wurden vom britischen Gouvernement vorgeschrieben. Ebenso gab es wie bislang Eingriffe und Restriktionen, wenn es um als barbarisch verstandene traditionelle Sitten ging. Vor allem wurden die *Native Courts*
nach wie vor durch die britische Kolonialmacht einge-

setzt. Die *Chiefs* in ehedem akephalen Gesellschaften
mussten weiterhin durch die britische Verwaltung ernannt
werden. Aus Lugards Sicht war das keine Notlösung, sondern ein Schritt hin zur Schaffung stabiler afrikanischer
Systeme und Autoritäten. Diese sah er wiederum als Voraussetzung der Arbeit des Distriktkommissars an.

In der Praxis war Lugards System nicht erfolgreicher als
das seiner Vorgänger. Mit den *Chiefs* förderte es eine neue
Elite, die sich auf britische Ernennung stützte, aber auf
traditionelle Autorität berief. So begehrt das Amt war, so
umstritten blieben Legitimität und Autorität. Weder waren die *Chiefs* nach tradierten Mustern ins Amt gelangt,
noch entsprachen ihre Kompetenzen hergebrachten Ord-
nungsmodellen. Mancher wurde sogar fern der eigenen
Ethnie als *Chief* eingesetzt. Grundsätzlich bündelte der
Chief Kompetenzen, die ehedem auf verschiedene Personen und Räte verteilt gewesen waren. Als schließlich noch
besondere *Chiefs* für exekutive Aufgaben eingesetzt und
Paramount Chiefs mit herausgehobenen Funktionen geschaffen wurden, näherte sich das System sowohl europäischen Vorstellungen von Verwaltungshierarchie und
-struktur als auch dem französischen Modell der *Chefferie*. Allerdings handelte es sich bei den *Chiefs* im nigerianischen System oftmals um Vertreter der älteren illiteraten
Honoratioren. Deshalb plante Lugard, Angehörige der
jungen Elite, künftige *Chiefs*, in einer Art von Internaten
auszubilden, um sie auch an die Formen und Werte guter
Verwaltung zu gewöhnen. All das war indes nicht praktikabel. De facto wurde nicht überprüft, ob die *Chiefs*
über die erforderlichen Qualifikationen verfügten, auch
konnten Misswirtschaft, Korruption und Selbstversorgung nicht verhindert werden. Zunehmend entfernten sich
die *Chiefs* von der eigenen Bevölkerung. Sowohl ländlich-
konservativen Schichten wie den jungen Absolventen der
Missionsschulen, die eine Karriere im britischen Verwaltungsapparat anstrebten, waren sie suspekt; sie galten als

Loyalisten und Kollaborateure. So konnten die *Chiefs* kaum mehr die von den Briten gewünschte Vermittlerrolle ausüben. Sie wurden zur Interessengruppe im kolonialen System und begannen eigene Vereinigungen und Parteien zu bilden.

Dieser Prozess war keineswegs auf Nigeria beschränkt. Im britischen West- wie Ostafrika, etwa in Ghana und Kenia, wurde gerade in zuvor kleinteilig-akephal organisierten Gesellschaften durch die Ernennung von *Chiefs* eine umstrittene, aber zunehmend machtvolle Landelite geschaffen. Scheinbar Sachwalter der britischen Verwaltung, bewahrte sie eine beträchtliche Autonomie auch unter dem seit den 1920er Jahren und erneut seit 1945 verschärften zentralisierend-egalisierenden Zugriff. Die Kolonialmacht stützte sie mit militärischer oder polizeilicher Hilfe, wenn sie in ihrem Sprengel auf Widerstand stießen, umgekehrt konnte die Verwaltung sich in der Regel darauf verlassen, dass die *Chiefs* in Krisen an ihrer Seite standen, basierte ihr Einfluss doch auf britischer Rückendeckung. Das galt beispielsweise in Kenia für die Krise Anfang der 1920er Jahre, als die *East African Association* unter Harry Thuku auf Missionsschulen gebildete, aufstiegsorientierte und integrationsbereite junge Männer mobilisierte und Forderungen stellte nach Beendigung von Repressionen wie der *kipande,* einer Pass- und Arbeitsmarke, die erwachsene Afrikaner ständig bei sich tragen mussten und die der Kontrolle der Arbeiter diente, sowie nach erweiterten Mitwirkungsmöglichkeiten, während die seit 1920 in der *Kikuyu Association* (seit 1931 unter dem Namen *Kikuyu Loyal Patriots*) organisierten *Chiefs* die Kolonialmacht stützten.

Von zwei Seiten hatten die *Warrant Chiefs* dabei Konkurrenz zu gewärtigen: Auf der einen Seite wurde in den 1920er Jahren zunehmend deutlich, dass die jungen indigenen Gebildeten sich in doppelter Weise in ihrem Fortkommen blockiert fühlten: Einesteils waren sie beschränkt auf subalterne Positionen in der britischen Verwaltung, anderenteils ausgeschlossen aus dem Kreis der *Chief*-Eliten. Die Unruhe, die daraus entstand, konnte nicht nur polizeilich bekämpft werden, sondern verlangte auch nach politischen Antworten. Deshalb wurde das Ratssystem ausgeweitet: In Kenia beispielsweise entstanden Mitte der 1920er Jahre *Local Native Councils*, in denen nun breitere Kreise, von der Dorfbevölkerung bis zu den jüngeren Gebildeten, eine Vertretung finden sollten. Das trieb die Pluralisierung des Rechts- und Verwaltungssystems allerdings weiter voran. Denn auf der anderen Seite bestanden auch vorkoloniale Instanzen der Gesellschafts- und Konfliktregulierung fort. Bünde konnten nicht unterdrückt werden, der Einfluss von Magiern und anderen religiösen Autoritäten blieb in weiten Landesteilen vorerst ungebrochen, traditionelle Rituale und Strafpraktiken waren ebenso wenig auszuschalten. Auf der Basis des sozial nach wie vor mächtigen Lineage-Systems wurden strittige Fälle häufig noch quasi intern gelöst, obwohl Briten und *Chiefs* alles daran setzten, das Monopol der neuen *Native Courts* durchzusetzen.

Die Praxis der autonomen Konfliktregulierung war Teil eines komplexen vorkolonialen Organisationssystems, das kaum auseinandergerissen werden konnte und das offenbar auch weiterhin wirkungsvoll blieb. Bünde gewannen sogar wieder an Einfluss, da sie als geheime Gesellschaften per se geeignet waren, unter den Bedingungen kolonialer Repression die Werte und Formen der vorkolonialen Ordnung zu behaupten. Manche Bünde wurden regelrecht wiederbelebt wie der *Anang*-Bund in Südnigeria, in dem sich die erwachsenen Männer zusammenschlossen, um Diebstahl zu bestrafen, und der auch öffentliche Bestrafungen, Folterungen und Hinrichtungen vollzog. Sogar einige *Warrant Chiefs* sollen daran beteiligt gewesen sein. Dies war freilich kein bloßer Traditionalismus, sondern eine von lokalen Gemeinschaften durchaus gezielt eingesetzte Strategie des Umgangs mit der kolonialen

Herausforderung, die wiederum Neues schuf. Auch die
Lineages verloren an selbstverständlicher Verbindlichkeit,
gewannen aber als quasi freiwillige Vereinigungen an politischer Brisanz, sie wurden zu krypto-oppositionellen Organisationen. Das Bemühen zur Vereinheitlichung der
Verwaltungsordnung führte somit letztlich zur Pluralisierung der gesellschaftlichen Ordnungssysteme und auch
der Raumordnung; administrativ bestimmte Sprengel
wurden von personal definierten Lineage-Einheiten und
Bünden durchzogen. Daneben bestand eine informelle
Autorität vorkolonialer Könige und Fürsten in ihren hergebrachten Amtsbezirken fort.

Auch der Umgang mit dem Recht veränderte die Traditionen dort, wo er sie zu bewahren vorgab. Die Rechtsordnung der Kolonien war auf den ersten Blick dualistisch, da
für Europäer und indigene Afrikaner unterschiedliches
Recht galt, bei genauerem Hinsehen aber ebenfalls plura-
listisch, und das nicht nur, weil zum Beispiel für Inder wiederum ein besonderes Recht eingeführt wurde. Für Europäer galt in der Regel das Zivilrecht des Mutterlandes, auch
bei Konflikten, an denen Europäer und Afrikaner beteiligt
waren, war das »weiße« Recht ausschlaggebend. Für Afrikaner konnten dagegen unterschiedliche Rechtsnormen
angewendet werden. Das Strafrecht wurde dabei ganz in
die Hände der Kolonialverwaltung genommen. Nur kleinere Angelegenheiten durfte der Ortsvorsteher oder *Chief*
selbst verfolgen. Ermittler, Ankläger und Richter war in
der Regel der Leiter von Bezirk, Kreis beziehungsweise
Distrikt, was noch einmal dessen außerordentliche Machtfülle unterstrich. Als Basis diente in den Kolonien ein in
der Regel nicht einheitlich kodifiziertes, allerdings spezifisches Kolonialrecht, das sukzessive aufgrund von konkreten Herausforderungen entstanden war. Grundsätze europäischen Rechts, die Gewaltenteilung, die Trennung von
Ankläger und Richter, die Unabhängigkeit des Richters,
die Gleichheit vor dem Gesetz und der Grundsatz *nullum*

crimen sine lege, galten dabei nicht mehr generell. Das Strafrecht diente vielmehr als Instrument der Erschließung und Befriedung der Kolonie, es sollte zweckgebunden entwickelt werden und konnte von daher nicht europäischen Modellen folgen. So entsprachen auch die Strafen nicht dem in Europa Üblichen. Anstelle der Gefängnisstrafe wurden gerade anfangs häufig Körperstrafen wie Prügel oder Zwangsarbeit verhängt, einesteils um die Strafe unmittelbar fühlbar zu machen, anderenteils um sie als Mittel der Erziehung zu Disziplin und Arbeit zu nutzen. Eine Rationalisierung und Humanisierung fand nur insofern statt, als die Bedingungen von Körperstrafen zunehmend fixiert wurden, Frauen und Kinder hier höheren Schutz genossen und generell Kontrollmöglichkeiten eingeräumt wurden. Doch nahm anfangs die Zahl der verhängten Prügelstrafen sogar zu, wie am Beispiel der deutschen Kolonien zu verfolgen ist, wo sie zwischen 1900/01 und 1912/13 von 4201 auf 14 951 anstieg. Der Kolonialstaat wurde zwar bürokratischer, er intensivierte seine Sanktionsgewalt und verbesserte seine statistische Buchführung, aber er entfernte sich von in Europa geforderten Standards. Die Dunkelziffer lag ohnehin erheblich höher, weil die Praxis der Disziplinargewalt bei Plantagenarbeit und Eisenbahnbau ebenso wenig in die Statistik einging wie die alltägliche Gewalt im Umgang der Kolonialherren mit der afrikanischen Bevölkerung.

Das Zivilrecht sollte nicht nur in Gebieten mit indirekter Herrschaft auf dem Gewohnheitsrecht basieren. Bei vielen Aspekten des Familien-, Eigentums- und Erbrechts hielten die Kolonialmächte ein unmittelbares Eingreifen weder für sinnvoll noch für praktikabel. Die Beibehaltung eines Teils der überkommenen Rechtspflege sparte Kosten und Personal, vor allem entlastete sie die Kolonialverwaltung von der Regelung interner Konflikte der indigenen Bevölkerung, sie konnte schließlich die Akzeptanz der kolonialen Herrschaft verbessern. Allerdings gab es Felder auch des Zivilrechts, in denen das Tradierte von den Kolonialmächten nicht akzeptiert wurde, etwa bei bestimmten Praktiken, die mit christlichen Vorstellungen kollidierten, an erster Stelle die Beschneidung von Mädchen. Versuche der Missionen, mit Rückendeckung des Kolonialstaats hier einzugreifen, provozierten Widerstände wie im Kenia der 1920er Jahre, als erst unabhängige Schulverbände und dann politische Organisationen wie die *Kikuyu Central Association* wesentliche Impulse aus dem Kampf gegen diese Politik gewannen. Ebenso wichtig aber war die Frage, in welcher Weise das Gewohnheitsrecht verstanden und angewendet werden sollte. Denn die Funktion des Rechts wandelte sich im Kolonialstaat gegenüber dem vorkolonialen System grundlegend. Das vorkoloniale Recht war, zumindest in nichtstaatlich verfassten Gesellschaften, flexibel, auslegungs- und wandlungsfähig. Ein Rechtswesen im westlichen Verständnis als abgesonderte Sphäre der öffentlichen Gewalt gab es im Grunde nicht, ebenso wenig ein Recht im Sinne eines fixierten Normenkatalogs und auch keine Rechtsprechung als verallgemeinerbare Durchsetzung der Normen. Vielmehr handelte es sich bei dem, was man im vorkolonialen Kontext Recht nennt, eher um einen sozial, verwandtschaftlich und religiös fundierten Verhaltenskodex. Die Rechtsfindung diente der Integration und Befriedung und hatte auf die je konkrete Situation Bezug zu nehmen. Recht musste nicht einheitlich sein und sollte gerade keine präjudizierende Wirkung entfalten, konnte das mangels Schriftlichkeit auch kaum. Wollte man afrikanisches Recht in dieser Form bestehen lassen, so musste man auf jede Kontrolle verzichten. Das war anfangs kaum vermeidbar, auf die Dauer aber nicht akzeptabel. Die Kolonialmächte gingen im Einzelnen unterschiedlich vor, die Ergebnisse ähnelten sich aber.

Die Deutschen ließen heimische Instanzen der Rechtsprechung, sogenannte Häuptlingsgerichte, zunächst be-

stehen und gestanden ihnen neben zivilrechtlichen auch in
geringem Umfang strafrechtliche Kompetenzen zu. Doch
entsprachen diese Gerichte nur vermeintlich indigenem
Recht, vielmehr beruhte die Gewalt der Häuptlinge auf
deutscher Bestätigung oder Ernennung. Außerdem band
man die Häuptlingsgerichte zunehmend durch Regulie-
rungen und Berufungsmöglichkeiten ein, so dass sie zu
untersten Instanzen der kolonialen Gerichtsbarkeit wurden. Umgekehrt sollten in Deutsch-Ostafrika die Bezirksamtleute bei zivilrechtlichen Entscheidungen heimische
Rechtskundige beratend einbeziehen. Grundsätzlich sollten auch die deutschen Richter, hier die Bezirksamtleute,
bei Entscheidungen über Fälle, von denen ausschließlich
indigene Afrikaner betroffen waren, das lokale Gewohnheitsrecht zugrunde legen. Dafür war indes die Aufzeichnung der Rechtstraditionen erforderlich. Schon seit 1888
gab es Vorüberlegungen dazu, in den 1890er Jahren begannen – vorerst aus privater Initiative und nicht systematisch – Forscher, Missionare und Beamte mit der
Aufzeichnung lokaler und regionaler Rechtsverhältnisse.
Später arbeitete im Kolonialministerium eine eigene Kommission an der Kodifizierung der traditionellen Rechtsge-
bräuche. Allerdings wurden die Erhebungen erst nach
dem Ersten Weltkrieg abgeschlossen und 1930 veröffentlicht. Auch die französische Kolonialmacht wollte und
konnte nicht einfach das eigene Recht, das sie selbstver-
ständlich für höherwertig hielt, der afrikanischen Gesellschaft überstülpen. Deshalb ließen auch die Franzosen die
indigenen Rechtsverhältnisse aufzeichnen, um sie in zivilen Fragen anzuwenden, allerdings durch Gerichte unter
Beteiligung von Kolonialbeamten. Die britische Kolonialregierung ließ zwar in den *Native Councils* das Gewohnheitsrecht anwenden, leitete aber keine generelle Aufzeichnung des afrikanischen Rechts ein. Nur in Bereichen,
in denen wie im Bodenrecht das unmittelbare Interesse
der Kolonialherren berührt war, wurden die Rechtsver-

hältnisse im staatlichen Auftrag niedergelegt – und im Rahmen der Absteckung britischen Siedlerlandes, zum Beispiel in Kenia und Rhodesien, modifiziert. Doch auch in den britischen Kolonien begannen Anthropologen und andere Wissenschaftler mit der umfassenden Erforschung und Verzeichnung des alten Rechts.

Der Umgang mit dem alten Recht hatte unbeabsichtigte und unkalkulierbare Folgen. Das Problem war nicht nur, dass man für die Niederschrift geeignete, sprachkundige und kompetente Informanten finden musste. Vielmehr veränderte das Recht mit der Niederschrift seinen Charakter. Es wurde zum Gesetzbuch nach europäischem Vorbild, afrikanisches Recht erstarrte und verlor seine spezifische Flexibilität. Vor allem griff die europäische Aufzeichnung afrikanischer Lokalrechte in die vorgefundene Sozial- und Raumordnung ein. Denn die vielfältigen Rechtsüberlieferungen auch kleinster Personenverbände wollte man nicht sämtlich aufzeichnen und konservieren; Rechtseinheit und Rechtssicherheit hätte man so nicht erzielen können. Man schuf durch die Aufzeichnung quasi dominante Ethnien, deren Recht nun einem Territorium zugeordnet wurde und dort hegemonialen Status bekam; kleinere Einheiten wurden auf der Ebene des Rechts quasi von größeren aufgesogen. Neben der Schaffung von Amtshäuptlingen war dies ein weiterer Schritt zur Tribalisierung, der es Familienverbänden nahe legte, sich einem starken ethnischen, von einem Häuptling geführten Verband zuzuordnen.

Koloniale Wirtschaft

Die Suche nach Sicherheit, Zusammenhalt und Gruppenbindung im kolonialen Afrika war freilich nicht nur eine Reaktion auf Herrschaft und Verwaltung, sondern mehr noch auf den wirtschaftlichen und gesellschaftlichen Wandel, der in der Kolonialzeit ausgelöst wurde und der wiederum die soziale Raumordnung veränderte, freilich in anderer Weise als die administrative Struktur. Denn mit der kolonialen Wirtschaft entstanden neue Gravitationszentren und Verkehrsrouten, die gewissermaßen wie Magneten Bevölkerungsströme umlenkten, neue Regionen in den Mittelpunkt rückten, andere marginalisierten, auch tradierte Sozialbeziehungen auflösten, da gerade junge Männer, in geringerem Maß auch junge Frauen, sich auf die neuen Zentren hin orientierten und sich auf die Wanderschaft begaben – und dies, anders als in vorkolonialer Zeit, unabhängig von Klan und Familie. Dieser grundstürzende Wandel war am Anfang freilich nicht absehbar. Denn die frühe Raubwirtschaft basierte wie in vorkolonialer Zeit auf der Kooperation mit existierenden afrikanischen Strukturen, Mittlern, Herrschern und Händlern; sie bestärkte Hierarchien und Autoritäten. Nur die Kaufleute, die Dolmetscher sowie die Karawanenführer und Träger kamen mit den Europäern in Berührung. Die frühe Kolonialwirtschaft knüpfte daran an, weiterhin kam die afrikanische Bevölkerung, abgesehen von den Küstenregionen und einigen Stützpunkten im Binnenland, zunächst nicht mit europäischen Kolonialbeamten, sondern mit den Vertretern der Kolonialgesellschaften in Berührung, die große Teile des Binnenlandes im Auftrag des Staates verwalteten oder gepachtet hatten. Denn Charakteristikum der frühen Phase war ein Konzessionssystem, an dem sich vor allem große Kolonialgesellschaften beteiligten. Oftmals handelte es sich um Handelshäuser, die selbst angesichts zunehmender Unsicherheit staatlich-militärische Unterstützung angefordert und in Erwartung kolonialer Inbesitznahmen spekulativ Ländereien durch Unterhandlung und Verträge mit indigenen Führern erworben hatten. Diese Verträge begründeten zwar nach afrikanischen Vorstellungen kein freies Eigentum, wurden aber gegenüber der europäischen Öffentlichkeit als römisch-rechtliche Titel interpretiert.

Das betraf beispielsweise Deutsch-Ostafrika, das deutsche Kamerun, Französisch-Äquatorialafrika und den Kongo-Freistaat des belgischen Königs Leopold II. Dabei gab es zwei Varianten: In einigen Fällen hatten die Gesellschaften den Auftrag, die gesamte Kolonie auf eigene Rechnung und unabhängig von der Metropole zu verwalten. So wurde in Nordnigeria, Deutsch-Ostafrika, Britisch-Ostafrika, das heißt Kenia und Uganda, sowie in dem britischen Gebiet, das später Nord- und Südrhodesien (heute Sambia und Simbabwe) genannt wurde, verfahren. In anderen Gebieten erhielten die Gesellschaften freie Hand lediglich in einem Teil der Kolonie, die Hoheit verblieb bei der staatlichen Kolonialverwaltung. Dazu gehörten Französisch-Äquatorialafrika, Kamerun, der Kongo Leopolds II. und Moçambique. Dem Staat sparte das Modell Kosten an Erschließung und Verwaltung, für die Gesellschaften bot sich die Möglichkeit zu Geldanlage und Spekulation. Die Gesellschaften sammelten das Geld von Kleinanlegern in Europa, die anfangs überzogene Erwartungen an Profite in Afrika hegten, und finanzierten daraus die Übernahme riesiger Gebiete, die zunächst zum großen Teil gar nicht erschlossen, geschweige denn wirtschaftlich genutzt werden konnten. Dieses System wurde in den deutschen Kolonien schon seit 1884 praktiziert, kam aber in anderen Bereichen erst seit Mitte der 1890er Jahre in Schwung und brach bereits vor dem Ersten Weltkrieg wieder zusammen.

Paradigmatischen Charakter hatte die Entwicklung in Deutsch-Ostafrika. Hier übernahm die im Auftrag der Gesellschaft für deutsche Kolonisation am 2. April 1885 gegründete »Deutsch-Ostafrikanische Gesellschaft« (DOAG) um Carl Peters die Verwaltung des sogenannten Schutzgebietes. Die Finanzierung sollte über Anteilscheine erfolgen. Um die Kolonisation in Deutschland populär zu machen, bemühte man sich zunächst um die Ausgabe kleiner Werte und eine breite Streuung. Der Schutzvertrag mit der

DOAG schloss das Recht zur Okkupation herrenlosen Landes ein, ferner Rechte auf die Gewinnung von Mineralien und Vorrechte beim Eisenbahnbau. Auf dieser Basis organisierte die DOAG von 1884 bis 1886 17 Expeditionen ins Landesinnere, um ihr Territorium zu erweitern und neue Stationen anzulegen. Die insgesamt 15 Stationen, von denen vier primär militärisch-administrativen Zwecken und elf landwirtschaftlichen Aufgaben dienen sollten, waren indes planlos ausgesucht. Peters richtete einerseits Versuchsstationen ein, andererseits Plantagen, auf denen tropische Früchte im großen Maßstab angebaut wurden, zunächst Tabak, dann Baumwolle, Kaffee, Tee und Vanille, schließlich sogar europäisches Gemüse. Das war aufwendig und bedurfte einer längeren Anlaufphase. Doch das Personal der Stationen war landwirtschaftlich nicht vorgebildet, und es gelang auch nicht, genug heimische Kräfte einzuarbeiten. Bis Mai 1887 hatten die Erwerbungen der DOAG nur Kosten verursacht, Einnahmen konnten noch nicht verzeichnet werden. Die Administration unter Peters endete 1887 im Fiasko, seit 1888 konzentrierte man die Arbeit auf die Küstenregion. Einige landwirtschaftliche Stationen im Binnenland wurden aufgegeben. Im Übrigen sollte anstelle der Landwirtschaft der Handel im Mittelpunkt stehen und durch an die Zollstationen angebundene Handelsfaktoreien gefördert werden. Auch dies führte nicht zum Erfolg.

Als sich die DOAG in einem Vertrag mit dem Sultan von Sansibar Zollrechte, Verwaltung und Gerichtsbarkeit in der Küstenregion abtreten ließ, kam es im September 1888 zur bewaffneten Erhebung der Küstenkaufleute, zum erwähnten sogenannten Araber-Aufstand (*Buschiri-Wars*). Die heimischen Zwischenhändler fühlten sich durch den DOAG-Handel verdrängt. Der Aufstand brachte das Kompanie-System endgültig zum Einsturz. Nach der Niederschlagung der Erhebung verlor die DOAG ihre Hoheitsrechte. Eine Rückkehr zur Konzessionsverwaltung war nun nicht mehr möglich, ebenso wenig – aus Gründen des nationalen Prestiges – ein Verzicht auf die Kolonie. Vielmehr musste das Reich nun auch vor der deutschen Öffentlichkeit beweisen, dass es die Kolonien befrieden und rentabel verwalten konnte. Aus einer quasi privaten Unternehmung wurde so eine Staatskolonie. Das ökonomische und politische Scheitern der privaten Gesellschaft sowie die Widerstände vor Ort hatten dazu wesentlich beigetragen.

Im scheinbar ganz anders gelagerten Fall Kongo war das Resultat vergleichbar. Hier hatte Leopold II. eigenmächtig Land erworben und sich mit Hilfe der Berliner Westafrika-Konferenz 1884/85 alle Rechte für seine »Internationale Afrika-Gesellschaft« gesichert. Um die Erträge zu steigern, wurde die Kolonie von 1892 an zweigeteilt und zum großen Teil regelrecht privatisiert. Der Kongo-Staat Leopolds behielt sich nur die Ausbeutung noch unkultivierten Landes vor, dieses Gebiet blieb anderen privaten Investoren verschlossen. Das Konzessionsland teilte sich unter sieben Gesellschaften auf, an denen Leopold wiederum beteiligt war. Diese Gesellschaften warfen auf der Basis der Erträge von Kautschuk und Elfenbein anfangs enorme Dividenden ab. In Französisch-Äquatorialafrika wurde auch nach dem Vorbild des Kongo seit den späten 1890er Jahren ein ähnlicher Weg beschritten. Allerdings teilte sich eine größere Zahl kleiner privater Gesellschaften, insgesamt 40 Kompanien, das ausgegebene Land auf. Auf diese Weise kamen an die 80 Prozent des Territoriums in die Gewalt der Gesellschaften. In Kamerun übernahmen de facto nur zwei Gesellschaften, die »Gesellschaft Süd-Kamerun« und die »Gesellschaft Nordwest-Kamerun«, rund die Hälfte des Territoriums. Die Gesellschaften investierten zumeist nicht in die Entwicklung der Kolonie. Eisenbahnen legten sie in der Regel nicht an. Die Konzessionsgesellschaften waren zunächst keine reinen Handelsgesellschaften und auch keine Plantagengesellschaften, sondern sie konzentrierten sich darauf, Afrikaner zur Jagd und zur Sammelwirtschaft zu zwingen. Wilder Kautschuk, Elfenbein und Hölzer wurden auf diese Weise gewonnen und exportiert. In den Jahren von 1895 bis 1905 wuchs der Export von Kautschuk aus dem Kongo-Freistaat von 2,8 Millionen auf 43,7 Millionen belgische Francs, aus Französisch-Äquatorialafrika von 1896 bis 1906 von 2,6 auf 8,6 Millionen französische Francs. Die Gesellschaften konnten anfangs hohe Dividenden verteilen.

Die Erträge wurden mit erheblichen ökologischen und sozialen Kosten erkauft. Kautschukbestände gerieten in Gefahr, und ganze Elefantenherden wurden durch die Jagd nach Elfenbein bedroht. Die erzwungene Umstellung auf Sammelwirtschaft erschütterte die Sozialstruktur bäuerlicher Dorfgemeinschaften. Vor allem im Kongo gingen die Konzessionsgesellschaften und das Militär, belgische Offiziere ebenso wie afrikanische Soldaten, mit größter Brutalität und Grausamkeit gegen die Bevölkerung vor, um ihre Ziele zu erreichen. Verfolgungen und Plünderungen, Verstümmelungen und Ermordungen waren an der Tagesordnung. In Europa mehrten sich die kritischen Berichte. Prominente wie Sir Arthur Conan Doyle engagierten sich, internationale Kommissionen und Gesellschaften, etwa die *Congo Reform Association*, berichteten über die »Kongo-Gräuel«, Joseph Conrad hat sie in *Herz der Finsternis* (1902) verarbeitet. Dabei verbanden sich wirtschaftliche und humanitäre Argumente. Aufgrund britischen und amerikanischen Drucks übernahm im Jahr 1908 der belgische Staat den Kongo. Hier wie im französischen Bereich wurden nun die Rechte der Konzessionsgesellschaften beschnitten. Diese verloren administrative Aufgaben und wurden vom Staat stärker kontrolliert. Der Verfall der Kautschuk-Preise seit 1907, der mit der Finanzkrise in den USA und der wachsenden Konkurrenz südostasiatischen Plantagenkautschuks in Zusammenhang stand, zwang die Afrika-Gesellschaften ebenfalls zur Umstellung.

Im südlichen Afrika, in Deutsch-Südwestafrika, im portugiesischen Moçambique, in der Katanga-Region des südlichen Kongo sowie in Süd- und Nordrhodesien, war ebenfalls eine Reihe von Gesellschaften tätig. Auch hier sicherten sie sich spekulativ große Landflächen, allerdings rückte die agrarische Nutzung dabei in den Hintergrund. Zunehmend ging es um mögliche Bodenschätze. Diese machten 1913 mehr als drei Viertel der Exporte aus dem südlichen Afrika aus, in Südrhodesien sogar 93 Prozent. Diamanten, die hauptsächlich um Kimberley herum gefunden wurden, und Gold stellten dabei den Hauptanteil. Der Bergbau war vergleichsweise kapitalintensiv und erforderte größere Investitionen. An die 70 Prozent der europäischen Investitionen gingen deshalb ins südliche Afrika, vor allem nach Südrhodesien und Südafrika. Auch der Abbau und Abtransport des Kupfers in Katanga war aufwendig. Britische Aktivitäten motivierten wiederum belgisches Engagement: 1906 entstand die *Union Minière du Haut-Katanga*. Ein Großteil dieser Investitionen wurde unmittelbar für den Bergbau und die Anlage von Eisenbahnlinien verwendet. Davon gingen weitere Nachfrageimpulse aus, die der regionalen landwirtschaftlichen Produktion zugutekamen, meist profitierten davon allerdings die Farmen der europäischen Siedler. So gingen die Exporte südwestafrikanischer Farmer zum beträchtlichen Teil nach Südafrika.

Nachdem die frühe koloniale Raub- und Beutewirtschaft, bei der Eroberer, Abenteurer, Handelsgesellschaften und ihre Vertreter vor Ort bestrebt waren, ohne Investitionen für Plantagen oder Verkehrswege möglichst schnell hohe Erträge aus den Kolonien zu ziehen, gescheitert war, begannen mit dem staatlichen Zugriff in einer zweiten kolonialwirtschaftlichen Phase, in einigen Regionen schon vor 1900, Versuche der Inwertsetzung des Kolonialbesitzes. In einer dritten Phase, die nach der Jahrhundertwende einsetzte und im deutschen Fall mit den sogenannten Kolonialreformen seit 1906/07 unter dem Staatssekretär Bernhard Dernburg zusammenfiel, wurde die koloniale Wirtschaftspolitik zunehmend von der Einsicht geleitet, dass ein schonender Umgang mit den Ressourcen und den Menschen Afrikas, eine rationale und humane Kolonisation, letztlich im Interesse der Kolonialmacht selbst liege. Die Kolonien wurden dabei nicht um ihrer eigenen Entwicklung willen besser erschlossen und sorgfältiger behandelt, vielmehr sollten sie ganz auf die Metropole ausgerichtet werden. Über kurz oder lang gingen alle Kolonialmächte dazu über, Konzepte zu entwickeln, die aus den Kolonien quasi ein ökonomisches Zulieferterritorium für das Mutterland machen sollten. Auch Vorkehrungen zum Schutz afrikanisch-indigener Wirtschaftsformen standen unter dem Primat der metropolitanen Interessen. Generell musste der Kolonialstaat drei Fragen lösen: Er musste den Zugriff auf den Boden sichern, den Bedarf an Arbeitskräften decken und die Infrastruktur ausbauen.

Der Zugriff auf das Land war die Schlüsselfrage kolonialwirtschaftlicher Nutzung. Siedler brauchten ebenso Land wie Plantagenbetreiber, und die Kolonialgesellschaften hatten sich bereits früh große Gebiete gesichert, die sie oftmals nicht einmal nutzen konnten. Freilich basierte der Anspruch auf fragwürdigen Rechtstiteln: Entweder war vermeintlich ungenutztes Land als Kronland vom Staat annektiert und dann teilweise durch Kauf oder Verpachtung zur Nutzung an Gesellschaften oder Siedler ausgegeben worden. Oder die Gesellschaften hatten Grund und Boden durch Kaufverträge mit indigenen Herrschern erworben. Diese Verträge waren nicht nur fragwürdig, weil sie in der Regel auf Täuschung und Gewalt basierten, sondern vor allem, weil sie tradierte Formen des Umgangs mit Land unberücksichtigt ließen und einen römisch-

rechtlichen Eigentumsbegriff zugrunde legten. Denn in
Afrika stieß man auf ein gemeinschaftsorientiertes Eigentumsverständnis. Es gab – entsprechend den Grundüber-
zeugungen vom Verhältnis zwischen Individuum und Gemeinschaft – kein unbeschränktes Privateigentum am
Boden. Boden war in Afrika aber auch nicht herrenlos,
sondern wurde durch Gewohnheit und soziale Norm von
jeweils bestimmten Gruppen in Besitz oder Nutzung gehalten, mit dem Ziel der Erhaltung von Subsistenz und
Werten der Gemeinschaft. Boden konnte auch jahrelang
scheinbar ungenutzt und unbeachtet brachliegen und dann
doch wieder von einer Gemeinschaft reklamiert werden.
Die Europäer erkannten das nicht, oder sie wollten es
nicht erkennen, weil sie klare Eigentumstitel benötigten.
Daher gingen sie in der Regel von der vollen und freien
Verfügungsgewalt ihrer Verhandlungspartner aus.

Die Vorgehensweise der europäischen Kolonisatoren
entwurzelte die einheimische Bevölkerung, sie drohte Widerstände zu wecken und konnte zur Proletarisierung einer ehedem bäuerlichen Bevölkerung führen, der nun die
Existenzgrundlage entzogen war. Wollte man dies im Sinne einer schonenderen Behandlung vermeiden, so gab es
zwei Möglichkeiten: Zum einen konnte man Boden auch
an Einheimische als Privatbesitz ausgeben. Das geschah
in einigen Fällen, allerdings nicht in großem Ausmaß.
Derart machte die britische Kolonialmacht in Uganda eine
ganze feudale Führungsschicht zu Privateigentümern. Dabei wurden mit dem westlichen Instrument des Privatei-
gentums die tradierten Hierarchien noch zementiert, nämlich quasi privatrechtlich und einklagbar abgesichert. Zum
anderen konnte man ganze Landzonen gegen die Annexion durch Europäer rechtlich abschirmen und dort die bestehenden Eigentumsverhältnisse bewahren. So wurden in
vielen Kolonien Reservate für die einheimische Bevölkerung gebildet, manchmal wurde dies als Schutz indigener
Bauernwirtschaften oder der tradierten Gesellschaftsord-

nung verbrämt; häufig war der Anlass für eine restriktive Reservatspolitik auch der Ausbruch von Unruhen, wie in Südrhodesien, wo die Ndebele und Shona nach den Aufständen von 1896 umgesiedelt wurden. In den »weißen« Zonen durften Afrikaner keinen Grund und Boden erwerben, allenfalls konnten sie Land gegen Arbeitsdienstpflichten pachten oder als *Squatter* auf weißen Farmen leben. Ansonsten blieb ihnen lediglich die Möglichkeit, als Wanderarbeiter in den weißen Gebieten ihre Arbeitskraft anzubieten. Die »schwarzen« Gebiete wiederum waren zwar gegen Landerwerb durch Europäer geschützt, doch meist wurde hier die Mehrheit der Bevölkerung auf begrenztem Siedlungsraum zusammengedrängt, überdies oft auf minderwertigen Böden, wie etwa in Deutsch-Südwestafrika und im britischen Kenia. Daher reichten die Reservate zur Selbstversorgung nicht aus, die Aufnahme von Lohnarbeit außerhalb des Reservats wurde – ein erwünschtes Nebenresultat – zwingend.

Diese Art der Landpolitik ist in größerem Maß in der Zwischenkriegszeit zum Beispiel von der britischen Kolonialregierung in Nigeria und der Goldküste praktiziert worden, allerdings nie flächendeckend. In Kenia war lange Boden an die zwar wachsende, aber noch geringe Zahl weißer Siedler (1929 lebten 16 663 Europäer im Land) ausgegeben worden, vor allem das fruchtbare Land im Rift Valley. Auch in Südrhodesien, wo 1926 bereits 35 000 Europäer lebten, beanspruchten die Siedler große Bereiche des Bodens. In Kenia und Südrhodesien sicherten sich die Weißen das Land oft aus spekulativen Gründen, ohne es landwirtschaftlich zu nutzen. Erst seit 1930 regulierte die britische Kolonialregierung diese Politik neu und begann den einheimischen Besitz festzuschreiben, allerdings erhielt die indigene Bevölkerungsmehrheit jeweils nur einen kleinen und vor allem den schlechteren Teil des Bodens. In Südrhodesien und Kenia ergingen in den 1930er Jahren Verordnungen (*Land Apportionment Act* 1930, *Native*

Lands Trust Ordinance 1938), die die Landabgrenzung fixierten und insofern wirtschaftliche Dynamik und freie Eigentumsbildung an Boden stark beschränkten. Die französische Kolonialverwaltung ließ in Westafrika die einheimischen Bauernwirtschaften bestehen. Die deutschen Kolonialpolitiker suchten nach den Kolonialreformen in Ostafrika unter dem Gouverneur Albrecht von Rechenberg das einheimische Bauernland zu schützen. In Südwestafrika dagegen wurde nach den Herero-Nama-Kriegen das Land fast vollständig enteignet und deutschen Siedlern oder Gesellschaften zugewiesen. Die tatsächliche Vorgehensweise hing von der Stärke der Wirtschafts- und Siedlerinteressen vor Ort und der Praxis des jeweiligen Kolonialgouvernements ab. Durchweg hatten Weiße in den Kolonien das Vielfache an Bodenfläche gegenüber der zahlenmäßig weit überlegenen einheimischen Bevölkerung in Besitz. Auch wurden die frühen Annexionen, die etwa in Südafrika vollendete Tatsachen geschaffen hatten, später nicht mehr rückgängig gemacht.

Neben Land brauchte die Kolonialwirtschaft Arbeitskräfte, einmal für den Ausbau der Infrastruktur, dann für Plantagen, das heißt meist privatkapitalistisch wirtschaftende agrarische Großbetriebe, schließlich für den Bergbau. Die Kolonialherren griffen durchweg auf Zwangsarbeit oder eine Art Arbeitsdienstpflicht, eine in Tagen gemessene Dienstpflicht bei öffentlichen Arbeiten, Wegebau oder Gemeindeplantagen, zurück, wenn auch in unterschiedlichem Maß. In den britischen Kolonien des subsaharischen Afrika wurde das Instrument weniger angewendet als im deutschen, belgischen und im französischen Machtbereich; im Letzteren beispielsweise konnte es sich auf bis zu 15 Tage im Jahr erstrecken. Ein Freikauf war in der Regel zugelassen, allerdings kaum realistisch. Darüber hinaus wurden auch Arbeitskräfte aus dem arabischen und indischen Raum angeworben, und schließlich wurde ein beträchtlicher Teil des Arbeitskräftebedarfs durch die zunehmende Zahl an afrikanischen Lohn- und Wanderarbeitern gedeckt. Die Steuerpflicht, zunächst als Hütten-, seit der Jahrhundertwende zunehmend als Kopfsteuer, diente nicht nur der Versorgung der Kolonialstaatskasse und der Durchsetzung der Geldwirtschaft, sondern besonders auch der Beschaffung von Arbeitskräften, und zwar in doppelter Weise: Entweder musste Steuer durch Lohnarbeit erwirtschaftet werden, oder sie konnte durch Arbeitsleistungen ersetzt werden. Tatsächlich nahm die Zahl der Lohnarbeiter in der Zwischenkriegszeit rapide zu, doch blieben sie nach wie vor eine verschwindende Minderheit der Bevölkerung; noch 1950 sollen die Lohnarbeiter beispielsweise lediglich zwei Prozent der Gesamtbevölkerung Französisch-Westafrikas ausgemacht haben.

Die Frage der Arbeitskräfte war allerdings nicht nur eine quantitative, sondern auch eine qualitative. Die Kolonialherren beklagten regelmäßig Faulheit und Indolenz der indigenen Arbeitskräfte. Sie unterstellten dabei auch ein ökonomisch irrationales Verhalten. Demnach reagierten Afrikaner weder auf neue Herausforderungen und Chancen, noch nutzten sie ihre Verdienstmöglichkeiten. Tatsächlich war das Arbeitsethos nicht an individueller Gewinnmaximierung, sondern an der Sicherung von Familie und Gemeinschaft orientiert. Dauerhafte Lohnarbeit war deshalb anfangs kaum durchzusetzen. Auch wurden neue Arbeitsformen nur akzeptiert, wenn sie nicht das tradierte Gesellschaftsgefüge in Frage stellten. Lohnarbeit aber riss Dörfer auseinander, konzentrierte Arbeiter fern der Heimat bei den Plantagen oder den wandernden Eisenbahnbaustellen und brachte soziale Hierarchien in Klan und Dorf durcheinander. Aus diesem Grund allerdings geriet auch in europäischer Sicht die Praxis der Lohnarbeit in den Kolonien zunehmend in die Kritik. Denn Lohnarbeit bedeutete Proletarisierung, Entfremdung der Arbeiter von ihrer Heimat, Schaffung von Arbeiterwohnvierteln, hygienische, soziale und politische

Risiken, schlimmstenfalls gewerkschaftsähnliche Zusammenschlüsse. Dem konnte man einesteils entgehen, indem man die bäuerliche Eigenwirtschaft förderte, um die Aufnahme von Lohnarbeit überflüssig zu machen. Das geschah zwar partiell, schuf allerdings Konkurrenz für die europäischen Plantagenbetreiber und kollidierte mit kapitalistischen Kolonialinteressen, vor allem mit den Interessen des Bergbaus. Also ging man anderenteils dazu über, afrikanische Arbeiter, die zuvor nur als ungelernte Kräfte zu geringem Lohn eingestellt worden waren (Facharbeiter wurden zunächst durchweg aus Europa angeworben) besser auszubilden, die sozialen Bindungen der Arbeiter zu stärken, ihnen längerfristige Verträge zu geben und den Familiennachzug zu fördern. So geschah es etwa in den Minen Südafrikas und Rhodesiens seit den 1920er Jahren, wo nun die notdürftigen Arbeiterunterkünfte durch Siedlungen für Arbeiterfamilien ersetzt wurden. Auch die *Union Minière* in Katanga begann 1925, als sich ein Arbeitskräftemangel abzeichnete, längerfristige und (auf bis zu drei Jahre) erneuerbare Verträge mit Arbeitern abzuschließen, Familienwohnungen anzulegen und eine Grundversorgung im Schul- und Gesundheitsbereich sicherzustellen, um Arbeitskräfte zu binden. Das alles bewirkte, dass seit den 1930er Jahren die Klagen über Arbeitskräftemangel nachließen und Zwangsmittel reduziert wurden, obwohl die Nachfrage nach Arbeitskräften insgesamt zunahm. Zur gesteigerten Bereitschaft, Lohnarbeit aufzunehmen, trug erstens bei, dass die Erträge der kleinen Bauernwirtschaften im Vergleich zu den Löhnen zurückblieben, zweitens, dass die Arbeits- und Lebensbedingungen der Arbeiter sich verbesserten, auch durch Fürsorge-, Gesundheits- und Wohnungsmaßnahmen des Kolonialstaats, drittens, dass das Bevölkerungswachstum den Druck auf Land und Erwerb erhöhte. Angesichts der restriktiven Reservatspolitik, die in den 1930er Jahren eher verschärft wurde, und der extensiven Anbauweisen blieb vielen Bauern nur das Ausweichen auf den Markt der Lohnarbeit.

Die dritte grundlegende Herausforderung der Kolonialwirtschaft war der Aufbau einer Infrastruktur, der schon Ende des 19. Jahrhunderts mit dem Eisenbahnbau begonnen hatte. Die Finanzierung erfolgte zum großen Teil mit staatlichen Mitteln, genauer: über öffentliche Anleihen, dies vor allem im britischen und französischen Westafrika und im britischen Ostafrika, zum kleineren Teil mit privaten Investitionen, die allerdings durch staatliche Garantien gefördert wurden, dies im belgischen, deutschen und portugiesischen Bereich, daneben in einigen zentralafrikanischen Besitzungen Großbritanniens. Im Jahr 1939 gingen 60 Prozent der staatlichen Investitionen Großbritanniens in Afrika allein in den Eisenbahnbau. Dabei zielten die Kolonialmächte darauf, ihre Territorien zu erschließen, zugleich aber unabhängig von den Bahnen der konkurrierenden Kolonialmächte zu bleiben. So entstand ein unkoordiniertes Schienensystem, manches Mal mit fast paralleler Linienführung jenseits und diesseits der Grenzen. Doch wurde das Kommunikationswesen nie im Sinn einer allgemeinen Entwicklung einer Kolonie oder gar des Kontinents angelegt. Andere Prioritäten herrschten. Die Bergbau-, Produktions- und Handelszentren in der Kolonie mussten angeschlossen, der Anschluss an den Welthandel musste ermöglicht und die Verbindung zwischen Verwaltungsstationen und Metropole hergestellt werden. Auch spielten strategische Überlegungen der Versorgung der eigenen Kolonien eine Rolle, etwa bei der Kenia-Uganda-Bahn. Außerdem konnte es um unmittelbare militärische Erwägungen gehen, brauchte man doch Verkehrswege und funktionstüchtige Verkehrsmittel, um Truppen schnell in umkämpfte Gebiete befördern zu können. Fußwege waren zu langsam, Flüsse nur teilweise schiffbar, die Risiken auf diesen Verkehrswegen zudem ungleich höher als in der Eisenbahn.

Angesichts der Zielsetzungen entstand im subsaharischen Afrika – abgesehen von Südafrika – bis zum Ende der Kolonialzeit nirgends ein Eisenbahnnetz. Deshalb gab es in der Zwischenkriegszeit auch keine transkontinentale Bahn, sondern lediglich Stichbahnen, die von den Überseehäfen in die wirtschaftlich bedeutsamen Regionen des Hinterlandes führten, namentlich zu den Bergbaugebieten. Die Bahnen waren nicht durch Querverbindungen miteinander verbunden. Auch waren Bahnsysteme und Spurweiten unterschiedlich, anfangs baute man aus technisch-praktischen Gründen vor allem Schmalspurbahnen, die einzelnen Linien waren nicht aufeinander abgestimmt. Wichtiger war in der jeweiligen Kolonie die Verbindung von Eisenbahn und Schifffahrtsrouten, wie etwa am Kongo, wo Teilstücke der Eisenbahn die nicht schiffbaren Abschnitte des Flusses überwinden helfen sollten. Zugleich wurden Eisenbahnrouten mit dem gleichermaßen ausgebauten Straßennetz verbunden. Und schließlich versuchten Karawanenunternehmer, die Eisenbahn in ihre Routen einzubeziehen, so dass de facto ein von den Stichbahnen dominiertes, auf die Haltepunkte der Bahn hin ausgerichtetes Netzwerk entstand, das den Raum neu ausrichtete, einzelne Gebiete privilegierte, andere Regionen marginalisierte. In der Zwischenkriegszeit nahm auch die Nutzung von Automobilen für den Warentransport zu. Lastkraftwagen waren trotz der Probleme des Straßenbaus und der Überschwemmungen in der Regenzeit flexibler und konnten lokale Märkte schneller erschließen. Doch dürfte die Zahl der Lastkraftwagen bis zum Zweiten Weltkrieg bei wenigen Tausend geblieben sein.

Insgesamt schuf die koloniale Infrastrukturpolitik mit Eisenbahn, Straßen, Dampfschifflinien auf den großen Seen, beispielsweise dem Viktoriasee, und neuen, für Dampfschiffe geeigneten Häfen wie Daressalam wesentliche Neuerungen. Zwar behinderte die ganz auf metropolitane Interessen und Welthandel ausgerichtete Infrastruk-

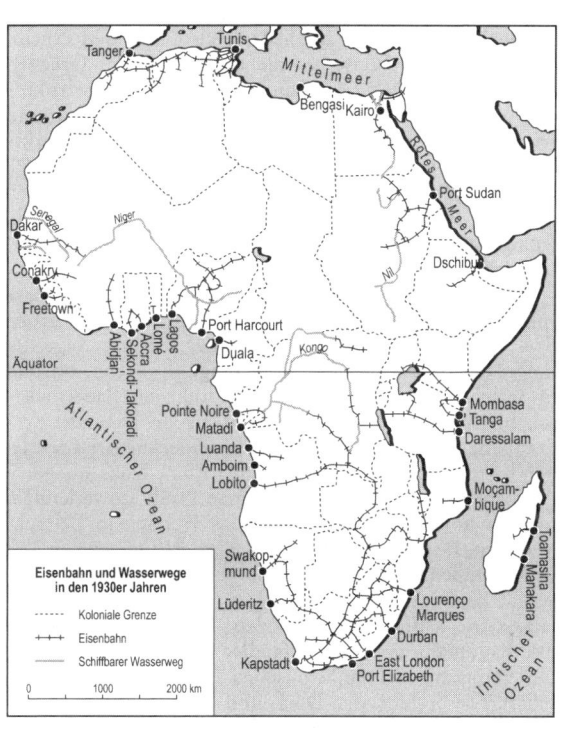

Eisenbahn und Wasserwege
in den 1930er Jahren

········· Koloniale Grenze
+++++ Eisenbahn
——— Schiffbarer Wasserweg

0   1000   2000 km

Tanger
Tunis
Mittelmeer
Bengasi Kairo
Rotes Meer
Port Sudan
Dakar
Senegal
Niger
Conakry
Freetown
Dschibuti
Nil
Abidjan
Accra
Lomé
Sekondi-Takoradi
Lagos
Port Harcourt
Duala
Kongo
Äquator
Atlantischer Ozean
Pointe Noire
Matadi
Luanda
Amboim
Lobito
Mombasa
Tanga
Daressalam
Moçambique
Swakopmund
Lüderitz
Lourenço Marques
Durban
Kapstadt
East London
Port Elizabeth
Indischer Ozean
Toamasina
Manakara

turpolitik die Entwicklung eines nationalen Marktes und die wirtschaftliche Autonomie des Kolonialstaats. Aber zugleich förderte die neue Infrastruktur die Ausbildung regionaler Märkte, sie zergliederte also das Land erneut, aber auf andere Weise als die administrativen Grenzen und Zentren. Auch beschleunigte die neue Infrastruktur den Wandel der afrikanisch-indigenen Landwirtschaft und setzte dabei einen Prozess der Ausbildung von Marktstrukturen fort, der schon vor der Kolonialzeit im 19. Jahrhundert eingesetzt hatte. Und schließlich erlaubten die neue Infrastruktur und die Regionalmärkte erst die Anlage von Bergbaukolonien und die Ausweitung monokultureller Agrarregionen.

In der frühen kolonialwirtschaftlichen Beutephase spielte die einheimische Landwirtschaft noch keine große Rolle. In der zweiten Phase allerdings wurde infolge der kolonialen Landannexionen die Frage drängend, ob und in welcher Weise die afrikanisch-indigene Bauernwirtschaft erhalten oder gefördert werden solle. Denn die Verdrängung vom Land und die Proletarisierung der Landarbeit hatten auch wirtschaftlich umstrittene Konsequenzen. Afrikaner ohne Land konnten keine Produkte verkaufen, folglich konnten sie auch nicht als Kunden in Betracht kommen. Plantagenarbeiter aber wurden zum großen Teil in Naturalien entlohnt; die in Bargeld ausgezahlten Lohnanteile benötigten sie für die Steuer. Sie waren daher ebenfalls keine kaufkräftigen Kunden. Nicht nur Missionare und Kolonialbeamte, auch Händler wünschten deshalb die Unterstützung der einheimischen bäuerlichen Landwirtschaft. Die bestehenden Dorf- und Klanstrukturen sollten erhalten bleiben, auch die sozialen Hierarchien, die – vermeintlich hergebrachte – Häuptlingsautorität und die Bodenrechte. Dieser Ansatz entsprach einer indirekten Herrschaftsform. Kolonialpolitiker wie die deutschen Reformer um Dernburg wollten die als Subsistenzwirtschaft verstandene afrikanische Produktionsform zur kleinbäu-

crlichen, marktorientierten Landwirtschaft umbauen, aus
den afrikanischen Territorien Länder kleiner selbständiger
Bauern machen und so eine neue Gemeinschaft auf christlicher Basis aufbauen. Dabei ging es also nicht um die Bewahrung einer Tradition, sondern um eine angeleitete
Umgestaltung, um eine Europäisierung, nur in anderer
Weise, als es Plantagenbetreiber anstrebten. In diesem
Sinn wurde immer wieder, allerdings nicht flächendeckend, sondern eher punktuell, die einheimische Agrarproduktion von marktfähigen Gütern (*Cash Crops*) gefördert, und sie gewann tatsächlich an Bedeutung.

Die als *Cash Crops* angebauten Güter unterschieden
sich regional erheblich. Die Europäer versuchten unter
anderem durch Anbaugebote und -verbote sowie durch
Handelsverbote Einfluss darauf zu nehmen, welche Produkte angebaut wurden und wie dies geschah. Derart
wurde im belgischen Kongo und in Französisch-Westafrika der Baumwollanbau forciert. Hier zielte man nicht auf
eine ausgewogene Entwicklung des Landes, sondern auf
die Produktion von Gütern, die in Europa nachgefragt
wurden. Aber afrikanische Klans und Dorfgemeinschaften
stellten sich auch eigenständig auf die Marktbedürfnisse
um. In diesem Rahmen wählten sie selbst die Produkte
aus, die sie anbauten. Es handelte sich allerdings nicht
notwendigerweise um ursprünglich afrikanische Produkte, wie die Erdnuss in den Savannengegenden und Kakao
in den Regenwaldzonen. Die Europäer wollten dagegen
die heimische Ölpalme fördern. Um von Einfuhren unabhängig zu werden, wurde auch der Baumwollanbau von
Briten, Franzosen und Deutschen forciert. Die dabei an-
gestrebte Autarkie bezog sich auf das Mutterland und das
eigene Kolonialreich, nicht auf die einzelne Kolonie, die
im Gesamtsystem nur als Zulieferterritorium fungier-
te. Kolonialmacht, Handelsgesellschaften und Missionen
propagierten den Anbau bestimmter *Cash Crops*, organisierten das Saatgut, sorgten für die Verteilung und wiesen

die Afrikaner in den Anbau ein. Die Vermarktung der Produkte übernahmen europäische, arabische oder indische Händler, nur zum Teil und im Bereich des Kleinhandels afrikanische Kaufleute. Die *Cash-Crop*-Produkte (neben Baumwolle, Palmöl, Kakao und Erdnüssen auch Kautschuk) machten in der Zwischenkriegszeit immer noch weniger als 25 Prozent der Ausfuhr Afrikas aus. Allerdings handelte es sich um die wichtigsten Ausfuhrprodukte West-, Ost- und Zentralafrikas. Gerade nach den Erfahrungen der Weltwirtschaftskrise verstärkten die Kolonialregierungen seit den 1930er Jahren ihre Bemühungen, die afrikanisch-bäuerliche Landwirtschaft zu stärken. Zum Teil wurde dabei auch in Konkurrenz zur Siedlerwirtschaft die heimische Produktion gefördert, nicht selten aber selektiv wie in Kenia, wo manchen Gruppen wie den Gusii und den Meru der Kaffeeanbau gestattet wurde, den Kikuyu, auf deren Arbeitskraft die im Kikuyu-Hochland tätigen weißen Siedler angewiesen waren, dagegen nicht.

Kakaoproduktion afrikanischer Pflanzer an der Goldküste 1891–1930

Jahr	Fünf-Jahres-Durchschnitt (in Tonnen)
1891–1895	5
1906–1910	14 784
1926–1930	218 895

Über *Cash Crops* eröffneten sich Chancen eigenständiger afrikanischer Entwicklung. In Westafrika stellten sich afrikanische Bauern von Kautschuk auf Kakao um, als nach 1908 der Kautschuk-Boom abbrach. Der Kakao-Anbau war zwar nicht unproblematisch, weil die neuen Ka-

kaopflanzen, die bislang in Westafrika nicht angebaut
worden waren, erst nach mehreren Jahren Ertrag abwarfen. Aber er eignete sich auch für Busch- und Waldregionen, erforderte relativ geringe Investitionen und war zudem in kleinem Maßstab ertragreich zu praktizieren. Bis
1914 erlebte der Kakao-Anbau daher einen deutlichen
Aufschwung. Dabei spielten die Infrastrukturpolitik der
Kolonialverwaltung und der Eisenbahnbau keine Rolle.
Allein die wirtschaftlichen Möglichkeiten und Aussichten
förderten in diesem Fall die schnelle Konzentration auf
ein neues Produkt. An der Goldküste entstanden kleinka-
pitalistische Kakaopflanzungen afrikanischer Bauern. Diese gründeten 1928 die *Gold Coast Federation of Cocoa
Farmers*, um ihre Produkte eigenständig zu vermarkten.
Daneben wurden in Westafrika ältere Organisationsformen wie die *Asafo*-Gesellschaften wiederbelebt. In vorkolonialer Zeit hatten sie vor allem militärische und soziale
Aufgaben übernommen. Nunmehr stellten sie mit einer
gewissen traditionsbezogenen Legitimität eigene Regeln
auf, was Preise, Vermarktung und Rechtsfragen betraf.
Junge Bauern nutzten dieses Instrument jetzt, um sich gegen die alten Eliten und die Kolonialpolitik zu behaupten.
Die Chagga, die im britischen Tanganjika am Südrand des
Kilimanjaro siedelten, fingen in den 1920er Jahren an,
(milderen) Arabica-Kaffee anzubauen, der in Europa höhere Preise als die bislang angebauten Kaffeesorten erzielte. Sie übernahmen dabei Anbauformen europäischer
Siedler. Gegen deren Widerstand wurden sie von Missionaren und dem britischen Gouverneur Sir Donald Cama-
ron unterstützt. Von 1922 bis 1925 stieg die Zahl der Kaffeepflanzen der Chagga von 178 000 auf 1,25 Millionen an.
Allerdings beschränkte die Kolonialverwaltung den Indi-
vidualbesitz an Kaffeepflanzen auf 1000 Stück, um eine
kapitalistische Entwicklung und die Entstehung einer bürgerlichen Eigentümerklasse zu verhindern, die den hergebrachten beziehungsweise wieder oder neu installierten

Autoritäten hätte gefährlich werden können. 1925 gründeten die Chagga die *Kilimanjaro Native Planters' Association*, um den Verkauf ihrer Produkte an Exportfirmen ohne Zwischenhändler selbst in die Hand zu nehmen.

Diese Bemühungen zur Selbstorganisation spiegelten die fortwährenden Konflikte um die *Cash-Crop*-Produktion. Die bäuerlichen Produzenten gerieten zunehmend in Abhängigkeit von den dörflichen Autoritäten, *Headmen* und *Chiefs*, die die Verteilung des Samens oder der nötigen Hilfsmittel übernahmen und mit den Europäern kommunizierten. Vermarktung und Großhandel blieben in der Hand der Europäer. Autonom wurde die einheimische Bauernwirtschaft dadurch nicht, zumal nicht selten eine europäische Handelsgesellschaft als alleiniger Abnehmer die Preise bestimmen konnte. Ebenso problematisch war, dass reine Monokulturen entstanden. Zum einen war das ökologisch bedenklich, weil die Böden ausgelaugt wurden und immer weitere Gebiete in die einseitige Nutzung einbezogen werden mussten. Zum anderen wurde die Produktionsweise selbst nicht modernisiert oder intensiviert, es wurden lediglich mehr Arbeitskräfte und mehr Bodenflächen integriert, wenn man die Produktion steigern wollte. Die Produktivität dagegen stieg nicht. Und schließlich waren die Bauern den Weltmarktpreisen ausgeliefert. Die Kolonialregierungen versuchten zwar wiederholt, dagegen Sicherungen zu schaffen, etwa durch die Anlage von Vorräten an Saatgut und durch Bewässerungsprojekte, doch konnte das strukturelle Problem von Monokultur und Weltmarktabhängigkeit nicht behoben werden.

Dies betraf allerdings auch die von Europäern betriebene Landwirtschaft in den afrikanischen Kolonien, wenn sie auch selten kleinbäuerlich, sondern eher in kapitalistischen Produktionsformen betrieben wurde. Die europäischen Siedler, die sich in den wenigen klimatisch geeigneten Regionen niedergelassen hatten, vor allem in Südafrika, Südwestafrika, Rhodesien und im ostafrikanischen Hochland, betrieben auf ihren Farmen mit Hilfe afrikanischer Arbeitskräfte Viehzucht oder Ackerbau. Dabei wurden ähnliche Produkte wie in der *Cash-Crop*-Produktion hergestellt, in Südafrika noch zusätzlich Mais und Wolle. Siedlerwirtschaft bedeutete die Verdrängung der einheimischen Bevölkerung, eine Zwei-Klassen-Gesellschaft, in der sich die weißen Siedler bestimmte Rechte an Boden, sogar an Anbauprodukten und an der Vermarktung vorbehielten. Plantagen, wie sie auch in Westafrika und Äquatorialafrika bewirtschaftet wurden, wurden meist von Kapital- oder Handelsgesellschaften betrieben. Mit Hilfe der Kolonialverwaltung deckten sie ihren Bedarf an Boden und an Arbeitskräften. Sie hatten einen höheren Kapitalbedarf für Maschinen, produzierten dafür mit ungelernten, billigen, oft mehr oder minder zwangsweise rekrutierten Arbeitskräften. Produziert wurden wiederum Produkte wie Kaffee, Kakao, Kautschuk, Baumwolle, Palmöl, auch Tabak und Bananen. Die Plantagen arbeiteten als kapitalistische Großbetriebe rationeller und effizienter als bäuerliche Betriebe. Indes waren sie ebenso, ja, fast noch mehr vom Weltmarkt abhängig. Preiseinbrüche wie beim Kautschuk schon vor dem Ersten Weltkrieg – um 1910 – und dann noch einmal in der Weltwirtschaftskrise führten zu schweren Belastungen der Plantagenwirtschaft in Afrika, in der Folge auch zur Verschärfung der Verdrängungs- und Rassenpolitik gegenüber der indigenen Bevölkerung.

Quantitativ wichtiger als die Landwirtschaft wurde der Bergbau. Über die Hälfte des Werts der Exporte aus Afrika bestand aus den Bergbauprodukten Gold, Diamanten und Kupfer. Insofern hat man in weltwirtschaftlicher Perspektive das Afrika der Kolonialzeit als Bergbaukontinent bezeichnet. Aber in regionaler Perspektive waren eher die erheblichen Diskrepanzen bemerkenswert. Im französischen Bereich fanden sich kaum nennenswerte Boden-

Ausfuhr und Industrieproduktion des belgischen Kongo
1920–1958 (in Mrd. Francs)

Jahr	Ausfuhr von landwirtschaft- lichen Produkten	Ausfuhr von Bergbau- Produkten	Industrie- produktion
1920	0,5	0,6	0,05
1925	0,9	2,2	0,1
1930	1,3	3,6	0,18
1935	2,1	4,0	0,12
1939	3,0	4,8	0,22
1950	6,5	6,6	1,8
1955	8,1	14,8	4,5
1958	8,9	11,2	4,8

Kupferproduktion der *Union Minière du Haut-Katanga*
im Kongo 1911–1960

Jahr	Produktion (in Tsd. Tonnen)
1911	0,90
1915	14,04
1920	18,96
1925	90,10
1930	138,94
1935	107,68
1940	148,83
1945	160,21
1950	175,92
1955	234,67
1960	300,68

schätze. Die Gold- und Diamantenfunde konzentrierten sich im Wesentlichen auf den Süden, aber auch im britischen Sierra Leone gab es Gold, Diamanten, Platin, Chrom und Eisen. In Südrhodesien fand sich neben Gold auch Kohle, Eisen, Zinn und Chrom. Erhebliche Bedeutung hatte schließlich der sogenannte Kupfergürtel, der sich vor allem über den Süden des belgischen Kongo, das heißt die Katanga-Region (heute Shaba), und das britische Nordrhodesien (Sambia) erstreckte. Kupferbergbau und -export lagen in der Zwischenkriegszeit in der Hand weniger großer Minengesellschaften. Bis an den Vorabend des Zweiten Weltkriegs stieg die Ausfuhr von Bodenschätzen aus Nord- und Südrhodesien auf mehr als zwei Drittel der Gesamtexporte an. Das hieß aber auch, dass man die Wirtschaft ganz auf die Förderung der Bodenschätze konzentrierte, ohne eine nennenswerte verarbeitende Industrie aufzubauen, und die Abhängigkeit vom Weltmarkt bis in nachkoloniale Zeiten hinein festschrieb.

Denn größere wirtschaftliche Investitionen wurden im subsaharischen West-, Zentral- und Ostafrika nicht getätigt. Da der Großteil der Investitionen dem Bergbau galt, investierte Großbritannien stärker als Frankreich in die Wirtschaft der eigenen Kolonien. Nur wenig wurde in der Zwischenkriegszeit in industrielle Unternehmungen investiert. In der Regel kamen staatliche wie private Investitionen in Afrika dem Exportsektor zugute, man kalkulierte eher auf die Vermarktungschancen der Rohprodukte auf dem Weltmarkt. Afrikanische Märkte standen nicht im Blick. Große, internationale Handelsgesellschaften und dann auch Banken machten die Afrika-Geschäfte unter sich aus, monopolisierten den Handel in ganzen Territorien oder kontrollierten den Bergbau. Derartige Gesellschaften konnten beträchtliche Profite erzielen, während die kolonialstaatlichen Haushalte in der Regel Verluste verzeichneten. Tatsächlich konnten in den ersten drei

Jahrzehnten des 20. Jahrhunderts die Exporte aus den Kolonien erheblich gesteigert werden, so in Nigeria von 1,3 Millionen auf 9,7 Millionen Pfund, an der Goldküste von 0,4 Millionen auf 6,9 Millionen Pfund und in Französisch-Westafrika von 12,1 Millionen auf 88 Millionen US-Dollar.

In den krisenhaften Jahren von der Weltwirtschaftskrise seit Ende der 1920er Jahre bis zum Zweiten Weltkrieg, in einer vierten Phase kolonialer Wirtschaftspolitik, nahm auch in den Afrikakolonien der wirtschaftspolitische Interventionismus zu. Die Politik der Inwertsetzung ging in Ansätze einer Entwicklungspolitik über. Den Anfang machte Großbritannien mit dem *Colonial Development Act* von 1929. Manche Eisenbahn oder Firma wurde verstaatlicht, auch der Druck auf afrikanische Bauern zur Rationalisierung und Modernisierung ihrer Anbaumethoden verstärkte sich. Seit dem Zweiten Weltkrieg, in der fünften Phase, stiegen die öffentlichen Investitionen in den Afrika-Kolonien massiv an, in Französisch-Westafrika lagen sie von 1946 bis 1956 doppelt so hoch wie im gesamten Zeitraum von 1903 bis 1946. Die Kolonialregierungen legten nun Entwicklungspläne vor, die auf die Herausforderungen der Nachkriegszeit reagierten. Großbritannien erließ 1940 den *Colonial Development and Welfare Act*, der seit 1945 noch erweitert wurde. Frankreich errichtete 1946 den *Fonds d'investissement pour le développement économique et social des territoires d'Outre-mer* (FIDES), der 1948 von dem auf zehn Jahre angelegten *Plan de modernisation des territoires d'Outre-mer* (»Pleven-Plan«) abgelöst wurde. Belgien folgte 1949, Portugal 1952. Im Mittelpunkt standen unterschiedliche Bereiche, darunter der Ausbau einiger Häfen und des Straßennetzes, während die Eisenbahn nun weniger gefördert wurde, und die Anlage von mehreren Wasserkraftwerken am Nil in Uganda, am Lualaba-Fluss im belgischen Kongo, am Sanaga-Fluss in Kamerun und am Sambesi zwischen Nord- und Südrhodesien. Insgesamt nahm in der Kolonialzeit die Integration Afrikas in die Weltwirtschaft zu; der afrikanische Handelsanteil wuchs überproportional. Abgesehen vom weltwirtschaftlichen Einbruch im Ersten Weltkrieg und unmittelbar danach wuchs die afrikanische Wirtschaft nur in der Zeit von 1929/30 bis 1945 langsamer als die Weltwirtschaft, nach dem Zweiten Weltkrieg beschleunigte sich das Wachstum wieder. War Afrika um 1880 mit knapp zwei Prozent am Welthandel beteiligt, so steigerte sich der Anteil bis 1960 auf 5,5 Prozent.

Bevölkerung, Gesellschaft, Lebensformen

Die gesellschaftlichen Folgen des wirtschaftlichen Wandels in der Kolonialzeit sind vielfältig diskutiert, häufig bewertet, aber nur punktuell erforscht worden. Das liegt unter anderem daran, dass die Verhältnisse höchst heterogen waren, weil sich Kolonialherrschaft regional sehr unterschiedlich auswirkte, abhängig von Infrastruktur, metropolitanen Interessen und Möglichkeiten sowie örtlichen Verhältnissen. Außerdem beschleunigte sich der Wandel, der oft verkürzt als Auflösung der traditionellen Gesellschaft missverstanden wurde. Inwiefern indes die gesellschaftliche Entwicklung einerseits bloß eine Fortsetzung von Tendenzen des 19. Jahrhunderts darstellte, andererseits soziale Ordnungen schuf, in denen Altes und Importiertes verschmolz und etwas Neues entstand, ist in den Quellen kaum präzise zu fassen. Schließlich scheinen auch die Begriffe (und die dahinter verborgenen Denkhorizonte) der westlichen Sozialforschung für die konkreten kolonialen Verhältnisse kaum passend. Die Analyse von Schichten und Klassen stößt im kolonialen Afrika auf ungewöhnliche Schwierigkeiten. Erweitert man hingegen den Begriff von Sozialgeschichte und fasst darunter im Sinne der einleitenden Bemerkung die Faktoren, die Differenzierung und Zusammenhalt in einer Gesellschaft bedingen, die Kräfte, die individuelles und kollektives Verhalten antreiben und die Spielräume, in denen Entscheidungen und Handlungen offen sind, so erschließt sich die Geschichte des kolonialen Afrika nicht bloß als Geschichte von Fremdbestimmung und Umschichtung, sondern auch als Geschichte eines transkulturellen Austausches, die auf der einen Seite gekennzeichnet ist von Verstörung, Mobilisierung und Individualisierung, auf der anderen Seite von Neuorientierung, Gruppenbildung und Aufbruch.

Basis der sozialen Verhältnisse war neben Kolonialpolitik und wirtschaftlichem Wandel die Bevölkerungsentwicklung. Diese ist allerdings schwer zu fassen, da die statistischen Befunde bis zum Zweiten Weltkrieg lückenhaft und unpräzise blieben. Doch werden die Grundtendenzen kaum bestritten. In der frühen Kolonialzeit, der Zeit der Beutewirtschaft, ging die Bevölkerung regional merklich zurück, beispielsweise im Gebiet des belgischen Kongo. Dazu trugen zahlreiche Eroberungskriege ebenso bei wie die gewaltsame Befriedung und die Repression, die dann folgten. Auch die von den Europäern neu eingeschleppten Seuchen und Krankheiten spielten eine Rolle, wenn auch nicht in demselben Maß wie im Fall des frühneuzeitlichen Amerika. Hinzu kamen Tierseuchen wie die Rinderpest am Ende des 19. Jahrhunderts im südlichen Afrika, die nicht nur Nahrungsreserven vernichtete, sondern auch zum Zusammenbruch sozialer Ordnungssysteme führte. Insgesamt dürften die Bevölkerungszahlen nach der Phase langsamen Wachstums bis 1880 in der frühen Kolonialzeit stagniert haben oder nur geringfügig gewachsen sein. Die Bevölkerung Afrikas, die um 1900 rund 120 bis 140 Millionen Menschen umfasst haben soll, nahm nach 1920 deutlich zu, schon in der Zwischenkriegszeit setzte das beschleunigte Wachstum ein, das nach dem Zweiten Weltkrieg in die Bevölkerungsexplosion mündete. 1935 betrug die Bevölkerungszahl (Gesamt-)Afrikas etwa 165 Millionen, nach dem Zweiten Weltkrieg 200 Millionen und 1956, am Vorabend der Unabhängigkeit der subsaharischen Staaten, 220 Millionen. Die Entwicklung verlief regional unterschiedlich, doch in den Haupttendenzen bemerkenswert gleichförmig.

Die Hintergründe liegen zum Teil im Bereich der gesellschaftlichen Veränderungen, die wiederum Mentalitäten und generatives Verhalten beeinflussten. Einerseits entzogen sich Menschen vermehrt den Regeln ihrer Herkunftsgemeinschaften. Wanderarbeiter und Stadtbewohner folgten neuen Normen und Zielen. Sie heirateten früher, um auch symbolisch den Schritt zum Erwachsenenstatus zu vollziehen und zugleich in fremder Umgebung den Rückhalt der Kleinfamilie zu gewinnen. Auch Frauen waren nicht mehr durchweg an die gesellschaftlichen Regeln gebunden, etwa an die mehrjährigen Schonfristen zwischen den Geburten. Andererseits reagierten die generativen Mentalitäten mit Verzögerung auf veränderte Lebensbedingungen. Kinder gesund aufzuziehen galt im 20. Jahrhundert noch bis nach dem Zweiten Weltkrieg nicht zu Unrecht als Basis sozialer Sicherheit, zumal die alten Solidarsysteme Dorf und Klan angesichts einer mobileren Gesellschaft und einsetzender Verstädterung nicht mehr im selben Maß wie ehedem wirksam werden konnten. Deshalb strebten Familien nach wie vor hohe Geburtenzahlen an.

Dies wirkte zusammen mit der Verbesserung des Gesundheitsstandes, die den entscheidenden Anteil am Bevölkerungswachstum gehabt haben dürfte. Die Kinder- und vor allem Säuglingssterblichkeit sank, die durchschnittliche Lebenserwartung stieg, zumindest und zuerst in den Städten. Vermutlich half dabei mit, dass im 20. Jahrhundert die Seuchen, Epidemien und Pandemien insgesamt zurückgingen. Letzte schwere Pocken-Epidemien gab es in den 1890er Jahren in Ostafrika, und die weltweite Grippe-Pandemie am Ende des Ersten Weltkriegs forderte in Afrika vermutlich fast zwei Millionen Todesopfer. Doch die koloniale Expansion belebte auch die tropenmedizinische Forschung. Schon seit dem Beginn des 20. Jahrhunderts entstanden tropenmedizinische Forschungsinstitute und -ausbildungsanstalten in Liverpool, London, Hamburg (»Institut für Schiffs- und Tropenkrankheiten«), Brüssel, Paris, Bordeaux und Marseille, dann vereinzelt auch in den afrikanischen Kolonien. Zugleich kam es seit der Jahrhundertwende zu ersten grundlegenden Erkenntnissen über tropische Krankheiten, die Erreger von Malaria und Gelbfieber wurden entdeckt. Weitere tropenmedizinische Fortschritte trugen dazu bei, dass in der Zwischenkriegszeit die Schlafkrankheit in einigen Regionen wie in Uganda und Kamerun eingedämmt werden konnte.

Neben der tropenmedizinischen Forschung dürften zudem Ansätze einer Gesundheitsfürsorge zum Bevölkerungswachstum beigetragen haben, wenn es sich auch noch nicht um eine Gesundheits- oder gar Sozialpolitik im eigentlichen Sinn handelte. Denn Forschung und Fürsorge galten an erster Stelle den Europäern und der Erhaltung der Leistungsfähigkeit afrikanischer Arbeiter. Beides erforderte allerdings auch die Eindämmung von Epidemien unter Afrikanern. Doch gerade in den ersten Jahrzehnten war das koloniale Gesundheitssystem strikt dualistisch angelegt. Die Mehrzahl der Mediziner waren Militärärzte. Nur die Missionsärzte, die in größerer Zahl erst nach der Jahrhundertwende in die Kolonien kamen, sollten sich ausdrücklich um die indigene Bevölkerung kümmern. Die Missionen bauten Gesundheitsstationen und Hospitäler für die einheimische Bevölkerung auf. Diese Stationen verfügten oft nur über wenige Betten, in denen medizinisch notdürftig ausgebildetes Missionspersonal eine Grundbetreuung sicherstellte. Daraus entwickelten sich in der Zwischenkriegszeit erste Krankenhäuser. Auch

die staatlichen Hospitäler begannen nun, einen Teil der
Betten für die einheimische Bevölkerung vorzusehen.
Noch lange blieb allerdings das Gesundheitswesen für Europäer und Afrikaner getrennt, und die Versorgung der
Afrikaner, etwa die Ärzte- und Bettendichte, war bei wei-
tem schlechter. In den deutschen Afrika-Kolonien kam
noch 1914 ein Arzt auf knapp 100 000 Einwohner, und für
mehrere Tausend Einwohner stand in der Regel nur ein
Krankenhausbett zur Verfügung. Ganz Französisch-Westafrika verfügte noch 1946 bei einer Bevölkerung von mehr
als 15 Millionen Menschen nur über knapp 250 Hospitäler
und Krankenstationen.

Die Bekämpfung von Seuchen und ansteckenden
Krankheiten wie Pocken, Pest, Lepra, Magen- und Darm-
krankheiten, Syphilis, Malaria, Schlafkrankheit und Gelbfieber stand im Mittelpunkt der Gesundheitsfürsorge.
Schon seit dem Ende des 19. Jahrhunderts versuchte man
Seuchen auch durch systematische Maßnahmen einzudämmen, etwa durch die Trockenlegung von Feuchtgebieten, die Brutplätze der Moskitos und damit Ausgangs-
punkte der Malaria waren, die vorbeugende Verab-
reichung von therapeutischen Mitteln gegen Malaria, die
Isolierung von Leprakranken sowie die Massenimpfung
gegen Pocken. Damit erzielte man, beispielsweise in den
deutschen Kolonien Togo und Ostafrika, erste Erfolge.
Allerdings war die Bereitschaft, an Impfungen teilzuneh-
men, nicht groß. Namentlich deutsche Ärzte ließen Kranke in eigenen Lagern zusammenfassen, um die Ausbreitung von Epidemien zu verhindern und die Behandlung
zu erleichtern. Die Bedingungen in den Lagern, schmerz-
hafte Untersuchungen und therapeutische Experimente,
bei denen auch Todesfälle in Kauf genommen wurden,
provozierten vielfach Widerstand und führten dazu, dass
sich gerade Kranke dem kolonialstaatlichen Zugriff zu
entziehen suchten. In den Konzepten europäischer Medi-
zinalpolitiker verbanden sich zugleich wissenschaftliche

Argumente mit rassistischen Vorurteilen über das Verhalten der afrikanischen Bevölkerung, das zur Vermehrung von Krankheiten beitrage. So erweiterte sich die Gesundheitspolitik vielfach zur allgemeinen sozialen Intervention, die sich städtebaulich beispielsweise im Bemühen um strikte Abgrenzung »weißer« und »schwarzer« Viertel ausdrückte. Dessen ungeachtet führte die koloniale Medizinalpolitik zu einigen Erfolgen, namentlich bei der dauerhaften Eindämmung von Pest und Pocken. Weniger erfolgreich dagegen war bis an den Vorabend des Zweiten Weltkriegs die ohnehin rudimentäre sozialmedizinische Fürsorge. Verordnungen zum Arbeiterschutz, wie sie im deutschen Kamerun schon 1909 ergingen, umfassten hygienische Vorkehrungen, die Bereitstellung von angemessener Unterkunft und Verpflegung sowie medizinische Betreuung im Krankheitsfall, konnten jedoch in der Praxis von Plantagen und Bergbau angesichts mangelhafter Kontrollen kaum Wirkung zeigen.

Das langsame Bevölkerungswachstum verstärkte den Druck auf den Arbeitsmarkt, es war aber insgesamt für die gesellschaftliche Entwicklung in der Kolonialzeit weniger bedeutsam als die großen Wanderungsbewegungen, zu denen es freilich beitrug. Doch wirkten dabei vielfältige Prozesse zusammen: die Auflösung indigener staatlicher Formationen seit dem 19. Jahrhundert, die frühkoloniale Repression und Raubpolitik, der sich ganze Gemeinschaften durch Abwanderung oder Rückzug in das Hinterland zu entziehen suchten, Steuerdruck und Arbeitszwang, die Arbeitsmöglichkeiten bei der Eisenbahn und in den Bergbauminen, schließlich die materiellen und soziokulturellen Verheißungen der Städte. Die Abwanderung von Afrikanern aus dem Kontinent spielte dabei nach dem Ende des transatlantischen Sklavenhandels noch keine große Rolle. Auch die Zuwanderung von Europäern schlug sich insgesamt nur geringfügig und punktuell nieder. Zwar befanden sich zu Beginn des 20. Jahrhunderts bereits 1,5–1,7

Millionen Europäer in Afrika; zum größten Teil konzentrierten sie sich jedoch in Nord- und Südafrika, wo jeweils etwa 750 000 europäischstämmige Siedler lebten. Hinzu kamen einige Zehntausend Europäer im mittleren Afrika, besonders in den portugiesischen Kolonien. Noch in der Zwischenkriegszeit lebten nur wenige Tausend Europäer im britischen Ostafrika, an erster Stelle im kenianischen Hochland. In den ersten drei Jahrzehnten des 20. Jahrhunderts handelte es sich mehrheitlich um Männer, Familienwanderung in die Kolonien war zunächst weniger üblich. Dafür suchten die Kolonisten anfangs nicht selten mit indigenen Frauen eine Familie zu gründen, bevor rassistische Vorstellungen über bedenkliche Folgen der »Rassenmischung« sich durchsetzten. Erst nach 1945, mit dem Ausbau der Verwaltung und Ansätzen einer kolonialen Entwicklungspolitik, eröffneten sich neue Arbeitsmöglichkeiten und nahm die Einwanderung aus Europa schnell zu. In Französisch-Westafrika zum Beispiel wuchs die europäische Bevölkerung zwischen 1946 und 1956 von 32 000 auf 90 000, im belgischen Kongo zwischen 1950 und 1960 von 56 000 auf 110 000.

Quantitativ insgesamt geringer, regional aber im Einzelfall hoch und langfristig sozial sogar bedeutsamer war die Zuwanderung aus Asien. Die Mehrheit der Zuwanderer stammte aus den britischen Asienkolonien, an erster Stelle Indien, und fand Arbeit im britischen Ost- und Südafrika. Manche kamen als Techniker oder Akademiker, etwa Rechtsanwälte wie Mahatma Gandhi, der von 1893 bis 1914 in Südafrika arbeitete, die meisten jedoch waren als Kontraktarbeiter angeworben worden. In Südafrika fanden viele Zuwanderer aus Indien und Indochina Beschäftigung, beispielsweise als Arbeiter auf den Zuckerplantagen in Natal; nach Kenia gelangten allein 20 000 asiatische Arbeiter für den Bau der Kenia-Uganda-Bahn. Insgesamt dürften wohl rund 200 000 Zuwanderer aus dem asiatischen Raum vom ausgehenden 19. bis ins frühe 20. Jahr-

hundert nach Afrika gekommen sein. Spätestens nach dem
Zweiten Weltkrieg und der Unabhängigkeit der asiatischen Kolonien brach die Zuwanderung ab, doch bildete
sich in Südafrika wie in Kenia und Uganda eine eigene,
dritte Bevölkerungsgemeinschaft heraus. Diese hob sich
durch Tradition und Religion, auch durch Heiratskreise,
Ernährungsgewohnheiten und Siedlungsweise von der indigenen wie der europäischen Bevölkerung ab. Zunehmend aufstiegsorientiert, fand die aus Asien stammende
Minderheit Nischen in Handel, Journalismus und akademischen Berufen. Nach der Unabhängigkeit sah sie sich in
einer prekären, teils privilegierten, teils marginalisierten
Sonderposition.

Vielfältig nach Art und Dauer waren die Wanderungsströme unter der indigenen afrikanischen Bevölkerung.
Fernwanderungen über koloniale Grenzen hinweg wurden fast ausschließlich durch Eisenbahnbau und Bergwerke hervorgerufen. Alle qualifizierten Eisenbahnarbeiter
kamen aus Europa oder – mit Abstrichen – Indien, die ungelernten Arbeiter konnte man in der Regel in der eigenen
Kolonie rekrutieren. Minenarbeiter wurden dagegen über
Agenturen auch aus anderen Kolonien angeworben. So arbeiteten im Kupferbergbau der Katanga-Region Arbeiter
aus Nordrhodesien und Nyassaland (Malawi). Auch wenn
die Bergbau-Gesellschaften in der Zwischenkriegszeit
dazu übergingen, die Bindung an die Betriebe durch längerfristige Arbeitsverträge und die Bereitstellung von
Wohnraum für Arbeiterfamilien zu festigen, blieb doch
für das koloniale Afrika bis in die 1930er Jahre hinein der
Wanderarbeiter charakteristisch, der ohne Familie sein
Dorf verließ, dorthin auch wieder zurückkehrte oder die
Rückkehr zumindest anstrebte und der den wechselnden
Arbeitsangeboten in der Kolonie, auch den wandernden
Baustellen der Eisenbahn, folgte. In manchen Regionen,
etwa bei den Luo im Westen Kenias, war rund ein Drittel
der Männer ständig unterwegs, und fast jeder der Männer

musste im Laufe seines Lebens zeitweise als Wanderarbeiter Erwerb suchen. Häufig handelte es sich um Saisonarbeiter, die beispielsweise nur in der Erntezeit für einige Monate ihre Dörfer verließen. Das war schon in vorkolonialen afrikanischen Gesellschaften nicht unüblich. Neu war indes, dass ganze Ethnien durch die binnenkoloniale Grenz- und Reservatspolitik in die Wanderarbeit gedrängt wurden. So wurden etwa die Ovambo, die im Norden des zunächst deutschen, dann von Südafrika als Mandatsmacht übernommenen Südwestafrika siedelten, durch die rigorose Abschließung ihres Gebietes gezwungen, Arbeit in den Minen des südlichen Binnenlandes zu suchen. Die Reservate, die in Kenia, Südrhodesien, Südwestafrika und Südafrika eingerichtet wurden, dienten de facto kaum dem Schutz heimischer Landwirtschaft vor europäischen Landaufkäufen, denn tatsächlich reichten sie zur Versorgung der dort lebenden Bevölkerungsgruppen nicht aus. Vielmehr sollte die indigene Bevölkerung auf diese Weise zur Aufnahme von Lohnarbeit gezwungen werden. Das führte zu einer beständigen Mobilität von Arbeitskräften, die manchmal nur tageweise, manchmal saisonal, manchmal auf mehrere Jahre, manchmal auf Dauer ihr Reservat verließen, um bei Weißen zu arbeiten, jedoch außerhalb des Reservats nie förmlich Land erwerben durften. Allerdings ließen sich viele Landarbeiter zum Beispiel in Kenia als *Squatter* gegen Nutzungsrecht an einem Stück Land auf weißen Farmen nieder, wo sie dann in einem mehr oder minder geregelten Umfang quasi als Grundhörige arbeiteten.

Neben dieser binnenkolonialen Reservatswanderung war neu und charakteristisch für die Kolonialzeit auch der beständige Zug aus dem Binnenland in wirtschaftlich und sozial attraktivere Zonen, namentlich in die Küstenregionen wie etwa in Kenia und Nigeria sowie vor allem in die wachsenden oder neu entstehenden Städte. Diese Land-Stadt-Wanderung und die ihr folgende Urbanisierung waren anders als in Europa nicht von der Industrialisierung getragen, sondern einerseits von den vielfältigen Pull-Effekten der wirtschaftlichen und kulturellen Kolonialisierung, andererseits von den teilweise wiederum durch die Kolonialpolitik ausgelösten Push-Effekten, die mit der Marginalisierung ganzer Regionen durch die Infrastrukturpolitik, dem Steuer- und Arbeitsdruck sowie der Umschichtung dörflicher Gesellschaften durch administrative Eingriffe zusammenhingen. Auch hier waren es vor allem junge, unverheiratete Männer, die zunächst die Wanderung trugen. Sie suchten primär neuen Verdienst in der Stadt, wollten zugleich die ländliche Sozialhierarchie gewissermaßen umgehen, um durch Erwerb vorzeitig persönliche Autonomie zu erlangen und als erfolgreiche gereifte Männer in ihren Heimatort zurückzukehren. Den jungen Männern, die in wirtschaftlich aktiven, am Überseehandel beteiligten Kolonien wie der Goldküste bereits seit Ende des 19. Jahrhunderts zunehmend in die Städte zogen, folgten bald auch, wenngleich in deutlich geringerem Maß, junge Frauen. Doch scheint es ihnen eher als den Männern darum gegangen zu sein, nicht nur auf Zeit, sondern dauerhaft den Restriktionen der dörflichen Gemeinschaft zu entfliehen und in den Städten eigenen Erwerb und persönliche Unabhängigkeit zu erlangen.

So setzte seit dem ausgehenden 19. Jahrhundert langsam das Wachstum der kolonialen Städte ein. Seit den 1920er Jahren beschleunigte es sich und verlief schneller als in der außerafrikanischen Welt. In den 1930er Jahren zeichnete sich bereits der explosionsartige Anstieg der Stadtbevölkerung und die Expansion in immer neue Vorort- und Slumviertel ab, die bis in die nachkoloniale Zeit zu einem der drängendsten sozialen Probleme Afrikas wurde. Anfangs schienen sich aber lediglich punktuelle Verstädterungsprozesse fortzusetzen, die auf die wirtschaftlichen Verflechtungen und Staatsbildungen des 19. Jahrhunderts zurückgingen. Bereits 1850 gab es in Afrika (einschließlich des Mittelmeerraumes) 25 Städte mit mehr als 40 000 Einwohnern, davon 13 in Westafrika, zwei in Ostafrika, eine in Zentralafrika, acht in Nordafrika. Zu diesem Zeitpunkt sollen beispielsweise die Yoruba-Städte Abeokuta und Ilorin jeweils rund 65 000 Einwohner gehabt haben. Um 1900 hatte Ibadan, eine junge Stadt, in den 1820er Jahren noch eher ein Dorf, fast 200 000 Einwohner. In der Kolonialzeit wuchsen alte Siedlungen abrupt, wenn sie als Verwaltungssitze dienten, sich zu Handelszentren entwickelten oder als Überseehäfen taugten. Im Küstenbereich veränderte sich allerdings die Städtelandschaft, wenn alte Handels- und Hafenstädte wie etwa Bagamoyo in Ostafrika am Indischen Ozean sich als ungeeignet für die europäischen Dampfer erwiesen und kleine Fischerorte wie Daressalam, seit 1891 Hauptstadt von Deutsch-Ostafrika, doch zunächst primär ein administrativ-militärisches Zentrum, zu Hochseehäfen ausgebaut wurden. Begann dann die Anlage einer Eisenbahnlinie vom neuen Hafen aus ins Landesinnere, wie in Daressalam seit 1905/06, war die alte Hafenstadt unumkehrbar marginalisiert; Bagamoyo wurde vom geschäftigen Karawanenort zum beschaulichen Fischerort mit einem allerdings wichtigen Missionszentrum. Ein bloß administratives Zentrum führte seltener zum rapiden Stadtwachstum. Obwohl das deutsche Kolonialregime in Kamerun 1897 den Sitz des Gouvernements von der alten und aktiven Hafenstadt Duala an der malariagefährdeten Küste in das 1100 Meter hoch gelegene, für Europäer klimatisch und gesundheitlich verträglichere Buea verlegte, konnten sie die Menschenströme nicht umlenken. Buea lag abseits der großen Verkehrswege und wurde kein Handelszentrum, die Bevölkerungszahl Dualas dagegen stieg schon bis 1918 auf 20 000 an. Auf Dauer waren wirtschaftliche Funktionen für das Stadtwachstum wichtiger als administrative.

Insgesamt aber erscheint die Entwicklung Afrikas

höchst ambivalent, die Bevölkerung wurde nicht nur mobilisiert und von den neuen Städten fast magnetisch angezogen, vielmehr vergrößerte sich auch die Kluft zwischen Stadt und Land. Auf der einen Seite wuchsen die Großstädte und die großstädtische Bevölkerung ungewöhnlich schnell. Im tropischen Afrika gab es in den 1930er Jahren vier Städte mit mehr als 100 000 Einwohnern, in den 1940er Jahren waren es bereits 13 Städte, und in den 1950er Jahren war die Zahl der Städte mit mehr als 100 000 Einwohnern auf 34 gestiegen. Dakar beispielsweise wuchs im Zeitraum zwischen 1900 und den 1950er Jahren von 19 000 auf 300 000 Einwohner, Lagos von 42 000 auf 267 000, Brazzaville von 5000 auf 84 000, Léopoldville (Kinshasa) von 5000 auf 191 000 und Nairobi von 12 000 auf 222 000. Auf der anderen Seite lebten noch 1950 höchstens zehn Prozent der Bevölkerung Afrikas in Städten mit mehr als 20 000 Einwohnern und nur fünf Prozent in Städten mit mehr als 100 000 Einwohnern (in Europa dagegen: 35 beziehungsweise 21 Prozent). Die meisten größeren Orte und Großstädte fanden sich zudem in Nordafrika. Während Westafrika immerhin eine lange kleinstädtische Tradition hatte, blieben besonders Ost- und Zentralafrika ländlich geprägt. Überdies konzentrierten sich die meisten Stadtbewohner in den großen Zentren und Hauptstädten. Dabei entstanden keine Stadtlandschaften, wie in den Industrieregionen Europas, sondern eher Großagglomerationen, bei denen mangels eines präzisen Stadtbegriffs auch die Grenze zum Land kaum exakt zu benennen war und die beständige Ausdehnung und auch Veränderung der Grenzen und Siedlungsstrukturen zur Regel wurden.

Die Europäer sahen in den neuen Großstädten vor allem Chaos und Unordnung. Sie nahmen das schnelle Wachstum als unkontrolliertes Wuchern wahr, als geschwürartiges Wachsen von Krankheitsherden, als hygienisches, soziales und politisches Problem. Tatsächlich erscheinen vorkoloniale afrikanische Städte im Vergleich als nach einem einheitlichen Prinzip geordnete Siedlungen. Sie waren in der Regel unterteilt in Viertel oder Bezirke, die aus mehreren Haushalten bestanden, oft von einem Klan-Oberhaupt geleitet wurden und soziale Unterteilungen nach Beruf und sozialem Stand spiegelten; im Sokoto-Kalifat lebten auch Sklaven in besonderen Stadtvierteln. In zentralisierten politischen Formationen wie bei den Ashanti, Yoruba, Hausa oder Ganda waren die Städte häufig konzentrisch angelegt, Straßen liefen sternförmig auf den zentralen Königshof oder Marktplatz zu. Die kolonialen Städte dagegen wuchsen durch die Entstehung immer neuer Wohnviertel in unerwarteter und unkontrollierbarer Weise. Schnell emporgezogene Bretter-, später Wellblechhütten dienten der Unterbringung von Tagelöhnern, Hafenarbeitern und anderen, die noch ohne Aussicht auf feste Beschäftigung in die Stadt gezogen waren und sich jeweils nur kurzfristig verdingen konnten, die mobil bleiben mussten und die Stadt auf der Suche nach attraktiveren Arbeitsangeboten häufig wieder verließen. Namentlich Eisenbahnarbeiter und Karawanenträger blieben nur wenige Monate.

Die Kolonialherren griffen in die Entwicklung der Städte wenig ein. Stadtplanung begann in Afrika später als in Europa. In der Regel achteten die Europäer auf Distanz, sie siedelten auf Anhöhen oder zumindest geschützt durch Grün- und Freiflächen. Neben der sozialen Segregation spielten gesundheits- und hygienepolitische Ziele eine Rolle, außerdem Überlegungen der militärischen Sicherheit. Wo eine alte Stadt existierte, entwickelte sich daher häufig eine Doppelstruktur zwischen afrikanischer und kolonialer Stadt. Die europäischen Viertel folgten westlichen Vorstellungen von herrschaftlicher Repräsentation. Sie waren großzügig angelegt, mit breiten Straßenzügen, mehr oder minder deutlich ausgeprägtem Kolonialstil der Architektur und betont tropengerechten Bauformen, was

Sonnenschutz und Durchlüftung anging. Dafür wurden teilweise schon seit den 1890er Jahren Bauordnungen erlassen, für Daressalam etwa 1891. Auch die Anlage von Verwaltungsgebäuden und Truppenunterkünften wurde planend gesteuert. Die deutschen Kolonialherren setzten von vornherein eine Segregation nach kulturell-ethnischen Gesichtspunkten durch; wo dies nicht durch Flächennutzungspläne vorgeschrieben war, führten baurechtliche Auflagen oder soziale Orientierungen zur faktischen Abschließung afrikanischer, europäischer, indischer und arabischer Viertel. Deutsche Kolonialbeamte versuchten auch schon früh, planerisch in die Gestalt der »schwarzen« Viertel einzugreifen. So ließen sie im ostafrikanischen Tanga ganze durch die unregelmäßige Anlage von Lehmflechtwerkhäusern charakterisierte Straßenzüge niederlegen und durch eine symmetrische Neuanlage ersetzen. Besonders drastisch war auch das deutsche Vorgehen in Duala in Kamerun. Hier wollte die Kolonialverwaltung das schnelle Wachstum steuern, indem sie einen Teil des Gebiets in eine reine Europäerstadt umwandelte. Neben Europäern durften hier nur afrikanische Dienstboten in begrenzter Zahl dauerhaft wohnen, andere Afrikaner durften die Stadt nur tagsüber betreten. Die bislang dort lebenden Duala sollten gegen eine geringe Entschädigung enteignet und umgesiedelt werden. Ein unbebauter Grünstreifen von einem Kilometer Breite zwischen europäischer und afrikanischer Siedlung sollte als *cordon sanitaire* dienen. Bis zum Beginn des Ersten Weltkriegs leisteten die Duala dagegen Widerstand. In den deutschen Planungen verbanden sich politisch-administrative und tropenmedizinische mit ökonomischen Vorstellungen, wollte man doch auch die Konkurrenz der in Handel und Landwirtschaft aktiven und flexiblen Duala einschränken.

Die Ansätze einer Stadtplanung ließen sich angesichts des schnellen Wachstums der Wirtschaftszentren in der Zwischenkriegszeit nicht mehr aufrechterhalten; die sozia-

len und hygienischen Probleme schienen zunehmend
kaum noch lenkbar. Anders als die Europäer meinten,
entstanden allerdings keine chaotischen Schmelztiegel,
sondern Siedlungsgebiete, in denen sich neue soziale Ordnungen herausbildeten und eigenständige kulturelle Formen entwickelt wurden, die man kaum hinreichend mit
dem Begriff der Hybridität belegen kann. Nicht nur glie-
derten sich die Wohnviertel nach ethnischen Grenzen auf,
jede Großgruppe blieb auch sozial unter sich. Das betraf
zunächst die Europäer, in der Regel eine Minderheit von
weit unter fünf Prozent der Stadtbevölkerung, die sich
durch koloniale Hierarchie, Selbstverständnis, Wohnweise
und Freizeitverhalten scharf von der übrigen Stadtbevölkerung abgrenzten und einen eigenen europäisch-kolonia-
len Habitus pflegten. In ostafrikanischen Städten kamen
die Inder hinzu, eine zwar kleine, aber wichtige Gemeinschaft (in Daressalam lebten 1913 bei insgesamt rund
22 500 Einwohnern immerhin 2629 Inder), die zunehmend im Handel dominierte und vor allem für die Anbindung des Binnenlandes und das Kreditgeschäft im Kara-
wanenhandel eine zentrale Rolle spielte. Ferner gab es
namentlich in den ostafrikanischen Küstenstädten eine
arabische Kaufmannschaft und weitere sogenannte »farbi-
ge« Minderheiten. Auch für Afrikaner ist teilweise eine
Aufteilung der Wohnbereiche nach Herkunft und ethnischer Zugehörigkeit festzustellen. Allerdings wurden die
sozio-ethnischen Grenzen durchlässiger, und die städtischen Lebensformen förderten Integrationsprozesse, zumal wenn andere Gemeinsamkeiten (etwa der Islam oder
in Ostafrika die Sprache Swahili) als Merkmal der Abgrenzung von Europäern oder Indern hinzutraten. Freilich schuf die städtische Lebensweise auch neue soziale
Scheidelinien unter Afrikanern. Wer einen gewissen Aufstieg im kolonialen System anstrebte oder erreicht hatte,
etwa die Missionsschüler sowie die Angestellten der Kolonialverwaltung oder europäischer Firmen, Bürohilfsarbei-

ter, Schreiber oder Steuergehilfen, grenzte sich durch Wohnung, Kleidung und Habitus vom Rest der afrikanischen Stadtbevölkerung ab. Die Arbeiter und Dienstboten wohnten dagegen vor allem in den Vorortsiedlungen und Slums, die in den ersten Jahrzehnten durch ständige Bewegung gekennzeichnet waren.

Die große Mehrheit der afrikanischen Bevölkerung in Kolonialstädten stellten junge Männer, die aus der weiteren Region stammten. Sie suchten Arbeit im Bereich von Transport und Verkehr (bei Häfen, Eisenbahn, Straßenbau), bei den Dienstleistungen für Verwaltung und Privatleute sowie auf Plantagen, denn gerade im Umfeld der Städte siedelte sich eine Versorgungslandwirtschaft an, die auf Arbeitskräfte in großer Zahl angewiesen war. Der Großteil der Stadtbewohner war in der Landwirtschaft oder in den Versorgungsgewerben tätig. Hoch war auch der Anteil an Dienstboten, die in Haushalten und Verwaltung für die Instandhaltung der Wagen, die Versorgung des Zugviehs, Gartenarbeit und allgemeine Dienstleistungen tätig waren. Hinzu kamen schließlich in nicht wenigen Städten der arabisch-islamisch beeinflussten westafrikanischen Gebiete – etwa im Norden Nigerias, der Goldküste und Kameruns – sowie des ostafrikanischen Raumes – etwa Sudan und Deutsch-Ostafrika/Tanganjika – bis in die Zwischenkriegszeit und punktuell auch bis in die nachkoloniale Zeit Sklaven. Ihr Anteil konnte im zweistelligen Prozentbereich liegen, in manchen Regionen Ostafrikas wurde der Anteil noch für den Beginn des 20. Jahrhunderts auf über 50 Prozent geschätzt. Das Fortleben der Haussklaverei wurde von der Kolonialverwaltung oft stillschweigend akzeptiert.

Am Übergewicht junger Männer in den Kolonialstädten änderte sich bis in die Zwischenkriegszeit hinein wenig, weil sie nicht nur als Arbeiter, sondern auch als Dienstboten in Privathaushalten bevorzugt eingestellt wurden. Erst langsam nahm die Zuwanderung von jungen Frauen zu.

Dabei wirkte mit, dass auch die Kolonisten erst seit der späteren Zwischenkriegszeit, vermehrt nach dem Zweiten Weltkrieg, ihre Familien nachzogen und nun auch mehr weibliches Personal für Haushalt und Kinderbetreuung einstellten. Junge Frauen kamen allerdings mit anderen Erwartungen als junge Männer in die Kolonialstädte. Während die Männer beruflichen und materiellen Erfolg anstrebten, um als *big men* in ihre Heimatorte zurückzukehren, wollten Frauen, wie erwähnt, auf Dauer in der Stadt bleiben, um den Einengungen des dörflichen Lebens zu entgehen, materiell selbständig zu leben oder nach eigener Entscheidung einen Mann zu finden und eine Familie zu gründen. Sie blieben deshalb auch dann, wenn die Arbeitsstelle verloren ging, und bemühten sich um anderen Erwerb in der entstehenden informellen Wirtschaft, vom Straßenverkauf (Lebensmittel, Mahlzeiten, Feuerholz) bis zur Prostitution, die immerhin die Möglichkeit bot, finanziell unabhängig zu bleiben. Ob dies schon als Schritt zur Emanzipation gedeutet werden sollte, ist umstritten. Jedenfalls änderten sich in der Stadt auch Familienverhältnisse und Geschlechterrollen. Polygamie war, schon wegen des Frauenmangels, kaum mehr die Regel, Erwerbstätigkeit von Männern und Frauen auch nach der Eheschließung üblich, gleichzeitig wurde aber die engere Zwei-Generationenfamilie immer deutlicher zum dominierenden Muster der Lebensführung.

Dennoch brachen die tradierten Beziehungsnetze und Werthaltungen nicht völlig zusammen. In gewisser Hinsicht wurden sie sogar neu bestärkt, wenn auch in veränderter Form. Nicht nur wurden die Verbindungen zum Herkunftsort in der Regel nicht gekappt, zumal ja die Übersiedlung in die Stadt nicht von Dauer sein sollte. Vielmehr bildeten sich in den Städten Landsmannschaften, nach Herkunft geordnete Verbände oder ethnische Vereine, die kulturellen Zusammenhalt stifteten und gemeinsame Interessen verfolgten. Die ethnische Identität wurde dadurch sogar bekräftigt, sie basierte jetzt auf einem bewussten Bekenntnis, einer ausgeprägten Diaspora-Mentalität und der Abgrenzung von anderen Ethnien. Auch entstanden in den afrikanischen Wohnvierteln neue religiöse Gemeinschaften, manche mit islamischer Prägung, manche in einer Verschmelzung christlicher und traditional-religiöser Elemente. Sie schufen einen Arkanbereich, in dem die Mitglieder frei von traditionellen Autoritäten und kolonialen Zumutungen miteinander verkehren und ihre eigene kulturelle Identität entwerfen konnten. Manche dieser Vereinigungen hatten auch politische Ziele, doch wichtiger war zunächst, dass sich die vermeintlich Entwurzelten neue soziale Bindungen ebenso wie Freiräume schufen. Das galt auch für erste Formen politischer Jugendbewegungen, die nach dem Ersten Weltkrieg in Uganda (*Young Baganda Association* 1919) und Kenia (*Young Kikuyu Association / East African Association* sowie *Young Kavirondo Association* 1921), in den dreißiger Jahren in Nigeria (*Nigerian Youth Movement*) entstanden. Sie stellten sich in die Tradition älterer Jugendbewegungen und definierten sich nicht im biologischen, sondern im sozialen und politischen Sinn als jung. Jugend bedeutete demnach Aufbruch und Erneuerung, Abkehr von der Autorität und auch Starrheit der älteren Generation, nicht zuletzt Abwendung von den *Chiefs*. Auch wenn diese Bewegungen nur von einer kleinen indigenen Elite der Missionsschulabsolventen getragen wurden und anfangs bloß reformerische Ziele vertraten, die Abstellung von Diskriminierungen und bessere Aufstiegs- und Mitwirkungschancen im kolonialen System, aber keine Überwindung des Kolonialismus anstrebten, waren sie den Kolonialherren doch höchst verdächtig, da sie wiederum die Möglichkeit zu autonomer Betätigung und Identitätsfindung boten. Zudem führten von diesen frühen Vereinigungen personelle und ideelle Kontinuitäten zu den späteren politischen Gruppierungen und ersten Parteien. So knüpfte die 1924 gegrundete radikalere *Kikuyu Central Association* an die *Young Kikuyu Association* an. Neben politischen Vereinigungen gebildeter Afrikaner entstanden nach dem Ersten Weltkrieg auch erste gewerkschaftsähnliche Zusammenschlüsse unter afrikanischen Arbeitern, so zum Beispiel die *Accra Artisans and Labour Union* an der Goldküste. Das blieben zwar noch punktuelle Ausnahmen, doch deuteten sie eine Tendenz an, die sich namentlich in Zeiten sozialer Unruhe verstärkte.

Gerade Jugendliche orientierten sich also bei der Selbstorganisation an europäischen Vorbildern, entwickelten dabei allerdings daraus Eigenständiges. So entstanden in den afrikanischen Vierteln auch nach europäischem Vorbild Klubs und Sportvereine. Die Kolonialisten hatten bereits seit dem ausgehenden 19. Jahrhundert nach dem Muster ihrer Heimatländer Vereine gegründet, etwa Bildungsvereine, Wohltätigkeitsvereine, Gesangvereine und vor allem Sportvereine. Sport gewann schnell besondere Attraktivität unter den afrikanischen Jugendlichen der Städte. Sportvereine demonstrierten auf der einen Seite die Durchsetzung eines urbanen Lebens- und Freizeitstils, auf der anderen Seite aber auch die Aneignung und Verfremdung kolonialer Muster. Sport wurde nun zum Ausdruck der Selbstbehauptung, einheimische Sportidole fungierten schon seit den 1930er Jahren als Identifikationsfiguren, die koloniale Heldensagen unterliefen. Die neue Vereins- und Freizeitkultur in den kolonialen Städten war zugleich Ausdruck wie Element und Motor des Wandels der Geschlechter- und Generationenverhältnisse. Denn gerade in den Städten erhielten Heranwachsende Zugriff auf Güter, die ihnen bislang verwehrt gewesen waren. Auf dem Land hatten die Ältesten die Verfügung über Land, Alkohol und Frauen monopolisiert. Diese selbstverständliche Ordnung der Dinge galt in der Stadt nicht mehr. Hier spielte die Landfrage keine Rolle, dafür hatten nun auch die Jungen Zugang zu Alkohol, der bislang ein wichtiges Status-

symbol nicht nur des Alters, sondern auch der Macht gewesen war. Zugleich gewannen junge Männer in Clubs,
Tanzcafés und Bars, auch auf der Straße jenseits der Riten
und Regeln ihrer Herkunftsgemeinschaft Kontakt zu jungen Frauen. Wie für die Goldküste und Kenia untersucht,
wurden Alkoholkonsum und *womanizing* zur bevorzug-
ten Freizeitbeschäftigung junger städtischer Arbeiter, die
derart ihre Freiheit und ihren Eintritt in die Welt der Erwachsenen symbolisch darstellten.

Die Städte waren Gravitationszentren, die Bevölkerung
und Handel anzogen und dadurch weit in das Umland
hinein wirkten. Doch erfasste die Urbanisierung anders
als in Europa nicht das ganze Land. Mit der Entfernung
von den Zentren und den neuen Verkehrsrouten sank
auch der Einfluss städtischer Lebensformen. Der Wandel
ländlicher Lebensformen war nicht so sehr der hegemonialen Stellung des Städtischen geschuldet als vielmehr
dem Grad der Einbindung in das koloniale System. Das
galt in administrativer und in wirtschaftlicher Hinsicht. So
veränderte die koloniale Bestätigung oder Einsetzung von
Headmen und *Chiefs* das lokale Beziehungsgeflecht. Der
Chief verlor möglicherweise an Legitimität, aber er gewann an realer Macht, indem er Kontrollgremien aus-
schalten und im Zweifel auf militärischen Schutz bauen
konnte, vor allem aber, weil er Gunst zuteilen konnte, was
Steuer und Dienstpflichten anging. Aus Klan-Beziehun-
gen wurden dabei Klientelverhältnisse mit ethnischer Basis, die allein Sicherheit versprachen. Gleichzeitig wurde
die Macht des *Chiefs* ausgehöhlt durch die neuen Möglichkeiten, abzuwandern und sich in den Städten einen
neuen sozialen Beziehungsrahmen zu suchen. Vor allem
die Jüngeren entzogen sich zunehmend den sozialen Kontrollmechanismen der Dorfgemeinschaften. Der Militärdienst, selbst bei zwangsweiser Rekrutierung, hatte ebenfalls unbeabsichtigte Konsequenzen. Kriegsrückkehrer
hatten eine fremde Kultur kennengelernt, sie hatten andere

Formen und Legitimationen von Gemeinschaft und Hierarchie erlebt und waren insofern kaum noch bereit, sich den dörflichen Autoritäten unterzuordnen. Auch gegenüber den Vertretern der Kolonialmacht traten sie nun selbstbewusster auf, einerseits weil sie für die europäische Macht ihr Leben eingesetzt hatten, andererseits weil sie in der Armee, wie Heimkehrer berichteten, einen nichtrassistischen Umgang zwischen Europäern und Afrikanern erfahren hatten.

Zudem hatte die Umstellung auf *Cash Crops* Auswirkungen auf die Dorfstruktur. Aus Dorfgemeindemitgliedern, die ihren Lebensunterhalt gemeinsam sicherten, wurden selbständige Bauern, die nur mit ihrer Familie – zunehmend im engeren Sinn die Kleinfamilie, wenn auch das Bewusstsein für Verwandtschaftsverband und Generationsangehörigkeit stark blieb – ein Stück Land bewirtschafteten und deren Interesse auch primär der Erhalt der Familie, nicht des Klans oder Dorfes war. Auch das unterhöhlte den Einfluss der *Chiefs*. Gänzlich zersetzend auf alte Hierarchien wirkte schließlich die Einrichtung von Reservaten, in denen selbst Solidarverbände wie die Dorfgemeinde das materielle Auskommen nicht mehr sichern konnten. Das alles löste einen Pluralisierungs- und Individualisierungsprozess aus, verschiedene individuelle Optionen standen nun nebeneinander: die auswärtige Suche nach Lohnarbeit, die Abwanderung in die Städte, der Aufbau einer bäuerlichen Existenz oder das Leben als *Squatter* auf weißen Farmen.

All diese Prozesse veränderten auch auf dem Land das Verhältnis der Geschlechter grundlegend. Generell wurde die Kleinfamilie stärker, Frauen gewannen wohl insgesamt mehr Möglichkeiten zur Selbständigkeit, und Heranwachsende konnten weniger rigide in den kulturell vorgegebenen Lebenszyklus eingebunden werden. Doch waren die Wandlungstendenzen gerade hinsichtlich der Stellung von Frauen widersprüchlich. So erhielten in der Regel nur

Männer die Kredite und das Saatgut, die für die Umstellung auf *Cash Crops* erforderlich waren. Die praktische Arbeit auf dem Feld aber verrichteten traditionsgemäß Frauen. Diese waren nun abhängiger, sie konnten nicht mehr wie früher selbständig für den Markt arbeiten. Umgekehrt fiel Frauen dort, wo die Männer als Wanderarbeiter längere Zeit abwesend waren, mehr Verantwortung zu. Hatten sie bislang ohnehin schon den Ackerbau betrieben, mussten sie nun auch Land roden und für das Vieh sorgen, das heißt Aufgaben übernehmen, die oft von den Männern wahrgenommen worden waren. Dabei wurden sie allerdings von der Kolonialverwaltung als Ansprechpartner nicht anerkannt. Die Kolonialbeamten waren vom europäisch-patriarchalischen Familien- und Gesellschaftsverständnis geprägt. Auch war auf dem Land der Einfluss der Missionen besonders groß. Gerade sie verkündeten ein europäisches Familienbild und bereiteten Mädchen in den Missionsschulen auf eine Rolle als Ergänzung des Mannes, auf Haushaltsführung und Kindererziehung vor. Das widersprach sowohl der tradierten Rollenverteilung in Afrika als auch dem durch die koloniale Herausforderung induzierten Wandel. Doch wurde es von aufstiegsorientierten afrikanischen Männern, die die Missionsschulen durchlaufen hatten, als gewissermaßen moderne Form von Erziehung, Familie und Geschlechterverhältnissen verstanden. Insofern hatte die koloniale Praxis nicht nur vielfältige, sondern vor allem widersprüchliche Auswirkungen auf die sozialen Beziehungen. Positiv gewendet, eröffnete dies Chancen für eine Individualisierung, für die Lösung sowohl aus den traditionellen wie aus den kolonialen Vorgaben, für verschiedenartige neue Lebensentwürfe.

Mission, Bildung, Religion

Mission und Religion stehen am Anfang wie am Ende der Kolonialgeschichte Afrikas: am Anfang, weil mit der Missionierung des 19. Jahrhunderts die Durchdringung des Kontinents durch Europäer einsetzte, am Ende, weil mit der religiösen Umformung auch die Infragestellung kolonialer Herrschaft begann. Religion im kolonialen Afrika kann dabei auch als Paradigma für den Einfluss der Kolonialisierung, für Reichweite und Grenzen der Europäisierung Afrikas, gelesen werden. Gerade die vielfältigen unabhängigen Kirchen, die im Afrika der Kolonialzeit entstanden, geben Auskunft darüber, ob die Kolonialzeit nur eine Episode in der Geschichte Afrikas darstellte, ob sie eine Epoche der Überfremdung war und tiefgreifende Spuren hinterließ oder ob koloniale Anstöße zugleich Aneignung und Eigeninitiative ermöglichten, schließlich, ob und in welcher Weise im Afrika der Kolonialzeit Europäisches und Afrikanisches zusammenstießen und sich verbanden, inwiefern hybride Formen oder etwas grundsätzlich Anderes und Neues entstanden.

Die Missionen wollten mit dem Christentum Kultur vermitteln, weil sie der Auffassung waren, dass Afrika zwar noch auf einem niederen Stand der menschlichen Entwicklung verharre, das Christentum es aber zur moralischen Hebung führen werde. Insofern grenzten sich die Missionen von den rassistischen Vorstellungen, die an der Jahrhundertwende unter Imperialpropagandisten, Siedlern und nicht wenigen Kolonialbeamten geläufig waren, im Prinzip ab. Auch wenn viele Missionare die nationalistischen Überzeugungen ihrer Zeitgenossen zunehmend teilten, setzten sie weiterhin auf Verbesserung, die freilich patriarchalisch anzuleiten war und Grenzen hatte. Jedenfalls vertrauten sie auf die Erziehungskraft der missionarischen Tätigkeit. So formulierte der Missionsinspektor der »Norddeutschen Missionsgesellschaft« Martin Schlunk über die Bevölkerung der deutschen Kolonie Togo im Jahr 1912: »Nach ihrer Veranlagung werden die Togoneger als eine besonders hochstehende Klasse gerühmt, oft geradezu als eine Ausnahme unter den Negern Afrikas bezeichnet. Allein das ist wohl kaum auf eine ursprüngliche Begabung zurückzuführen als vielmehr [...] auf die jahrzehntelange Erziehung der Stämme durch den Einfluß [...] der Norddeutschen Mission. Zuzugeben ist, daß es sich nicht um degenerierte, aussterbende Völker handelt wie vielleicht in Südwestafrika, sondern um lebenskräftige, intelligente Menschen mit gutem Gedächtnis, schnellem Auffassungsvermögen und einer überraschenden Fähigkeit, sich neuen Verhältnissen und die neuen Verhältnisse sich anzupassen. [...] Man darf die Eweer nicht als eine Ausnahmeklasse hinstellen, die die Regel von der Inferiorität aller übrigen Neger bestätigt, sondern hat sie als Beispiel dafür anzusehen, was bei einer gesunden, geduldigen Erziehung aus Negern werden kann« (zit. nach: Thorsten Altena, *»Ein Häuflein Christen mitten in der Heidenwelt des dunklen Erdteils«. Zum Selbst- und Fremdverständnis protestantischer Missionare im kolonialen Afrika 1884–1918*, Münster 2003, S. 125 f.).

Dabei verfolgten die Missionen vier miteinander verbundene, aber nicht einfach miteinander zu vereinbarende Ziele: Erstens war das die Hinführung zum Christentum durch Unterweisung und Schule. Zweitens wollten sie die indigene Bevölkerung an eine als europäisch-christlich verstandene disziplinierte Lebensführung und Arbeitsweise gewöhnen. Faulheit und Leichtsinn, wie man sie bei Afrikanern meinte feststellen zu können, sollten bekämpft werden, denn, wie der deutsche Missionsautor Carl Mirbt 1910 formulierte: »Die Hauptschwierigkeit besteht nun darin, daß die Bevölkerung unserer afrikanischen Schutzgebiete größtenteils der Negerrasse angehört, und diese im allgemeinen die Arbeit nicht sucht, sondern meidet. Noch vor wenigen Jahren ist es sogar Sitte gewesen, von der

Faulheit des Negers wie von seiner Bildungsunfähigkeit als von gesicherten und allgemein gültigen Tatsachen zu reden. Daß solche pointierten Urteile über eine ganze Rasse, von der uns nur ein Bruchteil näher bekannt ist, leicht über das Ziel hinausschießen, hat sich auch hier gezeigt [...]. Zum Teil ist die Arbeitsscheu eine Folge der Entwöhnung von ernster körperlicher Arbeit. Die Körperkraft ist auch vielfach nicht entwickelt infolge ungenügender Ernährung und schlechter Gesundheitsverhältnisse; auch die erschlaffenden Wirkungen des tropischen Klimas sprechen mit. Dazu kommt die große Bedürfnislosigkeit und Leichtigkeit, das zum Lebensunterhalt unbedingt Erforderliche zu erwerben; auch die Sitte, daß die Frau die unvermeidliche Feldarbeit zu leisten hat« (Carl Mirbt, *Mission und Kolonialpolitik in den deutschen Schutzgebieten*, Tübingen 1910, S. 5, 101 f.).

Drittens ging es um die Hinführung der afrikanischen Bevölkerung zur christlich sittenstrengen Kleinfamilie, namentlich um die Erziehung der Männer hin auf ein neues Familien- und Rollenbild, wie es die Missionare am ehesten in einer bäuerlichen Familie verwirklicht sahen. Viertens galt es allerdings, eine Verwestlichung der Afrikaner zu verhindern, diese sollten nicht anstreben oder erwarten, sich den Europäern anzugleichen, deren Habitus zu übernehmen. Exemplarisch drückte der Missionar Paul Wohlrab von der »Evangelischen Missionsgesellschaft für Deutsch-Ostafrika« 1915 die zum Topos gewordene Abneigung gegen assimilationswillige Afrikaner aus: »Eine besondere Not in der Kleiderfrage bilden die vielbegehrten Hosen. ›Wir finden nicht, daß darüber in der Schrift geschrieben steht‹, diesen Einwand bringen sie uns immer wieder, ›es ist eure eigne Weisung, daß ihr uns verbietet, Hosen zu tragen. Wir wollen euch gern in allem gleich werden, warum sollen wir nicht auch Hosen tragen?‹ Wir werden es nicht hindern können, daß ein Teil des Volkes Hosen trägt. Bei unseren Handwerkern sind wir damit

einverstanden, da die Hose für viele Arbeiten ein geeigne-
teres Kleidungsstück ist als das Lendentuch. Aber im
Blick auf das Volkstum ist es uns schmerzlich, daß die für
den Neger so kleidsame Tracht des Lendentuchs durch
die fremdländische Hose ausgelöst [sic!] wird. Eine kurze
Kniehose ist auch für den Neger durchaus kleidsam, aber
ein Neger in langer Hose, aus der unten die bloßen Füße
herauskommen, sieht aus wie ein Vagabund. Und dabei
kommt er sich selbst, darin liegt der Schaden, ›wie ein Europäer‹ vor« (zit. nach: Thorsten Altena, »*Ein Häuflein
Christen mitten in der Heidenwelt des dunklen Erdteils*«.
*Zum Selbst- und Fremdverständnis protestantischer Mis-
sionare im kolonialen Afrika 1884–1918*, Münster 2003,
S. 180).

Angesichts dieser Haltung setzten die Missionare vielfach auf die Unterstützung der Kolonialverwaltung bei
der Durchsetzung ihrer Ziele. Allerdings gab es Konflikte
auf der einen Seite mit Plantagenbetreibern und Siedlern,
die nicht auf eine Erziehung der Afrikaner, sondern eine
effektive Ausbeutung der Arbeitskraft abzielten und in
der Vorstellung eines unerschöpflichen Reservoirs an Arbeitskräften eine quasi verbrauchende Arbeiterpolitik betrieben. Auf der anderen Seite blieb das Verhältnis zwischen Mission und Kolonialverwaltung nicht ohne Reibungen. Das galt vor allem, wenn prinzipielle Fragen einer
christlichen Lebensführung mit pragmatischen Verhaltensweisen der Beamten kollidierten, und das galt sodann
für Arbeitsfelder, auf denen sowohl Mission als auch Kolonialverwaltung aktiv waren. Dabei schien die Position
der Mission nach den großen Aufständen und dem Ersten
Weltkrieg gestärkt. Nach der gewaltsamen Niederschlagung aller Widerstände, der Auflösung und Umsiedlung
ganzer Völker, der Vernichtung der Lebensgrundlagen
vor allem in Deutsch-Südwestafrika und Deutsch-Ostafrika hatten sich die überlebenden Afrikaner verstärkt der
Mission zugewandt. Diese bot nicht nur, und zwar na-

mentlich in Südwestafrika, einen gewissen Schutz gegen radikale Ausrottungspläne von Militärs und Siedlern, sie stellte auch materielle Hilfe bereit. Und zudem stand die Mission für die kulturelle Überlegenheit der Europäer, die quasi die stärkeren Götter besaßen. Dies bezog sich nicht nur auf die deutschen Kolonien, sondern kennzeichnete das Verhältnis von Mission und einheimischer Bevölkerung nach der endgültigen Etablierung der Kolonialherrschaft überhaupt. Nur die Missionen und ihre Schulen boten den Zugang zur Welt der Europäer, und nur diese ermöglichte materiellen Erfolg, einen gewissen sozialen Aufstieg und Teilhabe an der europäischen Kultur. Umgekehrt begannen die Missionen stärker auf Distanz zu den Kolonialherren zu gehen, eine Tendenz, die sich nach 1918 verstärkte.

Im Umgang mit der einheimischen Bevölkerung blieb das Verhalten der Mission freilich ambivalent. Auch getaufte Afrikaner wurden als minderberechtigt und weiterhin erziehungsbedürftig angesehen. Strittig war die Frage des Einsatzes von heimischen Missionaren. Hatte man im 19. Jahrhundert noch in beträchtlichem Umfang auf afrikanische Katecheten, Missionare und Gehilfen setzen müssen und auch Afrikaner ordiniert, so änderte sich diese Praxis seit dem Anfang des 20. Jahrhunderts. Einerseits waren die von den zeittypischen Rassentheorien gespeisten Vorbehalte gegen Afrikaner auch unter Missionaren eher gestiegen, andererseits konnte man im Schutz der Kolonialverwaltung Stationen auch im Landesinneren errichten. So setzte man zwar weiterhin einheimische Prediger und Lehrer in großer Zahl ein, aber man sah sie doch ausdrücklich nur mehr als Gehilfen an und vermied in der Regel eine Ordination als Pastoren. Nach dem Ersten Weltkrieg fand hier zwar eine gewisse Öffnung statt, schon angesichts des großen Bedarfs an Missionspersonal musste man auf einheimische Katecheten zurückgreifen. Doch die Distanz zwischen den Missionen und den einheimischen Christen, die keineswegs alle missionarischen Vorgaben übernahmen und beispielsweise oftmals Polygynie beibehielten, blieb bestehen.

Die Haltung der Missionare zu den einheimischen Kulturen blieb widersprüchlich. Man wollte einerseits zentrale Teile der alten Kulte ausrotten, namentlich das, was man als Magie und Fetischglauben ansah, andererseits versuchte man, schon um die Akzeptanz der Mission zu erhöhen, Elemente heimischer religiöser und medizinischer Praktiken in die eigene Arbeit zu integrieren. Zumal die Missionare eben eine nivellierende Verwestlichung ablehnten, wollten sie sich gerade nicht an der Durchsetzung der Kolonialsprache beteiligen, sondern die heimischen Sprachen etwa durch die Niederschrift von Volksmythen oder durch die Übertragung der Bibel in die jeweilige Sprache fördern. Allerdings mussten die Missionare zunächst definieren, was eine einheimische, eine Volkssprache war, die sie dann aufnehmen und verschriftlichen wollten. Dabei griff man oft auf das Kriterium der Bedeutung, gemessen an der Zahl der Sprecher, zurück. Kleine, von wenigen Tausend oder nur einigen Hundert Personen gesprochene Sprachen wurden vernachlässigt. De facto wurde so eine Volkssprache weniger *gefunden* als *erfunden*, um ein zur Missionierung geeignetes Instrument zu erhalten und die Basis für die Entstehung einer christlichen »Volkskirche« zu schaffen. Das Eintreten der Missionare für die Nutzung einheimischer Sprachen als Unterrichtssprachen diente insofern nicht der bloßen Bewahrung afrikanischer Kultur, wie beansprucht, sondern stellte einen tiefen Eingriff in die vorgefundenen Strukturen dar, der in der Praxis nicht weniger bedeutsame kulturelle Veränderungen mit sich brachte als das Bemühen der Kolonialverwaltungen, die Kolonialsprache als Einheitssprache zu etablieren.

Die Frage der Unterrichtssprache führte auch zu Konflikten zwischen Mission und Kolonialstaat. Anfangs inter-

Entwicklung der Steyler Mission in Togo 1892–1912

Jahr	Katecheten und Lehrer	Schulen	Schüler	Schüle-rinnen	Taufen
1892	1	1	13	0	24
1900	26	23	807	138	[?]
1902	50	51	1871	222	385
1904	53	61	2118	298	777
1906	92	90	3210	507	1208
1908	178	[?]	5326	952	1875
1910	166	157	5044	725	3084
1911	209	181	6571	1207	3994
1912	215	183	6173	1306	3638

essierte sich das Kolonialregime freilich kaum für das Bildungswesen. Bis zum Ende des 19. Jahrhunderts lag es fast durchweg in der Hand der Missionen, die darüber Zugang zur indigenen Bevölkerung suchten und Heranwachsende mit christlichen Werten und christlicher Lebensweise vertraut machten, die schließlich auch eigenen Nachwuchs und Katecheten für die Missionierung im Landesinneren ausbilden wollten. Spätestens mit den Unruhen zu Beginn des 20. Jahrhunderts und in der Zwischenkriegszeit stieg das Interesse des Kolonialstaats. Einesteils benötigte er angesichts des Ausbaus der Verwaltung auch heimische Angestellte, anderenteils wollte er das Wirken der Missionen, das beispielsweise im islamischen Bereich Ostafrikas oder in den nördlichen Zonen westafrikanischer Kolonien zur Konkurrenz mit Koranschulen und zu Zusammenstößen mit muslimischen Gemeinschaften führte, stärker unter seine Kontrolle bringen. Nun entstanden vermehrt staatliche Schulen. Selbst im englischen Kolonialreich, wo man das Schulwesen wie bislang weitgehend in der Trägerschaft der Missionen beließ, aber staatlich finanzierte,

Entwicklung des Schulwesens in der britischen Goldküste
1920–1950

Jahr	Von der Regierung getragene oder subventionierte Schulen (davon Regierungsschulen)	Nicht vom Staat subventionierte Schulen	Sekundarschulen
1920	218 (20)	309	3
1930	344 (30)	253	6
1940	472 (25)	476	17
1950	1621 (48)	1378	57

Jahr	Schüler an staatlich subventionierten Schulen	Schüler an nicht vom Staat subventionierten Schulen	Gesamtschülerzahl (davon an Regierungsschulen)
1920	28 622	13 717	42 339 (4292)
1930	42 445	11 696	54 151 (6524)
1940	62 946	28 101	91 047 (6670)
1950	209 303	71 717	281 020 (8678)

nahmen Kontrolle und Intervention zu. Das umfasste hier zunächst neue Normierungen für die privaten Schulen, besonders eine geregelte staatliche Unterstützung und eine Steigerung der Anforderungen. Seit 1910, verstärkt in der Zwischenkriegszeit, führte die britische Kolonialverwaltung ein System von Überseeprüfungen für die lokalen afrikanischen Schulen ein. Derart waren Oxford und dann vor allem Cambridge in den *West African Examination Councils* vertreten, die dort erworbenen Diplome waren beispielsweise in Nigeria begehrt. Im französischen Bereich überflügelten die Regierungsschulen nun die Missionsschulen, deren Anteil an der Schülerschaft auf weniger als ein Drittel absank. Im Einzelnen wiesen die Schulsysteme der Kolonialmächte beträchtliche Unterschiede auf. Belgien etwa beschränkte die Bildungsmöglichkeiten bis zum Ende der Kolonialzeit massiv. Frankreich und Großbritannien dagegen bauten das Bildungswesen nach 1945 weiter aus. In Nigeria gab es 1947 gut 40 Regierungsschulen und *grant-aided schools*. 1955 waren es schon 72, bis 1961 stieg die Zahl auf 193. Auch gab es bis zum Zweiten Weltkrieg praktisch keine Hochschulen in den afrikanischen Kolonien, abgesehen von einigen Colleges und Fachschulen vor allem im britischen Bereich. Insbesondere Hilfslehrer oder Hilfsärzte wurden ausgebildet. Wer eine akademische Bildung anstrebte, musste auf eine europäische Hochschule wechseln, wie es in den 1920er und 1930er Jahren eine ganze Reihe von jungen Afrikanern tat. Nach 1945 wurden im britischen und französischen Bereich erste Hochschulen eingerichtet, aus denen später Universitäten hervorgingen. So entstand in Nigeria das *University College* in Ibadan, in Kenia die *Alliance High School* im Ort Kikuyu und in Kampala (Uganda) das *Makerere College*. Zahlreiche spätere politische Führer Kenias haben die beiden ostafrikanischen Hochschulen besucht.

Insgesamt aber war die Entwicklung des kolonialen Schulwesens kaum geplant, im Grunde gab es zumindest bis 1945 kein einheitliches Konzept – auch nicht für einzelne Kolonien. Einheitliche Lehrpläne fehlten. Ebenso wenig wurde eine Schulpflicht für die afrikanische Bevölkerung eingeführt, nur eine kleine Minderheit eines jeden Jahrgangs wurde erfasst und besuchte regelmäßig die

Schule. Die Analphabetenrate dürfte im subsaharischen Afrika fast überall auch in der Zwischenkriegszeit noch über 90 Prozent gelegen haben. Immerhin gab es zumindest in den direkt regierten Gebieten ein Netz an Elementarschulen, die eine drei- bis vierjährige Grundausbildung vorsahen. Die Missionen richteten sie nach Möglichkeit an jeder Station ein, um derart Einfluss auf die Heranwachsenden zu gewinnen. Daher strebten sie auch an, den Unterricht in der Landessprache zu erteilen, was die assimilatorisch ausgerichteten Kolonialverwaltungen im deutschen und französischen Machtbereich zu unterdrücken suchten, während die Briten es akzeptierten. Auch legten die Missionsschulen das Schwergewicht auf den Religionsunterricht, der in den staatlichen Elementarschulen auf dem Lehrplan gar nicht auftauchte. In den deutschen Kolonien und namentlich im französischen Bereich, wo der Staat strikt laizistisch ausgerichtet war, knüpften sich daran scharfe Konflikte zwischen Mission und Kolonialregime. An die Elementarschulen schlossen sich unterschiedliche Arten von Mittelschulen an, die meist in wenigen Jahren eine Fachausbildung vermittelten, etwa Landwirtschaftsschulen oder technische Ausbildungsstätten. Die britische Kolonialmacht experimentierte mit dem Modell einer Art Stammesschule, wie sie in Malangali in Tanganjika eingerichtet wurde: Hier sollten die künftigen *Chiefs* auf ihre Aufgaben vorbereitet werden, indem sie in Geschichte und Recht ihrer Ethnie unterrichtet wurden und im Sport anstelle von Fußball Speerwerfen und traditionelle Tänze übten.

Was Akzeptanz, Bedeutung und Wirkung des kolonialen Schulwesens angeht, so sind die Befunde höchst heterogen, teilweise auch widersprüchlich. Zunächst stieß das neue Angebot wohl eher auf Ablehnung. Das Schulgeld, das grundsätzlich für den Schulbesuch gezahlt werden musste, wurde anfangs gerade auf der Elementarebene oft erlassen; nicht selten wurde zunächst sogar mit einer Art

Kostgeld für den Unterrichtsbesuch geworben. Zumal wenn die Schulen, wie es zumindest bei den Mittelschulen häufig der Fall war, die Schüler in einem Internat bei dem Verwaltungssitz oder der Missionsstation zusammenfassten, provozierten sie das Misstrauen von Klan und Dorf, konnten die Heranwachsenden dann doch nicht mehr an den gemeinschaftlichen *rites de passage* teilnehmen und sich in hergebrachter Form auf ihre künftige Rolle im Verband vorbereiten. Dafür stieg nach der Jahrhundertwende das Interesse afrikanischer Heranwachsender an dem neuen Bildungsangebot; sie sahen in formeller Bildung zunehmend eine Chance zu Emanzipation und Aufstieg. Deshalb plädierten sie für den Gebrauch der Kolonialsprache als Lingua franca, denn nur diese garantierte Integration und den Zugang zu den Zentren der Macht. Tatsächlich entstammte die erste Generation der in den politischen Vereinen der Zwischenkriegszeit engagierten Afrikaner fast durchweg den Missionsschulen. Damit begann sich die Schulbildung gegen ihre Initiatoren zu wenden. Wiederholt diskutierten Missionsvertreter und Kolonialbeamte darüber, wie vermieden werden könne, so etwa eine gemeinsame Stellungnahme der evangelischen Mission in den deutschen Kolonien im Dezember 1904, dass durch Bildung »ein eingebildetes, anspruchsvolles und leicht auch unzufriedenes Geschlecht« herangezogen wurde (zit. nach: Christel Adick / Wolfgang Mehnert, *Deutsche Missions- und Kolonialpädagogik in Dokumenten. Eine kommentierte Quellensammlung aus den Afrikabeständen deutschsprachiger Archive 1884–1914*, Frankfurt a. M. 2001, S. 269). Während die Missionen den Schluss zogen, es gelte das Hauptaugenmerk auf christliche Religion, Arbeit und heimische Sprache zu legen, wollten die Kolonialbeamten lokale Ordnungsfaktoren nutzen. So ließen nicht nur britische, sondern auch deutsche und französische Kolonialbeamte in islamischen Regionen Koranschulen gewähren. Sie verhinderten zudem die Missionierung der muslimischen Bevölkerung, weil sie Konflikte und Unruhen befürchteten, die Ordnungsgewalt der muslimischen Autoritäten aber schätzten und benötigten. Allerdings beobachtete die deutsche Kolonialgierung den Aufschwung des Islam nach dem Ende des Maji-Maji-Aufstandes in Ostafrika mit zunehmendem Unbehagen – kurz vor dem Ersten Weltkrieg gab es bereits etwa 300 000 Moslems in Deutsch-Ostafrika bei einer Gesamtbevölkerung von rund 7,75 Millionen – und versuchte spätestens seit 1912 dem entgegenzusteuern. Mit dem Kriegsausbruch 1914 kam es freilich erneut zur Wende in der deutschen Politik, war die Türkei als führender Vertreter der moslemischen Welt doch jetzt ein Alliierter des Deutschen Reichs. Im März 1915 veröffentlichte der Gouverneur von Deutsch-Ostafrika eine Proklamation, die das gute Verhältnis zwischen Moslems und Kolonialverwaltung betonte.

Nicht allein Islam und Kolonialverwaltung begrenzten den Einfluss der christlichen Mission. Während die erste Generation der Missionsschüler sich noch am westlichen Modell orientiert hatte, zeigten sich in den 1920er Jahren Tendenzen einer eigenständigen Nutzung des europäischen Bildungsmodells durch indigene Bevölkerungsgruppen. Bei den Kikuyu in Kenia stand am Anfang der Konflikt um die Beschneidung von Mädchen. Die hier vor allem tätige *African Inland Mission* akzeptierte notgedrungen die Beschneidung von Jungen, wollte sie aber auf den Stationen durch medizinisches Personal durchführen lassen, um sie von allen religiösen Elementen zu lösen. Die Beschneidung der Mädchen aber bekämpften die Missionare massiv, sie verweigerten beschnittenen Mädchen schließlich die Aufnahme in die Missionsschulen. In den Jahren 1928 bis 1930 kulminierte der Konflikt. Dazu trug bei, dass angesichts der schnellen Ausweitung der Mission auf vielen Außenstationen nur Kikuyu tätig waren. Die Frage der Beschneidung spaltete sie. Wollte die Minderheit an den Vorgaben der Mission festhalten, löste sich die Mehrheit der sogenannten *Aregi*, die auch Zulauf von nichtchristlichen Kikuyu erhielten, aus der Missionskirche. Neue unabhängige Schulen, die sich in der *Independent Schools Association* zusammenschlossen, und später eigene Lehrerseminare wurden gegründet. Parallel dazu entstand eine autonome Kirche mit eigener Liturgie, eigener Ordination und eigener Amtsstruktur. Davon spalteten sich seit 1932 wiederum die radikalen *Arathi* ab, die eine konsequente und vollständige Rückkehr zu den Werten und Riten der Kikuyu anstrebten. Auf den unabhängigen Schulen, deren Zahl bis 1950 auf 300 Lehranstalten mit 50 000 Schülern anstieg und die von der britischen Kolonialverwaltung anerkannt wurden, vermittelte man auch Kultur und Sprache der Kikuyu. Dabei nutzte man Westliches, nämlich formalisierte Bildung und Schriftlichkeit, und verband es mit traditionellen Werten. So formte sich eine Generation junger Männer und Frauen, die sich bewusst und in freier Entscheidung ihrer Tradition zuwandten und diese zugleich den älteren Generationen, bislang Sachwaltern der Riten und Sitten der Gemeinschaft, aus der Hand nahmen. Im Namen der Tradition und mit Hilfe formalisierter Bildung entstand so etwas gänzlich Neues, was dann auch in kulturellen und politischen Aktivitäten, etwa in der Sprache Kikuyu gedruckten Zeitschrift *Muigwithania* (seit 1928) und später im Mau-Mau-Aufstand zum Ausdruck kam. Freilich trug es auch zur Spaltung der Gesellschaft bei, waren es doch gerade die von den Briten legitimierten oder eingesetzten *Chiefs*, die sich ihrerseits auf die Tradition beriefen.

Auch in Nigeria bildete sich in den 1930er Jahren eine unabhängige Schulbewegung. Beim *National Education Movement* standen allerdings eher panafrikanische Ideen im Hintergrund, die der Gründer, Eyo Ita, bei seiner Ausbildung in den USA kennengelernt hatte. Dabei ging es ebenfalls um die afrikanische Tradition, freilich in sehr vermittelter und allgemeiner Weise. Der Einfluss der Mission auf afrikanische Bildungsanstalten sollte zurückgedrängt, stattdessen ein an spezifisch afrikanischen Werten und Interessen orientiertes Bildungssystem geschaffen werden. Erziehung diente als Mittel, das Volk politisch und kulturell zu befreien und ihm wirtschaftliche Selbständigkeit zu geben. Schulerziehung sollte dabei mit praktischer landwirtschaftlicher Arbeit verbunden werden, jeder Schüler ein Stück Land bearbeiten, Früchte ernten, Geflügel züchten und Holz schlagen. Eyo Ita gründete in diesem Sinn 1938 das *National Institute* in Calabar. Aber sein Ansatz war nicht sehr erfolgreich, das Interesse an westlicher Bildung und Beschäftigung im Staatsdienst schien zu groß. Die hier propagierten panafrikanischen Ideen flossen allerdings in den nigerianischen Nationalismus ein.

War die Schulbewegung in Nigeria bereits primär politisch motiviert, so stand der Fall der Kikuyu in Kenia eher für die zeit- und situationstypische Verknüpfung religiöser, kultureller, sozialer und politischer Ziele. Kolonialpolitik führte nicht zu einer einseitigen Christianisierung und ebenso wenig zu einer Trennung zwischen weltlichem und religiösem Bereich oder gar zu einer Säkularisierung, sondern im Gegenteil, im Kontext panafrikanischen Ideenguts, zu einer neuen religiösen Aufladung des Politischen und einer politischen Aufladung des Religiösen. Daher wurde der Islam nicht zurückgedrängt. In Ostafrika/Tanganjika beispielsweise nahm nach dem Wechsel von der deutschen zur britischen Kolonialherrschaft die Zahl der Muslime von rund 300 000 im Jahr 1914 auf 1,5 Millionen 1924 zu. Das waren etwa 15 Prozent der Bevölkerung. Die Krisen- und Umbruchssituation, Krieg, Grippe-Epidemie und Hungersnot förderten wohl das Bedürfnis, sich einer starken und solidarischen Religionsgemeinschaft einzugliedern. Wichtig wurde dabei der Einfluss von arabischen und Swahili-Lehrern der

Küste. Die Konvertierten der ersten Generation, Afrikaner anderer Ethnien, wirkten als Koran-Lehrer im Binnenland und trugen das weitere Wachstum, das den Anteil des Islam nach dem Ende der Kolonialzeit langsam, aber stetig auf über 30 Prozent ansteigen ließ. Generell konnte der Islam seine Anhängerschaft in der Kolonialzeit, nach Bevölkerungsanteilen gerechnet, mehr als verdoppeln. Sein Erfolg beruhte vermutlich mit darauf, dass er als afrikanische Religion angesehen wurde: Er wurde von Afrikanern verbreitet, trat weniger missionarisch auf als das Christentum und konnte sich zudem als Gegenkraft gegen den europäischen Kolonialismus darstellen, während die Mission unlösbar mit der europäischen Herrschaft verbunden war.

Auch die unabhängigen Kirchen, die an die Anfänge im 19. Jahrhundert und die Aufstände des frühen 20. Jahrhunderts anknüpften, erreichten in einer zweiten Gründungswelle nach dem Ersten Weltkrieg erstmals massenhaften Zulauf. Wie in der Bezeichnung als unabhängige Kirchen ausgedrückt, legten sie Wert auf ihre Selbständigkeit gegenüber westlichen, besonders amerikanischen Freikirchen ebenso wie gegenüber den Missions- und Staatskirchen in Afrika, etwa der anglikanischen Kirche in Südafrika. Man hat für Afrika nahezu 5000 derartige Bewegungen seit 1862 gezählt, die bis 1967 auf sieben Millionen Anhänger unter knapp 300 Völkern oder Ethnien kamen. Die größte Verbreitung erreichten die unabhängigen Kirchen im südlichen Afrika mit etwa 3,7 Millionen Mitgliedern. Im islamischen Norden dagegen fanden sie fast keinerlei Resonanz. Sie entstanden vielmehr aus der Konfrontation traditioneller afrikanischer Religionen mit dem Christentum. Umstritten ist einerseits, ob die unabhängigen Kirchen als Oppositionsbewegung oder als religiöse Bewegung einzustufen sind, andererseits, ob sie primär als fremde oder synkretistische Form in Afrika, als Aneignung des Christentums durch Afrikaner anzusehen sind

oder – wie der Historiker Terence Ranger gefordert hat –
als eigenständige, spezifisch afrikanische Religionen gedeutet werden müssen.

De facto wurden viele Kirchen als selbständige Varianten oder Abspaltungen christlicher Missionierungskirchen
gegründet, und sie banden, kaum kontrollierbar durch die
Kolonialmacht, breite soziale Gruppen ein. Manchmal bildeten Verarmte und sozial Ausgestoßene die Anhängerschaft, manchmal folgte die Kirchengründung politischer
Repression, manchmal antwortete sie auf eine rigide Zerstörung autochthoner Kultur durch Mission oder Kolonialverwaltung. Doch ein einheitliches Muster ist nicht
festzustellen. Zumindest musste Verschiedenes zusammenkommen: neben der kolonialen Erfahrung und der Begegnung mit dem Christentum eine spirituelle Krise und die
Entzauberung der alten Autoritäten, Magier und Gottheiten. Unter diesen Umständen suchten die Unzufriedenen
nach neuen Formen religiöser Praxis, welche die starren
Zeremonien und Liturgien der christlichen Kirchen aufbrachen. Auch als traditionell verstandene Elemente von
Musik und Tanz wurden in die Gottesdienste integriert.
Die Gottesdienste verlangten nun Mitwirkung der Gläubigen, nicht bloß die Rezeption der Bibel. Sie umfassten Rituale der Reinigung und Erlösung und wollten – bis hin zu
ekstatischen Formen – vor allem ein Gemeinschaftserlebnis
vermitteln. Die Religionen waren folglich keine Buchreli-
gionen. In schriftlicher Form sind die Lehren der neuen
Religionen selten zu fassen. Allerdings nutzten sie, da sie
dem Christentum nicht fernstanden, die Bibel zur Rechtfertigung, indem sie sie unmittelbar wörtlich verstanden
oder als symbolhafte Legitimation anführten. Dabei konnte das Christentum mit der Bibel widerlegt werden, etwa
was die Polygamie anging. Zudem konnte aus der Bibel
nicht nur die Gegenwärtigkeit des Heiligen Geistes abgeleitet, sondern auch begründet werden, dass die Heilung
von Kranken ohne westliche Medizin möglich war. Inso-

fern lehnten manche Kirchen die europäische Medizin ab oder legten ihren Anhängern zumindest nahe, auf sie zu verzichten.

Besonderen Zulauf fanden Kirchen, die die Erlösung schon auf Erden, in naher Zukunft, ankündigten, vor allem Pfingstkirchen und die *Watchtower*-Gesellschaft, deren Anhänger sich später als »Zeugen Jehovas« bezeichneten. Die *Watchtower*-Gesellschaft etablierte sich im Gebiet von Rhodesien, Nyassaland, Kongo und Angola. Sie wandte sich gegen *Chiefs*, Missionare und Kolonialherren gleichermaßen und errichtete eigene Siedlungen für ihre Anhänger. Die besonders in Südafrika verbreiteten zionistischen Kirchen und die äthiopischen Kirchen weckten die Hoffnung auf eine Gesellschaft, in der Afrikaner nicht mehr von Weißen unterdrückt würden. Die ursprünglich von den Yoruba in Westafrika ausgehende *Aladura*-Bewegung erlebte ihre Blüte nach 1918. Vielfältige Aufspaltungen auf der einen Seite und der erneute Zusammenschluss mit Unterstützung der britischen charismatisch ausgerichteten Pfingstkirchen auf der anderen Seite charakterisierten die Entwicklung. 1930 entstand die *Church of the Lord* als größte ökumenische Gemeinschaft der *Aladura*-Bewegung. Doch daneben bestanden Abspaltungen wie die *Christ Apostolic Church* und die *Cherubim and Seraphim Society* von 1925/26 fort, zum Teil mit eigenen Schulen. In Nigeria, Benin, Togo, Ghana, Liberia und Sierra Leone breiteten sich Gruppen und Richtungen dieser Bewegung aus. Einige von ihnen bewahrten noch Verbindungen zur Anglikanischen Kirche oder zu britischen Pfingstkirchen, in manchen Fällen wirkten ihre Lehren sogar von Afrika auf Europa (London) und Amerika (New York) zurück.

Oft scharten sich die Gläubigen um charismatische Führergestalten, denen besondere seherische Fähigkeiten, Unbeirrbarkeit und Glaubensstrenge unter kolonialer Verfolgung nachgesagt wurden. Auch viele politische Führer der antikolonialen Bewegungen beanspruchten

später prophetisch-messianische Eigenschaften, um ihre
Führungskraft und Glaubwürdigkeit zu unterstreichen;
mancher wie Jomo Kenyatta in Kenia ließ sich sogar explizit als neuer Messias verehren. Häufig beriefen sich die
neuen Religionen auf frühere, zum Teil in die vorkoloniale Zeit zurückverlegte Prophezeiungen, welche die Ankunft der Europäer, aber auch ihre spätere Vertreibung
vorausgesehen hätten, ein Topos, der in afrikanischen Po-
litiker-Autobiographien wieder auftaucht. Zugleich boten
die neuen Religionen Mittel an, die immun gegen die Einflüsse des kolonialmissionarischen Europa machten, und
zwar sowohl in ideeller Hinsicht durch den Rückgriff auf
vermeintliche Traditionen und Panafrikanisches als auch
in sehr realer Perspektive: Die Lehre über das heilige Wasser, das *maji maji*, das, in den Körper eingerieben, unverletzlich machen sollte, zumindest wenn damit eine innere
Läuterung einherging, war keine Erfindung Kinjikiteles
für den Aufstand in Deutsch-Ostafrika 1905. Vielmehr
bezog er sich auf eine ältere Tradition im ostafrikanischen
Raum, die von weiteren religiösen Bewegungen um 1920
und nach 1945 erneut genutzt wurde. Insofern stellten die
unabhängigen Kirchen tatsächlich eine ernsthafte Herausforderung für die Kolonialmächte dar, das erklärt die oft
harte Repression.

Beispielhaft ist die Geschichte des sogenannten Kimbanguismus, der *Église de Jésus-Christ sur la Terre par le
Prophète Simon Kimbangu*. Die Kirche entstand im belgischen Kongo seit 1921 und fand schnell Zehntausende
Anhänger. Sie belebte ältere religiöse und magische Praktiken neu, berief sich aber auf Jesus und seine Lehre, bezeichnete in ihren Liedern Weiße als Unterdrücker,
Schwarze als Gefangene und weckte Hoffnung auf eine
baldige Erlösung durch den Heiligen Geist, ohne freilich
direkt zum Ungehorsam gegenüber der kolonialen Obrigkeit aufzurufen. Kolonialverwaltung und katholische Mission sahen darin gleichwohl nicht nur die Verbreitung von

Aberglauben, sondern den Keim einer Revolte. Der Kirchenführer Simon Kimbangu (1889–1951) wurde im September 1921 verhaftet und im Oktober desselben Jahres wegen Aufstachelung zu Aufruhr durch ein Militärgericht zum Tode verurteilt. Anders als die baptistische Mission befürwortete die katholische Mission die Verhängung der Todesstrafe. Der belgische König Albert wandelte das Urteil in eine lebenslängliche Gefängnisstrafe um, Kimbangu blieb 30 Jahre bis zu seinem Tod in Haft, was seinen Einfluss als Führer und Märtyrer der Bewegung nicht minderte. Die Versammlungen der Kimbangu-Kirche wurden seit 1922 verboten, dann zeitweise toleriert, seit 1925 erneut unterdrückt. 1959 erkannte die belgische Kolonialmacht den Kimbanguismus als gleichberechtigte Religionsgemeinschaft neben der katholischen Kirche und dem Protestantismus an. Zum Zeitpunkt der Unabhängigkeit des Kongo hatte die Kirche fast eine halbe Million Mitglieder. Ihr enormer Aufstieg verdeutlicht Merkmale und Attraktivität der unabhängigen Kirchen im kolonialen Afrika. In einer Zeit der Entwurzelung und Bedrohung, der Mobilität und Neuordnung, in der die bisherigen Gemeinschaftsformen Dorf, Lineage und Klan mitsamt ihren religiösen Autoritäten und Riten an Ordnungskraft und Legitimation verloren hatten, boten die neuen Kirchen nicht nur geistige Orientierung. Vielmehr vermittelten sie, jenseits der im Grunde irreführenden Frage nach tradierten und christlichen Elementen sowie nach Synkretismus und Hybridität, ähnlich wie der Islam eine neue, für jeden Einzelnen in der religiösen Praxis direkt erlebbare Gemeinschaft über ethnische und neue territoriale Grenzen hinweg; sie gestalteten den afrikanischen Raum eigenständig und neu. Insofern stellten sie eine durchaus moderne afrikanische Antwort auf die Umbrüche des 19. und der ersten Hälfte des 20. Jahrhunderts dar, auch – aber nicht nur – auf den Kolonialismus.

Politische Bewegungen und gesellschaftlicher Aufbruch

Die unabhängigen Kirchen waren daher zunächst auch weit erfolgreicher als die panafrikanische Bewegung, die eher eine virtuelle Einheit, das ideelle Afrika, propagierte und mit der Lebensrealität in der kolonialen Situation nicht viel gemein zu haben schien. Dennoch war der Panafrikanismus auf lange Sicht nicht wirkungslos. Seine Gedanken flossen in Theorie und Praxis der afrikanischen Dekolonisation ein. Dabei entwarf er Afrika neu, in Antwort auf europäische Sichtweisen, unter Einbeziehung dessen, was als afrikanische Traditionen verstanden wurde, und unter Nutzung europäischer Denkelemente. Ebenso wie die unabhängigen Kirchen war der Panafrikanismus somit ein Ergebnis von Begegnung und Kulturaustausch, mehr noch als jene war er Ausdruck kolonialer Hybridität. Allerdings handelte es sich um eine weltliche Bewegung ohne wesentliche religiöse Prägung. Die vielfältigen tradierten Kulte und die neuen Religionen Afrikas inspirierten zwar vorübergehend auch einzelne Zweige des Panafrikanismus, und manche unabhängigen Kirchen wurden auch von diesem wieder mit beeinflusst; sie hätten seine Einheit aber nicht dauerhaft befestigen können. Der Panafrikanismus entstand auch nicht in Afrika, sondern Ende des 19. Jahrhunderts unter der afroamerikanischen Bevölkerung Nordamerikas und Westindiens, vor allem Trinidads und Jamaikas, also unter den Nachkommen verschleppter Sklaven. Er verstand sich als kontinentübergreifende Emanzipationsbewegung aller Schwarzen und wollte seine Erfüllung in Afrika finden. Da ihm aber die territoriale Basis fehlte, historische Grenzen nicht fixierbar, koloniale nicht legitimierbar schienen, zielte er auf die Afrikaner als Volk; bei manchen führenden Vertretern fanden auch zeittypische rassentheoretische Ansätze Niederschlag.

Der Panafrikanismus war vor allem eine intellektuelle Bewegung, die sich in Publikationen und Kongressen zu Wort meldete. Seine Richtungen waren so vielfältig wie die Autoren, die sich beteiligten. Vereinfacht könnte man zwei einander feindliche Varianten herausstellen: die Kongressbewegung um W. E. B. Du Bois und den *Black Zionism* um Marcus Garvey. Die Anfänge gehen aber wohl auf den Publizisten Edward Wilmot Blyden (1832–1912) zurück. Als Nachkomme von aus Togo stammenden Sklaven zog er 1850 aus den Vereinigten Staaten nach Liberia. In zahlreichen Schriften und Zeitungsartikeln entwarf er ein Bild der Geschichte und Größe Afrikas und forderte die politische und religiöse – und zwar christliche – Einheit des Kontinents. Dadurch legte er den Grundstein für das panafrikanische Denken. W. E. B. Du Bois (1868–1963) stammte ebenfalls aus Nordamerika. Nach dem Studium in Harvard und Berlin setzte er sich auf Kongressen, die er in den Kolonialmetropolen Europas veranstaltete, für seine Ideen ein. 1909 gründete er die *National Association for the Advancement of Coloured People*. Du Bois konzentrierte sich auf den Gegensatz von weißer und schwarzer Rasse, wie er ihn empfand, und zwar auf die Ausbeutung der Afrikaner durch die Weißen. Erst wenn diese beendet sei, würden auch die Ursachen für Konflikte und Kriege verschwinden. Die Frage des Wirtschaftssystems war in dieser Perspektive zweitrangig, denn auch die weißen Arbeiter waren an der Ausbeutung der Afrikaner beteiligt. Weil Afrika noch schwach sei, brauche es die Unterstützung der Afroamerikaner.

Eine erste panafrikanische Versammlung fand im Jahr 1900 mit gut 30 Teilnehmern statt, die meisten stammten aus den USA und von den Westindischen Inseln, nur vier Afrikaner waren anwesend. Der Erste Weltkrieg politisierte die Bewegung. Man sah die Chance, bei der Neuordnung der Welt Einfluss zu gewinnen, und suchte Kontakte zu den Pariser Friedenskonferenzen und zum neu

geschaffenen Völkerbund, der das Selbstbestimmungsrecht der Völker behauptete, die Mandatsverwaltung der
ehemaligen deutschen Kolonien überwachen wollte und
dem Äthiopien als einziges afrikanisches Land angehörte.
Greifbare Erfolge konnte man nicht erzielen. Auch bemühte man sich um die Zusammenarbeit mit Sympathi-
santen in der britischen *Labour Party* und in Nordamerika. 1919 trat in Paris der sogenannte »Erste Panafrikanische Kongress« zusammen, 1921 folgte der zweite, und
zwar nacheinander in London, Brüssel und Paris, 1923 der
dritte, in London und Lissabon, 1927 der vierte, diesmal
in New York. Afrikaner blieben in der Minderheit, wenn
ihr Anteil an den Teilnehmern auch stieg. Dabei handelte
es sich meist um Intellektuelle, die vom Kolonialsystem
und seinen Bildungseinrichtungen geprägt waren oder sich
sogar, wie die Teilnehmer aus dem französischen Afrika,
als schwarze Franzosen verstanden. Dementsprechend
verlangten sie eher eine Humanisierung und Rationalisierung der Kolonialverwaltung und die Ausweitung von
Mitbestimmungsrechten, doch noch keine Entkolonialisierung. Im Übrigen ging es vor allem um die gesellschaftliche Stellung der Afroamerikaner in den USA.

Radikalere Forderungen stellte Marcus Garvey (1887–
1947). Geboren auf Jamaika, wirkte er seit 1917 in New
York. Mit der von ihm gegründeten *Universal Negro Improvement Association* wollte er alle Schwarzen, an erster
Stelle die Afroamerikaner, einigen und zurück nach Afrika führen. Diese als *Black Zionism* bezeichnete Denkrich-
tung war von den zeitgenössischen völkischen Nationalis-
men stark beeinflusst. Anders als Du Bois lehnte Garvey
jede Zusammenarbeit mit den Weißen ab und forderte die
völlige Trennung und Reinheit der Rassen. Mit der radikalen Zuspitzung erzielte er bei New Yorker afroamerikanischen Unterschichten ebenso wie bei den intellektuellen Eliten Afrikas einige Wirkung, ohne unmittelbar in
die Politik eingreifen zu können. Eine wiederum andere

Variante des Panafrikanismus vertrat George Padmore (1902–1959). In Trinidad geboren, zog er 1924 in die USA und trat dort der »Kommunistischen Partei« bei. 1929 siedelte er nach Moskau über, 1934 wurde er im Zuge der Stalinisierung aus der KP ausgeschlossen. Danach lebte er in London und publizierte dort zahlreiche Schriften über den Kolonialismus, 1945 war er an der Organisation des fünften »Panafrikanischen Kongresses« in Manchester beteiligt. Als Berater des ghanaischen Präsidenten und panafrikanischen Politikers Kwame Nkrumah gewann er 1957 noch unmittelbaren politischen Einfluss.

Wirkung entfaltete der Panafrikanismus allerdings eher mittelbar und langfristig, und am Ende vor allem in Afrika. In den 1920er und 1930er Jahren hielten sich Studenten, junge Publizisten und Politiker aus der afrikanischen Bildungselite in Europa oder den USA auf, wo sie eine Hochschulbildung erwerben, der Repression in ihrem Heimatland entkommen oder für ihre politischen Ziele werben wollten. In den europäischen und amerikanischen Universitätsstädten kamen sie in Kontakt mit sozial- und kulturanthropologischen Ansätzen, mit den modernen Ideologien von Faschismus und Kommunismus und nicht zuletzt mit dem Panafrikanismus; später führende afrikanische Politiker haben an einzelnen panafrikanischen Kongressen teilgenommen. In Europa entdeckten sie gewissermaßen Afrika als Kontinent mit eigener, gemeinsamer Kultur und Geschichte, und sie verknüpften ihre neuen Erkenntnisse nun mit den Erfahrungen und Beobachtungen in der Kolonie. Daraus formte sich ein eigenständiges Gedankengebäude, das in je kolonialstaatlich-nationalen Varianten später den Weg zur Unabhängigkeit, die Staatsgründung und die nachkoloniale nationale Politik legitimierte. Das dabei entworfene Bild von Afrika enthielt vielfältige Elemente europäischer Zivilisationskritik: die Ablehnung von Individualismus und Bindungslosigkeit, die Wertschätzung von Familie und Heimat, Gemeinschaft und Solidarität, der Appell an die Jugend zu Aufbruch und Erneuerung. Für unterschiedliche nationale Adaptationen des panafrikanischen Denkens in der Zwischenkriegszeit stehen der nigerianische Politiker Nnamdi Azikiwe und der kenianische Politiker Jomo Kenyatta, die beide nach der Unabhängigkeit ihres Landes zu Staatspräsidenten aufstiegen.

Nnamdi Azikiwe (1904–1996), geboren in Nordnigeria, aber dem im Südosten ansässigen Volk der Igbo zugehörig, studierte seit 1925 in den USA, 1934 lebte er als Publizist kurzzeitig in London, bevor er im selben Jahr in der britischen Goldküste die Herausgeberschaft der *African Morning Post* übernahm. 1937 kehrte er nach Nigeria zurück. Er wirkte dort wiederum als Herausgeber mehrerer Periodika und als Publizist, gehörte der Führung des *Nigerian Youth Movement* an und wurde 1944 Generalsekretär des gerade gegründeten *Nigerian National Council* (später *National Council of Nigeria and the Cameroons*). Nach dem Krieg und im unabhängigen Nigeria nahm er verschiedene nationale und regionale politische Ämter ein. Er nutzte panafrikanisches Gedankengut zunächst zur Mobilisierung der jungen Bildungselite der Kolonie, um es sodann für die Befreiung Westafrikas umzudeuten und es später wieder in eine nationale und darauf sogar regional-ethnische Integrationsideologie einzufügen, durchaus in Abhängigkeit von den je aktuellen Machtverschiebungen in Nigeria. Das Panafrikanische wurde dabei zur Chiffre für transnationale gemeinsame Werte und Ziele, nicht für eine rigide Grenzziehung. In Azikiwes Deutung musste sich der Kontinent neu entwerfen. Sein 1937 publiziertes Buch *Renascent Africa* enthielt den Appell, die Unbeweglichkeit der Alten und die Verkrustungen der Vergangenheit hinter sich zu lassen. Jugend bedeutete ihm, ganz im Einklang mit dem europäischen Jugendkult der Jahrhundertwende, Katharsis, Aufbruch, Dynamik und Fortschritt. Die Jugend müsse die notwendige Erneuerung von Gesellschaft und Politik in die Wege leiten, die »spirituelle Balance«, die »soziale Regeneration«, die »wirtschaftliche Autarkie«, die »mentale Emanzipation« und die »politische Wiederauferstehung« Afrikas erkämpfen, eben das »Neue Afrika« schaffen (*Renascent Africa*, Accra 1937, S. 24 f.). Dahinter stand die Vorstellung, dass die alten Werte Afrikas gerade von den älteren Generationen an die Europäer verraten worden seien.

Diese Auffassung vertraten auch die politischen Jugendbewegungen Kenias wie die *Young Kikuyu Association*. Für deren Nachfolgeorganisation, die *Kikuyu Central Association*, hatte Kenyatta (etwa 1891/95–1978) in Nairobi seit Mitte der 1920er Jahren gearbeitet. Seit 1929 lebte er meistenteils in Europa, wo er auch mit anderen panafrikanischen Theoretikern wie George Padmore und afrikanischen Politikern wie Kwame Nkrumah zusammenarbeitete, bevor er 1947 nach Kenia zurückkehrte. Doch vertrat Kenyatta eine besondere, ethnizistische Deutung des Panafrikanismus, die er nach dem Zweiten Weltkrieg als führender Politiker der *Kenya African Union* sowie der *Kenya African National Union* und nach der Unabhängigkeit 1963 als Regierungs- und dann Staatschef in eine nationalkenianische Ideologie einspeiste. In London schrieb Kenyatta unter dem Einfluss des Sozialanthropologen Bronislaw Malinowski ein Werk über seine Ethnie, die Kikuyu, das er 1938 unter dem Titel *Facing Mount Kenya. The Tribal Life of the Gikuyu* veröffentlichte. Das Buch ist bis heute in zahlreichen Neuauflagen erschienen, es diente im unabhängigen Kenia, ergänzt um Verständnisfragen, auch als Unterrichtsmaterial für die Schule. Dabei hat es die Sicht auf die Kikuyu als Ethnie nachhaltig geformt, ja eigentlich die Kikuyu als einheitliche Ethnie erst geschaffen. Kenyatta entwarf die Geschichte und Kultur der Kikuyu als ein Muster von Harmonie und Solidarität, als regelmäßige Abfolge der Generationen, die, auf der Basis anerkannter Werte und Regeln des Zusammenlebens, die Stabilität der Gemeinschaft sicherten. So sehr das Buch Produkt des europäisch-afrikanischen Transfers von Wahrnehmungen, Wissen und Denkstilen war, so sehr beeinflusste es doch wiederum künftige Diskurse über Afrika. Die Rückkehr zu den Wurzeln Afrikas erschien dabei als Ausgangspunkt der Erneuerung. Kenyatta selbst demonstrierte das schon durch seine Namenswahl: Geboren als Kamau wa Ngengi, getauft als Johnstone Kamau, nannte er sich nach dem Ersten Weltkrieg unter Bezug auf den heiligen Berg der Kikuyu, den Mount Kenya, in Johnstone Kenyatta um. 1938 änderte er in London anlässlich der Veröffentlichung seines Buches über die Kikuyu seinen Vornamen in Jomo ab, eine wohl freie pseudo-ethnische Schöpfung, die dann als »der brennende Speer« gedeutet wurde. Seinem Vorbild des ethnischen Neuentwurfs der eigenen Biographie durch Namenswahl folgten später zahlreiche durch den Panafrikanismus beeinflusste afrikanische Politiker, von Kwame (Francis) Nkrumah bis zu (Joseph Désiré) Mobutu Sese Seko.

Wie der eher angelsächsisch ausgerichtete Panafrikanismus war die frankophone Négritude geprägt von europäischen Diskursen über die Moderne, Europa und Afrika; wie der Panafrikanismus wollte sie das eigentliche Afrika wiedergewinnen, doch anders als der Panafrikanismus war sie vor allem eine literarisch-philosophische Bewegung, die keine Handlungsanleitungen gab und geben wollte. Die Négritude entstand unter jungen französischsprachigen Intellektuellen Afrikas und der Antillen, die sich in der Zwischenkriegszeit in Paris aufhielten und Kommunikationszirkel um Exilorganisationen und Zeitschriften bildeten, an erster Stelle die 1935 gegründete Zeitschrift *L'Étudiant noir*. Hier diskutierte man die zeitgenössischen Denkgebäude, hier begann man den Kolonialismus als Ausdruck westlicher Zivilisation zu verstehen, nach einem Gegenentwurf zu suchen und ihn zunehmend im wahren Afrika und in der afrikanischen Persönlichkeit zu verorten. Stand Europa für Liberalismus und Individualismus, für Entwurzelung und Egoismus, so galt Afrika als Sinnbild von Heimat und Identität, von Gemeinschaft und Zusammenhalt. Hatte Europa sich von den natürlichen Bedingungen des Lebens entfernt, so praktizierte Afrika eine der Natur angemessene Lebensweise. Afrika war in dieser Perspektive nicht mehr nur der geschundene Kontinent, sondern barg zugleich die Utopie eines besseren Lebens in der Sicherheit von Tradition und Kultur. Die Négritude steigerte sich zu einer Romantisierung und Mythologisierung Afrikas, der afrikanischen Landschaft, des afrikanischen Landlebens, der afrikanischen Frau.

Der bekannteste Vertreter der Négritude, Léopold Sédar Senghor (1906–2003), pries in zahlreichen Gedichten die Werte Afrikas. Die literarische Form, den Gesang, verstand er dabei ausdrücklich als die dem afrikanischen Wesen angemessene Gattung. Daher hat die Négritude auch weit weniger theoretisch-programmatische Schriften hinterlassen als der Panafrikanismus. Ohne politischen Einfluss blieb sie deswegen nicht, wie am Beispiel Senghors zu sehen ist. Senghor stammte aus dem Senegal, er wuchs auf dem Land auf und besuchte eine Missionsschule, bevor er in der senegalesischen Hauptstadt Dakar auf die staatlich-französische Sekundarschule wechselte, die eigentlich französischen Beamten und Geschäftsleuten vorbehalten war und nur wenige afrikanische Jugendliche aufnahm. Nach dem Schulabschluss nahm Senghor 1928 ein Studium in Paris auf, seit 1935 arbeitete er als Lehrer in Tours. 1940 zum Militär eingezogen, geriet er im Verlauf des Kriegs in deutsche Kriegsgefangenschaft. Nach dem Weltkrieg war Senghor Mitglied der französischen Nationalversammlung, später wurde er Staatssekretär im Pariser Kultusministerium, bevor er im gerade unabhängig gewordenen Senegal 1960 das Amt des Staatspräsidenten übernahm, das er bis 1980 innehatte. Parallel dazu mehrte sich sein Ruhm als Dichter. 1984 wurde er als erster Afrikaner für seine literarischen Verdienste in die *Académie Française* aufgenommen. Senghor, einer der einflussreichsten Politiker des nachkolonialen Afrika, stellte so, aus der Rückschau betrachtet, das Musterbeispiel eines assimilierten Bürgers der Vollkolonien dar. Einen anderen Weg nahm Senghors Dichterfreund aus Pariser Tagen Aimé Césaire, mit dem zusammen er *L'Étudiant noir* gegründet und der den Begriff *Négritude* geprägt hatte. Césaire (geb. 1913) stammte aus Martinique und studierte in Paris, bevor er 1939 in sein Heimatland zurückkehrte, dort zunächst Gymnasiallehrer und 1945 für mehrere Jahrzehnte Bürgermeister der Hauptstadt Fort-de-France wurde. Seit 1946 vertrat er Martinique zugleich als Abgeordneter in Paris. Césaires Lyrik und Dramen waren politischer, seine politischen Essays radikaler als die Werke Senghors. Stärker als Senghor nahm er den kolonialen (und nachkolonialen) Gegensatz auch als rassistische Unterdrückung wahr. Senghor dagegen betonte primär die Andersartigkeit Afrikas und des schwarzen Charakters und leitete daraus gerade die kulturelle Überlegenheit Afrikas ab.

Senghor und Césaire stehen für die Vielfalt der Négritude. Ihre Vertreter griffen die Gedanken der Zeit auf, manche näherten sich vorübergehend dem Kommunismus, auch Césaire (Mitglied der »Kommunistischen Partei« bis 1956) und kurzzeitig Senghor, andere sogar den im Europa der Zwischenkriegszeit zirkulierenden nationalvölkischen Denkweisen. Davon war auch Senghor in den Jahren um 1930 nicht frei. Dabei leugneten die Autoren der Négritude nicht ihre enge Bindung an die westliche Welt. Sie priesen die afrikanische Kultur, publizierten aber ausschließlich in französischer Sprache, sie idealisierten das Landleben, zogen aber selber das Leben in der Stadt vor. Zudem standen sie in engem Austausch mit europäischen Kulturwissenschaftlern. Die Schriften des deutschen Ethnologen Leo Frobenius, der die Eigenständigkeit und Bedeutung afrikanischer Kultur betonte, gleichzeitig aber das Besondere und Andere Afrikas im Vergleich zum Westen herauszuarbeiten bestrebt war, dienten Senghor als Vorbild. Senghor berief sich in seinem Werk über *Négritude et Germanisme* (in Deutsch 1968 erschienen unter dem beschönigenden Titel *Afrika und die Deutschen*) ausdrücklich auf Frobenius, wenn er Europa mit kaltem Rationalismus und Intellektualismus, Afrika aber mit Gefühl und Intuition identifizierte und daraus gerade die besondere Leistung, das kulturelle Angebot Afrikas ableitete. Gleichzeitig meinte Senghor, eine Verwandtschaft zwischen afrikanischer und deutscher Seele feststellen zu können, nämlich die Bereitschaft zur Anerkennung der Emotion als kulturbestimmenden und handlungsleitenden Faktor. Und schließlich strebte Senghor auch keine Abschottung Afrikas von Europa an, sondern einen afrikanischen Humanismus, der christliche Ideale von Versöhnung, Liebe und Frieden erst zu ihrer eigentlichen Erfüllung bringen werde.

Die Debatten und Publikationen afrikanischer Intellektueller in den europäischen Metropolen waren keine isolierten und politisch wirkungslosen Gedankenspielereien. Vielmehr entstand ein Diskursfeld, auf dem Werte ausgehandelt, Zielvorstellungen entworfen und Beziehungsnetze geknüpft wurden. Dabei formte sich auch die politische Elite des künftigen unabhängigen Afrika. Die in Europa lebenden Studenten und Publizisten waren von ihren Heimatländern keineswegs abgelöst, sondern standen in Kontakt mit den politischen Kräften in Afrika. Allerdings war ihr Zukunftsentwurf noch vage, ihr Raumbild unklar. Den Vorstellungen nationaler Souveränität fehlte es noch an präzisen Grenzziehungen, wurden doch die kolonialen Grenzen als illegitime Eingriffe in Struktur und Verbindungen der Völker Afrikas abgelehnt. Aber eine Alternative stand nicht zur Verfügung, und der panafrikanische Entwurf war in gewisser Hinsicht auch eine Notlösung, die auf abstrakter Ebene blieb und dann erst zum Werte-

kanon umgedeutet werden musste, um damit eine auf kolonialstaatlicher Ebene agierende Politik begründen zu
können. Dieser Prozess bahnte sich schon in der Zwischenkriegszeit an und verlief in einer komplizierten
Wechselwirkung von kolonialer Politik, indigenen politischen Kräften in der Kolonie und transnationalen Diskussionen.

Am Anfang stand die unruhige politische Lage nach
dem Ersten Weltkrieg. Eine Reihe von Faktoren kam zusammen. Über eine Million Afrikaner hatten in den kolonialen Armeen in Afrika und Europa gedient. Die Kolonialmächte hatten mit Versprechungen über Honorierungen
und soziale Verbesserungen in der Nachkriegszeit die
Loyalität der Soldaten erkaufen wollen. Nach dem Krieg
wurde davon zunächst nichts eingelöst. Vielmehr nahm
der Zuzug von Europäern in die Kolonien langsam zu,
neue Landverordnungen schränkten die Erwerbsmöglich-
keiten für afrikanische Bauern ein, und die wie in Kenia
vermehrt eingeführte Passmarke (*kipande*) provozierte
weitere Unzufriedenheit. Gleichzeitig strömte die erste
Generation der auf Missionsschulen ausgebildeten Afrikaner auf die städtischen Arbeitsmärkte. Schnell enttäuscht
über mangelnde Erwerbs- und Aufstiegsmöglichkeiten im
noch kleinen kolonialen Apparat und gedemütigt durch
den alltäglichen Rassismus der Weißen bildeten sie ein
Potential, das zwischen Integrationshoffnung und Protest-
bereitschaft schwankte. Missionsschulabsolventen, Welt-
kriegsveteranen und städtische Angestellte waren es auch,
die die Unruhen der frühen Nachkriegsjahre trugen und
erste politische Organisationen bildeten.

Die Reaktion der Kolonialmächte auf Unzufriedenheit
und Unruhe war widersprüchlich. Frankreich und Belgien
betrieben eine repressive Politik, was politische Aktivitäten und Organisationen in den Kolonien anging. Im belgischen Kongo waren Gewerkschaften verboten und keinerlei Mitwirkungsrechte vorgesehen. Frankreich gestand erst

1937 unter der Volksfrontregierung die Gründung von Gewerkschaften in Afrika zu. Allerdings erlaubte es die assimilatorische Politik, dass sich Afrikaner schon seit den 1920er Jahren in Paris dortigen Gewerkschaften anschlossen. Die britische Kolonialmacht erkannte afrikanische Gewerkschaften zwar ebenfalls offiziell nicht an, tolerierte sie aber. Unter Eisenbahnarbeitern und im Bergbau bildeten sich tatsächlich bereits kleine Gewerkschaften, und seit den 1920er Jahren kam es auch immer wieder zu Streikwellen für höhere Löhne und bessere Arbeitsbedingungen unter Eisenbahn-, Berg-, Hafen-, Straßenbau- und Plantagenarbeitern. Auch was politische Organisationen anging, reagierte die britische Kolonialverwaltung doppelgleisig: Politische Vereinigungen wurden de facto toleriert, solange sie nicht zur öffentlichen Aktion aufriefen. Demonstrationen und Unruhen wurden mit Gewalt niedergeschlagen, wie in Kenia Anfang der 1920er Jahre, und die vermeintlichen Rädelsführer verfolgt, etwa Harry Thuku in Nairobi, der 1922 für zehn Jahre inhaftiert wurde, obwohl er sich lediglich für die Verbesserung der Rechte von Afrikanern im kolonialen System eingesetzt hatte. Gleichzeitig versuchten die Briten Protesten durch Reformen zu begegnen: Die Bemühungen in der Bildungspolitik wurden verstärkt, die Steuern gesenkt und Partizipationsrechte im Rahmen der neuen *Local Native Councils* und der *Legislative Councils* erweitert, auch durch die Ausweitung des Wahlrechts. Im französischen Afrika waren Mitwirkungsrechte an den Status der Kolonie gebunden. Nur in den vier privilegierten Städten des Senegal konnten die Vollbürger an der Wahl des Bürgermeisters und eines Deputierten für das Pariser Parlament mitwirken. In den übrigen Kolonien bestanden lediglich *Conseils d'Administration*, die noch weniger Mitwirkungsrechte hatten als die britischen Legislativräte. Immerhin durften seit 1925 auch Afrikaner einige Vertreter zu den Verwaltungsräten wählen, doch war das aktive Wahlrecht durch einen hohen Zensus beschränkt.

Schwer zu erfassen waren die politischen Organisationen. Das umgriff ein weites Spektrum von Vereinigungen, deren Zielsetzung, Organisationsstruktur und Mitgliedschaft schnell wechselte und selten schriftlich festgehalten war. Vor dem Ersten Weltkrieg hatte es nur wenige politische Organisationen gegeben, so in der britischen Goldküste. Nach dem Weltkrieg entstanden dann vielfältige politische Zirkel. Politische Vereine entwickelten sich seit 1919 in Uganda und Kenia, 1923 in Nigeria (*National Democratic Party*), 1926 im französischen Kongo und im Senegal, 1929 in Tanganjika, in den 1930er Jahren wiederum in Nigeria sowie im Sudan und in Somaliland. Sie waren oft nur kurzlebig, ihre Mitgliedschaft war klein und wurde auch nicht präzise dokumentiert, ihre Organisationsstruktur war noch locker und ihre Programmatik beschränkt auf die Abstellung kolonialer Missstände. Die *National Democratic Party* in Nigeria wollte Sicherheit und Wohlfahrt der Menschen in der Kolonie und die Wirtschafts- und Handelsbedingungen verbessern, sie erkannte den *Commonwealth* an, verlangte eine Afrikanisierung der Verwaltung und gleichberechtigte Mitwirkung im System. Dabei wollte sie strikt konstitutionell vorgehen, und sie nahm auch an Wahlen teil, wie es die meisten politischen Gruppierungen anstrebten. In der Regel fanden sich in den Vereinen die jungen Missionsschulabgänger der Städte zusammen, die zwischen der Kolonialverwaltung einerseits, den indigenen Eliten und *Chiefs* andererseits ihre Position im kolonialen System suchten. Bis in die zweite Hälfte der 1920er Jahre waren die Bewegungen, was Mitgliedschaft und Zielsetzungen angeht, städtisch ausgerichtet. Auch über Kolonialgrenzen hinweg waren die städtischen Eliten enger miteinander vernetzt als mit der Landbevölkerung der eigenen Kolonie.

Beispielhaft ist die Situation im britischen Westafrika. In Accra an der Goldküste trat 1920 ein wohl nach indischem Vorbild gebildeter *National Congress of British*

West Africa zusammen, an dem Delegierte von der Goldküste, aus Nigeria, Sierra Leone und Gambia teilnahmen.
Man verlangte, mehr gewählte Vertreter der afrikanischen
Bevölkerung in den *Legislative Council* aufzunehmen, das
Schulwesen auszubauen, eine Universität in Westafrika
einzurichten, Afrikaner in die Verwaltung aufzunehmen
und die Stellung einheimischer Rechtsanwälte zu verbessern. Diese Forderungen, die vornehmlich auf den Status
der neuen Bildungseliten zielten, wurden von den alten
Eliten und *Chiefs*, die zum Teil als ernannte Mitglieder in
den Legislativräten saßen, abgelehnt. Beide Gruppen beanspruchten, die indigene Bevölkerung zu vertreten. Die
Briten sprachen dem Kongress jede politische Kompetenz
ab; gemäß Lugards Konzept indirekter Herrschaft war ein
allgemeiner Zugang der afrikanischen Bevölkerung zum
politischen System nicht vorgesehen. Indem dann dennoch das Wahlrecht so erweitert wurde, dass nun auch die
städtischen Gebildeten eingeschlossen waren, ohne tatsächlich den gewählten Vertretern eine Mehrheit in den
Räten zuzugestehen, wurde freilich die polare Konstruktion zwischen den vom Kolonialstaat protegierten *Chief*-
Eliten und den Bildungseliten verlängert und quasi insti-
tutionalisiert. Gleichzeitig allerdings mobilisierten die
Räte das politische System, da sie zur Einübung parlamen-
tarischer Verhaltensweisen beitrugen. Auch führten die
regelmäßigen Wahlen zur Formierung von weiteren politischen Gruppierungen und zur Beförderung einer politischen Presse.

Gerade die Presseorgane wurden zu Zentren politischer
Diskussion und Organisation. Die Presselandschaft war
vielgestaltig, es gab bereits in der Zwischenkriegszeit eine
Reihe von Tageszeitungen, Wochenzeitungen und Mo-
natsblättern, doch erschienen viele von ihnen nicht regelmäßig. Manche wurden schnell wieder eingestellt, abhängig von personellen, finanziellen und politischen Bedingungen. Herausgeber und Redakteure sowie die Leser

rekrutierten sich wiederum vornehmlich aus der kleinen gebildeten Schicht der Missionsschulabsolventen, in Ostafrika fanden sich auch indischstämmige Herausgeber wie der Kaufmann Manilal Amalal Desai (*East African Chronicle*), und zumindest in den 1920er Jahren existierten noch Verbindungen zwischen indischen und afrikanischen Gebildeten. Politisch standen die Zeitungen für unterschiedliche Ziele, anfangs verlangten sie allerdings durchweg lediglich eine schnellere Integration in das koloniale System, seit der Mitte der 1920er Jahre setzten sie sich punktuell auch für eine Wiederentdeckung afrikanischer Kultur und Identität ein. Nationalistisch waren diese Organe noch nicht, sie zielten nicht auf eine nationalstaatliche Unabhängigkeit. Eine Herausforderung stellten sie für die Kolonialregime vor allem dar, weil sie das Bestreben nach Autonomie und westlicher Kultur dokumentierten und die Zusammenarbeit der Verwaltungen mit den alten indigenen Eliten in Frage stellten.

Den Anfang machten in Westafrika bereits vor dem Ersten Weltkrieg 1891 *The Lagos Weekly Record* und *La Démocratie du Sénégal*. Die meisten Zeitungen wurden in der Zwischenkriegszeit gegründet, darunter 1921 der *East African Chronicle*, die *Times of Nigeria*, die von 1921 bis 1930 erschien, die *Daily Times* seit 1926, *Lagos Daily News* von 1925 bis 1938, *Le Périscope Africain* in Dakar, gegründet 1929, und schließlich *L'Ouest-Africain Socialiste*. Seit Ende der 1920er Jahre erschienen einige Periodika in afrikanischen Sprachen. Im nigerianischen Lagos wurde seit 1932 *Akede Eko* in der Sprache der Yoruba publiziert. In Kenia betreute Kenyatta für die *Kikuyu Central Association* die Zeitschrift *Muigwithania.* Der Titel bedeutet auf Kikuyu »Der Versöhner« und meint auch »Jesus«. Die Zeitschrift behandelte die Kultur der Kikuyu, bestärkte also deren kollektive Identität quasi als Nationalität. Sie wollte zwischen alter und neuer Zeit, zwischen alten und neuen Werten, zwischen den Generationen und Gruppen, zwischen *Chiefs* und jungen Gebildeten versöhnen. So offen sie sich freilich gegenüber der Tradition gab, so sehr hing sie auch von lesekundigen städtischen Interessenten ab.

Die Entdeckung der Tradition blieb insofern in afrikanischen politischen Bewegungen wie in Panafrikanismus und Négritude ein Anliegen städtischer Gebildeter. Immerhin versuchten manche politischen Gruppen wie die *Kikuyu Central Association* seit den späten 1920er Jahren ihren Einfluss auch auf das Land auszudehnen und in den Dörfern für ihre politischen Ziele zu werben. Bis in die Zeit des Zweiten Weltkriegs scheint das aber noch nicht sehr erfolgreich gewesen zu sein. Auch neue ethnische Verbände, von Bildungs- und Kulturvereinen bis zu Tanzbünden, waren gleichermaßen städtische Erscheinungen. Sie sollten Zusammenhalt sichern, kulturelle Identität bestätigen, Solidarität vermitteln, soziale Unterstützung gewähren. Gegründet meist wiederum von den gebildeten neuen Eliten, umfassten sie doch auch Angehörige anderer Schichten, Arbeiter und Dienstboten, die sie nun unter dem Etikett der ethnischen Abstammung sozial übergreifend zusammenfassten. Der Beitritt war freiwillig, der ethnische Verband stellte in dieser Perspektive das Gegenteil der als Geburtsgemeinschaft verstandenen Ethnie dar. Im ethnisch begründeten Personenverband lebte die Tradition fort – oder wurde sie erst geformt, wie im Fall der 1942 gegründeten *Nyakyusa Union* in Tanganjika, war die Sprach- und Kulturgemeinschaft der Nyakyusa doch erst von den Briten als ethnische Gemeinschaft verstanden worden. Zudem schufen die ethnischen Verbände nach den großen Wanderungs- und Verstädterungsbewegungen eine quasi translokal-virtuelle Gemeinschaft. In den Städten des westafrikanischen Küstenstreifens, namentlich in Nigeria und an der Goldküste, gab es um 1930 rund 50 *Igbo Unions*, welche die aus der Südostregion Nigerias abgewanderte Bevölkerung verbanden. Die meisten waren in der zweiten Hälfte der 1920er Jahre unter unterschiedlichen Namen wie *Improvement Society* oder *Young People's Club* entstanden, einige davon schlossen sich 1929 in Accra zum *Youth Conference Movement* zusammen. Sie verknüpften also ihre – reale oder imaginierte – ethnische Identität mit modernen Organisationsformen und einem gleichermaßen Zusammenhalt stiftenden Generationsbewusstsein, lösten sich aber de facto ebenso stark aus ihrem ländlichen Herkunftsgebiet wie parteiähnliche Gruppierungen.

Es ist missverständlich, die Fülle und Vielfalt an Organisationsformen der Zwischenkriegszeit unter dem Etikett des *nationalism* zusammenzufassen, wie es beispielsweise in der *UNESCO General History of Africa* geschieht. Parteien und Gewerkschaften im modernen Sinn und mit einer Massenbasis entstanden in Afrika erst nach 1945, und auch erst seit dieser Zeit finden sich nationalstaatliche Entwürfe für ein nachkoloniales Afrika. Bemerkenswert ist allerdings, wie flexibel die Bevölkerung in den Kolonien auf die neuen Herausforderungen reagierte und sich neue soziale Räume schuf, in denen alte Werte neu verhandelt und neue Werte in alte Deutungsmuster integriert wurden. Dafür stehen die unabhängigen Schulen und Kirchen sowie die Jugendorganisationen ebenso wie die panafrikanische Ideenwelt. Beide Phänomene beruhten auf einem beständigen transkulturellen Austausch, den die Kolonialregime ungewollt beschleunigt hatten. Die Kolonialherren hatten damit in der Hochzeit des Kolonialismus einen Wandel eingeleitet, der ihren eigenen Untergang herbeiführte. Doch waren Verlauf, Dauer und Ergebnis dieses Prozesses vor dem Zweiten Weltkrieg noch nicht abzusehen, die Geschichte Afrikas war offen. Auch panafrikanische Zukunftsentwürfe zeichneten kein konkretes Bild des künftigen Afrika, sondern lediglich das Ideal vergangener afrikanischer Kultur und künftiger Freiheit. Einen intellektuellen Wendepunkt in der Geschichte

des Panafrikanismus wie der afrikanischen Entkolonialisierung markiert eine Schrift, die Jomo Kenyatta 1942 unter dem Titel *My People of Kikuyu* veröffentlichte. Hier
verband Kenyatta die Idealisierung von Geschichte und
Kultur seines Volkes mit dem Lob der Schönheit von Natur und Landschaft. Er löste sich dabei nicht nur, wie vor
ihm schon die *Négritude*, aus älteren Vorstellungen von
der Natur als bloßer Wildnis, als Gefahr und Herausforderung, sondern entwarf erstmals die Natur als Raum und
Landschaft der heraufziehenden freien Nation. Fortan
wurde die Wiedergewinnung der Schönheit des Landes
zur Chiffre für die Befreiung von der Kolonialherrschaft.
So beschrieb Muga Gicaru 1958 Kenia als *Land of Sunshine* – das es in der Kolonialzeit nur noch für die Briten
sei, das es aber für die Afrikaner wieder werden solle. Die
Rückeroberung des Landes bedeutete auch hier die Wiedergewinnung der Nation.

Ein Kontinent im Umbruch
Das nachkoloniale Afrika

Ab etwa 1940 Im Zweiten Weltkrieg zeichnet sich das Ende der Kolonialreiche ab.

1941 In der Atlantik-Charta proklamieren der britische Premierminister Winston Churchill und der amerikanische Präsident Franklin Delano Roosevelt das Selbstbestimmungsrecht der Völker.

1944 Auf der Konferenz von Brazzaville (französischer Kongo) erörtern hochrangige französische Kolonialbeamte die Zukunft des Kolonialreichs.
Gründung der *Kenya African Union* (KAU).

1945 Der fünfte »Panafrikanische Kongress« in Manchester fordert eine grundsätzliche Abkehr vom Kolonialsystem.
Frankreich bildet mit seinen Überseeprovinzen die *Union Française*.

Ab 1945 Sogenannte zweite Kolonisation Afrikas. Die Kolonialmächte erneuern und intensivieren ihre Kolonialpolitik, der Verwaltungsapparat wird ausgebaut.

1945–50 Proteste, Streiks und Unruhen in zahlreichen afrikanischen Kolonien, unter anderem in Nigeria, Ghana, Kamerun, Uganda, Kenia und Madagaskar.

1946 Gründung des *Rassemblement Démocratique Africain* (RDA) unter Félix Houphouët-Boigny als Sammlungsbewegung der Parteien des französischen Afrika.
Erlass der sogenannten »Burns-Verfassung« in der britischen Goldküste. Sie sieht mit dem *Legislative Council* erstmals eine gesamtstaatliche Repräsentation vor.
Erlass der sogenannten »Richards-Verfassung« in Nigeria. Sie errichtet ebenfalls einen gesamtstaatlichen Legislativrat. Ihr folgen weitere Verfassungsreformen wie die »Macpherson-Verfassung« von 1951 und die »Lyttelton-Verfassung« von 1954.

1948	Wahlsieg der *National Party* in Südafrika und Beginn der systematischen Apartheid-Politik.
	Gründung der *Union des Populations du Cameroun*. Die Partei radikalisiert den Widerstand gegen die französische Kolonialherrschaft und geht 1955/56 zum gewaltsamen Widerstand über.
	Eröffnung des *University College* in Ibadan.
1951	Unabhängigkeit Libyens.
1952–59	Mau-Mau-Aufstand gegen die britische Kolonialherrschaft in Kenia und Verhängung des Ausnahmezustandes.
1954	Gründung der *Tanganyika African National Union* (TANU).
	Beginn des Aufstandes gegen die französische Herrschaft in Algerien.
1956	Ein französisches Rahmengesetz stärkt die Selbstverwaltungsrechte der einzelnen Territorien in Französisch-Westafrika und Französisch-Äquatorialafrika, um die *Union Française* zu bewahren.
	Unabhängigkeit Marokkos, Tunesiens und des Sudan.
1957	Unabhängigkeit der britischen Goldküste unter dem Namen Ghana. Kwame Nkrumah wird erster Präsident.
1958	Frankreich beginnt den Umbau der *Union Française* zur *Communauté Française*. Bei einer Abstimmung entscheidet sich Guinea gegen Frankreich. Das Land erhält als erste französische Kolonie Afrikas die Unabhängigkeit, Ahmed Sékou Touré wird Staatspräsident.
1960	Der britische Premierminister Harold Macmillan konstatiert in einer in mehreren afrikanischen Städten gehaltenen einflussreichen Rede den *wind of change*, der den Kontinent erfasst habe.
	Zahlreiche französische Kolonialgebiete werden unabhängig: Kamerun, Togo, Mali, Madagaskar, Dahomey (seit 1975: Benin), Niger, Obervolta (seit 1984: Burkina Faso), Elfenbeinküste, Tschad, Zentralafrikanische Republik (bis dahin: Ubangi-Shari), Kongo(-Brazzaville), Gabun, Senegal (Präsident wird Léopold Sédar Senghor) und Mauretanien. Unabhängigkeit erlangen auch das britische Nigeria und der belgische Kongo.

Der Ministerpräsident des Kongo, Patrice Lumumba, kritisiert in seiner Rede zur Unabhängigkeitsfeier am 30. Juni die Kolonialpolitik mit scharfen Worten.

Sharpville-Massaker in Südafrika. Danach wird der ANC verboten.

Die KAU wird zur *Kenya African National Union* (KANU) umgeformt.

1960–65 Der Kongo wird von einer Kette von Krisen und Kriegen erschüttert. Die Katanga-Region unter Moïse Tshombé erklärt am 11. Juli 1960 ihre Sezession, die erst 1963 beendet wird.

1961 Lumumba wird am 17. Januar ermordet.

Ausrufung der Republik Südafrika.

Unabhängigkeit von Tanganjika und Sierra Leone.

1962 Unabhängigkeit Algeriens, Ugandas sowie Ruandas und Burundis.

In Südafrika wird der ANC-Politiker Nelson Mandela inhaftiert.

1963 Aufstand der Tutsi in Ruanda, Beginn eines dreijährigen Bürgerkriegs.

Unabhängigkeit Kenias.

Gründung der *Organisation für Afrikanische Einheit* (OAU). Die OAU, in der alle unabhängigen afrikanischen Staaten vereinigt sind, erkennt die aus der Kolonialzeit herrührenden Grenzziehungen ausdrücklich an.

1964 Aus dem Zusammenschluss von Tanganjika und Sansibar entsteht Tansania.

Unabhängigkeit Malawis (Nyassaland) und Sambias (Nordrhodesien). Erster Präsident Sambias wird Kenneth Kaunda.

Verurteilung des ANC-Politikers Nelson Mandela zu lebenslanger Haft.

1965 Unabhängigkeit Gambias.

Putsch im Kongo und Machtübernahme des Oberbefehlshabers der Armee Joseph Désiré Mobutu.

Putsch Jean-Bedel Bokassas in Zentralafrika. 1976 wandelt Bokassa die Republik in ein Kaiserreich um, 1977 krönt er sich zum Kaiser.

1966 Unabhängigkeit Botswanas und Lesothos.

Putsch in Ghana, Sturz des Staatspräsidenten Kwame Nkrumah.

Militärputsch in Nigeria von Igbo-Offizieren unter Aguiyi Ironsi im Januar. Durch einen Gegenputsch im Juli kommen Offiziere aus dem Norden unter Yakubo Gowon an die Macht.

1967   In Nigeria ruft die Südostregion unter dem Namen Biafra einen eigenständigen Staat aus und kämpft für ihre Unabhängigkeit. Der Sezessionskrieg endet 1970 mit dem Sieg der militärischen Übermacht der vom Norden geführten Bundestruppen und der Kapitulation Biafras.

In der »Arusha-Deklaration« begründet Tansania die Einführung des afrikanischen Sozialismus. Im Mittelpunkt steht der Aufbau dörflicher Kooperativen im Rahmen der *Ujamaa*-Politik.

1968   Unabhängigkeit von Äquatorialguinea und Swasiland.

1970–74 Dürrekatastrophe in der Sahelzone am Südrand der Sahara.

1971   Der Kongo wird in Zaire umbenannt. Auch der Fluss und die Währung führen nun den neuen Namen. Mobutu intensiviert und radikalisiert die 1967 eingeleitete Authentizitätskampagne.

Putsch Idi Amins in Uganda. In den folgenden Jahren fallen der Gewaltherrschaft des Militärdiktators über 250 000 Menschen zum Opfer.

1972/73 In Burundi wird ein Aufstand von Hutu-Milizen durch die von Tutsi dominierte Armee niedergeschlagen.

1974   Militärputsch in Äthiopien. Kaiser Haile Selassie wird gestürzt, die Militärregierung unter Mengistu Haile Mariam setzt eine sozialistische Umwälzung in Gang.

Das portugiesische Guinea-Bissau erlangt die Unabhängigkeit. Vorausgegangen ist im April 1974 die »Nelkenrevolution« in Portugal.

1975   Die portugiesischen Kolonien Angola und Moçambique erlangen nach jahrelangen Befreiungskämpfen die Unabhängigkeit.

Militärputsch in Nigeria.

1976   Südafrika erklärt das *Homeland* Transkei für unabhangig. Im Rahmen der Politik der Apartheid werden weitere aus Reservaten hervorgegangene *Homelands* der schwarzafrikanischen Bevölkerung wie Venda (1979) und Ciskei (1981) für unabhängig erklärt. Sie werden international nicht anerkannt.

Ausbruch von Schüler-Unruhen in Soweto (South-Western-Township) bei Johannesburg.

1978   Der kenianische Staatspräsident Jomo Kenyatta stirbt, sein Nachfolger wird Daniel T. arap Moi.

1979   Nigeria kehrt zu einer gewählten Zivilregierung unter Alhaji Shehu Shagari zurück.

In Uganda wird Idi Amin durch den Einmarsch tansanischer Truppen gestürzt.

In Zentralafrika wird Bokassa mit Hilfe einer französischen Interventionstruppe gestürzt.

1980   Ende der weißen Minderheitsregierung in Rhodesien unter Ian Smith. Der Staat wird in Simbabwe umbenannt. Bei den ersten Wahlen gewinnt die *Zimbabwe African National Union* (ZANU) unter Robert Mugabe die meisten Mandate. Mugabe wird zunächst Premierminister und nach der Einführung von Ein-Partei- und Präsidialsystem 1987 Staatspräsident.

1981   Menschenrechts-Charta der »Organisation für Afrikanische Einheit« (»Banjul-Charta«).

Putsch junger Offiziere in Ghana um Jerry J. Rawlings.

1983   Putsch junger Offiziere in Obervolta um Thomas Sankara. In der Folge wird das Land in Burkina Faso umbenannt, soziale Reformen werden eingeleitet. 1987 wird Sankara in einem weiteren Putsch gestürzt und ermordet.

Militärputsch in Nigeria unter Mohammed Buhari.

1985   Erneuter Militärputsch in Nigeria. Generalmajor Ibrahim Babangida übernimmt die Macht.

Julius Nyerere legt sein Amt als Staatspräsident Tansanias nieder. Nachfolger wird Ali Hassan Mwinyi.

1986   Umsturz in Uganda durch eine Rebellenbewegung (*National Resistance Movement*) unter Führung von Yoweri Museveni. Dieser wird Staatspräsident und leitet wirtschaftliche Reformen und eine Demokratisierung ein, die allerdings von Rückschlägen und bewaffneten Widerständen begleitet wird.

Ab 1989/90 Nach dem Ende des Ost-West-Konfliktes zeichnet sich auch in Afrika eine tiefgreifende Wende ab. Diktaturen brechen zusammen, zahlreiche Staaten führen Mehr-Parteien-Systeme ein. In vielen Staaten brechen Bürgerkriege aus, wie in Liberia, wo der 1980 durch Putsch an die Macht gekommene Militärdiktator Samuel Doe im September 1990 ermordet wird. Auch Autonomie- und Sezessionskriege nehmen zu.

1990 In Südafrika kündigt Präsident Frederik Willem de Klerk grundlegende Reformen an, das Ende der Apartheid zeichnet sich ab. Nelson Mandela wird nach 27-jähriger Haft entlassen.

Namibia erlangt die Unabhängigkeit. Präsident wird der Führer der 1960 gegründeten *South West Africa People's Organization* (SWAPO) Sam Nujoma.

1991 Sturz des Diktators Mengistu Haile Mariam in Äthiopien durch eine Allianz von Befreiungs- und Rebellenbewegungen.

Ausbruch eines Bürgerkriegs in Sierra Leone, der bis 1999 andauert.

1993 Friedensvertrag von Arusha (Tansania) zwischen der Hutu-Regierung in Ruanda unter Präsident Juvénal Habyarimana und der Tutsi-Exilbewegung *Front Patriotique Rwandais* zur Stabilisierung in Ruanda.

Eritrea erlangt nach verlustreichem Befreiungskampf die Unabhängigkeit von Äthiopien.

Ausbruch von Bürgerkriegen im Gebiet der Großen Seen.

1994 Völkermord in Ruanda. Etwa 800 000 Tutsi und oppositionelle Hutu werden in den Monaten April bis Juli ermordet.

Aufhebung der Apartheid in Südafrika. Die ersten demokratischen Wahlen gewinnt der ANC. Mandela wird Präsident.

1995 Hinrichtung des Schriftstellers Ken Saro-Wiwa und acht weiterer Mitglieder des *Movement for the Survival of the Ogoni People*. Sie hatten gegen die Umweltzerstörung durch die Ölförderung im Nigerdelta protestiert.

Erste demokratische Mehr-Parteien-Wahlen in Tansania. Neuer Präsident wird Benjamin Mkapa.

1996 Verabschiedung der neuen demokratischen Verfassung von Südafrika.

1996–98 In Südafrika bemüht sich die *Truth- and Reconciliation Commission* (»Wahrheits- und Versöhnungskommission«) um die Aufarbeitung des Apartheid-Systems.

1996/97 Bürgerkrieg im Kongo.

1997 Sturz Mobutus im Kongo, Laurent-Désiré Kabila übernimmt die Macht, der Staat nennt sich nun Demokratische Republik Kongo.

1998–2000 Grenzkrieg zwischen Äthiopien und Eritrea.

1998–2003 Erneuter Krieg um Macht und Ressourcen im Kongo. Auch andere afrikanische Staaten wie Ruanda, Uganda, Tschad, Simbabwe, Namibia und Angola sind beteiligt.

1999 In Südafrika wird Thabo M. Mbeki Nachfolger Mandelas als Staatspräsident.

In Nigeria löst eine gewählte Zivilregierung unter Präsident Olusegun Obasanjo das Militärregime ab.

In der Debatte um eine Entschädigung Afrikas für den transatlantischen Sklavenhandel werden Beträge von 100 bis 777 Billionen US-Dollar genannt.

2001 Ermordung des Präsidenten Laurent-Désiré Kabila im Kongo, Nachfolger wird sein Sohn Joseph Kabila.

In Lusaka (Sambia) nehmen die Staats- und Regierungschefs der OAU das wirtschaftliche Entwicklungsprogramm *New Partnership for Africa's Development* (NEPAD) an. Es soll der eigenständigen Entwicklung und grenzüberschreitenden Kooperation in Afrika dienen.

2002 Die »Afrikanische Union« löst die OAU ab. Ihr gehören alle afrikanischen Staaten außer Marokko an.

Ausbruch eines Bürgerkriegs in der Elfenbeinküste.

Demokratische Wahlen in Kenia, Wahlsieg der oppositionellen Regenbogen-Koalition. Nachfolger Daniel arap Mois als Staatspräsident wird Mwai Kibaki.

Ab 2003	Bürgerkrieg in Darfur (Sudan).
2006	Erste demokratische Wahl im Kongo. Sie endet mit einem Erfolg Joseph Kabilas.
2007	Einweihung des ersten zentralen Denkmals für den Mau-Mau-Aufstand in der kenianischen Hauptstadt Nairobi.

Übergänge: Wege der Entkolonialisierung

Die Entkolonialisierung entwarf den Raum Afrikas neu, obwohl sie die formalen Grenzen kaum tangierte. Sie setzte mit dem Zweiten Weltkrieg ein, allerdings wurden die 1940er und 1950er Jahre durch eine Kette von Rekolonisationsinitiativen und Neuordnungsplänen bestimmt, mit denen die europäischen Kolonialherren den Krisen und Zerfallserscheinungen entgegenzuwirken versuchten. Am Ende vollzog sich die afrikanische Entkolonialisierung dennoch weit schneller als vorausgesehen – und in Formen, die nicht geplant waren. Keineswegs eindeutig ist, was dabei den Ausschlag gab: die inneren Widersprüche des Kolonialismus, die konkrete globale Konstellation am Ausgang des Zweiten Weltkriegs oder der Druck afrikanischer Unabhängigkeitsbestrebungen. Dabei hatten sich erste Vorboten einer Wende bereits seit Beginn der 1930er Jahre gezeigt. Das war einmal die Weltwirtschaftskrise, sodann der Angriff des faschistischen Italien auf Äthiopien und schließlich die Auflösung der Kolonialreiche in Asien, vor allem die Unabhängigkeitsbewegung in Indien. Alle drei Aspekte wiesen darauf hin, dass Afrika Teil einer globalen Ordnung geworden war.

Die Weltwirtschaftskrise führte zum rapiden Verfall der Rohstoffpreise. Plantagen, Bergbau und *Cash-Crop*-Produktion waren davon betroffen. Auch in Afrika sanken nicht nur die Löhne, sondern wurden Lohnarbeiter beispielsweise von den Minengesellschaften entlassen. Nach dem Weltmarkt brachen daher auch die regionalen Binnenmärkte zusammen. Kleinere Handelsfirmen, gerade die von Afrikanern getragenen, überlebten die Krise nicht. Staatliche Interventionen und Vermarktungsmonopole halfen allenfalls vorübergehend, auf mittlere Sicht verweigerten sie afrikanischen Bauern angemessene Erzeugerpreise. Nicht wenige afrikanische Kleinproduzenten zogen sich entweder auf eine Art Subsistenzproduktion zurück oder gaben die Landwirtschaft ganz auf und wanderten mit den erwerbslosen Plantagen- und Bergarbeitern in die Städte ab, deren Bevölkerungszahl nun explosionsartig anstieg. Die sozialen Probleme schienen kaum noch zu lösen. Zwar beschleunigte die Krise den Übergang zu einer kolonialen Entwicklungspolitik. Aber sie führte auch die Folgen von Metropolenorientierung und Monokulturen in der kolonialen Wirtschaft drastisch vor Augen und untergrub nachhaltig deren Legitimation.

Die italienische Intervention in Äthiopien war scheinbar eine Marginalie in der allgemeinen Erschütterung Afrikas. Italien hatte bereits im ausgehenden 19. Jahrhundert versucht, ein Protektorat über Abessinien zu errichten, doch ein militärischer Vorstoß war 1896 gescheitert. Der Angriff Mussolinis auf Äthiopien im Jahr 1935 sollte die kolonialpolitischen Demütigungen von 1896 und 1918, als Italien bei der Verteilung der deutschen Schutzgebiete leer ausgegangen war, ausgleichen und die politische Handlungskraft des faschistischen Italien beweisen. Mit großem Waffen- und Materialaufwand, auch unter Einsatz von Giftgas, wurde 1936 die Eroberung Äthiopiens abgeschlossen. Äthiopien war mit seinen 12 Millionen Einwohnern, der Hauptstadt Addis Abeba mit 100 000 Einwohnern und dem Kaiserhof ein Reich mit großer Tradition und – als neben Liberia einziger vom Kolonialismus verschonter afrikanischer Staat – hoher panafrikanischer Symbolkraft. Zudem gehörte es seit 1923 dem Völkerbund an, der nun beweisen musste, dass er auch einem afrikanischen Land bei Völkerrechtsverstößen zu Hilfe kam. Doch blieben die Sanktionen des Völkerbunds, vor allem der Stopp von Rohstofflieferungen, de facto wirkungslos, zumal die europäischen Mächte an einem offenen Konflikt nicht interessiert waren. Umso mehr provozierte, dass Mussolini sich über die zivilisatorische und »rassische« Unterlegenheit der Afrikaner mokierte, deren Angelegenheiten nichts vor dem Völkerbund zu suchen hätten. Deshalb bestärkte die demütigende äthiopisch-italienische Episode (schon 1941 wurde das Kaiserreich unter dem aus dem Exil zurückgekehrten Monarchen Haile Selassie wiederhergestellt) Widerspruch und Selbständigkeitsbestrebungen unter afrikanischen Bildungseliten.

Indien lieferte dagegen ein Musterbeispiel des Befreiungskampfes gegen die britische Herrschaft. Der bereits 1885 gegründete »Indische Nationalkongress« hatte sich nach dem Ersten Weltkrieg zur Massenbewegung entwickelt und vor allem die ländliche Bevölkerung mobilisiert. Unter Anleitung Mahatma Gandhis kam es zu immer neuen Kampagnen des zivilen Ungehorsams und gesteuerten Rechtsbruchs, die Großbritannien unter Druck setzten und einerseits zwar Repressionen provozierten, andererseits aber auch Reformen vorantrieben und schließlich zu der britischen Zusage führten, Indien nach dem Krieg in die Unabhängigkeit zu entlassen. Die Bewegung gipfelte schließlich 1942 in der Kampagne für sofortige Unabhängigkeit (*Quit India*), auf die die britische Regierung mit der Verhaftung der Kongress-Führung reagierte. Mit dem Ende des Krieges war die Entwicklung zur Unabhängigkeit nicht mehr aufzuhalten. 1946 wurde der Kongress-Politiker Jawaharlal Nehru Interimspremierminister, und im August 1947 erhielten Pakistan als islamischer Staat sowie Indien als mehrheitlich von Hindus bewohnter Staat die Unabhängigkeit. Damit war ein Modell der Interaktion von Massenbewegung, Elitenführung, Widerstand und Kooperation geschaffen, das afrikanischen Politikern der 1950er Jahre, an erster Stelle Kwame Nkrumah, ausdrücklich als Vorbild und Handlungsanleitung diente, so wenig sie Gandhis Konzept der Gewaltlosigkeit aufgreifen wollten.

Die Kriegsereignisse selbst berührten Afrika südlich der Sahara trotz der Hitlerschen Visionen eines deutschen Afrika nur am Rande. In den portugiesischen Kolonien Angola, Guinea-Bissau und Moçambique machte sich der Krieg kaum bemerkbar. Der belgische Kongo blieb auf Seiten der Alliierten, auch nachdem die Deutschen 1940 Belgien besetzt hatten. In Südafrika herrschte unter der weißen, rassistisch eingestellten Siedlerschaft burischer Herkunft zunächst durchaus Wohlwollen gegenüber dem nationalsozialistischen Deutschland. Die seit 1938 offener ausgesprochenen deutschen Forderungen nach einer Wiedereinsetzung als Kolonialmacht in Südwestafrika weckten allerdings Vorbehalte. Im Zweiten Weltkrieg stellte sich Südafrika auf die Seite der Alliierten, doch war diese Position im Lande äußerst umstritten. Manche setzten eher auf einen deutschen Sieg. In anderer Weise geteilt war das französische Afrikareich: Nord- und Westafrika standen zu Vichy, die Territorien des äquatorialen Afrika zu de Gaulle. Westafrika wurde von den Alliierten militärisch zurückerobert, dabei kämpften, wie in Gabun, Franzosen gegen Franzosen. Der Norden schloss sich 1942/43 dem »freien Frankreich« an. Auch abgesehen von den Kriegshandlungen blieb die afrikanische Bevölkerung vom Krieg nicht unberührt. Zum einen wurden die afrikanischen Kolonien in die Kriegswirtschaft integriert und mussten mehr denn je als Rohstoffbasis ihrer Mutterländer dienen, die Ausweitung der Zwangsarbeit erhöhte die Belastung. Zum anderen wurden Hunderttausende Afrikaner zu den Truppen der Alliierten eingezogen und auch in Europa eingesetzt. Wie schon im Ersten Weltkrieg sollte die Ankündigung, nach dem Krieg werde die Kolonialpolitik grundlegend reformiert, Unzufriedenheit abdämpfen.

Tatsächlich leitete de Gaulle schon im Krieg eine Reform ein. Dahinter stand einerseits die Einsicht, dass der Krieg Forderungen nach Selbstverwaltung oder, wie von algerischen Nationalisten bereits formuliert, nach Selbstbestimmung und Freiheit befördern werde, andererseits aber auch der Versuch, internationale Interventionen und völkerrechtlich begründete Eingriffe in das französische Kolonialreich zu verhindern. Die algerischen Nationalisten beriefen sich auf die Atlantik-Charta vom 14. August 1941. Hier hatten Winston Churchill und Franklin D. Roosevelt das Selbstbestimmungsrecht der Völker proklamiert. Das sollte nun nach französischer Interpretation lediglich für die von den Nationalsozialisten unterdrückten Völker gelten, nicht für die Kolonien, denen die Kolonialmacht ja nicht Unterdrückung, sondern Zivilisation und Entwicklung bringe. Auch setzte der algerische Nationalismus seine Hoffnung auf die USA unter Präsident Roosevelt, wurde dort doch während des Kriegs die Charta weiter interpretiert und das Ende der Kolonialreiche für unausweichlich gehalten. In den Kolonien sei allenfalls noch eine Treuhänderschaft durch den Völkerbund oder seine Nachfolgeorganisation auszuüben. Frankreich dagegen proklamierte, dass Autonomie ausgeschlossen sei und auch auf lange Sicht Selbstbestimmung in den Kolonien nicht zugestanden werde.

Dieses Konzept wurde auf einer Konferenz französischer Gouverneure und Kolonialbeamter formuliert, die de Gaulle 1944 nach Brazzaville, der Hauptstadt des französischen Kongo, einberief, um die künftige Kolonialpolitik und -verwaltung zu erörtern. Die Kolonien sollten demnach soweit umgestaltet und zivilisiert werden, dass sie mit Frankreich eine _Union Française_ bilden könnten, wie sie dann 1946 in der Verfassung der französischen Republik proklamiert wurde. Das französische Afrika wurde ausschließlich als Angelegenheit Frankreichs angesehen, die Kompetenz der internationalen Staatenwelt bestritten. In welcher Weise Reformen möglich schienen, demonstrierte in Französisch-Westafrika Félix Eboué (1884–1944), der, aus Französisch-Guayana stammend, zunächst als Gouverneur im Tschad tätig gewesen und 1941 von de Gaulle zum Generalgouverneur ernannt worden war. Er setzte auf eine Verbindung des Assimilationskonzepts mit adaptiven Elementen. Die kulturelle und politische Identität der afrikanischen Bevölkerung sollte bewahrt und in einem gewissen Rahmen sogar gestärkt werden. Kommunale Selbstverwaltung sollte zur Einübung in das neue politische System dienen. Auf diese Weise sollten indigene Eliten gefördert werden, die sowohl ihrem Herkunftsland wie der französischen Republik und deren Werten und Gesetzen gegenüber loyal waren.

Auch Großbritannien wollte den Kolonien kein Selbstbestimmungsrecht zugestehen und wies im Krieg jede auch noch so unverbindliche Ankündigung künftiger Unabhängigkeit oder Kontrollrechte der Vereinten Nationen zurück. Winston Churchill formulierte demgemäß 1942: »Ich bin nicht Erster Minister des Königs geworden, um der Liquidierung des Britischen Empire zu präsidieren« (zit. nach: Rudolf von Albertini, *Dekolonisation. Die Diskussion über Verwaltung und Zukunft der Kolonien 1919–1960*, Köln 1966, S. 199). Allerdings sprach man nun statt von Treuhandschaft eher von Partnerschaft und fasste einen Umbau des Kolonialreichs ins Auge. Die seit 1945 amtierende Labour-Regierung unter Clement Attlee wollte die Kolonien ebenfalls nicht aufgeben, sondern sie im Rahmen des *Commonwealth* zu *self-government* führen. Sie reagierte aber, auch unter dem Einfluss wachsender kolonialskeptischer Kreise in der eigenen Partei und angesichts des Desinteresses der Öffentlichkeit an kolonialen Fragen, wie es in den Wahlen von 1945 zum Ausdruck gekommen war, flexibler auf Herausforderungen wie die Unabhängigkeitsbestrebungen in Indien. Sie hatte zwar keinen Gesamtplan zur Dekolonisation, gestand aber Reformen dort zu, wo – wie etwa an der Goldküste – Unruhen entstanden. So konnte sie manchen gewaltsamen Konflikt abfedern. Auch bremste die Labour-Regierung die radikalen Forderungen der britischen Siedler in Kenia, die sich jeder Reform widersetzen wollten. Die seit 1951 wieder regierende konservative Regierung nahm die einmal gefällten Entscheidungen, etwa Verfassungsreformen, nicht zurück und war auch nicht mehr bereit, in Westafrika militärisch zu intervenieren, aber sie zeigte zum Beispiel mit der harten Reaktion auf den Mau-Mau-Aufstand in Kenia, dass sie einen weit weniger konzilianten Kurs fahren wollte. Vielmehr deutete sie das Modell von *Commonwealth* und Partnerschaft neu, indem sie nun ein Zwei-Ebenen-Modell proklamierte, nach dem die Kolonien als Mitglieder zweiter Klasse mit beschränkten Rechten, zum Beispiel ohne eigene Außenpolitik, aufgenommen werden sollten.

Allerdings war die Situation nach 1945 höchst widersprüchlich. Die von Großbritannien und Frankreich 1945/46 eingeleiteten Entwicklungsprogramme wurden zum beträchtlichen Teil mit aus den Kolonien gewonnenen Mitteln finanziert. Beide zielten mit dem Ausbau der Infrastruktur primär auf den Erhalt des kolonialen Zusammenhalts. Beide waren Ausdruck der gelegentlich mit dem Begriff der zweiten Kolonisation zusammengefassten Maßnahmen, die eine Ausweitung der Investitionen und Finanzzuschüsse, gestützt auf eigens gegründete Kapitalfonds, sowie einen Ausbau des Verwaltungsapparats, und zwar vor allem hinsichtlich der Techniker und Fachbeamten, umfassten. Das trug zusammen mit der in der Nachkriegszeit wachsenden Nachfrage nach Agrargütern und Rohstoffen zu einem wirtschaftlichen Aufschwung in den Kolonien bei, von dem auch afrikanische Plantagen- und *Cash-Crop*-Produzenten profitierten. Ansätze eines afrikanischen Unternehmertums wurden verstärkt. Die einseitige Exportorientierung und Abhängigkeit der kolonialen Volkswirtschaften traten dabei umso deutlicher zu Tage, zumal durch eine Reihe von Vorkehrungen wie der Garantie niedriger Einkaufspreise für die Mutterländer, zollpolitisch geschützter Absatzmärkte und Abschöpfung der Außenhandelsgewinne der Kolonien garantiert war, dass jede Entwicklung vor allem der Metropole zugutekam.

Daher drängten auch die afrikanischen Bildungseliten auf Reformen. Auf dem fünften »Panafrikanischen Kongress« in Manchester 1945 wurde das britische Kolonialsystem grundsätzlich zurückgewiesen, die indirekte Herrschaft als Instrument der Unterdrückung attackiert, die wirtschaftliche Ausbeutung der Kolonien angeprangert und eine Reihe von Forderungen aufgestellt: die Aufhebung der restriktiven Wirtschafts- und Landgesetze, wirtschaftliche Betätigungsfreiheit für Afrikaner, eine Revision des Strafrechts, Schulpflicht und Schulgeldfreiheit, die Durchsetzung kollektiver und individueller Bürgerrechte, von der Vereinigungsfreiheit bis zur Pressefreiheit, die Anerkennung der Grundsätze der Atlantik-Charta, schließlich das Recht der kolonialisierten Völker, ihr Schicksal selbst zu bestimmen. Die Resolution schloss mit dem an das *Kommunistische Manifest* von Marx und Engels angelehnten Satz: »Colonial and subject peoples of the world, Unite!« (Zit. nach: J. Adoyle Langley, Hrsg., *Ideologies of Liberation in Black Africa, 1856–1970. Documents on Modern Political Thought from Colonial Times to the Present*, London 1979, S. 761.) An diesen Debatten waren neben panafrikanischen Propagandisten wie George Padmore auch Politiker wie Kwame Nkrumah, Jomo Kenyatta und Hastings Banda aus Malawi beteiligt, die bald darauf in ihre Heimatländer zurückkehrten und die spät- und nachkoloniale Politik ihrer Länder maßgeblich bestimmten. Zugleich aber nutzten sie auch die internationale Bühne.

Während die USA im Zuge des Kalten Kriegs immer weiter von ihren Forderungen nach Entkolonialisierung abrückten, wurden die Vereinten Nationen zum Forum für die Diskussion kolonialer Fragen. Die Charta der UNO sah die Pflicht der Kolonialmächte vor, regelmäßig über den Entwicklungsstand der Überseebesitzungen zu berichten. Das konnte nun mit Hilfe von Petitionen und Anhörungen zum Instrument afrikanischer Politik gemacht werden; Politiker wie der spätere Staatspräsident Julius Nyerere aus Tanganjika trugen in den 1950er Jahren vor UN-Ausschüssen vor.

Freilich ging es den westlich gebildeten afrikanischen Eliten auch darum, ihre Position in binnenkolonialen Auseinandersetzungen um Macht und Einfluss gegenüber anderen afrikanischen Kräften zu stärken. Denn die politische Situation in den afrikanischen Kolonien war nach 1945 offen, vielfältige neue Kräfte agierten im öffentlichen Leben. Unruhen und Streiks in den Großstädten nahmen zu, und britische Territorien wie Uganda 1945 oder Ghana 1947 und französische Territorien wie Madagaskar 1947 befanden sich am Rand des Aufruhrs. Gewerkschaften und zahlreiche neue Parteien entstanden. Hatten die afrikanischen Bildungseliten vor dem Weltkrieg in der Konkurrenz mit den *Chief*-Eliten quasi das Monopol auf die Vertretung afrikanischer Interessen behaupten können, so konkurrierte nun eine große Zahl indigener Kräfte um Einfluss. Die afrikanischen Politiker, die die Kriegsjahre in den westlichen Metropolen verbracht hatten, waren daher bestrebt, schnell zurückzukehren und ihre Machtbasis auszubauen, während sich die Kolonialmächte bemühten, die aufbrechenden Konflikte institutionell abzufedern. Das betraf vor allem die britischen Kolonien. Die rigide Politik im portugiesischen und belgischen Machtbereich unterdrückte zunächst ein autonomes politisches Leben, und die Debatten über Reformen im französischen Kolonialreich fanden 1945/46 in Paris statt. Ziel war es, den Weg zur Integration in die *Union Française* weiterzuführen und die Untertanen auf Dauer zu französischen Vollbürgern werden zu lassen, die ihre politischen Rechte in Paris wahrnahmen. In den Kolonien sollte es dagegen gewählte Territorialversammlungen mit nur beschränkten Befugnissen, vor allem dem Budgetrecht, geben. Bis Mitte der 1950er Jahre kam es deshalb nicht zu durchgreifenden Verfassungsreformen im französischen Machtbereich.

Weit dynamischer, aber auch vielfältig und konfliktbelastet war die Entwicklung in den britischen Kolonien. Die Kolonialverwaltung stützte sich nun stärker als zuvor auf die jungen Bildungseliten, während sie den *Native Authorities*, an erster Stelle den *Chiefs*, keine tragende Rolle bei Entwicklungspolitik und Verfassungsreform anvertrauen wollte. Gerade die Labour-Regierung zielte auf die schrittweise Ausschaltung traditionell formierter Gruppen. Stattdessen sollten gewählte lokale Repräsentativkörperschaften zugleich Partizipation ermöglichen, Selbstverwaltung nach britischem Vorbild von der Basis her aufbauen und dabei parlamentarische Praxis einüben, nicht zuletzt ein indigenes politisches Personal für die Zentrale ausbilden. So wurden die Rechte der *Chiefs* in den *Councils* beschnitten, an der Goldküste zum Beispiel sollten sie seit 1951 auf repräsentative und zeremonielle Aufgaben beschränken. Allerdings blieben die *Chiefs* einflussreich, weil sie ihre Position längst genutzt hatten, um Klientelbeziehungen aufzubauen. Nicht selten kam es zur Integration der *Chiefs* auch in das neue Wahlsystem und auf lokaler Ebene zur Kooperation zwischen *Chiefs* und jungen afrikanischen Bildungseliten. Diese hatten vor allem in den Küstenstädten Netzwerke geknüpft, während die *Chiefs* de facto noch das Binnenland beherrschten. Die von den Briten selbst geschaffenen soziopolitischen Strukturen blockierten insofern eine Modernisierung.

Auch der Versuch, neue kolonialstaatliche Verfassungen mit gewählten Repräsentativkörperschaften und – begrenzten – Selbstverwaltungsrechten zu erlassen, stieß auf vielfältige Probleme. In Siedlerkolonien wie Kenia und Rhodesien war eine Lösung kaum denkbar, zumal für die Konservativen in Großbritannien wie für die Kolonialisten diese Frage Symbolcharakter hatte. Man konnte weder den Siedlern Selbstverwaltung noch den Afrikanern volles Wahlrecht geben, ohne den Protest der jeweils anderen Gruppe zu provozieren. Visionen einer *multiracial community* und einer künftigen paritätischen Regierung blieben fern jeder Realisierungschance. Erfolgversprechender schienen die Verfassungsinitiativen an der Goldküste und in Nigeria. An der Goldküste sah die nach dem Gouverneur benannte »Burns-Verfassung« von 1946 erstmals mit dem *Legislative Council* eine gesamtstaatliche Repräsentation vor, dabei wollte man *Chiefs* und Bildungselite einbeziehen. Doch die Verfassung wurde schon 1948 durch gewaltsame Unruhen in Frage gestellt. In Nigeria versuchte man gleichermaßen den Kolonialstaat für eine längere Übergangzeit zu stabilisieren, indem man eine neue gesamtstaatliche Verfassung schuf. Auch diese sogenannte »Richards-Verfassung« von 1946, der Revisionen wie die »Macpherson-Verfassung« von 1951 und die »Lyttelton-Verfassung« von 1954 folgten, hob den Dualismus zwischen Kolonialregierung und *Native Authorities* auf und versuchte, so die Spaltung in der Gesellschaft zu überwinden. Hier ging es um die Alternative zwischen unitarischer und föderativer Lösung. Am Ende setzte sich das föderative Modell durch, für das selbst panafrikanische Nationalisten wie Nnamdi Azikiwe plädierten. Diese lehnten allerdings die dann gewählte föderative Lösung, die Einrichtung von drei Regional-Parlamenten, ab, weil darin einheimische Kräfte zwar eine Mehrheit hatten, aber indirekt durch die *Native Authorities* gewählt wurden. Ähnlich stieß auch die 1947 für Sierra Leone erlassene neue Verfassung auf Vorbehalte. Da in den Ratskörperschaften nach wie vor ernannte europäische Vertreter und von den *Chiefs* bestimmte afrikanische Deputierte dominierten, die Regierungen in den Kolonien aber noch London verantwortlich blieben, konnten die neuen Verfassungen die Erwartungen nicht befriedigen und nicht einmal vorübergehend die Konflikte beruhigen.

Immer wieder kollidierten in den Kolonien alte und neue afrikanische Kräfte, der Weg zur Unabhängigkeit war auch ein Kampf zwischen afrikanischen Interessengruppen um Zugang zu Macht und Einfluss. Die Konflikte wurden umso schärfer geführt, als es im Jahrzehnt zwischen 1945 und 1955 um die entscheidenden Weichenstellungen für die Zukunft Afrikas ging. Das führte zu zahlreichen Parteigründungen im britischen und französischen Afrika, während im belgischen Kongo moderne Parteien erst seit den 1950er Jahren entstanden. Im französischen Machtbereich waren die neuen Parteien zunächst häufig mit französischen Parteien assoziiert oder entstanden sogar als deren Filialgründungen. Auch waren sie noch vielfältigen Repressionen ausgesetzt. Einflussreich war die an der Elfenbeinküste nach dem Krieg entstandene *Parti Démocratique de Côte d'Ivoire* (PDCI) unter Félix Houphouët-Boigny (1905–1993), der als *Chef de Canton* tätig war. 1946 versuchte man, auf einem Kongress in Bamako, der Hauptstadt Malis, die Parteien des französischen Afrika zu einigen. Allerdings waren Delegierte aus Französisch-Äquatorialafrika aus politischen Gründen an der Anreise gehindert worden, und die neue, tatsächlich politisch übergreifende Sammlungsbewegung, die sich *Rassemblement Démocratique Africain* (RDA) nannte und wiederum von Houphouët-Boigny geführt wurde, war de facto stark auf die Elfenbeinküste konzentriert, wo sie 1950 schon auf angeblich 850 000 Mitglieder (bei einer Bevölkerungszahl von 2,3 Millionen) kam. Doch setzte das französische Kolonialregime 1950 durch, dass kommunistische Gruppen ausgeschlossen und radikale Forderungen aufgegeben wurden. Houphouët-Boigny trat schließlich sogar in die Regierung ein und stimmte unter anderem der militärischen Hilfe für die Niederschlagung der Unruhen in Indochina zu.

Im britischen Kolonialreich handelte es sich teils um Neugründungen, teils wurden auch ältere Jugendvereine, Wohlfahrtsorganisationen oder Berufsverbände umgeformt. Manchmal bildeten ethnische Verbände den Kern der neuen Partei. In der Regel beanspruchten die neuen Parteien aber, für die Nation zu sprechen. Sie gaben sich überethnisch und definierten sich durch ein koloniales Territorium oder zumindest ein Teilterritorium. Allerdings wurden aus manchen mit nationalem Anspruch angetretenen Gruppierungen bald ethnizistische oder regionalethnisch beschränkte Parteien. In Nigeria beispielsweise stützte sich der 1944 um Nnamdi Azikiwe gegründete _National Council for Nigerian Citizens_ (NCNC) zunächst auf die Igbo des Südostens – er versuchte allerdings nicht ohne Erfolg, seine ethnisch-territoriale Basis zu erweitern –, die _Action Group_ (AG) von 1950 unter Obafemi Awolowo hatte ihre Basis unter den Yoruba des südlichen und mittleren Westens, und der _Northern People's Congress_ (NPC) von 1951 war die Interessenvertretung der islamischen Fulbe-Hausa des Nordens. Auch in Sierra Leone (_National Council of Sierra Leone_ 1950, _Sierra Leone People's Party_ 1951) oder Gambia (_United Party_ 1951, _People's Progressive Party_ 1959) entstanden die Parteien faktisch auf ethnischer Basis, zum Teil als Gegengründungen in Reaktion auf vorangegangene partei-ethnische Formierungen. Häufig handelte es sich um Parteien, die sich als Sammlungsbewegungen verstanden, wie die 1944 gegründete _Kenya African Union_ (KAU, später _Kenya African National Union_, KANU), der 1952 entstandene _Uganda National Congress_ (UNC) unter Milton Obote oder die aus einer Ende der 1920er Jahre gegründeten Wohlfahrtsorganisation für Staatsdiener (_Tanganyika African Association_, TAA) hervorgegangene, 1954 formell umbenannte *Tanganyika African National Union* (TANU).

Die soziale Basis der Parteien war breiter als vor dem Zweiten Weltkrieg. Neben den Missionsschulabsolventen waren Gruppen städtischer Arbeiter eingeschlossen, manche Parteien hatten einen Gewerkschaftsflügel oder kooperierten mit Gewerkschaften, wenn diese auch noch mangels einer größeren Facharbeiterschaft durchweg schwach blieben. Punktuell gab es Verbindungen zum Land und agrarische Flügel, die TAA beispielsweise baute systematisch lokale Gruppen zur Vertretung ländlicher Interessen auf. Die Parteien waren keine reinen Intellektuellenzirkel oder Honoratiorenparteien, aber in der Regel auch noch keine Massenparteien. Sie waren kurz nach Kriegsende von in Afrika gebliebenen Politikern gegründet worden, doch strebten bald die Rückkehrer aus Europa an die Spitze. Gelegentlich standen von den neuen Eliten (teilweise auch Besitzeliten) geführte Parteien gegen Parteien, in denen die *Chiefs* und ihre Familien und Klientel dominierten. Beides vermischte sich allerdings oft. Eine Reihe von Führern der neuen Parteien stammte aus ländlichen Honoratiorenkreisen wie Kenyatta, der nach seiner Rückkehr aus Europa 1947 die Leitung der KAU übernahm, oder Julius Nyerere (1922–1999), der Sohn eines noch von den Deutschen in Ostafrika eingesetzten Amtshäuptlings, der von 1949 bis 1952 in Edinburgh studiert hatte und nach seiner Rückkehr nach Tanganjika an die Spitze der von ihm maßgeblich gestalteten TANU trat. Manche hatten selbst das Amt eines *Chiefs* beziehungsweise *Chef* inne wie Félix Houphouët-Boigny, der Vorsitzende des westafrikanischen RDA.

Im Nachhinein haben die führenden Politiker in Propaganda und Autobiographien ihren vorgezeichneten Weg an die Spitze, ihre Demütigungserfahrungen, Erweckungserlebnisse und Verdienste um die nationale Befreiung hervorgehoben und ihr Charisma quasi aus Vorbestimmung, Leistung, Verfolgung und Widerstand abgeleitet. Tatsächlich nutzten die aus Europa zurückkehrenden, politisch erfahrenen und gewandten Politiker die ungeklärten Machtverhältnisse der Übergangszeit, um ihre führende Position in der Partei zu sichern, ihre Gefolgschaft zu organisieren und einen Personenkult vorzubereiten, den sie nach der Unabhängigkeit in die staatliche Selbstdarstellung integrierten. Anfangs mussten sie sich dabei gegen innerparteiliche Opposition durchsetzen, eine lupenreine Widerstandskarriere war dabei nützlich. So konnte sich Kenyatta nach langjähriger Internierung während des Mau-Mau-Aufstandes als Verfolgter darstellen, obwohl er nicht an Mau Mau beteiligt gewesen war. Julius Nyerere dagegen musste um seine Reputation im eigenen Lager kämpfen, als er gegen die Stimmung in seiner Partei die Teilnahme an Wahlen 1958 durchsetzte und gleichzeitig eine ihm von der Kolonialjustiz wegen eines politischen Zeitungsartikels auferlegte Geldstrafe zahlte, anstatt ins Gefängnis zu gehen.

Nyereres Verhalten betraf das stets höchst ambivalente und umstrittene Vorgehen der neuen Parteien, ihr Verhältnis zur Kolonialmacht und ihre Bereitschaft zu gewaltsamem Widerstand. Die Programmatik der Parteien wandelte sich vielfach noch in den Jahren von 1945 bis 1960, in Reaktion auf die Politik der Kolonialherren und die Chancen zur Unabhängigkeit. Das Spektrum umfasste konservative Ausrichtungen, die auf Kooperation mit der Kolonialmacht setzten, und Reformparteien, die Verhandlungen und eine schrittweise Erweiterung der Partizipationsrechte anstrebten wie die KAU in einem Katalog vom 1. Juni 1947. In diesem forderte sie »self-government by Africans for Africans«, bessere Vertretung von Afrikanern im *Legislative Council*, Erleichterung des Landerwerbs durch Afrikaner, Schulpflicht und Schulgeldfreiheit, Abschaffung der *kipande*, Verbesserung der sozialen Verhältnisse sowie gleichen Lohn für gleiche Arbeit (Sorobea N.

Bogonko, *Kenya 1945–1963. A Study in African National Movements*, Nairobi 1980, S. 39). Schließlich gab es radikale Varianten, die eine sofortige Übergabe der Macht verlangten wie die 1947 gegründete *Parti Démocratique de Guinée* unter Sékou Touré. Generell ging es erstens um Selbstbestimmung (eher abgemildert: *self-government*), den Abbau von Diskriminierung und die Garantie von Gleichberechtigung, zweitens um allgemeine und freie Bildung sowie sozialpolitische Fürsorge und drittens schließlich in eher allgemeiner Rhetorik um wirtschaftlich-technischen Fortschritt und Industrialisierung. Handlungsleitend waren die Programme aber vorerst nicht, wichtiger wurde in den 1950er Jahren die praktische Vorgehensweise, kurz: der Weg zur Macht. In der zentralen Frage von Legalität und Illegalität, konkret auch in der Frage eines gewaltsamen Vorgehens, trafen die Parteien keine programmatische Vorentscheidung, Gewalt wurde als Mittel einbezogen, wie schon auf dem panafrikanischen Kongress von 1945 in Manchester. Die Verhaltensweisen allerdings wechselten je nach akuter Herausforderung, etwa zwischen Wahlteilnahme und Boykott, zwischen Mitwirkung an Streiks und Eintritt in die koloniale Regierung. Jedenfalls handelten afrikanische Parteien und Politiker flexibel, je näher die Chance zur Unabhängigkeit rückte.

Dabei waren die Parteien im Vergleich zur Vorkriegszeit erheblich professioneller organisiert. Es gab nunmehr ständige Büros, hauptamtliches Personal, feste Organisationsstrukturen, moderne Instrumente der Massenkommunikation und Werbung, das heißt über die Intellektuellenzeitungen hinaus auch Kampagnen, etwa Werbefahrten mit Lautsprecherwagen, mit denen man das Land besser erreichen konnte als zuvor. Auch wurden internationale Medien und Institutionen wie eben die UNO durch Berichte und Beschwerden vermehrt in die Strategie einbezogen. Vorbildfunktion hatte nun nicht mehr nur Indien, sondern die Praxis europäischer autoritärer Parteien, bei denen afrikanische Politiker in der Zwischenkriegszeit und in den Diktaturen der zweiten Nachkriegszeit Formen moderner politischer Mobilisierung kennengelernt hatten. Daraus wurde Eigenes geschaffen. Denn die eigentliche Bedeutung der neuen Parteien lag auf einer anderen Ebene. Sie suchten ihre Mitglieder nicht nur organisatorisch einzubinden. Vielmehr vermittelten sie oft noch das Gefühl einer besonderen Auserwähltheit, manchmal verstanden sie sich eher als Bund oder Orden denn als Partei. So verlangten sie die Aufhebung der Trennung von Privatem und Politischem und ein umfassendes Engagement für die Partei. Ausgedrückt wurde das durch besondere Formen, Riten und Symbole. Seit den 1950er Jahren führten die Parteien bestimmte Kleidungsstücke, Lieder, Tänze und Gebete als Parteisymbole ein, um Gemeinschaftsgeist und Opferbereitschaft zu vermitteln. Auch Parteiführer erfanden sich nun eine eigene historisierende Tracht, um sich durch Bezüge auf die Tradition und Panafrikanisches von den europäischen Parteien und der politischen Kultur der Kolonialherren abzugrenzen. So berichtet der führende KAU-Politiker Oginga Odinga in seinen Memoiren, wie er in den 1950er Jahren sukzessive und experimentell eine neue scheintraditionelle Kleidung (ein umhangartiges Gewand mit flachem, ringförmigem Kragen) entwarf und für repräsentative Anlässe nutzte. Die Partei wurde zum Personenverband, dieser zur quasi religiös fundierten Gemeinschaft, die auserwählt sei, das Land in die Freiheit zu führen, und der Parteivorsitzende zum charismatischen, einerseits in der Tradition verwurzelten, andererseits wie ein Messias verehrten Führer.

Gegenüber der Kolonialmacht stellten die Parteien sich als gut organisierte und handlungsfähige, von erfahrenen, im In- wie Ausland akzeptierten Politikern geleitete Verbände dar, vor allem als diejenigen, die allein in der Lage seien, Ordnung und Kontinuität zu garantieren. Angesichts der in den 1950er Jahren anhaltenden Streikwellen und Unruhen setzten Großbritannien und Frankreich auf eine Doppelstrategie, die die Repression von Unruhen und radikalen Parteien und die Kooperation mit Sammlungsbewegungen umfasste, um auf diese Weise die Bedingungen und Grenzen von Selbstbestimmung diktieren und den Zeitpunkt der Unabhängigkeit weiter hinauszögern zu können. Tatsächlich konnte so im Afrika südlich der Sahara ein weitgehend friedlicher Übergang sichergestellt werden, der freilich nicht nach Plan verlief, sondern gerade in den späteren 1950er Jahren in großer Hast und Improvisation vorangetrieben wurde. Der 1954 einsetzende lange Krieg um Algerien galt dabei als abschreckendes Beispiel und Fanal. Am Ende stand eine Kette von Unabhängigkeitserklärungen, beginnend mit Ghana (Goldküste) 1957, kulminierend im »Jahr Afrikas« 1960, in dem allein 17 Staaten vor allem des frankophonen Bereichs unabhängig wurden, fortgeführt mit den britischen Kolonien Tanganjika 1961 (nach der Vereinigung mit Sansibar 1964: Tansania), Uganda 1962 und Kenia 1963 und vorerst abgeschlossen mit den britischen Kolonien Sambia (Nordrhodesien) und Malawi (Nyassaland) 1964, Botswana und Lesotho 1966 sowie Swasiland 1968. Die portugiesischen Kolonien folgten nach langjährigen Befreiungskriegen erst 1975 nach der »Nelkenrevolution« vom April 1974 im Mutterland. Die Siedlerstaaten Simbabwe (Rhodesien 1980), Namibia (1990) und Südafrika (Ende des Apartheidregimes 1990/94) stellten Sonderfälle dar.

Krieg und Unabhängigkeit

Aus Kolonialstaaten waren damit Nationalstaaten geworden. Dabei war der Raum Afrikas noch einmal grundlegend umgestaltet worden, namentlich im französischen Machtbereich, wo die Generalgouvernements West- und Äquatorialafrika als politische Einheiten in den späten

1950er Jahren de facto aufgegeben wurden. Auch das folgte keinem langfristigen Plan, sondern den konkreten Krisen und situativen Entscheidungen der 1950er Jahre; erst im Nachhinein wurden die neuen Grenzen durch die 1963 im Anknüpfen an panafrikanische Konzepte gegründete »Organisation für Afrikanische Einheit« für unverletzlich erklärt. Tatsächlich war der panafrikanische Anspruch zwar in der politischen Rhetorik noch präsent, in der politischen Praxis aber marginalisiert. Dazu trugen panafrikanische Politiker wie Nkrumah und Kenyatta wesentlich bei. Die Goldküste und Kenia wurden zu Musterfällen der spätkolonialen Nationalstaatsbildung, die Goldküste für den Weg taktierender Schaukelpolitik, Kenia für die Herausforderungen gewaltsamer Befreiungsbewegungen, beide für die Bedeutung, die innerafrikanische Konflikte für den Weg in die Unabhängigkeit hatten.

An der Goldküste hatte Kwame Nkrumah (1909–1972) nach seiner Rückkehr aus London 1947 zunächst als Generalsekretär der unter Joseph B. Dankah neu gegründeten *United Gold Coast Convention* (UGCC) gewirkt, dann aber nach sozialen Unruhen in den Städten die Partei gespalten und 1949 seine eigene Partei, die *Convention People's Party* (CPP), geschaffen, die als moderne Mobilisierungsbewegung ganz auf ihn zugeschnitten war. Sie wies die britischen Verfassungsreformen als unzureichend zurück, forderte sofortige Selbstbestimmung und begann 1950 mit breit angelegten Streiks und Boykotts. Darauf wurde der Ausnahmezustand verhängt und Nkrumah inhaftiert. Doch schon 1951 lenkte das Kolonialregime ein, hatte man doch erkannt, dass man auf Nkrumah als integrative Kraft angewiesen war. Umgekehrt stellte dieser sein weiteres Vorgehen fern aller panafrikanischen Ideale nun ganz unter den Primat der Eroberung der politischen Macht im Kolonialstaat, gemäß seiner einprägsamen und viel zitierten Devise: »Seek ye first the political kingdom« (Kwame Nkrumah, *Africa must Unite,* London 1963,

S. 50). Die Verfassung wurde revidiert und eine Wahl angesetzt. Nkrumahs Partei gewann mit großer Mehrheit, er wurde freigelassen, und ihm wurde das Amt des Regierungschefs übertragen. In Zusammenarbeit mit den Briten stabilisierte er seine Position, versuchte die *Chiefs* zu neutralisieren und besonders den opponierenden Norden, wo sich 1954 die von Ashanti getragene *Northern People's Party* (NPP) etabliert hatte, politisch zu marginalisieren. 1956 erzielte er mit Hilfe des britischen Mehrheitswahlrechts einen klaren Wahlsieg. Nkrumah gelang es, sich bei der eigenen Klientel als konsequenter panafrikanischer Sozialist und Nationalist zu präsentieren, bei den Briten dagegen als Garant von Stabilität. Am 6. März 1957 wurde die Goldküste unter dem Namen Ghana unabhängig. Die Anregung zur Namenswahl stammte von Dankah, doch hatte Nkrumah die Idee popularisiert. Damit sollte auf das alte Reich Ghana angespielt werden, das freilich historisch nichts mit dem neuen Staat zu tun und weit entfernt im Norden gelegen hatte, die Region der später sogenannten Goldküste war eher am Rande und vorübergehend in den Einflussbereich des alten Ghana geraten. Nkrumah hoffte mit der Namensgebung, wie er am 18. Mai 1956 begründete, dem neuen Staat Tradition und Identität zu vermitteln: »Der Name Ghana […] läßt in der Phantasie der modernen afrikanischen Jugend den Glanz und die Errungenschaften einer großen mittelalterlichen Kultur erwachen, die unsere Vorväter viele Jahrhunderte, bevor die europäische Durchdringung und die nachfolgende Beherrschung Afrikas begann, geschaffen haben.« Nkrumah beschwor sodann die politische Bedeutung, wirtschaftliche Aktivität und wissenschaftliche Blüte Ghanas und leitete daraus den Auftrag für die Zukunft ab: »Wir sind stolz auf diesen Namen, nicht aus Gründen der Romantik, sondern weil er eine Verpflichtung für die Zukunft bedeutet« (zit. nach: Peter Alter, Hrsg., *Nationalismus. Dokumente zur Geschichte und Gegenwart eines Phänomens*, München 1994, S. 273 f.). Den Namen Ghana konnte Nkrumah allerdings nur nutzen, weil die im Gebiet des ehemaligen Reiches Ghana lebenden Völker ihn nicht beanspruchten, sondern sich auf die Tradition Malis beriefen. Der Name war gewissermaßen ein freier Erinnerungsort, der von Nkrumah nicht ungeschickt instrumentalisiert wurde, um die Brüchigkeit seiner Nationalstaatsgründung in einem an die Jugend als sinnbildlichem Träger der gemeinsamen Zukunft gerichteten Einheitsappell zu überspielen, gleichzeitig aber auch alle anderen Traditionsangebote, wie sie namentlich von den *Chiefs* ausgingen, zu verdrängen.

In Kenia kam es vor der Unabhängigkeit zu den höchst gewalttätigen Auseinandersetzungen des sogenannten Mau-Mau-Aufstandes. Die Ausgangslage war hier nicht grundsätzlich verschieden von der in anderen Kolonien der Nachkriegszeit, wenn sich auch manche Krisen durch den besonderen Charakter der Kolonie verschärft auswirkten. Denn in Kenia wurden ältere Konflikte zur fortwährenden Belastung, besonders die Konflikte um Mission, Tradition und die Beschneidung von Mädchen bei den Kikuyu sowie die Frage der Landverteilung, bei der die weißen Siedler im fruchtbaren Hochland massiv bevorteilt worden waren. Auch in Kenia sahen Zehntausende Kriegsheimkehrer die Versprechungen nicht erfüllt, stattdessen wurden die Arbeitsanforderungen gesteigert und nahm der Landmangel angesichts einer wachsenden Bevölkerung und der Vertreibung von *Squatters* aus den White Highlands zu. Gleichzeitig drängten die weißen Siedler auf Selbstverwaltung nach dem Vorbild Rhodesiens, Verfassungsreformen wie in Westafrika konnten nicht realisiert werden. Schließlich setzten auch die *Chiefs* auf das Kolonialregime und verteidigten ihre Macht und ihr durch das Amt erworbene, nun als Privateigentum verstandene Land gegen die Ansprüche der jungen Generation. Unzufriedenheit und materielle Not drückten sich in den Jahren nach 1945 in vielfältigen Unruhen, Streiks und Demonstrationen aus. Die als Sammelbewegung entstandene KAU, in deren Führungsgremien Sekundar- und Hochschulabsolventen dominierten, betrieb allerdings eine gemäßigte Politik und forderte Reformen, sie konzentrierte ihre Aktivitäten auf die Städte und konnte weder die Landbevölkerung unter ihrem Dach einigen noch das Land kontrollieren.

Im zentralen Hochland der Kikuyu, die besonders von der restriktiven Landpolitik betroffen waren, nahmen die Unruhen um 1950 zu. Britische Siedler, afrikanische Angestellte der Kolonialverwaltung und mit den Briten kooperierende Kikuyu wurden angegriffen. Im September 1952 wurde der von den Briten eingesetzte *Chief* Waruhiu ermordet. Im Oktober 1952 verhängte die Kolonialregierung den Ausnahmezustand, rund 80 Führer afrikanischer Organisationen, auch der KAU und darunter Kenyatta, wurden interniert, die unabhängigen Schulen aufgelöst. Nun begann der eigentliche Mau-Mau-Aufstand, der von beiden Seiten mit extremer Brutalität geführt wurde und vermutlich an die 15 000 Opfer forderte, darunter nicht einmal hundert Briten. Jüngste Forschungen rücken das Vorgehen der Briten in die Nähe eines Völkermords. Der Aufstand zielte vor allem auf die Vertreibung der Briten vom Land, er wurde getragen von landlosen *Squatters*, vertriebenen Bauern und städtischen Unterschichten, vornehmlich von jungen Männern. Selbst die meisten Führer verfügten wohl über keine Sekundarbildung. Mau Mau richtete sich gegen britische Siedler und Beamte, auch gegen indische Kaufleute und vor allem mit besonderer Härte gegen einheimische Kollaborateure und »Loyalisten«, darunter die Truppen der *Home Guard*, die 1953 von den *Chiefs* gegründet worden war. Die Mau-Mau-Kämpfer, die zum größten Teil aus der Kikuyu-Region stammten, verfügten über keine feste Organisationsstruktur, keine einheitliche Leitung und keine ausformulierte, schriftlich niedergelegte Programmatik. Sie bildeten offenbar ad hoc Ratsgremien für Entscheidungen. Der Zusammenhalt wurde gesichert durch eine Reihe von Ritualen, die Blutopfer und Eideszeremonien umfassten. Dabei wurden Elemente der Kikuyu-Tradition, besonders der Initiation, aufgegriffen und abgewandelt, auch mit christlichen Elementen verknüpft. Die Bewegung radikalisierte sich, die Formulierungen der Eide wurden gesteigert bis zum seit 1953 geleisteten Kämpfereid, der die Bereitschaft zum Tod für die gemeinsame Sache forderte. Zudem wurde die Eidesleistung ausgedehnt auf weitere Bevölkerungskreise, auch auf Frauen.

Im Kern ging es bei Mau Mau um die Wiedergewinnung von Kultur und Identität der Kikuyu, deren Grund und Boden von der Elterngeneration an die Briten verkauft und deren Werte von den *Chiefs* verraten worden seien. Mau Mau berief sich auf die Tradition, die die jungen Kämpfer freilich neu gestalteten und gemäß der sie sich selbst als vom Schicksal auserwählt ansahen, die Kolonie von den Briten zu befreien. In den Liedern der Bewegung wurde deshalb die Generation der Älteren angegriffen und die Rückgabe des Landes verlangt. Verfügung über Land war in der Kikuyu-Kultur die Basis wirtschaftlicher Sicherheit, sozialen Ansehens und politischer Macht. Namentlich junge Männer sahen daher die Chance blockiert, in die Führungsrolle hineinzuwachsen: durch die *Chiefs*, die sich Kikuyu-Land als Privateigentum angeeignet hatten, durch die Siedler und durch die britische Kolonialregierung, die den nach der Tradition überfälligen rituellen Generationenwechsel untersagt hatte. Auch die wenigen überlieferten programmatischen Äußerungen richteten sich auf die Wiedergewinnung des Landes und leiteten daraus die Forderung nach vollständiger Unabhängigkeit Kenias unter afrikanischer Führung ab. Deshalb wies die *Kenya Land and Freedom Army*, wie sich die Mau-Mau-Kämpfer selbst bezeichneten, Verhand-

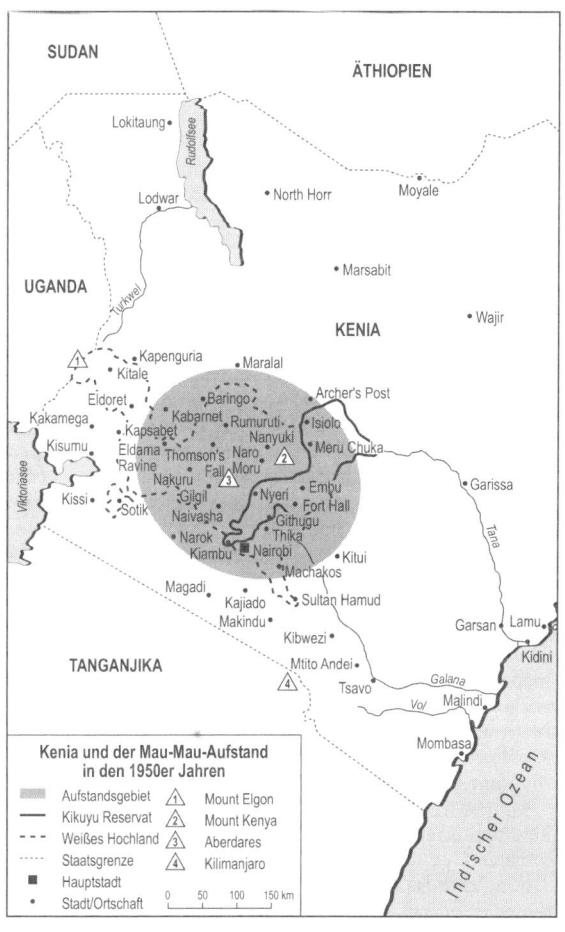

SUDAN

ÄTHIOPIEN

Lokitaung

Rudolfsee

Lodwar

North Horr

Moyale

UGANDA

Turkwel

Marsabit

KENIA

Wajir

Kapenguria

Maralal

Kitale

Baringo

Archer's Post

Eldoret

Kabarnet

Rumuruti

Isiolo

Kakamega

Kapsabet

Naro

Nanyuki

Meru

Chuka

Kisumu

Eldama
Ravine

Thomson's
Fall

Moru

Nakuru

Viktoriasee

Gilgil

Nyeri

Embu

Garissa

Naivasha

Fort Hall

Kissi

Sotik

Githugu

Tana

Narok

Thika

Kiambu

Nairobi

Machakos

Kitui

Magadi

Kajiado

Sultan Hamud

Garsan

Lamu

Makindu

Kidini

Kibwezi

TANGANJIKA

Mtito Andei

Tsavo

Galana

Malindi

Vol

Mombasa

Indischer Ozean

Kenia und der Mau-Mau-Aufstand in den 1950er Jahren

	Aufstandsgebiet	1	Mount Elgon
	Kikuyu Reservat	2	Mount Kenya
	Weißes Hochland	3	Aberdares
	Staatsgrenze	4	Kilimanjaro
	Hauptstadt		
	Stadt/Ortschaft	0 50 100 150 km	

lungsangebote der Briten zurück und setzte auf den Krieg. Neben den Eiden und dem Zusammenleben in Waldlagern machte auch die kompromisslos gewaltsame Vorgehensweise aus Mau Mau eine verschworene Gemeinschaft, der der Rückweg versperrt war.

Die Führer der KAU, obwohl von den Briten als Wegbereiter des Mau-Mau-Aufstandes interniert, vermieden eine direkte Solidarisierung. Selbst Kenyatta, der auch in einigen Mau-Mau-Liedern als Messias verehrt wurde, umging klare Stellungnahmen. Während die Briten Mau Mau mit 100 000 einheimischen Soldaten der *Home Guards* bekämpften, mehrere Zehntausend Kämpfer internierten und brutalen Misshandlungen, Hunger, Folter und Umerziehung unterwarfen, am Ende sogar über 100 000 Kikuyu umsiedelten, bereitete die Führung der KAU Verhandlungen mit den Briten vor. 1960 ging die Partei in die neue *Kenya African National Union* (KANU) über, die nunmehr als unbelastete Sammlungsbewegung unter kompromissbereiten Politikern für die Machtübergabe zur Verfügung stand. Kenyatta wurde freigelassen und 1963 Regierungschef, 1964 Staatspräsident des unabhängigen Kenia. Schon 1962 rief Kenyatta dazu auf, Mau Mau zu vergessen: »We are determined to have independence in peace, and we shall not allow hooligans to rule Kenya. We must have no hatred towards one another. Mau Mau was a disease which had been eradicated, and must never be remembered again« (zit. nach: Jomo Kenyatta, *Suffering without Bitterness. The Founding of the Kenya Nation*, Nairobi 1968, S. 189). In seiner Rede bei der Unabhängigkeitsfeier am 12. Dezember 1963 erwähnte Kenyatta Mau Mau mit keinem Wort.

Die Auseinandersetzungen im Vorfeld der Unabhängigkeit waren nicht zuletzt Kämpfe um die Deutung der kolonialen Geschichte, um Tradition, Identität und Kollaboration, und das gilt nicht nur für Kenia. Mau Mau war in dieser Hinsicht paradigmatisch. Dabei verzögerte Mau

Mau de facto die kenianische Unabhängigkeit und stärkte ungewollt auch die Position der kooperationswilligen Eliten. Denn es lag nun im Interesse der Kolonialmacht, sich ohne weitere finanzielle, militärische und politische Lasten der afrikanischen Kolonien zu entledigen und dafür geeignete Partner zu finden. In diesem Sinn kündigte der konservative Premierminister Harold Macmillan Anfang 1960 bei einer Reise durch mehrere afrikanische Territorien das Ende des Kolonialreichs an. In Afrika sei, wie früher schon in Europa und nach dem Zweiten Weltkrieg in Asien, das Nationalbewusstsein erwacht: »The wind of change is blowing through this continent and, whether we like it or not, this growth of national consciousness is a political fact. We must all accept it as a fact, and our national policies must take account of it« (zit. nach: Andrew N. Porter / A. J. Stockwell, *British Imperial Policy and Decolonization 1938–1964*, Bd. 2: *1951–1964*, London 1989, S. 524 f.). Tatsächlich wurden nun die britischen Kolonien in schneller Folge in die Unabhängigkeit entlassen, in der Regel übernahmen die bei den ersten Wahlen erfolgreichen Sammlungsbewegungen wie die TANU in Tanganjika, die KANU in Kenia und der UNC in Uganda die Regierung. Auf britischer Seite stellte man das situative und reaktive Vorgehen als geordneten *transfer of power* dar.

Als Macmillan den *wind of change* meinte feststellen zu können, war das Ende der formellen französischen Kolonialherrschaft in West- und Äquatorialafrika bereits abzusehen. Auch hier verlief die Entwicklung insgesamt bemerkenswert friedlich und in schneller Beschleunigung. Auch hier gab es freilich, und zwar in Kamerun, einen spätkolonialen Krieg, der Frankreich, abgesehen vom symbolträchtigen Sonderfall der Siedlerkolonie Algerien, die Gefahren des Entkolonialisierungsprozesses vor Augen führte und der wie in Kenia bis weit in die nachkoloniale Zeit hinein die politische Kultur belastete. Kamerun, formal als ehemalige deutsche Kolonie ein Mandatsgebiet, hatte nach dem Zweiten Weltkrieg besonders unter der schlechten Versorgung der Städte sowie neuen Arbeitsanforderungen für Plantagen, Minen, Straßen- und Eisenbahnbau zu leiden. Es kam zu Unruhen, die von französischen Sicherheitskräften und bewaffneten Kolonisten brutal unterdrückt wurden. 1948 entstand die *Union des Populations du Cameroun* (UPC) unter dem Gewerkschafter Ruben Um Nyobé (um 1913–1958). Die Partei war zwar mit dem *Rassemblement Démocratique Africain* verbunden, betrieb aber eine radikalere Politik. Sie folgte dem von Houphouët-Boigny 1950 betriebenen Bruch mit dem Kommunismus nicht, setzte sich für die Unabhängigkeit Algeriens und Vietnams ein und forderte auch die sofortige Unabhängigkeit Kameruns. Sie stützte sich auf Unterschichten und soziale Außenseiter: Städtische Arbeiter in Duala und Jaunde, Angestellte, Kleinhändler und Kleinbauern gehörten der Partei an, der Frauenanteil war relativ hoch, und auch benachteiligte zweitgeborene Söhne sahen in der UPC ihre Interessen vertreten. Die Partei hatte bis 1949 schon 7000 Mitglieder, 1955 gab es 450 Basiskomitees. Im selben Jahr brachen neue Unruhen aus, die UPC wurde verboten und ging 1956 zum Aufstand, zum Untergrundkampf und Guerillakrieg über. Angegriffen wurden wiederum nicht nur Vertreter der Kolonialmacht, sondern vor allem diejenigen, die mit ihr kooperierten, und die Vertreter der kompromissbereiten Parteien. 1958 wurde Nyobé von einer Patrouille erschossen. Der Aufstand ging weiter, aber er fand immer weniger Unterstützung. Dafür rückten kooperationswillige Politiker wie namentlich der Fulbe-Vertreter Ahmad Ahidjo in den Vordergrund und wurden von den Franzosen als Verhandlungspartner auf dem Weg zur Unabhängigkeit gefördert. Lokale Machthaber, die zunächst mit der UPC sympathisiert hatten, arrangierten sich nun zunehmend mit den Kolonialherren und sicherten so auch über die 1960 verkündete Unabhängigkeit hinaus ihre Position, während die immer stärker marginalisierten Gruppen der UPC bis Anfang der 1970er Jahre die Kämpfe fortsetzten. Insgesamt sollen dem Krieg mindestens 30 000 Afrikaner zum Opfer gefallen sein, manche Schätzungen kommen sogar auf bis zu 150 000 Tote.

Die Kämpfe in Kamerun führten den indigenen Eliten vor Augen, wie riskant, aber eben auch zum Selbsterhalt unabdingbar die Zusammenarbeit mit der Kolonialmacht war, dieser wiederum, wie nötig die Suche nach kooperationsfähigen und integrativen Sammlungsbewegungen und indigenen Führerfiguren und wie dringend die rechtzeitige Einleitung von Reformen war. Dazu sollte das französische Rahmengesetz vom 23. Juni 1956 dienen. Es ließ zwar die beiden Generalgouvernements formal bestehen, stärkte aber die Einzelterritorien, die eigene, auf der Basis des allgemeinen Wahlrechts zusammengesetzte Parlamente und parlamentarisch rechenschaftspflichtige Regierungen erhielten. Das beschleunigte vergleichbar den britischen Erfahrungen den Prozess der Entkolonialisierung und führte zugleich zu einer – von Frankreich offenbar bewusst in Kauf genommenen oder sogar zur Schwächung gewünschten – Zersplitterung oder »Balkanisierung«. Denn die durch die Verfassungsreformen und Wahlen gestärkten Parteien und Führer nutzten den Rückhalt der Kolonialmacht, um ihre Ziele rigoros gegen konkurrierende Kräfte durchzusetzen. Dabei hatten sie ein Interesse daran, die nun konstitutionell aufgewerteten territorialen Untereinheiten wie die Elfenbeinküste dauerhaft abzusichern und als Nationalstaaten zu etablieren. Die Widersprüche zwischen den Kompetenzen der Nationalversammlung in Paris und den Unabhängigkeitsbestrebungen in den Kolonialterritorien freilich blieben. De Gaulle versuchte darauf zu reagieren, indem er seit 1958 die *Union Française* zur *Communauté Française* umgestaltete, durch die nunmehr geschwächte Kleinstaaten mit eigener Regierung dauerhaft an Frankreich gebunden werden sollten.

Bei der am 28. September 1958 in den Kolonien angesetzten Abstimmung stand als Alternative die »Sezession« von Frankreich zur Wahl. Nur die Bevölkerung von Guinea entschied sich unter dem Einfluss der *Parti Démocratique de Guinée* unter Ahmed Sékou Touré gegen Frankreich, am 2. Oktober 1958 wurde das Land als erste französische Kolonie Afrikas unabhängig. Frankreich strafte Guinea systematisch ab, indem es umgehend sämtliche französischen Beamten abzog, Material bis hin zur Büroausstattung abtransportieren ließ und versuchte, den UN-Beitritt des neuen Staats zu blockieren. In den übrigen Kolonialstaaten sahen sich die indigenen Eliten noch nicht in der Lage, ohne den Schutz Frankreichs zu regieren. Erst als die inneren Machtkämpfe es unausweichlich machten und der Druck von neuen, radikalen, darunter marxistischen Parteien und Studentenverbänden zunahm, entschied man sich auch hier bis 1960 für die Unabhängigkeit. Kooperationsverträge mit Frankreich sicherten der ehemaligen Kolonialmacht fortwährenden Einfluss auf Wirtschaft und Militär, dienten aber umgekehrt weiterhin der Abstützung der nun regierenden Eliten.

Wie brüchig die Konstellation war, zeigte sich beispielhaft und zugespitzt am Fall des belgischen Kongo, der ebenfalls 1960 die Unabhängigkeit erlangte. In fortwährend von Repression gekennzeichneten Kongo war das politische Leben nur rudimentär entwickelt, Mitwirkungsinstanzen fehlten, und angesichts des nur unzulänglich ausgebauten Bildungswesens gab es auch keine breitere indigene Bildungselite. Erst 1950 entstand eine bedeutendere Partei, die *Association des Bakongo* (ABAKO) unter Joseph Kasavubu (1910–1969), die aber schon in ihrem Namen eine ethnische Beschränkung vorgab. Allerdings betrieb Belgien eine weiterhin restriktive Politik, Wahlen fanden erstmals 1957 statt und beschränkten sich auf die lokale Ebene. Der innere Stillstand und die sozialen Probleme führten 1958 zur Gründung des radikalen, uberethnischen *Mouvement National Congolais* unter Patrice Lumumba. Lumumba (1925–1961) gehörte nicht zu den auf westlichen Hochschulen gebildeten indigenen Eliten, sondern hatte als Postangestellter in der Kolonialverwaltung gearbeitet. Er avancierte fortan gerade in der Wahrnehmung des Westens zum intellektuellen Wortführer der Befreiung Afrikas – und später auch zum Märtyrer. 1959 brachen im Kongo Unruhen aus. Sie wurden mit Gewalt unterdrückt, Kasavubu, Lumumba und viele andere kamen in Haft. Gleichzeitig bereitete Belgien überstürzt die Unabhängigkeit vor, um sich der kolonialen Last zu entledigen. Eine Verfassungskonferenz wurde nach Brüssel einberufen und im Mai 1960 eine neue Verfassung verkündet. Schon eine Woche später wurden Wahlen abgehalten, die freilich keine klaren Mehrheitsverhältnisse ergaben, sondern zur Zersplitterung führten; über hundert Gruppierungen hatten teilgenommen. Lumumba, dessen Partei die größte Fraktion stellte, freilich auch nur weniger als ein Drittel der Sitze gewinnen konnte, wurde nun Premierminister, Kasavubu Präsident. Schließlich erfolgte am 30. Juni 1960 die Unabhängigkeitserklärung, freilich nicht in Harmonie, wie es in den übrigen Afrikakolonien der Fall war. Lumumba bezeichnete in seiner Rede in Anwesenheit des belgischen Königs Baudouin die ehemalige Kolonialmacht als »befreundetes Land« und folgerte provozierend, dass man »von gleich zu gleich« verhandele. Zudem stellte er die Unabhängigkeit nicht als Folge von Verhandlungen, sondern als Resultat eines langen, opferreichen Befreiungskrieges dar und betonte den Stolz über diesen »edlen und gerechten Kampf«. Vor allem listete er noch einmal die Leiden der 80-jährigen Kolonialherrschaft auf: Diskriminierungen und Demütigungen, unmenschliche Behandlung und Grausamkeiten, Unterdrückung und Ausbeutung (zit. nach: Jean van Lierde, Hrsg., *La Pensée Politique de Patrice Lumumba*, Paris 1963, S. 197–199).

Der Versuch, aus der gemeinsamen Konfrontation mit der Kolonialmacht nationale Identität und Aufbauwillen abzuleiten, scheiterte allerdings an der Unmöglichkeit, die divergierenden politischen Kräfte konstitutionell einzubinden. Anders als in vielen britischen und französischen Kolonialstaaten hatte die belgische Kolonialmacht es versäumt, einen starken Kooperationspartner aufzubauen und zu privilegieren. Zudem blieben im Kongo die zentrifugalen und regionalistischen Kräfte stark. So war strittig, ob ein künftiger unabhängiger Kongo unitarisch oder föderal organisiert werden solle. Die Verfassung sah schließlich ein eher unitarisches System vor, mit einer starken Zentralregierung und einem in zwei Kammern geteilten nationalen Parlament; in den sechs Provinzen wurden jeweils Provinzialparlamente mit begrenzten Kompetenzen eingerichtet. Doch konnte die Situation dadurch nicht stabilisiert werden. Anfang Juli 1960 meuterten Soldaten der *Armée Nationale Congolaise* (bis dahin belgische *Force Publique*), weil sie sich vom verbliebenen belgischen Offizierskorps provoziert fühlten. Daraufhin wurden die belgischen Offiziere entlassen, und der 30-jährige Offizier Joseph Désiré Mobutu (1930–1997) übernahm den Posten des Stabschefs. Im Juli 1960 verkündete der Katanga-Politiker Moïse Tshombé (1919–1969) die Abspaltung seiner aufgrund der Kupfer-Vorkommen wohlhabenden Region, die sich nicht der fernen Zentralregierung in Léopoldville unterordnen wollte und wohl belgische Unterstützung erhielt. Auch ausländische Wirtschaftsinteressen, die sozialistische Ambitionen Lumumbas fürchteten, spielten eine Rolle. Im Herbst 1960 zerbrach die Zentralregierung, Lumumba wurde vom Militär verhaftet und in die Katanga-Region verschleppt, wo er am 18. Januar 1961 vermutlich unter Mitwissen Mobutus und Mitwirkung belgischer und amerikanischer Geheimdienste ermordet wurde. Nun brach ein Bürgerkrieg aus, der zu verschiedenen Sezessionsversuchen und internationalen, an erster Stelle belgi-

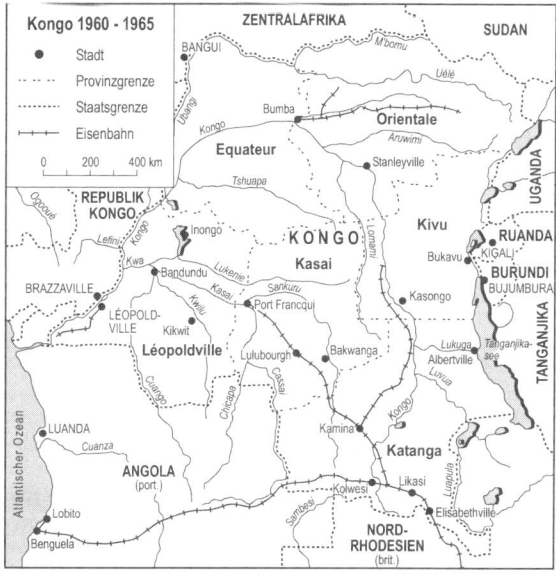

schen Interventionen führte. Der Staat Kongo stand kurz vor dem völligen Zerfall. Mit Hilfe von UN-Truppen wurde Katanga 1963 wieder in den Zentralstaat eingegliedert. Tshombé wurde 1964 Ministerpräsident der Zentralregierung. Erst mit dem Putsch des Militärs unter Mobutu am 23. November 1965 wurden die in der westlichen Öffentlichkeit viel beachteten Kongo-Unruhen endgültig beendet, Demokratie und Bürgerrechte nun allerdings durch einen autokratischen Militärdiktator beseitigt.

Noch mehr Aufmerksamkeit in der westlichen Öffentlichkeit erregte der letzte große Bürgerkrieg – oder wiederum auch Sezessionskrieg –, der unmittelbar auf die Form der Entkolonialisierung und die Gestaltung des neuen Staats zurückging, nämlich der Biafra-Konflikt in Nigeria in den Jahren 1967 bis 1970. Nigeria war ethnisch-territorial viergeteilt in den Norden der islamischen Fulbe-Hausa-Gruppen, den von kleineren Gruppen bewohnten, im Westen islamischen, im Osten christlichen sogenannten Middle Belt, das südwestliche, teils christliche, teils islamische Yoruba-Gebiet und das christliche Igbo-Land im Südosten. Bei der Unabhängigkeit 1960 hatte Nigeria eine föderale Verfassung erhalten. Das Bundesparlament wurde aufgrund der Bevölkerungszahlen vom Norden dominiert, während sich die Elite der Gebildeten und Fachkräfte zum beträchtlichen Teil aus dem Süden rekrutierte. Yoruba und Igbo versuchten deshalb, in den mit umfassenden Befugnissen versehenen Regionalparlamenten ihre Interessen zu wahren. Darunter litten die jeweiligen ethnischen Minderheiten, Konflikte nahmen zu. Diese Konstellation überlagerte sich mit dem Versagen der Zentralregierung, der Misswirtschaft und Klientelismus vorgeworfen wurde. Deshalb putschten im Januar 1966 junge Igbo-Offiziere. Bei einem Gegenputsch im Juli 1966 unter Yakubo Gowon übernahmen Offiziere aus dem Norden die Macht, und kurz darauf begann in den Städten der Nordprovinz eine pogromartige Verfolgung der Igbo-Minderheit, die sich durch Flucht nach Süden in Sicherheit zu bringen suchte.

Am 30. Mai 1967 schließlich erklärten Igbo-Militärs ihre Region zum unabhängigen Staat Biafra. Dahinter standen ähnlich wie im Fall Katanga auch wirtschaftliche Interessen, denn die für den Gesamtstaat lebenswichtigen Ölfelder, der größte Reichtum Nigerias, lagen auf dem Territorium Biafras. In einem höchst aufwendigen, erbittert geführten Krieg wurde die Sezession schließlich niedergeschlagen. Das militärisch weit unterlegene Biafra war bald eingeschlossen, 1968 brach eine Hungersnot aus, Zehntausende Menschen verhungerten. Hunderttausende

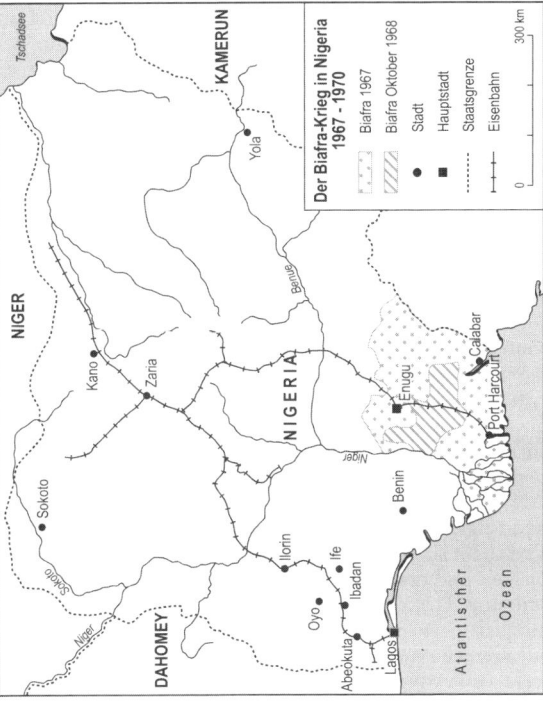

Der Biafra-Krieg in Nigeria 1967 – 1970

Biafra 1967
Biafra Oktober 1968
Stadt
Hauptstadt
Staatsgrenze
Eisenbahn

0   300 km

KAMERUN

NIGER

DAHOMEY

NIGERIA

Tschadsee

Yola

Kano

Zaria

Sokoto

Ilorin

Ife

Oyo

Ibadan

Abeokuta

Lagos

Benin

Enugu

Calabar

Port Harcourt

Atlantischer Ozean

Niger

Benue

Sokoto

flohen vor der vorrückenden Bundesarmee. Wiederum intervenierten auch europäische Mächte, Großbritannien und die Sowjetunion standen auf Seiten der Föderation, Frankreich ergriff Partei für Biafra, das nun aus der Luft versorgt werden musste. Die Regierung in Enugu, der Hauptstadt Biafras, stellte das Vorgehen des Zentralstaats als Völkermord dar und mobilisierte die ausländischen Medien. Internationale Solidaritätsaktionen für das aus westlicher Sicht unterdrückte Volk von Biafra schlossen sich an, auch als Religionskrieg wurde der Widerstand des christlichen Biafra gewertet. Am Ende scheiterte die Sezession, Biafra unterwarf sich. Die Aufteilung Nigerias in zunächst zwölf Bundesstaaten sollte dazu beitragen, regionale und ethnische Interessen zu integrieren. Später wurde das Territorium weiter untergliedert in 30 (dann sogar 37) kleinere Staaten, die nun um Einfluss und Ressourcen rangen. Die Befriedung des Landes gelang schnell, die Stabilisierung dagegen nicht. Weiterhin wechselten sich Demokratie und Militärdiktatur in Nigeria ab, und die ethnisch-territorialen Konflikte lebten immer wieder auf, zuletzt im religiösen Gewand eines neuen Islamismus. Biafra war insofern ein Wendepunkt, der Krieg ging noch unmittelbar auf die Form der Entkolonialisierung zurück und zeigte bereits kommende Konfliktkonstellationen auf. Vor allem aber demonstrierte er, wie nachhaltig die Kolonialzeit und besonders die Entkolonialisierung die Raumordnung Afrikas geprägt hatten und wie schwer, fast unmöglich es war, an diesen Grenzen noch zu rütteln. Bis auf wenige Ausnahmen (namentlich die Abspaltung Eritreas von Äthiopien 1993 als mittelbare Folge kolonialer Grenzpolitik) wurden die Grenzen zwar de facto in Kriegen häufig überschritten, formalrechtlich aber nicht mehr verändert.

Neben dem Kongo war insofern auch Nigeria ein besonderes, in vielerlei Hinsicht aber doch auch typisches Beispiel der Entkolonialisierung. Die Regierung wurde einer kleinen indigenen Elite übertragen, die ihre internen Machtkämpfe wiederum mit Hilfe der im Rückzug begriffenen Kolonialherren entschied. Interesse der je regierenden Elite war es, den Staat exakt in der Form und den Grenzen, die sich am Vorabend der Unabhängigkeit herauskristallisiert hatten, zu erhalten. Die Kolonialmächte sicherten sich vertraglich oder faktisch fortwährende Eingriffsmöglichkeiten. So behielten Europäer namentlich im Militär, aber auch in der Verwaltung bis hinauf auf die Ministerebene zunächst oft führende Positionen, bevor sich – mehr oder minder abrupt – fast überall Forderungen nach einer Afrikanisierung des Staatsdienstes durchsetzten. Dabei machte sich dann sehr bald – Folge wiederum der kolonialen Bildungspolitik – der Mangel an geschultem indigenen Personal bemerkbar. Nicht nur die Kongo-Verfassung, auch die Verfassungen der ehemals britischen Kolonien waren in der Regel (mit Ausnahme von Tanganjika) auf Verfassungskonferenzen im Mutterland ausgehandelt worden. Formal betrachtet erhielten alle Staaten demokratische Verfassungen, meist nach dem Muster der ehemaligen Kolonialmacht. Das bedeutete präsidiale Systeme im frankophonen Afrika und parlamentarische Systeme nach dem Westminster-Modell im anglophonen Afrika. In der Regel waren die Verfassungen unitarisch ausgerichtet; daran waren die neuen Staatsführer interessiert, um ihre Macht zu konzentrieren, und auch die Kolonialmächte, um Zerfallserscheinungen vorzubeugen. Tatsächlich intervenierten die Kolonialmächte noch nach den Unabhängigkeitserklärungen häufig militärisch, und zwar durchaus auf Wunsch der neuen Regierungen. So rief Ahmadou Ahidjo als Präsident von Kamerun französische Truppen gegen die verbliebenen UPC-Rebellen zu Hilfe, und in Kenia, Uganda und Tansania griffen die Regierungen bei Unruhen 1964 auf britische Militärhilfe zurück. Denn oft folgten der Unabhängigkeit schwere Staatskrisen, nicht selten Kriege und häufig Putsche. Fast

durchweg kam es auch zu Verfassungsrevisionen, die zur
Abkehr von der Demokratie und zur Errichtung von Ein-
Partei-Systemen mit teils patriarchalischen, teils autokratischen, teils militärischen Zügen führten. In der Regel waren sie jedenfalls auf einen als charismatische Führerfigur
verehrten Diktator konzentriert. Dabei konnte es sich sowohl um Putschoffiziere wie Mobutu handeln als auch
um frühere Befreiungspolitiker wie Nkrumah, Nyerere,
Kenyatta, Sékou Touré oder Senghor.

Nation und politisches System

Kwame Nkrumah veröffentlichte seine Autobiographie
1957, im Jahr der Unabhängigkeit Ghanas. Darin schilderte er seinen Lebensweg als den Weg Ghanas, mit der Unabhängigkeit hatte demnach auch sein Leben die Erfüllung
gefunden. Und wie es geradezu sein Schicksal und Auftrag
war, den Befreiungskampf anzuführen und sein Volk in
die Freiheit zu geleiten, so hatte auch die Bevölkerung der
Goldküste im Nationalstaat Ghana ihre Bestimmung und
– symbolisiert in der Namensschöpfung Ghana selbst –
ihre Wurzeln gefunden. Volk, Staat und charismatischer
Erlöser verschmolzen dabei. Es war daher nur konsequent, dass Nkrumah sich 1960 sogar explizit per Verfassung zum Präsidenten auf Lebenszeit ernennen ließ. Auch
die Identifikation von Staat und Partei und die Etablierung der Befreiungsbewegung als Staatspartei war in dieser Beziehung naheliegend, hatte doch die Partei gemäß
dieser Deutung erst die Nation wiedergefunden und mit
der Unabhängigkeit den Nationalstaat ins Leben gerufen.
Dies fand seinen Ausdruck darin, dass in mehreren Fällen
die Parteisymbolik in die Staatssymbolik übernommen
wurde. In Kenia integrierte man das Zeichen der KANU,
einen Hahn mit Streitaxt in der rechten Klaue, in das neue
Staatswappen. In Uganda gingen die Farben der erfolgrei-

chen Partei in die Flagge ein. In der Mitte der schwarz-
gelb-rot gestreiften Flagge fand sich allerdings das Abzei-
chen Ugandas aus britischer Zeit, die Darstellung eines
Kronenkranichs auf weißer Scheibe. Die Befreiungsbewegung stellte sich und den unabhängigen Staat somit zugleich in die Kontinuität des Kolonialstaats. Auch der ehemals belgische Kongo knüpfte zunächst symbolisch direkt
an die Kolonialzeit an. In die Kolonialflagge, die einen
fünfzackigen gelben Stern auf blauem Grund zeigte, wurden lediglich auf der linken Seite sechs kleine Sterne eingefügt, welche die nun geschaffenen sechs Provinzen sym-
bolisierten.

Oft vollzog die Nationalsymbolik zunächst keinen radikalen Bruch mit dem Kolonialsystem, sie spiegelte damit die Form des Übergangs wider. Dabei wirkt die Symbolik anfangs eklektisch. In den Symbolkanon, wie er aus
der europäischen Tradition des Nationalstaats überliefert
war, integrierte man das, was man für spezifisch afrikanisch hielt. Das waren erstens die panafrikanischen Farben, die teilweise auf dem Umweg über die Parteisymbolik Eingang in die Nationalsymbolik fanden: Rot für die
Blutopfer des Befreiungskampfes, Gelb für die Sonne über
Afrika, das Symbol der Zukunft, und Grün für die
Fruchtbarkeit des Landes, die Vegetation und den natürlichen Reichtum; hinzu trat häufig Schwarz als Symbol für
die Bevölkerung des Kontinents beziehungsweise des jeweiligen Landes.

Zweitens wies die Symbolik Bezüge zu afrikanischen
Werten von Gemeinschaft und Solidarität auf, die als
Staatsdevisen nicht nur in der Verfassung verkündet, son-
dern auch auf Wappen und in Hymnen aufgenommen
wurden, und zwar fast durchgängig in der Sprache der Ko-
lonialherren, verfügten die kulturell vielgestaltigen neuen
Staaten doch in der Regel über keine andere Lingua franca.
Paix – Justice – Travail verkündete das kongolesische
Staatswappen seit 1963, *Unity and Faith, Peace and Pro-*

gress das nigerianische, *Unity and Freedom* das malawische, *For God and my country* das ugandische. Nur in Ostafrika konnte man auf eine heimische Sprache zurückgreifen, nämlich Swahili: Das kenianische Wappen proklamierte das Motto des Staats und Kenyattas *Harambee* (Selbsthilfe, Solidarität), das tansanische *Uhuru na Umoja* (Freiheit und Einheit).

Das dritte Spezifikum afrikanischer Staatssymbolik war die Integration traditionell anmutender Elemente vor allem in die Wappen. In Kenia bildete das Wappen einen Massai-Schild vor gekreuzten Speeren ab, in Tansania war das Wappen gerahmt von der Darstellung eines Mannes und einer Frau in historisierendem Gewand. Während selten wie in Kenia konkrete ethnische Bezüge hergestellt wurden, allerdings lediglich durch den Schild, der zum Symbol Kenias schlechthin wurde, waren die traditionalen Bezüge in den meisten Fällen sehr vage, ohne die Möglichkeit, spezifische ethnisch-kulturelle Elemente zuzuordnen. Die Tradition wurde aufgerufen, sollte aber nicht zur Spaltung in ethnische Identitäten führen, sondern allgemein Stolz auf die eigene, gemeinsame Vergangenheit ausdrücken. Diese Vergangenheit wurde jedoch nicht konkret benannt. Auf Freiheitskriege wie etwa den Maji-Maji-Aufstand in Deutsch-Ostafrika oder den Mau-Mau-Aufstand wurde auch in Hymnen nicht Bezug genommen, weil man damit offene Wunden, Fragen von Kollaboration, Verrat und innerafrikanischen Kämpfen, berührt hätte. Nur die im Vergleich radikale Hymne des Kongo (*Debout Congolais*, genannt die *Congolaise*) sprach den Befreiungskampf an; sie appellierte an die Einheit, die durch den gemeinsamen Kampf für die Unabhängigkeit entstanden sei. Zugleich verwies sie, auch das war eine Ausnahme, auf die koloniale Repression, gegen die man aufgestanden sei.

Viertens würdigte die Staatssymbolik häufig die natürlichen Reichtümer und Schönheiten des Landes. Die Wappen etwa enthielten oft als Basis die bekanntesten Gebirgsmassive des jeweiligen Staates, etwa den Kilimanjaro in Tansania, den Mount Kenya in Kenia und das Mlanje-Gebirgsmassiv in Malawi. Auch Wasserläufe, Seen und Meer wurden symbolisiert, so im Fall von Malawi und Tansania; Elfenbein, Ölpalmen und andere Produkte des Landes konnten dargestellt werden. Die Hymnen spielten ebenfalls in allgemeiner Form auf den Reichtum des Landes an. Daran knüpfte sich eine Symbolik und Rhetorik von Aufbruch und Aufbau, die sich in Flaggen und vor allem Hymnen fand. Charakteristisch war dafür die aufgehende Sonne, die sich im Fall von Malawi zum Beispiel stilisiert auf der Flagge und konkreter gleich zweimal auf dem Wappen fand. Die Zukunftssymbolik umfasste die Beschwörung von Frieden und Einheit, vor allem die gemeinsame Arbeit, den gemeinsamen Aufbau des Landes, so etwa in der *Congolaise* und paradigmatisch in der kenianischen Hymne von 1963, deren dritte und letzte Strophe lautete: »Let all with once accord / In common bond united / Build this our nation together / And the glory of Kenya / The fruit of our labour / fill every heart with thanksgiving«.

Die Staatssymbolik war oftmals in Eile zusammengestellt worden, und fast durchweg basierte sie nicht auf eigener vorkolonialer Tradition. Manchmal war sie von einschlägigen Fachstellen entworfen worden, das Wappen Ugandas hatte das Londoner Heroldsamt geschaffen. Manchmal hatten auch die führenden Politiker selbst ihre Vorstellungen niedergelegt. Insofern handelte es sich um erfundene Identitäten. Doch blieb den jungen Staaten kaum eine andere Möglichkeit: Sie mussten sich neu erfinden, wenn sie nicht als koloniale Erfindungen gelten wollten, und sie zeigten mit panafrikanischer Grundierung und je individueller Ausgestaltung doch kreative Schöpfungen, die das Bemühen ausdrückten, eine eigene, afrikanisch akzentuierte Nation zu bilden. Weniger kreativ war man bei der Wahl und Gestaltung der Nationalfeiertage. Auch hier zeigten sich aber die Ambivalenzen afrikanischer Geschichtspolitik. Denn in der Regel wurde der Tag der Unabhängigkeit gewählt, kein heroisches Datum aus vergangenen Befreiungs- und Widerstandskämpfen. Im Zuge der fortschreitenden Tendenz zu autokratischer Herrschaft, Diktatur und Personenkult kamen die Geburtstage der Staatsführer hinzu, etwa der *Kenyatta-Day* in Kenia, der nach 1978 um den nach seinem Nachfolger benannten *Moi-Day* ergänzt wurde. Das entsprach europäisch-monarchischer Tradition, wie denn auch die Abläufe der Feiern mit Reden, Paraden, Flaggenhissung und Salut dem westlichen Modell entsprachen.

Auch die meist anlässlich von Jubiläumstagen der Befreiung errichteten Nationaldenkmäler folgten europäischen Mustern der Befreiungs-, Hoffnungs- und Zukunftssymbolik. Dafür standen stelenartige Monumente, sich aufrichtende Menschen, entschlossene Fäuste und hochgehaltene Fackeln. In der Regel erhielten freilich nur die Staatsführer Personendenkmäler, an andere Befreiungskämpfer wurde allenfalls durch lokale Gedenkstätten erinnert. Sie wurden dadurch gewissermaßen ins regionale Gedächtnis verbannt. Das zeigte sich auch, wenngleich weniger scharf, in der Namenspolitik: Die zentralen Straßen der Hauptstädte trugen die Namen der Staatspräsidenten des eigenen Landes und befreundeter afrikanischer Staaten, daneben tauchten international Vorkämpfer des antikolonialen Kampfes auf, während die Befreiungskämpfer des eigenen Landes oft eher auf die Schilder der Nebenstraßen oder in die minder bedeutsamen Städte verbannt waren.

Darin spiegelt sich weniger eine Wertehierarchie als vielmehr erneut das Bemühen, die strittige Geschichte zu marginalisieren, das Augenmerk auf die großen gemeinsamen Linien afrikanischer Befreiung zu lenken und daraus nationale Identität zu schöpfen. So veranstalteten Nkru-

mah (Accra 1958) und Nyerere (Daressalam 1974) zwar
weitere panafrikanische Kongresse, vermieden aber präzise Auseinandersetzungen mit der Geschichte ihres Landes
namentlich in der späten Kolonialzeit und ihrer Zusammenarbeit mit den Briten. Den Maji-Maji-Aufstand gegen
die deutsche Kolonialherrschaft im Jahr 1905 erwähnte
Nyerere in seinen Reden und Schriften nur selten. Er
würdigte ihn zwar als Muster gemeinsamen Widerstandes
und Gründungserlebnis der tansanischen Nation, doch er
vermied die Nennung einzelner Personen und Gruppen.
Denn seinerzeit hatten Afrikaner auf beiden Seiten ge-
kämpft. Manche Ethnien hatten sich am Aufstand nicht
beteiligt, manche hatten auf Seiten der Deutschen ge-
kämpft, wieder andere hatten die verworrene Situation
zur Verbesserung ihres Status zu nutzen gesucht. Daher
hatten die blutigen Auseinandersetzungen unter den ethnischen Gruppen Hass gesät, und das war noch nicht vergessen. Auch im Nationalmuseum von Tansania in Daressalam wurde der Maji-Maji-Aufstand zwar dokumentiert,
doch bloß als Teil einer langen Geschichte des Kampfes
um Freiheit, nicht als nationaler Gründungsmythos.

Besonders brisant war die Erinnerung an den antikolonialen Befreiungskampf in Kenia. Mau Mau hatte das
Land gespalten. Auch hier hatten viele Afrikaner als
Loyalisten und in den *Home Guards* gegen Mau Mau ge-
kämpft, große Teile des Landes hatten sich ohnehin nicht
beteiligt. Kenyatta fasste die offizielle Geschichtspolitik deshalb in eine doppelte Devise: »We all fought for
Uhuru«, und: »Forgive and forget«. Damit wollte er nicht
zuletzt Forderungen der Mau-Mau-Veteranen nach Entschädigung durch britischen Besitz im Hochland und
nach Bestrafung von Kollaborateuren zurückweisen.
Denn nach der Unabhängigkeit wurden die im Land verbliebenen britischen Siedler geschützt, und die Loyalisten
waren vor Verfolgung sicher. Eine Säuberung oder Ab-
rechnung gab es nicht. Afrikanische Angehörige der Ko-

lonialverwaltung und der Kolonialtruppen wurden wie in anderen afrikanischen Staaten nach der Unabhängigkeit im Dienst belassen. Auch verhinderte der Staat die Gründung eines Verbandes der Mau-Mau-Veteranen. Diese erhielten keine besondere Auszeichnung und wurden in der nationalen Gedenkkultur nicht herausgehoben, hätten sich doch viele in unterschiedlichen Positionen für die Befreiung eingesetzt. Mau Mau wurde konsequent relativiert und historisiert als Teil kenianischer Geschichte im Kikuyu-Gebiet. Im Nationalmuseum in Nairobi erschien Mau Mau bloß als Episode der kolonialen Geschichte, nicht als kenianischer Befreiungs- und Gründungskrieg. Zwar wurden in kleineren Städten der betroffenen Rift-Valley-Region auch mit staatlicher Unterstützung Mau-Mau-Gedenkstätten geschaffen, aber es entstand kein zentrales Mau-Mau-Denkmal. In Nairobi wurde ein *Uhuru*-Denkmal errichtet, und Mombasa und Nairobi gestalteten *Uhuru*-Parks, doch ein Verweis auf Mau Mau fand sich darin nicht. Dennoch wurde Mau Mau nicht vergessen. Die Mau-Mau-Veteranen stellten sich als Vorkämpfer und Märtyrer der nationalen Unabhängigkeit dar und bezichtigten die nachkoloniale Regierung des Verrats an den Idealen des Befreiungskampfes. Der Historiker und Publizist Maina wa Kinyatti hielt durch Publikationen die Erinnerung an Kultur und Leistungen von Mau Mau wach, und der Schriftsteller Ngugi wa Thiong'o deutete Mau Mau in Schriften und Schauspielen als übertribale nationale Befreiungsbewegung. Zudem traten immer wieder radikale Jugendgruppen provozierend als Erben von Mau Mau auf.

Kenyatta und sein Nachfolger Daniel arap Moi wie die Regime anderer nachkolonialer Staaten Afrikas vermieden die Auseinandersetzung mit der konkreten Geschichte des eigenen Landes nicht nur, um den Ambivalenzen der spätkolonialen Situation und ihrer eigenen Verstrickung in das Kolonialsystem auszuweichen. Vielmehr wollten sie auch

ethnische Differenzen überspielen. Denn kaum ein nachkolonialer Staat konnte auf vorkoloniale gemeinsame
Wurzeln verweisen, war doch die vorkoloniale Geschichte
durch mobile Personengruppen und ethnische Vielfalt geprägt gewesen. Deshalb berief man sich nur sehr vage auf
die gemeinsame vorkoloniale Nationalgeschichte. In der
Regel wurden dabei die lange Tradition des wirtschaftlichen und kulturellen Austausches zwischen den Gruppen
und das friedliche Miteinander beschworen. Für die Gegenwart wurden zunächst, bis in die 1970er Jahre hinein,
der Primat und die Unausweichlichkeit der Nation betont
und die Ethnien bloß negativ als zersetzende Faktoren gesehen. Dann mehrten sich Versuche, Ethnien als kulturelles Erbe wieder aufzuwerten, zumindest wurde nun in der
offiziellen Darstellung Multiethnizität als Muster des
friedlichen Zusammenlebens im Nationalstaat präsentiert.
Von Anfang an gehörte es freilich zur Politik der nachkolonialen afrikanischen Politiker, der Ethnizität gewissermaßen symbolisch die Zähne zu ziehen und sie als Ressource für eine konstruierte nationale Tradition zu benutzen. In diesem Sinne verwendeten afrikanische Staatschefs
historisch-ethnische Kleidungsstücke, um ihre Legitimität
zu beweisen: Kenyatta, der selbst den Kikuyu angehörte,
zeigte sich bevorzugt mit einem Häuptlingswedel und mit
einer Kappe der Luo, Mobutu präsentierte sich im Kongo
mit Leopardenfellkappe, die ebenfalls auf Herrscherautorität verwies.

Die Symbolpolitik war nicht bloß Teil einer manipulativen Strategie der Herrschaftsstabilisierung, sondern gehörte auch in den Kontext der Nationsbildung in Afrika.
Man wollte sich von der kolonialstaatlichen Geschichte
abgrenzen und eine afrikanische Basis für Staat und Nation suchen. Beispielhaft lässt sich dies am Kongo zeigen.
Als die afrikanischen Kolonien in den Jahren um 1960 unabhängig wurden, fand zunächst kein radikaler Denkmalsturz statt. Erst mit Verzögerung setzte er ein, als sich die

neuen Herrscher, mittlerweile meist mit diktatorischer Gewalt ausgestattet, hinreichend gegenüber der ehemaligen Kolonialmacht abgesichert glaubten, zugleich aber ein innenpolitisches Zeichen setzen und den nationalen Integrationsprozess unter ihrer Führung vorantreiben wollten. Der schließlich eingeleitete Denkmalsturz, der Symbol- und Namenswechsel umfasste, folgte deshalb einem Plan und ging organisiert vor sich. Im Kongo setzte er erst unter Mobutu ein. 1966 erhielten die drei wichtigsten Städte neue Namen: Aus der Hauptstadt Léopoldville wurde Kinshasa, aus Stanleyville Kinsangani und aus Elisabethville Lumumbashi. Mobutu erinnerte damit an Lumumba, für dessen Ermordung er vermutlich selbst verantwortlich war. 1971 folgte ein scharfer Schnitt: Der Name Kongo wurde gestrichen: Staat, Fluss und Währung hießen fortan Zaire, und als neuer Staatsfeiertag rückte nun der »Tag der drei Z«, der 24. Juni, auf Kosten des Unabhängigkeitstages in den Vordergrund staatlicher Selbstdarstellung. Bis 1972 verschwanden belgische Denkmäler und die meisten belgischen Benennungen. So wurde etwa aus der Avenue Roi Baudouin die Avenue Président Kasa vubu – in Erinnerung an den Politiker, den Mobutu wiederum selbst gestürzt hatte.

1972 wurde die Namenskampagne radikalisiert und bis ins private Leben hinein geführt. Europäische Anzüge und Kleidungssitten wurden offiziell geächtet und alle Zairer verpflichtet, ihre christlichen Namen abzulegen und auf die Ahnen verweisende einheimische Namen zu wählen. Mobutu ging voran, er ersetzte seinen Taufnamen Joseph Désiré durch den traditionell anmutenden, aber neu geschaffenen Namen Sese Seko Kuku Ngbeandu Wa Za Banga (etwa: »der Krieger, der von Triumph zu Triumph eilt«). Der Kampf gegen die Taufnamen provozierte einen Konflikt mit der katholischen Kirche und führte dazu, dass der 25. Dezember als staatlicher Feiertag gestrichen und die Beseitigung christlicher Kreuze aus öffentli-

chen Gebäuden angeordnet wurde. Überdies war seit 1971
für die offizielle schriftliche und mündliche Kommunikation die Anrede *citoyen* beziehungsweise *citoyenne* vorgeschrieben; eine Erfindung der Französischen Revolution
diente als Ausdruck afrikanischer Egalität. Auch die
Staatssymbolik wurde ausgewechselt. Abgesehen von dem
neuen Staatsfeiertag wurden auch eine neue Flagge und
eine neue Hymne eingeführt. Die neue Hymne, genannt
die *Zaïroise*, beschwor Frieden, Einheit, Stolz und Würde
des großen, freien Volkes der Zairer, verwies auf das Ver-
mächtnis der Ahnen und hob den nationalen Aufbauwillen hervor. Die neue Flagge zeigte auf grünem Feld eine
gelbe Scheibe und darin eine hochgereckte dunkle Hand,
die eine Fackel als Symbol des Aufbauwillens hielt. Die
neue Symbol- und Namenspolitik zielte darauf, den Staat
als souveränen Nationalstaat zu präsentieren. Deshalb
musste die altbekannte Bezeichnung »Kongo« weichen,
obwohl sie der heimischen Bakongo-Sprache entstammte,
während der neue Name Zaire auf eine portugiesische
Verballhornung regionaler Bezeichnungen für den Kon-
go-Fluss zurückging. Der Name Zaire diente aber auch
der nationalen Abgrenzung, denn am anderen Flussufer,
im ehemaligen französischen Kongo(-Brazzaville), blieb
die alte Bezeichnung erhalten.

Hinter dieser Politik stand die Doktrin der *authenticité*,
die Mobutu und seine Ratgeber seit Beginn der 1970er
Jahre im In- und Ausland als Modell für ganz Afrika vor-
stellten. Authentizität bedeutete demnach die Versöhnung
von als autochthon afrikanisch verstandenen Werten und
Prinzipien mit westlichen Errungenschaften. Afrika habe
seine Seele und Würde verloren und müsse sie nun wieder
entdecken. Koloniale Entfremdung gelte es zu überwinden, das Bewusstsein für die eigenen Leistungen, die eigene Kultur und die eigene Identität wachzurufen, Bindung
an die Gemeinschaft, soziale Harmonie, Solidarität und
Achtung vor den Älteren wiederzubeleben. Es gehe nicht

um ein starres Verharren in der Vergangenheit. Vielmehr
sei man offen gegenüber westlich-europäischen Errungenschaften: Man übernehme, was mit den eigenen Traditionen vereinbar sei und den eigenen Zielen diene, und ver-
werfe schädliche Elemente der eigenen Vergangenheit, wie
etwa Fetischismus und Tribalismus. Das Konzept der Authentizität griff Elemente von Panafrikanismus und *Négritude* auf und nutzte sie für die nationale Integration. Es
verkündete einen eigenen, afrikanischen Weg zur Nation.
Es war dabei mehr als nur die Herrschaftsideologie eines
zunehmend autoritären und korrupten Regimes und eines
autokratischen Diktators. Denn das Konzept nutzte kollektive Vorstellungen des Anders- und Besondersseins
Afrikas und appellierte an Stolz und Selbstbehauptungs-
willen der Bevölkerung. Insofern war es zunächst nicht
unpopulär, zumal es einherging mit antiimperialistischer
Ausrichtung, ausgedrückt in der Ablehnung europäischer
Symbole und Namen, innerer Ruhe und Ordnung nach
Jahren des Bürgerkriegs und – bis Mitte der 1970er Jahre –
einem wirtschaftlichen Aufschwung. In dieser Perspektive
schien die Authentizitäts-Doktrin einen Weg zu weisen,
wie die Werte Afrikas mit westlichem Wohlstand verbunden werden könnten.

Die Attraktivität des Konzepts zeigt sich auch darin,
dass zahlreiche afrikanische Staaten Elemente daraus übernahmen oder eigene, verwandte Ideen entwickelten. Das
gilt beispielsweise für die *Harambee*-Devise Jomo Kenyattas in Kenia, die er mit seiner Geschichtspolitik des Vergessens innerafrikanischer Zerwürfnisse verband und, so
in einer Rede 1963, als Basis afrikanischer Nationsbildung
bezeichnete: »I believe firmly that, if this country of ours
is to prosper, we must create a sense of togetherness, of
national familyhood. [...] We must bring all the communities of Kenya together, to build a unified nation. In this
task, we shall make use of those attitudes of self-help,
good-neighbourliness and communal assistance, which are

such an important feature of our traditional societies.
Where there has been racial hatred, it must be ended.
Where there has been tribal animosity, it will be finished.
Let us not dwell upon the bitterness of the past. I would
rather look to the future, to the good, new Kenya, not to
the bad old days. If we can create this sense of national di-
rection and identity, we shall have gone a long way towards solving our economic problems« (Jomo Kenyatta,
*Harambee! The Prime Minister of Kenya's Speeches
1963–1964*, Nairobi 1964, S. 8). Dahinter stand die Vorstellung eines spezifisch afrikanischen Sozialismus, der autochthone Traditionen aufgriff, auf kleinen Einheiten aufbaute, nach dem Subsidiaritätsprinzip arbeitete und derart
nationales Bewusstsein und wirtschaftlichen Fortschritt
verband. Nach dem Tod Kenyattas knüpfte sein Nachfolger Daniel arap Moi daran an, indem er nunmehr eine mit
dem Begriff *Nyayo* (Fußspur, Fußstapfen) bezeichnete
Philosophie zur Staatsdoktrin erhob, die im Begriff auf die
Fortführung der Tradition verwies und deren Grundsätze
Peace, Love and Unity wiederum auf das gemeinschaft-
liche Arbeiten für den Fortschritt der Nation zielten. In
Tansania nutzte Nyerere, der sich als *Mwalimu*, als Lehrer des Volkes, bezeichnen ließ, seit 1962 den auch von
Kenyatta verwendeten Begriff *Ujamaa*, um seine Form eines in afrikanischer Tradition verwurzelten, Fortschritt
garantierenden Sozialismus zu propagieren. *Ujamaa* bezeichnet in Swahili den erweiterten Familienverband und
wurde zugleich als Sinnbild eines auf solidarischen Klein-
einheiten aufbauenden Sozialismus verstanden. In Nyereres Deutung war das vorkoloniale Afrika im Grunde so-
zialistisch strukturiert. Man habe Reichtum noch nicht
angestrebt, um andere Menschen zu beherrschen. *Ujamaa*
bezeichnete demnach eher eine Mentalität und Haltung.
Durch die Verformungen und Entfremdungen der Kolonialzeit seien die Lebensformen und Werte des alten Afrika in Vergessenheit geraten, sie müssten nun wachgerufen

werden. Familie, Verwandtschaft und Dorfgemeinschaft gelte es wieder zu stärken, ohne auf moderne Errungenschaften zu verzichten.

Die Politik der Authentizität und Rückbindung der Nation an die Tradition hatte auch Auswirkungen auf Rechtsordnung und Verfassungen. Im Zuge des Umbaus afrikanischer Staaten nach der Unabhängigkeit wurden die ersten Verfassungen in der Regel revidiert und dabei erheblich aufgebläht. Bis ins Detail wurden nun Fragen der Staatsorganisation, der Rechtsordnung und der Wirtschaftsverwaltung im Verfassungstext geregelt. Zudem wurde die Staatsdoktrin in Präambeln und Verfassungsartikeln aufgenommen, in Zaire etwa der sogenannte Mobutuismus, in Tansania das *Ujamaa*-Prinzip sowie die vier Leitbegriffe *Freedom, Justice, Fraternity* und *Concord*. Auch der Umgang mit den Rechtstraditionen war davon betroffen. Die Kolonialstaaten hatten bis zum Ende keine Rechtseinheit angestrebt, sondern ein plurales System beibehalten, in dem für bestimmte Bereiche namentlich des Zivilrechts Gewohnheitsrecht angewendet wurde, wenn auch in der Regel durch von den Kolonialherren eingesetzte oder bestätigte Instanzen. Die nachkolonialen Verfassungen übernahmen dieses Modell im Grundsatz, verlagerten das Gewicht allerdings weiter auf das Einheitsrecht. Die Verfassungen von Zaire, Kenia und Tansania erkannten zwar das Gewohnheitsrecht an, legten aber zugleich den Vorrang des Zentralstaats und seiner Entwicklungsziele fest. Das bot den Regierungen einen weiten Handlungsspielraum. So wurden im Lauf der 1960er und 1970er Jahre hergebrachte Instanzen der Rechtspflege unter dem Vorwurf eingeschränkt, sie leisteten dem Tribalismus Vorschub. Erst seit den späten 1970er Jahren wurde dies zum Teil, so in Zaire, rückgängig gemacht, da es dem Staat nicht gelang, in alle Teile des Landes vorzudringen, auch weil die Resistenz der Landbevölkerung gegen die staatliche Justiz zu hartnäckig war.

Tatsächlich blieb im Recht eine Spannung bestehen zwischen der Normsetzung, bei der die Tradition quasi vom Staat übernommen, demonstrativ betont, aber nur dosiert zugeteilt wurde, und der Rechtspraxis, die sich dem Staat teilweise entzog. Immer wieder, so beim Entwurf eines bürgerlichen Gesetzbuches in Zaire, berief sich der Staat auf die Vorstellung einer harmonischen, solidarischen Gesellschaft, die auf Ahnen, Klan und Familie hin orientiert sei. Daran müsse das Recht nun anknüpfen, um die Menschen aus den überkommenen Bindungen hin zu einer nationalen Gemeinschaft zu führen. De facto beschränkte sich die Anerkennung des althergebrachten Rechts oft auf Äußerlichkeiten. So wurde im Familienrecht eine Hochzeitsfeier nach althergebrachtem Ritus wieder zugelassen, doch zugleich die standesamtliche Trauung vorgeschrieben, die Tradition insofern zum folkloristischen Attribut abgewertet. Im Bodenrecht kollidierten Tradition und Staatsinteresse unmittelbar, paradigmatisch ist die Widersprüchlichkeit erneut am Fall Zaire zu sehen. Unter der Devise, es gelte die koloniale Bodenverfassung zu revidieren und das Gemeineigentum am Land der Vorfahren wiederherzustellen, wurden in den Jahren 1971 bis 1973 im Zuge einer sogenannten Zairinisation der Wirtschaft das Land und die Bodenschätze verstaatlicht. Davon war auch der Boden betroffen, der bislang von lokalen Gemeinschaften tatsächlich nach Gewohnheit gemeinsam genutzt worden war; diesen Gemeinschaften wurde damit die Existenzgrundlage entzogen. Der so verstaatlichte Boden wurde dann über Konzessionen an Private vergeben, der Landbesitz damit individualisiert. Unter dem Dach der *authenticité* war die Tradition beseitigt worden. Ähnliche Widersprüche löste man auch in anderen Staaten wie Kenia zugunsten des Zentralstaats, indem man dort das tradierte Bodenrecht als Entwicklungsblockade deutete und zugunsten individueller Bodenvergabe auflöste, obwohl dies offenbar dem *Harambee*-Konzept widersprach.

Auch Menschenrechtsverständnis und Grundrechtskataloge afrikanischer Staaten spiegeln die Spannung zwischen Tradition, Gemeinschaftsverständnis und staatlichem Interesse. Die Verfassungen enthielten einen ausführlichen Katalog bürgerlicher, sozialer und kultureller Rechte, darunter namentlich auch kollektiv verstandene Ansprüche. Dies wurde in den meisten afrikanischen Verfassungen um einen Pflichtenkatalog ergänzt. Die Grundrechtskataloge forderten Kooperation und Harmonie und betonten, dass neben dem Individuum auch die Gemeinschaften, von der Familie bis zur Nation, über Rechte und Ansprüche verfügten. Diese Vorstellung schlug sich in der Menschenrechts-Charta der »Organisation für Afrikanische Einheit« (Banjul-Charta) von 1981 nieder. Vorangegangen waren ausführliche Debatten über ein spezifisch afrikanisches Verständnis von Menschenrechten. Die Charta kritisierte westlichen Individualismus und die Bindungslosigkeit des Menschen in der Moderne und hob dagegen afrikanische Gemeinschaftsformen hervor. Sie unterstrich schon in der Präambel, dass die traditionellen Werte Basis und Auslegungsrahmen der Individualrechte wie der Pflichten gegenüber den sozialen Einheiten, von der Familie bis zum Staat, seien. Dies sollte die Gemeinschaftsorientierung verbürgen.

In autoritären Systemen hatten Verweise auf Authentizität und ein spezifisch afrikanisches Gemeinschafts- und Rechtskonzept auch immer ideologischen Charakter und dienten zur Legitimation von Repression und zur Abwehr der Kritik von Menschenrechtsorganisationen aus dem Ausland. Die afrikanischen Staaten waren bis an die Wende um 1990 fast durchweg Diktaturen. Dabei bestanden allerdings beträchtliche Unterschiede zwischen autoritären (Ghana) und philanthropischen (Tansania) Erziehungsdiktaturen, zwischen autoritär-patriarchalischen (Kenia, Senegal unter Senghor) und tyrannischen (Uganda unter Idi Amin) Systemen. Die Diktaturen wurden von den Blockmächten des Kalten Kriegs gestützt und benutzt, wie umgekehrt auch afrikanische Eliten die internationale Konstellation zur internen Absicherung instrumentalisierten. Zugleich basierten die nachkolonialen Diktaturen auf Strukturen, die bereits in der Kolonialzeit angelegt waren. Vier Elemente wirkten zusammmen, teils miteinander verbunden, teils konkurrierend. Daraus ergab sich der je spezifische Charakter der Diktatur.

Das erste Element fand sich in der Person des Staatschefs selbst. Das war bis in die 1980er Jahre hinein fast durchweg entweder der Führer der Befreiungsbewegung, das heißt in der Regel ein Vertreter der vor dem Ersten Weltkrieg geborenen Generation wie Kenyatta, Nkrumah oder Senghor (der jüngere Nyerere stellte eine Ausnahme dar), oder ein durch Putsch an die Macht gekommener jüngerer, eher in der Zwischenkriegszeit geborener Offizier wie Mobutu, Bokassa (Zentralafrika) oder Idi Amin (Uganda). Damit waren unterschiedliche Erfahrungen verbunden. Die Ersteren hatten den Einbruch der Kolonialherrschaft noch selbst als Zäsur erlebt, dann aber über Mission und europäische Universität ihre soziale und politische Prägung durch die Gedankenwelt und Probleme der Zwischenkriegszeit erfahren, die Letzteren verfügten über keine akademische Bildung und waren in den spätkolonialen Wirren der zweiten Nachkriegszeit im Kolonialmilitär sozialisiert worden. Dort hatte ihnen die *colour bar* allerdings den Aufstieg versperrt, erst nach der Unabhängigkeit und der Afrikanisierung der Armeen konnten sie Karriere machen. In der Herrschaftspraxis unterschieden sich beide Politikertypen allerdings weniger, als zu erwarten gewesen wäre. Die jüngeren Offiziere wie Mobutu nutzten gleichermaßen die Symbole traditioneller Autorität, um ihre Macht sinnfällig vorzuführen.

Vor allem entfalteten Politiker beider Generationen einen extremen Personenkult, um ihre Macht abzusichern: Der Staatschef wurde als charismatische Persönlichkeit und quasi geborener Führer der Nation, als prophetischer Ratgeber und weiser Entscheider, als über den Niederungen der politischen Alltagskämpfe schwebender Erlöser präsentiert und in Formen, die an religiöse Kulte erinnern, verehrt. Dabei konnte der Staatschef eher als Patriarch (Kenyatta, Senghor), als Lehrer (Nyerere) oder als Visionär (Nkrumah) erscheinen. Das fiel allerdings bei den Befreiungspolitikern leichter als bei Offizieren, die ihre Legitimität aus einem Putsch gegen Misswirtschaft und Machtmissbrauch zogen und ihre Qualifikation noch unter Beweis zu stellen hatten. Gemeinsam war den Diktatoren, dass sie in der Lage sein mussten, zwischen den Machtgruppen im Lande zu vermitteln, ohne sich auf eine Seite zu stellen, sich als überethnisch zu präsentieren, ohne ihre Hausmacht, in der Praxis eben die Ethnie, zu vernachlässigen. Sie mussten den konkurrierenden Kräften im Land deutlich machen, dass alle von ihrer Herrschaft profitierten, sie mussten ihre Gunst also sorgfältig verteilen und konnten sich nicht auf bloß polizeistaatliche Methoden verlassen, zumal weder die institutionellen noch die personellen Mittel es zuließen, ein totalitäres, das heißt die gesamte Gesellschaft durchdringendes Herrschaftssystem zu errichten. Dafür fehlte schon die Infrastruktur. Insofern handelte es sich nur scheinbar um starke Diktatoren. Vielfach war die Machtbasis höchst labil. So wurden afrikanische Diktatoren nicht selten während einer Auslandsreise durch Putsch gestürzt, zum Beispiel Nkrumah 1966 (während eines Staatsbesuches in Nordvietnam) und Bokassa 1979. Ihre personal-charismatisch ausgelegte Macht war gewissermaßen von ihrer körperlichen Präsenz abhängig. Aus der Brüchigkeit personaler Macht rührte auch das extreme Misstrauen, dass die Diktatoren gegen ihre engsten Mitarbeiter und Minister hegten. Ständig wurden Kabinette umgebildet. Jeder führende Politiker musste damit rechnen, in Ungnade zu fallen. Wiederholt wurden führende Politiker, die den Präsidenten kritisiert hatten oder denen Ambitionen auf dessen Amt nachgesagt wurden, politisch geächtet wie der ehemalige Kenyatta-Gefährte Oginga Odinga 1966 in Kenia oder sogar unter dem Vorwand des Putschversuchs und Hochverrats festgenommen. In Zaire wurde Ende der 1970er Jahre der Premierminister Nguz Karl-i-Bond, der im Westen als möglicher Nachfolger Mobutus galt, inhaftiert und zum Tode verurteilt. Später wurde er aus dem Gefängnis entlassen, ging ins Exil und attackierte Mobutu wegen seines Finanzgebarens. 1985 kehrte er jedoch nach Zaire zurück, wurde rehabilitiert und trat als Außenminister erneut in die Regierung ein.

Angesichts der Gefährdung der Herrscher war das zweite Strukturelement afrikanischer Diktaturen umso wichtiger, nämlich ein funktionierendes Patronage- und Klientelsystem. Die Diktatoren mussten sich auf zuverlässige Personengruppen stützen, die unbedingt von ihnen abhängig waren und für sie einzustehen hatten, aber auch Fürsorge und Förderung erwarten durften. Sie mussten gewissermaßen in mehreren Ringen Bevölkerungskreise um sich ordnen, die an sie gebunden waren: Politiker der eigenen Partei, Verwandtschaft, Ethnie oder auch hauptstädtische Bevölkerungsgruppen mussten durch beständige Wohltaten gefügig gehalten werden, auch das Militär musste hier eingebunden werden. Dies widersprach Vorstellungen von rationaler Staatlichkeit, von geregelten Strukturen und Verfahrenswegen. Es beförderte vielmehr Tribalismus, Nepotismus und Korruption, die als die drei Grundübel afrikanischer Staatspraxis nach der Unabhängigkeit angesehen worden sind, und erleichterte die persönliche Bereicherung der Herrscher und ihrer Familien auf Kosten des Staats. Dahinter stand allerdings eine besondere Logik. Auf der einen Seite sicherte das Patronagesystem eine gewisse Berechenbarkeit, es war ein in sich nachvollziehbares Instrument zur Vergabe von Einfluss und Rechten und erfüllte insofern staatssubstituierende

Funktionen. Auf der anderen Seite war es angesichts der Labilität staatlicher Strukturen naheliegend, dass sich die jeweils regierende Gruppe auf Kosten des Staats versorgte, musste sie doch ihrerseits damit rechnen, bei einem Machtverlust jeden Zugang zu öffentlichen Mitteln zu verlieren.

Zur Perpetuierung und Stabilisierung personaler Macht diente das dritte Strukturelement, die Staats- und Einheitspartei, die zugleich Teil des Patronagesystems sein konnte. Fast alle afrikanischen Staaten gingen im Zuge des Aufbaus des Präsidialsystems auch zum Ein-Partei-System über, ob de jure (Tansania, Ghana, Zaire) oder de facto (Kenia). Begründet wurde dies häufig mit Verweis auf die spezifischen Bedingungen Afrikas: In Afrika gebe es keine sozialen Klassen wie im Westen. Ein Mehrparteienparlamentarismus führe hier zum Zerfall des Staats in ethnisch-regionalistische Bestrebungen, nur die Einheitspartei sei in der Lage, diese Spannungen zu überbrücken. Die Einheitsparteien gingen meist aus den führenden Unabhängigkeitsbewegungen (TANU, KANU) oder den Sammel- und Kongressparteien hervor. Gewerkschaften, Jugendverbände und andere politische Gruppen wurden häufig integriert, auch konkurrierende Parteien wurden oft nicht verboten, sondern – durch politischen Druck oder Gewalt – integriert, ihre Führer mit Ämtern in der Einheitspartei honoriert. In Kenia beispielsweise ging die *Kenya African Democratic Union* (KADU), die 1960 als Vertretung kleinerer Ethnien gegen die Dominanz der von Luo und Kikuyu getragenen KANU gegründet worden war, in der Partei des Staatsführers auf. Auch spätere Parteigründungen, wie die von Odinga nach seinem Ausscheiden aus der KANU gegründete, 1969 verbotene linke *Kenya People's Union* (KPU), konnten sich im System faktischer Staatsparteien nicht behaupten. Im Einzelnen war die Rolle der Einheitsparteien unterschiedlich. In Kenia beschränkte sie sich eher auf die Unterstützung von

Personen, während ihre Aufgabe in Tansania vor allem auch in der Propagierung der Staatsideologie bestand. Generell aber dienten die Parteien der Propaganda und Massenmobilisierung, der Vergabe öffentlich-staatlicher Ämter und vor allem der staatlichen Präsenz vor Ort. Denn Staat und Partei waren kaum zu trennen, und gerade da, wo der Staat institutionell nur schwach vertreten war, namentlich auf dem Land, konnte der dörfliche Parteichef offizielle Macht repräsentieren. Dabei waren die lokalen Vertreter Teil des Patronagesystems: Sie erhielten Vergünstigungen, konnten aber auch öffentliche Wohltaten zuteilen.

Die neuen Diktatoren und Putschoffiziere nutzten das System der Einheitspartei ebenfalls als Transmissionsriemen ihrer Herrschaft. In exemplarischer Zuspitzung zeigt das wiederum die Entwicklung im Kongo. 1967 gründete Mobutu den *Mouvement Populaire de la Révolution* (MPR). Der Begriff der Revolution im Namen schuf gewissermaßen eine antizipierende Legitimation, konnte die Partei doch gerade nicht auf eine Geschichte der Befreiungskämpfe zurückblicken. Die Revolution war insofern der Auftrag zur Gestaltung des Staats. Schrittweise wurde in den folgenden Jahren die Rolle der Partei ausgeweitet, 1974 wurde ihre führende Funktion in der Verfassung festgeschrieben. In konsequenter Vollendung des Prinzips der Einheitspartei wurde die Pflichtmitgliedschaft eingeführt: Mit dem 18. Lebensjahr trat jeder Staatsbürger automatisch der Partei bei. Die Identität von Staat, Partei und Gesellschaft war damit im Prinzip sichergestellt, wenn de facto auch die Mitgliedschaft oftmals nicht durchgesetzt oder praktiziert werden konnte. Aber die Partei bildete ein Netz von Stützpunkten, an denen ihre Vertreter Macht und Reichtum akkumulieren konnten. Die Stabilität der Herrschaft Mobutus in dem kaum als Einheitsstaat zu regierenden riesigen Territorium des Kongo beruhte nicht zuletzt darauf, dass er seinen dezentralen Statthaltern aus der Partei hinreichende Spielräume bot, um an ihrem Ort ihren Interessen nachzugehen, ohne diejenigen der Zentralregierung zu gefährden.

Nach diesem Prinzip funktionierte allerdings auch das Militär, das vierte Strukturelement afrikanischer Staatlichkeit. Lokale Militärbefehlshaber konkurrierten deshalb nicht selten mit den Partei- und Staatsvertretern am Ort. Das Militär war durchweg mehr als ein Instrument der Politik, es bildete einen Militärstaat im Staat. Dieser war selbst wieder ein auf Patronage und personellen Beziehungen aufbauendes Gebilde, mit allerdings besonderen, aus der Kolonialzeit herrührenden Merkmalen. Mit der Unabhängigkeit und der meist mit einiger Verzögerung folgenden Afrikanisierung der oberen Ränge stiegen bislang auf niedere Ränge beschränkte junge afrikanische Soldaten rasch zu Kommandeuren auf. Ihre Hausmacht war noch klein, sie bestand zunächst aus ihrer unmittelbaren militärischen Gefolgschaft. Angesichts der fortwährenden Schwäche des Staats mussten sich die Kommandeure schnell eine sichere Macht- und Einkommensbasis aufbauen. Ihre Truppen wiederum blieben loyal, weil und solange sie auf die Macht ihres Befehlshabers angewiesen waren, um ihre materielle Versorgung sicherzustellen, die der fortwährend geschwächte Staat nicht zu garantieren vermochte. Dehalb waren die Kommandeure geradezu darauf angewiesen, den Staat schwach zu halten, um die persönliche Bindung der Truppen an sie selbst zu festigen, eventuell auch den Staat ganz zu übernehmen, wenn er ihren Zielen zuwider arbeitete oder bestrebt war, ihre Macht einzudämmen. Wiederholte Militärputsche waren die Folge, die Mehrheit der afrikanischen Staaten war Mitte der 1970er Jahre vom Militär abhängig oder wurde sogar von Offizieren geführt. Dabei wirkte mit, dass eine beständige Spannung zwischen der älteren Generation der intellektuellen Befreiungspolitiker und den jungen, in Einzelfällen fast illiteraten Offizieren bestehen blieb.

Allerdings waren beide doch gleichzeitig aufeinander angewiesen. Auch die zivilen Präsidenten der Anfangsphase benötigten das Militär als innenpolitischen Ordnungsfaktor, selbst wenn sie sich, eher zum persönlichen Schutz, eine Präsidentengarde aufbauten und auf bewaffnete Parteikräfte zurückgreifen konnten. Indem so das Militär von Anfang an in die inneren Auseinandersetzungen hineingezogen wurde, beanspruchte es auch eine politisch-moralische Aufsichtskompetenz. Putsche wurden demgemäß mit der Wiederherstellung innerer Stabilität, der Bekämpfung des ethnischen Egoismus und auch mit der Beseitigung von Autokratie, Korruption und Misswirtschaft begründet, und tatsächlich brachten sie mehrfach eine Stabilisierung, manchmal auch eine Revolutionierung oder zumindest Modernisierung mit sich. Das gilt für Ghana, wo Ende 1981 nach politischen und wirtschaftlichen Krisen junge Offiziere unter dem Hauptmann Jerry J. Rawlings (geb. 1947), der einmal bereits 1979 geputscht hatte, die Macht übernahmen und Reformen einleiteten. Vergleichbar ist ebenso Obervolta, wo nach vorangegangenen Wirren, Putschen und militärischer Mitregierung am 4. August 1983 junge Offiziere um Hauptmann Thomas Sankara (1949–1987) durch einen neuerlichen Putsch, später als Revolution bezeichnet, die Macht übernahmen, das Land in Burkina Faso (Land der Integren/Gerechten) umbenannten, die alte politische Elite bekämpften und auf Kosten der bisher privilegierten Stadtbevölkerung Sozial- und Entwicklungsprogramme für die Landregionen in die Wege leiteten. Derartige Ansätze einer Modernisierungsdiktatur blieben allerdings fast überall vorübergehend. Zudem gaben nur einige der frühen Militärbefehlshaber die Macht wieder freiwillig an zivile Politiker ab. Am Ende führten Militärputsche oft zu neuen tyrannischen Formen. Zwei der markantesten Beispiele sind die Fälle von Bokassa in Zentralafrika und Idi Amin in Uganda.

Jean-Bedel Bokassa (1921–1996) kam durch einen Putsch am 31. Dezember 1965 in der Zentralafrikanischen Republik an die Macht. Der kleine und wirtschaftlich-politisch vernachlässigte Staat, als Ubangi-Shari in der Kolonialzeit Teil von Französisch-Äquatorialafrika, war 1960 unabhängig geworden. Bokassa hatte am Zweiten Weltkrieg teilgenommen und stieg nach der Unabhängigkeit zum Kommandeur der zentralafrikanischen Streitkräfte auf. Im Konflikt mit der zivilen Regierung des Staatspräsidenten David Dacko, eines Vertreters der alten Elite der Befreiungspolitiker, musste er mit seiner Entlassung rechnen und wollte ihr durch den Putsch zuvorkommen. Danach baute er seine persönliche Machtbasis durch Säuberungen und die Schaffung einer loyalen persönlichen Garde aus, auch durch eine nationalistische Propaganda und die Bedrängung ausländischer Firmen. 1976 wandelte er die Republik durch Verfassungsänderung in eine Monarchie um und krönte sich 1977 in einer von Napoleon Bonaparte inspirierten Zeremonie, die rund die Hälfte des staatlichen Jahresetats verschlang. Er konnte sich auf die Unterstützung Frankreichs und des französischen Präsidenten Valéry Giscard d'Estaing verlassen; Jagdeinladungen und Diamantengeschenke sollen dazu beigetragen haben. Doch angesichts zunehmender Repression und Willkür, unter anderem der Verhaftung von Schülern nach Protesten gegen die Einführung einer Uniformpflicht, und der Annäherung Bokassas an Libyen (als getaufter Christ konvertierte Bokassa zum Islam, bevor er sich später wieder als Christ darstellte) ließ Frankreich Bokassa schließlich fallen und stürzte ihn während einer Auslandsreise im September 1979 mit Hilfe einer kleinen französischen Eliteeinheit; Dacko wurde erneut als Präsident eingesetzt. Wie sein Vorbild Napoleon kehrte Bokassa 1986 nach Bangui zurück, glaubte er doch, dass die Bevölkerung zu ihm stehe und ihn wieder ins Amt bringen werde. Er wurde verhaftet und zum Tode verurteilt, 1993 allerdings freigelassen.

Idi Amin Dada (1928–2003) putschte sich am 25. Januar 1971 in Uganda an die Macht. Dort hatten die Briten vornehmlich indirekte Herrschaftsformen genutzt und so vor allem das bugandische Königreich bewahrt. Milton Obote, Präsident seit 1963, versuchte wie die Unabhängigkeitspolitiker anderer afrikanischer Staaten die traditionellen Instanzen zurückzudrängen und setzte 1966 den bugandischen Monarchen (*Kabaka*) ab. Die Wirren stärkten den Einfluss der Armee, deren Oberbefehlshaber Idi Amin, wie Bokassa ein Karriereoffizier ohne akademische Ausbildung, die Absetzung durch den misstrauischen Obote fürchtete und deshalb eine Auslandsreise des Präsidenten nutzte, um seinerseits die Macht zu übernehmen. Wie Bokassa sicherte sich Amin durch eine rigorose Säuberung in Armee und Verwaltung ab, brutaler noch als der zentralafrikanische Staatschef errichtete er durch Massaker und Pogrome eine Gewaltherrschaft, der über eine Viertelmillion Menschen zum Opfer gefallen sein sollen. Zugleich betrieb er ebenfalls eine nationalistische Propaganda und Politik, die zur Verstaatlichung britischer Betriebe und 1972 zur zwar populären, aber wirtschaftlich kontraproduktiven Vertreibung der indischstämmigen Minderheit, die meist im Handel tätig war, führte. 1975 ernannte er sich selbst zum Feldmarschall, 1976 zum Präsidenten auf Lebenszeit. Amin wurde für den Westen immer bedrohlicher. Er suchte Beistand bei Libyen und unterstützte den Terrorismus, was zu der für ihn desaströsen Geiselbefreiung auf dem Flughafen von Entebbe durch israelische Sondereinheiten führte. Nach von Uganda provozierten Grenzkonflikten mit Tansania rückten im April 1979 tansanische Truppen in Uganda ein. Amin floh ins Exil, und Obote kehrte an die Macht zurück.

Bokassa und Amin waren gleichermaßen Aufsteiger aus niederen militärischen Rängen, beide regierten diktatorisch und zunehmend tyrannisch, beide offenbarten extravagante Züge und bizarre Eigenheiten, beiden wurden nicht nur Willkür und Gewalt, sondern auch kannibalistische Praktiken vorgeworfen – ein freilich vielfach schon in der europäisch-afrikanischen Begegnung seit dem 18. Jahrhundert verwendeter Topos gegenseitigen Barbareiverdachts, der auch im Fall von Bokossa und Amin nicht bewiesen ist. Beide Diktatoren sind, wahlweise, als Musterbeispiele oder Karikaturen afrikanischer Autokraten dargestellt worden. In Wirklichkeit waren sie allerdings eher Karikaturen europäischer und kolonialer Herrschaft, insofern ganz unmittelbar deren Produkt. Bokossa ließ sich vom europäisch-höfischen Pomp inspirieren, den die Kolonialmächte bruchstückhaft zur Inszenierung ihrer Herrschaft genutzt hatten, und steigerte ihn durch seine Thronerhebung in grotesker Weise. Amin nutzte gleichermaßen koloniale Formen der Darstellung von Autorität, bis hin zur Ordensflut. Durch eine gezielte symbolische Politik demütigte er dabei die Weißen, beispielsweise wenn er sich von vier weißen Geschäftsleuten in einer Sänfte durch Kampala tragen ließ und so eine in vielen Fotografien festgehaltene kolonialrassistische Herrschaftsgeste – der von Schwarzen in einer Sänfte getragene weiße Reisende oder Beamte – in ihr Gegenteil verkehrte. Mit einer derartigen Politik trafen Bokossa und Amin sicherlich das Bedürfnis afrikanischer Gesellschaften nach Wiedergewinnung ihrer Selbstachtung, wenn sie auch gleichzeitig durch ihr Terrorregiment Sympathien im eigenen Land verspielten. Die Zuspitzung personaler Herrschaft stand für das Scheitern des Nationalstaats westlicher Prägung in Afrika. Dies wiederum ist nur im Kontext der tiefgreifenden Verunsicherung und Umschichtung afrikanischer Gesellschaften in nachkolonialer Zeit zu verstehen.

Bevölkerung, Wirtschaft, Gesellschaft

Die förmliche staatliche Unabhängigkeit stellte in bevölkerungs-, wirtschafts- und sozialgeschichtlicher Hinsicht keine scharfe Zäsur dar. Dabei bestimmten anfangs keineswegs Krisen und Niedergang, sondern Erwartungen und Aufschwung die wirtschaftliche Entwicklung. In den 1950er Jahren setzte ein stetiges Wachstum afrikanischer Volkswirtschaften ein, das bis Ende der 1970er Jahre anhielt, sich allerdings verlangsamte. Das Bruttoinlandsprodukt pro Kopf stieg anfangs – preisbereinigt – um 2,4 Prozent jährlich, nach 1960 lag die Wachstumsrate immer noch bei 1,5 Prozent, mit allerdings sinkender Tendenz. Das Wachstum betraf Landwirtschaft, Bergbau und Industrie, wenn auch nicht in gleichem Maß. Am langsamsten verlief es in der Landwirtschaft. Vor allem die *Cash-Crop*-Produktion auf kleinen Bauernwirtschaften nahm zu. Der Anbau von Tee, Kaffee, Baumwolle und Nüssen beispielsweise in Ostafrika wurde generell gesteigert. Dabei wirkte sich zum einen die Verbesserung der Produktivität durch vermehrten Einsatz von Maschinen und die Bekämpfung von Schädlingen durch Chemikalien aus. Entscheidend war aber die seit den 1950er Jahren wachsende Nachfrage auf dem Weltmarkt. Allerdings hielt das Wachstum von Produktivität und Produktion in der Landwirtschaft mit dem Wachstum der Bevölkerung nicht Schritt. Auch der Bergbau expandierte. Alte Lager wurden weiter ausgebeutet, neue entdeckt und erschlossen. Neben Eisen, Kupfer und weiterhin Diamanten im südlichen Afrika, unter anderem nun auch in Botswana, kamen jetzt Öl wie in Nigeria und Uran hinzu, also für die westlichen Volkswirtschaften lebensnotwendige Bodenschätze.

Das verarbeitende Gewerbe und die Industrie wuchsen seit 1950, und dies sogar überdurchschnittlich. Bis dahin hatte es in der Regel keine größeren Manufakturen, Gewerbebetriebe oder gar Industrieanlagen gegeben. In Staaten wie Kenia, Tansania und Nigeria trugen nun industrielle Investitionen, beispielsweise in Textilbetrieben für die Verarbeitung der heimischen Baumwolle, zu einem gewissen Aufschwung bei. Allerdings war das Ausgangsniveau niedrig, und das Wachstum konzentrierte sich auf bislang schon gewerblich aktive Regionen, etwa die Bergbaugebiete und das Umland bedeutenderer Städte. Außerdem wurden die heimischen Rohstoffe vor allem für den Export verarbeitet, die Volkswirtschaften wurden nicht ins Gleichgewicht gebracht. Einnahmen aus dem Ölexport führten in den Ölförderländern zu einem gewissen Ausbau der petrochemischen, Eisen- und Stahl- sowie Elektroindustrie, aber auch hier stand der Export im Vordergrund. Vor allem die fortwährenden politischen Krisen und Kriege dämpften die Investitionsneigung. Ausländische Investoren zogen ihr Kapital ab, und selbst inländische Investoren, in Ostafrika etwa die kleine wirtschaftliche Elite der indischstämmigen Bevölkerung, suchten im Ausland nach Anlagemöglichkeiten, oder sie wichen wegen Repressionen aus oder wurden wie in Uganda aus dem Land vertrieben.

Durchweg behielten die afrikanischen Volkswirtschaften ihre monokulturelle Ausrichtung, mehr denn je waren sie von den Weltmarktpreisen abhängig. Viele Länder zogen mehr als 50 Prozent ihrer Exporterlöse aus einem einzigen Produkt: Nigeria, Gabun, Angola und Kongo-Brazzaville beispielsweise aus Rohöl, Mali aus Baumwolle, Ruanda aus Kaffee, Sambia aus Kupfer. Vor allem konzentrierten sich ganze Regionen auf bestimmte Produkte, wie in Ghana Kakao oder in Kenia Kaffee, und auch das Wohlergehen der einzelnen Bauernwirtschaft hing insofern unmittelbar vom Weltmarkt ab. Erschwerend kam hinzu, dass die afrikanischen Länder in den meisten Fällen zwar wichtige, jedoch keineswegs die einzigen Produzenten des jeweiligen Hauptexportprodukts waren. Begannen die Preise zu verfallen, wie im Fall von Kakao bereits seit den 1960er Jahren, so beschleunigte die Konkurrenz der

Kakao-Produzenten noch den Niedergang. Über kurz oder lang erlebten fast alle agrarischen Produkte und viele Bodenschätze einen Einbruch in Preisen und Export. Das führte Regime in die Krise, die bislang ihren Staatshaushalt und die Pfründe der Präsidentenklientel ganz aus den Erträgen der natürlichen Reichtümer gespeist hatten.

Die Wirtschaftspolitik trug nicht dazu bei, diese Probleme zu beheben. Die afrikanischen Staaten setzten trotz aller Kritik am Westen ganz auf eine Industrialisierung und Modernisierung nach westlichem Vorbild, wenn auch oft unter staatssozialistischen Vorzeichen. Dazu gehörten drei Elemente: Erstens wurde der Staatssektor erheblich ausgeweitet. Die Energiewirtschaft, Verkehrsbetriebe und Teile der Schwerindustrie, manchmal auch die Banken wurden verstaatlicht. Zweitens betrieb man in Fortführung der spätkolonialen Vorgehensweise eine Politik der Wirtschaftslenkung und gesteuerten Entwicklung. Dazu wurden in manchen Staaten Wirtschaftspläne aufgestellt, etwa wie in Ghana Fünf- und Zehnjahrespläne, die wiederum an koloniale Vorläufer anknüpften. Drittens wurden hohe staatliche Investitionen in staatlich-öffentliche Bauvorhaben gelenkt. Flughäfen, Stadien, Regierungsgebäude wurden ausgebaut oder neu angelegt, wiederholt wurden im Zuge einer Verlegung der Hauptstadt, etwa in Nigeria 1991 von Lagos im Süden nach Abuja im Landesinneren, erhebliche staatliche Investitionen getätigt. Darüber hinaus wurden im ersten Jahrzehnt beträchtliche Mittel in den Bau von Unterrichtsanstalten und Universitäten gelenkt. Das überforderte nicht nur den Staatshaushalt und führte bei ansteigenden Zinsen in die dauerhafte Schuldenkrise. Vielmehr handelte es sich oft um unproduktive Investitionen oder sogar um reine Prestigeprojekte, die keine Anschubfunktionen ausüben und keinen dauerhaften Wirtschaftsaufschwung herbeiführen konnten. Aber auch die industriellen Investitionen wurden fehlgeleitet, viele neue Industrieanlagen waren nicht ausgelastet.

Folgenreich war vor allem die unzulängliche Landwirtschaftspolitik. Bei der Verteilung öffentlicher Mittel und bei Investitionen wurden Stadtbevölkerung und städtische Entwicklungsprojekte bevorzugt. Dagegen fehlte der Politik jedes präzise Wissen über die Verhältnisse auf dem Land. So wurde die Landwirtschaft nicht systematisch und nur punktuell gefördert. Allenfalls wurden landwirtschaftliche Großprojekte oder Modellfarmen unterstützt, was wiederum dem Prestige, nicht aber der breiten Masse der Kleinbauern zugutekam. Oft wurde sogar die Schädigung bäuerlicher Wirtschaften in Kauf genommen, wenn niedrige Lebensmittelpreise erzwungen wurden, um die städtische Bevölkerung ruhig zu stellen. Wo dagegen gezielt die Landwirtschaft gefördert wurde, geschah es unter ideologischen Vorzeichen des Aufbaus eines ländlichen Sozialismus. Alle derartigen Formen von Gemeinschaftslandwirtschaft, ob sie sich auf internationale Vorbilder oder auf afrikanische Traditionen beriefen, sind ökonomisch erfolglos geblieben. Das gilt für Äthiopien nach der sozialistischen Revolution von 1974, für das unabhängige Moçambique seit 1975 und auch für Tansania unter Julius Nyerere. Dessen Konzept eines »dritten Wegs« und ländlichen Sozialismus auf der Basis dörflicher *Ujamaa*-Einheiten hatte allerdings eine weite Ausstrahlung und nachhaltige Wirkung. Es fügte sich in die Vorstellung eines spezifisch afrikanischen Sozialismus, die von Theoretikern des Panafrikanismus wie der *Négritude* entwickelt worden war und nicht auf einer materialistischen Weltsicht, sondern auf einem ideellen Ansatz, einem afrikanischen Wertekosmos basierte. Auch Nyerere hatte zwar den marxistischen Sozialismus kennengelernt, ging aber von einem christlichen Menschen- und Gesellschaftsbild aus, das er mit afrikanischen Traditionen zu verbinden suchte, und lehnte explizit neben dem Kapitalismus auch den doktrinären Sozialismus ab. Er wollte die für Tanganjika charakteristischen verstreuten bäuerlichen Höfe auflösen und dörfliche Kooperativen bilden, die auch aus praktischen Gründen, etwa der gemeinschaftlichen Nutzung von Maschinen und Traktoren, vorteilhaft seien. In *Ujamaa*-Dörfern sollte demnach Land gemeinsam bewirtschaftet werden. Die sogenannte »Arusha-Deklaration«, verkündet in der nordtansanischen Stadt am 5. Februar 1967, schrieb das Programm fest: Ziel der TANU sei ein sozialistischer Staat. Sozialismus bedeute einerseits die Abwesenheit von Ausbeutung, andererseits die Übernahme der Hauptmittel von Produktion und Handel in die Kontrolle der Bauern und Arbeiter. Sozialismus müsse mit Demokratie einhergehen. Tatsächlich nahm Nyerere an, dass die Bevölkerung sein Angebot mit Freude akzeptieren, dessen Vorteile erkennen und es im Interesse der Allgemeinheit nutzen würde.

Das Programm wurde mit breiter staatlicher Propaganda eingeleitet. Schon seit 1955 waren in Tanganjika Kooperativen eingerichtet worden, was seit Beginn der 1960er Jahre forciert wurde. Im Jahr 1961 gab es 857 Kooperativen, 1966 waren es 1533, bis 1970 stieg die Zahl auf 1956, 1974 waren es bereits 5008 und 1977 schließlich 7684 Dorfkooperativen. Hatten 1970 nur 531 200 Menschen in solchen neuen Dörfern gelebt, waren es 1977 schon 13 Millionen. Aber das mit großem Propaganda-Aufwand gestartete und durchgesetzte Programm war kein Erfolg. Die Bevölkerung wehrte sich gegen die Umsiedlung und gegen die Pflicht zur gemeinschaftlichen Landarbeit. Nur wenige folgten dem Aufruf des Staats freiwillig. Der Druck wurde verstärkt, die Umsiedlung erzwungen. Nun reagierten die Neusiedler mit kreativer Resistenz: Sie suchten Lücken, die ihnen den Eigenanbau ermöglichten, arbeiteten auf dem Kooperativland dagegen nachlässig. Sie nutzten die bereitgestellten Gemeinschaftseinrichtungen und Maschinen, um ihren privaten Gewinn zu mehren, und eigneten sich Gemeineigentum an; auch die Korruption nahm zu. Deshalb mussten Abstriche am

Programm gemacht werden. De facto wurden verschiedene Varianten zugelassen. Neben Vollkooperativen gab es nun auch neue Dörfer, in denen die Bauern wieder ein eigenes Grundstück erhielten und teilweise oder sogar ganz auf eigene Rechnung wirtschafteten. Doch auch so konnte das neue System nicht effizient arbeiten. Die Landwirtschaft Tansanias wuchs in den 1970er Jahren kaum, auch die Agrarexporte wurden nicht wesentlich gesteigert. Dafür wurde Tansania seit den späten 1960er Jahren von einer Inflation erfasst, die Löhne und Einkommen hielten damit nicht Schritt. Der Lebensstandard der städtischen Lohnempfänger (ermittelt am Beispiel Daressalam) halbierte sich, und selbst der Lebensstandard der ländlichen Produzenten schrumpfte um ein Viertel. Als Nyerere sein Präsidentenamt 1985 niederlegte, galt das Programm als gescheitert; seine Nachfolger machten es weitgehend rückgängig.

Aber nicht nur Tansania geriet in den 1970er Jahren in die Krise, die meisten afrikanischen Staaten waren betroffen. Die Krise war auch nicht bloß hausgemacht, sie wurde allerdings verschärft durch die nachkolonialen Verhältnisse. Zum Einbruch der afrikanischen Volkswirtschaften trugen zunächst die Ölkrise von 1973 und ihre Folgen bei. Ein immer höherer Anteil der wirtschaftlichen Investitionen musste für Energie aufgewendet werden, namentlich für das Verkehrssystem, das im Binnenland wesentlich auf dem Straßenverkehr und Lastkraftwagen für den Warentransport basierte, oder sogar, wie im Kongo, auf dem Flugzeug. Infolge des Wirtschaftseinbruchs ging bald auch im Ausland die Nachfrage nach Rohprodukten zurück, was die exportorientierten afrikanischen Volkswirtschaften weiter in die Krise trieb. Zugleich stiegen die Zinsen. Die afrikanischen Staaten hatten für ihre Investitionsprogramme Kredite aufgenommen, die sie nun nicht mehr ohne neue Kreditaufnahmen bedienen konnten. In den Jahren 1970 bis 1976 vervierfachte sich die Schuldenlast

Verschuldung Kenias und Nigerias 1959–1982
(in Mio. US-Dollar)

Jahr	Kenia	Nigeria
1959	82,9	49,2
1963 bzw. 1964	142,4	97,9
1967	219,6	382,4
1970	312,8	478,1
1973	433,2	1155,9
1977 bzw. 1975	821,4	1085,2
1979	1885,7	3969,1
1982	2401,6	6084,7

der afrikanischen Staaten, und zwischen 1970 und 1982 wuchsen beispielsweise die Staatsschulden in Nigeria von 478,1 auf 6084,7 Millionen US-Dollar, in Kenia von 312,8 auf 2401,6 Millionen US-Dollar. Diese Entwicklung hatte einen beständig wachsenden Kapitalabfluss für Zinsen und Schuldentilgung zur Folge. Die Exporterlöse mussten zu mehr als einem Drittel, manchmal bis zu zwei Dritteln, für den Schuldendienst aufgewendet werden. Umso hektischer begannen nun die regierenden Cliquen, Staatseinnahmen auf Privatkonten im Ausland umzulenken. Zugleich begaben sich die Staaten in die Abhängigkeit von Internationalem Währungsfonds und Weltbank, die weitere Kredite an massive Auflagen koppelten, namentlich eine strikte Sanierungspolitik, die Zurückhaltung des Staates bei Regulierung und sozialen Ausgaben, die Freigabe der Wechselkurse und die noch stärkere Konzentration auf die Exportwirtschaft. Das alles gefährdete die soziale Ruhe, destabilisierte die politischen Systeme und bestärkte autoritäre Regierungsformen.

Selbst da, wo das Öl einen unerwarteten Boom bescherte, wirkte sich die einseitige Ausrichtung der Volks-

Ölproduktion und Ölexport in Nigeria 1958–1970
(in Tsd. Barrel/Tag)

Jahr	Rohölproduktion	Rohölexport
1958	5,14	4,99
1959	11,22	10,84
1960	17,40	17,06
1961	46,03	45,22
1962	67,46	67,45
1963	76,47	75,89
1964	120,21	118,67
1965	272,20	265,71
1966	417,61	381,28
1967	319,32	299,38
1968	141,82	139,70
1969	540,29	540,25
1970	1084,48	1050,56

wirtschaft negativ aus. Nigeria hatte 1958 mit der Ölförderung begonnen. In der Folge stieg der Wert der Währung. Der Export der landwirtschaftlichen Produkte brach ein. Die Erlöse aus dem Ölboom seit 1973 wurden aber nicht produktiv im Land investiert. Vielmehr profitierte man in großen Regionen des Landes jenseits der Ölfördergebiete des Südens nicht von den Exporterlösen, musste aber mit den gestiegenen Preisen, auch den Energiepreisen, zurechtkommen. Als nach 1983 der Ölpreis zurückging, sanken die staatlichen Einnahmen um die Hälfte, der Staat musste Kredite aufnehmen, die Inflation nahm zu. Die staatliche Nachfrage brach ein, die Auslastung der Industrieanlagen sank rapide, zum Teil bis auf nur noch 20 Prozent. In den 1980er Jahren verfielen auch die Kupferpreise; die Staaten des Kupfergürtels, Zaire und

Sambia, wurden dadurch in den fiskalischen Ruin getrieben, was wiederum autoritäre Herrschaftspraktiken und kleptokratische Verhaltensweisen der Machteliten nach sich zog. Monokultur, Exportorientierung, Verschuldung und Misswirtschaft hatten die Staaten Afrikas in eine Dauerkrise gelenkt. Die Volkswirtschaften der asiatischen Staaten, auch Indiens, begannen schneller zu wachsen, und der Anteil Afrikas am Welthandel fiel immer weiter. Das legt die Vermutung nahe, dass ein gravierendes soziales Problem des nachkolonialen Afrika, die Bevölkerungsexplosion, nicht ausschlaggebend für den Niedergang war.

Auch in demographischer Hinsicht stellte die Unabhängigkeit keine Zäsur dar. Vielmehr beschleunigten sich schon seit dem Zweiten Weltkrieg Prozesse, die zum Teil auf die Anfänge der Kolonialzeit zurückgingen, zum Teil in den 1930er Jahren eingesetzt hatten. Dabei war die Entwicklung des subsaharischen Afrika in nachkolonialer Zeit vor allem durch ein rasches Bevölkerungswachstum gekennzeichnet. Es veränderte die Raumstruktur und die Gesellschaft grundlegend, erzwang Mobilität und führte zum Anschwellen der Großstädte sowie zur Verdichtung auch weiter ländlicher Räume. Zudem veränderte es die Altersstruktur: Die Gesellschaft wurde jünger, und das hatte Konsequenzen für das Verhältnis der Generationen untereinander und für die Politik.

Das Bevölkerungswachstum beschleunigte sich seit etwa 1950 noch einmal. Hatte die Bevölkerungszahl Afrikas um 1950 bei gut 200 Millionen gelegen, so stieg sie über rund 400 Millionen um 1980 auf etwa 600 Millionen im Jahr 1990, an der Jahrtausendwende dürfte sie etwa 720 bis 750 Millionen, nach manchen Schätzungen sogar über 800 Millionen betragen haben. In den 1970er Jahren wuchs die Bevölkerung im Durchschnitt um 2,8 Prozent, die Nahrungsmittelproduktion in Afrika dagegen nur um 1,5 Prozent. Die Versorgung der Bevölkerung mit Lebensmitteln war rückläufig. Abgesehen von besonderen Katastrophen und Dürreperioden, die aber zum Teil durch falsche Landnutzung mitbedingt und in ihren Folgen durch die einseitige Ausrichtung der Volkswirtschaft verschärft worden waren, verhinderte die fortwährend niedrige Produktivität der afrikanischen Landwirtschaft eine bessere Versorgung der Bevölkerung. Hinzu kamen die Probleme der Infrastruktur, Hunger in Afrika war immer auch eine Frage der Verteilung vorhandener Güter.

Ausschlaggebend für das Bevölkerungswachstum war vor allem der Rückgang der Sterblichkeit, an erster Stelle der Säuglings- und Kleinkindersterblichkeit. Die Sterblichkeit von Kleinkindern bis zum fünften Lebensjahr hatte bis in die 1950er Jahre hinein noch über 30 Prozent gelegen, sie sank dann rasch, wenn auch mit erheblichen regionalen Unterschieden. Die durchschnittliche Lebenserwartung stieg im subsaharischen Afrika von rund 40 Jahren in den 1950er Jahren auf 52 Jahre 1990. Das war offenbar weniger auf eine Verbesserung der Ernährungssituation zurückzuführen, denn Hungersnöte nahmen seit Ende der 1960er Jahre eher zu, als vielmehr auf Erfolge bei der Bekämpfung von Epidemien und Krankheiten durch Impfungen, neue Medikamente, die Verbesserung der Gesundheitsfürsorge und die Vermehrung des medizinischen Personals. Pocken, Tuberkulose, Syphilis, Lepra, Lungenentzündung und Malaria wurden eingedämmt. Neben dem Absinken der Sterblichkeit war – in geringerem Maß – auch ein Anstieg der Geburtenrate für das Bevölkerungswachstum verantwortlich. Frauen hatten mehr Geburten unter anderem, weil die Stillzeit, die in der vorkolonialen Epoche in der Regel zwei Jahre oder mehr betragen hatte, verkürzt wurde. Dies gilt namentlich für die Einzugsgebiete der Städte und bei Lohnarbeit der Frauen, beides verlangte eine Neuorientierung, andere Verhaltensweisen und andere Werte. Dabei galt allerdings eine hohe

Kinderzahl mehr denn je als Garant von materieller Sicherheit und Altersversorgung. Man konnte immer weniger gewiss sein, ob die Verwandtschaft im weiteren Sinn oder die Nachbarschaft und Dorfgemeinschaft im Notfall zur Unterstützung bereitstehen würden. Daher war die Vergrößerung der engen, der biologischen Familie als Einheit von Eltern und Kindern eine nahe liegende Konsequenz.

Begleitet wurde das Bevölkerungswachstum von einer zunehmenden Verstädterung und jetzt auch einer qualitativen Urbanisierung großer ländlicher Regionen im Umfeld der Städte. Lebten noch am Ende der kolonialen Zeit weniger als 15 Prozent der Bevölkerung des subsaharischen Afrika in Städten, waren es um 1990 schon mehr als 30 Prozent. Afrika blieb zwar mit einem Anteil der Landbevölkerung von rund 70 Prozent der am geringsten urbanisierte Kontinent, wies aber zwischen 1960 und 1980 im Vergleich der Kontinente die höchste Rate der Land-Stadt-Wanderung auf. Die Bevölkerung der Großstädte wuchs fast doppelt so schnell wie die ländliche Bevölkerung. Das Wachstum trug sich dabei zum beträchtlichen Teil durch Zuwanderung, erst an zweiter Stelle durch eine höhere Geburtenrate und eine niedrigere Sterblichkeit in der Stadt, die allerdings auch dadurch zustande kamen, dass zum großen Teil jüngere Bevölkerungsgruppen in die Städte strömten. Offenkundig fühlte sich die Bevölkerung auf dem Lande zunehmend unsicher, politische Beschränkungen, etwa Zwangsumsiedlungen und Siedlungsrestriktionen, auch die Folgen von Kriegen kamen hinzu. Die Städte boten zwar noch wenig feste, gar industrielle Arbeitsplätze, aber doch ein ständig wachsendes Angebot an kurzzeitigen Beschäftigungen, Tagelohnarbeiten und Dienstleistungen. Außerdem waren anfangs die Löhne in den Städten noch deutlich höher als auf dem Land, der Vorsprung verringerte sich seit den 1980er Jahren. Weiterhin wanderten vor allem jüngere

Männer und in nach wie vor zunehmendem Maß auch jüngere Frauen, die in den Städten eine Möglichkeit zu Erwerb und persönlicher Unabhängigkeit sahen. Immer deutlicher wurde nun auch für junge Männer, dass eine Rückwanderung in das Dorf Illusion bleiben musste. So wurden die Beziehungen zur Heimatgemeinde zwar nicht ganz aufgegeben, aber auch in der Stadt entstanden stabilere soziale Bindungen. Beispielsweise wuchsen Viertel, in denen Menschen gemeinsamer Herkunft und Sprache zusammenlebten.

Seit den 1970er Jahren entstanden auch im subsaharischen Afrika, wie zuvor schon in Nordafrika, Millionenstädte, die dann in den 1980er Jahren zu sogenannten Megastädten anwuchsen, zu weitflächigen, vom Land kaum mehr präzise abzugrenzenden Agglomerationen. Die Hauptstadt des Kongo (Zaire), Kinshasa (Léopoldville), hatte 1960 0,45 Millionen Einwohner, im Jahr 2000 waren es schon 5,52 Millionen. Lagos wuchs im selben Zeitraum von 0,76 auf 9,12 Millionen Bewohner an, manche Beobachter schätzen die Bevölkerungszahl auch auf 15 Millionen. Großstädte wie Kinshasa, Nairobi oder Lagos waren in den Randbezirken weitgehend der Verwaltung und erst recht der Planung entzogen. Während im repräsentativ angelegten Zentrum Banken- und Geschäftshäuser das Stadtbild dominierten, wuchsen in Brach- und Randzonen informelle, weder administrativ erfasste noch polizeilich beherrschte Siedlungen. Große Gebiete des derart von der Bevölkerung der Stadt zugeschlagenen Raumes gehörten de jure nicht einmal zum Stadtterritorium und waren auch daher nicht an Wasserversorgung, Abwasserkanäle, Strom, Müllabfuhr, Telefon und Busnetz angeschlossen. Das heißt aber nicht, dass sie über keine Infrastruktur verfügten. Die Vororte, Hüttensiedlungen und Slums entwickelten eigene Hierarchien und Ordnungssysteme, entsprechend den Bedürfnissen der Bewohner. So entstanden hier Versorgungseinrichtungen,

Geschäfte, Dienstleistungsbetriebe, Werkstätten, Cafés, sogar Hotels. An die Stelle eines Telefonnetzes trat später das Mobiltelefon. Als primäres Nachrichtenmedium diente das Radio, über das in den meisten Städten vielfältige Sender zu empfangen waren. Öffentliche Buslinien gab es in den großen Städten ohnehin nur partiell, private Sammeltaxis oder Kleinbusse nahmen ihre Stelle ein. Sie waren relativ billig, außerordentlich flexibel einsetzbar, zudem wendiger und schneller als große Busse, die angesichts der schlechten Straßen- und Verkehrsverhältnisse, der Sicherheitsrisiken, der Anschaffungspreise und des Organisationsaufwands für eine kommunale Fahrplangestaltung nicht konkurrenzfähig waren. Seit 1990 kam es in manchen Städten und Staaten zu Vorschriften und Kontrollen, etwa was die Registrierung der Sammeltaxis und die Zahl der Passagiere angeht.

Auf den ersten Blick entwickelten sich die Megastädte quasi dualistisch: Den Slums standen die wohlhabenden Viertel gegenüber, die sich in Ermangelung eines funktionierenden öffentlichen Sicherheitssystems zunehmend mit privatem Sicherheitspersonal, einem festungsartigen Ausbau der Villen oder der Bewachung ganzer Wohnviertel gegen Kriminalität zu schützen versuchten, deren Ursprünge man in den Slums vermutete. Das verstärkte die sozialen Spannungen und die soziokulturelle Abschottung beider Seiten. Die informellen Siedlungen wurden zwar zu eigenständigen Mikrokosmen, aber sie waren nicht isoliert, sondern vielfältig mit den Geschäfts- und Wohnvierteln der regulären Stadtbezirke vernetzt. Sie boten ein Reservoir an Arbeitskräften für die Stadt. Zahlreiche Bewohner der informellen Viertel arbeiteten als Dienstboten, Kinderfrauen, Tagelöhner oder Angestellte in der regulären Stadt. Die wachsenden Städte stellten zudem expandierende Märkte dar, sie bedurften der Versorgung mit Lebensmitteln und Brennmaterial. Das war die Chance des Umlandes, das mit landwirtschaftlichen Produkten bei

Städtern Absatz finden konnte. Im Umland der Städte wurden Durchgangsstraßen zu Marktstraßen. Bevölkerungsgruppen oder ganze Ethnien stellten sich auf die neue Nachfrage ein. So entwickelte sich ein beständiger Waren-, Geld- und Personenverkehr zwischen Umland und Stadt. Umso größer wurden allerdings die Diskrepanzen zwischen den städtischen beziehungsweise den von der Stadt und ihrem Verkehr erreichten Regionen einerseits und den von der Stadt abgekoppelten Landgebieten im Inneren andererseits. Das hatte auch politische Auswirkungen, richtete sich doch der Aufbau von Patronagesystemen vor allem auf die Stadtbevölkerung, während Landgebiete – bis auf die Herkunftsregion des Präsidenten, wo nicht selten auch eine Art virtuelle Residenz entstand – vernachlässigt wurden. Aus dieser Diskrepanz konnten wiederum sozialrevolutionäre Militärputschisten wie in Obervolta (Burkina Faso) Vorteile ziehen, indem sie dezidiert das Land förderten und sich dadurch eine Machtbasis verschafften.

Auch in den Städten gelang es dem Staat nicht, seinen Regulierungsanspruch durchzusetzen oder gar ein Gewaltmonopol zu installieren. Auf der einen Seite war und blieb die offizielle Arbeitslosenrate außerordentlich hoch. Dafür entwickelte sich in den Städten vor allem die sogenannte informelle Wirtschaft, die vom Staat kaum erfasst wurde, schon gar nicht fiskalisch. Zwischen 50 und 85 Prozent der Erwerbstätigen in afrikanischen Großstädten dürften, bei steigender Tendenz, in der informellen Wirtschaft beschäftigt gewesen sein. Diese Wirtschaft war nicht nur für den Lebensunterhalt des Einzelnen unabdingbar, sondern vor allem für die Funktionstüchtigkeit der Stadt von ausschlaggebender Bedeutung. Sie umfasste (und umfasst) kleine Dienstleistungen, Tagelohnarbeit, freie Handwerker oder kleine mobile Verkaufsstände und hat ihrerseits Strukturen und Formen ausgebildet, was Sammelpunkte für Arbeitsanwerbung, die Aufteilung von

Verkaufsbezirken oder sogar den Aufbau von Dienstleistungskooperativen angeht. Sie ist insofern Symptom nicht nur für das Scheitern der modernen westlichen Wirtschafts- und Sozialverwaltung in Afrika, sondern mehr noch für Anpassungs- und Überlebensstrategien jenseits formalstaatlicher Ordnungen und Strukturen.

Dazu gehörte auch, dass in den Städten, in Vereinen, religiösen Gruppen, auch Moscheen, quasi eine Gegengesellschaft entstand, mit eigener Identität und Geschichte, mit eigenen Normen und Mechanismen der Sozialkontrolle. Jedoch waren diese städtischen Kulturen nicht isoliert, sondern ihrerseits Teil eines globalen Kulturtransfers. Die Ideale und Idole entstammten der kommerziellen transnationalen Jugend- und Populärkultur, die wiederum durch das Radio, später auch durch Fernsehen, schließlich CDs und Videos übermittelt wurde. Besonders in Westafrika kam eine eigene breite Musik- und Videofilmproduktion auf. Afrikanische Varianten einer globalen Populärkultur bildeten sich aus. Sie waren zugleich Ausdruck der Selbstbehauptung in eigenen Kommunikationsräumen. Straßen und Plätze wurden zu Lebensräumen informeller Gruppen, namentlich Jugendlicher, die ihre soziale und kulturelle Identität neu und in Abgrenzung von der dominanten Kultur entwarfen.

Im Kontext afrikanischer Gesellschaften reicht die Erklärungskraft westlicher soziologischer Schichtenmodelle nicht hin. Schon Klientelbildungen kreuzten Schichtenstrukturen. Eine zentrale Scheidelinie verlief zwischen Stadt und Land, aber selbst diese soziale Grenze wurde durch die Ausstrahlung der Städte auf das Umland und durch die hohe Mobilität in Frage gestellt. Auch bildete sich keine feste städtische Arbeiterklasse. In den Städten suchte man die Verbindung zur Herkunftsregion zu halten. Arbeiter gründeten Verbände, die zur Versorgung des Landes beitrugen, sie suchten dagegen in geringerem Maß Gewerkschaften nach westlichem Modell als Interessenvertretung. Auch andere Organisationen, unabhängige Kirchen an erster Stelle, hielten die Verbindung zwischen Stadt und Land aufrecht. Dieses Organisations- und Bindungsverhalten schon seit der Zeit der Unabhängigkeitsbewegungen hat man als vorkapitalistisch bezeichnet, es war aber vor allem außerkapitalistisch und deutet wie die staatliche Entwicklung auf einen afrikanischen Eigenweg. Nur inselartig bildeten sich gewissermaßen moderne Schichten, an erster Stelle ein bürgerlicher Mittelstand. Er setzte sich aber wiederum aus unterschiedlichen und heterogenen Gruppen zusammen. Dazu zählte ein großer Teil der indischen Minderheit in Ostafrika und eine indigene Produzentenschicht in den Städten. Eine der bedeutsamsten sozialen Entwicklungen der nachkolonialen Zeit war wohl die Festigung eines selbständigen Bauerntums, das auf der engeren Familie basierte, aber auch in weitere Verwandtschafts- und Solidarverhältnisse eingebunden blieb. Es produzierte im Rahmen der Möglichkeiten flexibel für den Markt, konnte sich aber in Zeiten von Absatzkrisen fast vollständig auf eine Subsistenzproduktion zurückziehen. Dieses Bauerntum war kein dynamischer Faktor der Entwicklung Afrikas, wohl aber ein wesentliches Element der beständigen Selbstanpassung an sich verändernde nationale und internationale Märkte.

Auch die Elitenbildung wich von europäischen Mustern ab, und dies nicht nur, weil die Eliten durch Klientelbildung vertikal verankert waren. Vielmehr waren sie auch horizontal so vernetzt, dass zwischen politischen und wirtschaftlichen Eliten ebenso wenig klar getrennt werden kann wie zwischen alten und neuen Eliten, jedenfalls weitaus weniger scharf, als die ältere Forschung annahm. Im ersten Jahrzehnt der Unabhängigkeit, unter dem Vorzeichen wirtschaftlichen Aufschwungs und staatlicher Wirtschaftslenkung, verzahnten sich politische Führung und Unternehmertum eng miteinander. Politische Führer waren auch unternehmerisch tätig, und sie nutzten dabei ihre politischen Ämter. Korruption und Günstlingswirtschaft waren die Folge. Die Verbindung von politischer und wirtschaftlicher Macht hing auch damit zusammen, dass die Funktionseliten der nachkolonialen Staaten klein blieben. Nunmehr rekrutierte sich die Elite meist aus den wenigen staatlichen Hochschulen. Früh bildeten sich hier Netzwerke aus, die quasi eine Nation in der Nation begründeten und über politische Divergenzen hinweg eine gewisse Konvergenz der Interessen garantierten. Das war einer der Gründe, warum es auch in den Programmen afrikanischer Parteien nur anfangs scharfe ideologische Positionierungen in der Frage der Wirtschaftsordnung gab, seit der Mitte der 1960er Jahre aber die Trennlinien zwischen den Parteien eher geprägt waren durch die Nähe zur oder Ferne von der regierenden Clique.

Zu diesem Elitenkonglomerat zählten auch Vertreter der älteren Eliten. Schon die neuen Bildungseliten, die in den 1950er Jahren an die Macht kamen, waren mit den älteren *Chief*-Eliten verbunden. Führende Politiker der Unabhängigkeitsbewegungen und der neuen Staaten entstammten nicht nur alten Führungs- und *Chief*-Familien (oder gaben es zumindest vor), sie inszenierten sich vielmehr auch mit den Symbolen traditioneller Hierarchie, etwa mit dem Ehrentitel *Mzee* (alter Mann, weiser Mann). Zwar versuchten sie in der Übergangszeit der 1950er und frühen 1960er Jahre, auch im Zeichen einer an den Westen angelehnten Nationsbildung, die *Chiefs* zurückzudrängen, doch geschah das weniger konsequent und weniger wirkungsvoll, als verkündet wurde. Seit den 1970er Jahren wurden die *Chief*-Eliten angesichts des Verfalls und Rückzugs geordneter Staatlichkeit wieder stärker. Entweder erhielten sie förmlich Rechte zurück wie in Uganda, oder sie annektierten alte Funktionen in Gebieten, in denen der Staat faktisch nicht präsent war. Aus vom Staat zugestandenen repräsentativen Rechten konnten fern der Zentrale auch sehr reale Ordnungsfunktionen werden. Wurden die

Chiefs noch in der Kolonialzeit von der Bevölkerung häufig als illegitime Hilfskräfte der fremden Macht angesehen, die sich Autorität und kollektives Land widerrechtlich angeeignet hätten, konnten sie nun paradoxerweise als Hüter der Tradition gegen die Modernisierungs- und Egalisierungspolitik der Staats- und Parteiführung wachsende Akzeptanz gewinnen.

Am Ausgang der 1980er Jahre war insofern das Erscheinungsbild der afrikanischen Gesellschaft vielfältiger, als es westliche und afrikanische Programmatiker der Modernisierung und Staatsbildung vorausgesehen und gewünscht hatten. Die Bevölkerung gruppierte sich in Personenverbänden, die vertikal und horizontal strukturiert waren, die aber nicht bloß wirtschaftlichen Interessenlagen folgten, sondern zum beträchtlichen Teil aus der Einheit von Politik, Wirtschaft und Kultur die Kräfte ihres Zusammenhalts schöpften. Wenn in Daressalam in den 1950er und 1960er Jahren eine rudimentäre Arbeiterklasse entstand, so wurde sie nicht nur – und nicht einmal primär – durch gemeinsame Interessenverbände zusammengehalten, sondern durch die gemeinsame Herkunft und Kultur. Zugespitzt ausgedrückt: Die Arbeiter stammten aus der Küstenregion, sie waren Muslime und sprachen Swahili. Die politischen und wirtschaftlichen Führungskräfte dagegen, die die Funktionen und Ämter der Europäer übernommen hatten, stammten meist aus dem Binnenland und waren getaufte Christen. Händler und Rechtsanwälte wiederum gehörten häufig zur indischstämmigen Bevölkerung und wurden ihrerseits durch die gemeinsame Außenseiterposition, die Erfahrungen in einer manchmal bloß fremden, manchmal feindlichen Gesellschaft und durch die gemeinsamen kulturell-religiösen Traditionen, Gebräuche und Werte zusammengehalten. Wirtschaftliche Betätigung, kultureller Hintergrund und religiöse Ausrichtung konnten sich also überlappen und bestärken. Derart verflüssigte sich die administrative Raumordnung, die durch präzise Grenzlinien politische Identität zuweisen wollte. Das moderne Afrika der nachkolonialen Zeit entstand nicht nur durch staatliche Vorgaben und materielle Interessen, sondern im Wechselspiel mit kulturellen Rück- und Neuorientierungen. Dies machte die Vielfalt und Widersprüchlichkeit nachkolonialer afrikanischer Gesellschaften aus.

Bildung, Wissenschaft, Kirche

Eine der bedeutsamsten Wandlungen im nachkolonialen Afrika vollzog sich im Bereich der Bildung. Die Zahl der Elementar- und Sekundarschulen stieg ebenso sprunghaft an wie die der Schüler. War in der Kolonialzeit nur eine Minderheit der Kinder eingeschult worden, erreichten bis zum Ende der 1970er Jahre nicht wenige Staaten Afrikas Einschulungsraten von mehr als drei Vierteln der Kinder eines Jahrganges in Elementarschulen. Auch der Anteil der Kinder, die dauerhaft eine Schule besuchten, konnte erheblich gesteigert werden. In Tansania zum Beispiel waren 1977 80 Prozent der Kinder im Schulalter tatsächlich eingeschult. Dazu trug bei, dass auf staatlichen Schulen wie in Kenia schrittweise oder in Tansania umfassend Schulgeldfreiheit eingeführt wurde. Hinzu kam, dass das Interesse am Schulbesuch stieg, schien Bildung doch die Chancen auf dem Arbeitsmarkt zu verbessern und somit eine langfristig sinnvolle private Investition darzustellen. Dafür wurden auch die verbleibenden Kosten für Bücher, Unterrichtsmaterial und eventuell auch Fahrgeld sowie in anglophonen Staaten für die Schuluniform in Kauf genommen. Von 1960 bis 1983 nahm die Zahl der Schüler an Elementarschulen im subsaharischen Afrika um das Vierfache zu, der Schüler an Sekundarschulen um das Fünffache, der Studenten an Hochschulen sogar um das Zwanzigfache. Seit den 1980er Jahren gingen die Einschulungsraten wieder zurück. Angesichts der wirtschaftlichen und

fiskalischen Krise war ein weiterer Ausbau des Bildungswesens nicht mehr möglich, bezogen auf das Bevölkerungswachstum bedeutete auch das einen Rückgang. Für
die 1990er Jahre wird die Einschulungsrate bei Jungen im
Durchschnitt der Staaten des subsaharischen Afrika auf 60
Prozent geschätzt, bei Mädchen auf 51 bis 57 Prozent.

Bis dahin aber hatte Afrika im globalen Vergleich die
größten Zuwachsraten zu verzeichnen, und auch historisch erscheint die Expansion des afrikanischen Bildungswesens beispiellos. Große Anteile der Staatshaushalte
wurden für das Bildungswesen ausgegeben. Doch blieben
immer noch beträchtliche Mängel. Die Besoldung der
Lehrer war schlecht, und sie ging seit den Krisen der
1970er und 1980er Jahre sogar noch zurück, viele Lehrer
suchten daher einen informellen Nebenerwerb. Die Klassen waren angesichts des Andrangs überfüllt. Die Unterbringung der Schulen blieb unzureichend, die übernommenen Gebäude waren auf die schnelle Expansion nicht
eingerichtet, neue konnten kaum gebaut werden. Weiterhin fehlte es nach dem Systembruch an neuem Unterrichtsmaterial und Schulbüchern. Man musste bis in die
1970er Jahre hinein auf das Material der Kolonialmächte
zurückgreifen. Die ersten eigenen Schulbücher, die seit
den späteren 1960er Jahren in Gebrauch kamen, verbesserten die Situation nur teilweise. So versuchten Schulge-
schichtsbücher eine nationale und antikoloniale Identität
zu bestärken, indem sie die vorkoloniale Geschichte auf
dem Territorium des nachkolonialen Staats verfolgten, sie
dabei gleichzeitig als Geschichte starker staatlicher Formationen und Reiche präsentierten und den nachkolonialen
Staat in dessen Tradition stellten. Doch wurden neuere so-
zial- und kulturgeschichtliche Erkenntnisse dabei nicht
aufgegriffen. Vielfalt und Wandelbarkeit vorkolonialer Gesellschaften wurden übersehen und die kolonialen Epo-
chen- und Raummuster unkritisch der eigenen Ge-
schichtsdarstellung zugrunde gelegt.

Das eigentliche Problem des nachkolonialen Bildungswesens aber lag tiefer. Die ersten Führer des nachkolonialen Afrika, die selbst von den kolonialen Bildungsanstalten profitiert hatten, wollten im Rahmen ihrer etatistischen und paternalistischen Denkweise die Bevölkerung zu Staat und Nation hin erziehen. So betonte Nyerere 1967 in seinem Papier *Education for Self-Reliance* die Rolle praktischer Erziehung. Es gehe nicht darum, eine Elite für die Spitzenstellungen in Politik und Wirtschaft auszubilden, sondern darum, die breite Masse mit den Notwendigkeiten und Aufgaben im nachkolonialen Staat vertraut zu machen. Das widersprach den Erwartungen der Bevölkerung. Vom Besuch der Grundschule erhoffte man sich Zugang zu attraktiveren und materiell einträglicheren Posten. Denn in der Kolonialzeit war Bildung der Schlüssel zum sozialen Aufstieg. Wer eine Grundschule besucht hatte, erhielt zumindest eine Stelle als Angestellter in Verwaltung und Betrieben. Nun aber war der Besuch der Elementarschule keine Garantie mehr dafür, und er sollte es sogar wie in Nyereres Konzept gar nicht sein. Nicht alle, die eine Schule besucht hatten, konnten und sollten Führungspositionen erhalten. Erwartungen an Aufstieg und Wohlstand durch den Besuch der neuen Bildungsanstalten wurden enttäuscht. Damit verlagerte sich die Nachfrage auf den privaten Bereich: Wer Karriere machen wollte, strebte in die privaten Sekundarschulen, obwohl dort anders als für die staatlichen Schulen weiterhin Schulgelder gezahlt werden mussten. So trug die Politik einer egalisierenden Breitenbildung dazu bei, dass die Zahl der privaten Unterrichtsanstalten und der Privatschüler zunahm und die Bildung erneut zur Klassenschranke zwischen künftigen Eliten und breiteren Bevölkerungskreisen wurde.

Das bestätigt sich, wenn man den Blick auf die Universitäten richtet. Nach ersten Ansätzen in den 1950er Jahren wurde das Hochschulwesen seit der Unabhängigkeit schnell ausgebaut. Neue staatliche Universitäten entstanden. Daneben blieben ältere Fachschulen der Kolonialzeit bestehen und wurden teilweise ebenfalls zu Universitäten aufgewertet. Schließlich verdichtete sich auch das Netz kirchlicher Hochschulen. Die neuen Staaten waren daran interessiert, ihre künftigen Eliten im eigenen Land auszubilden, um Abwanderung oder auch nur Entfremdung vom jungen Nationalstaat zu vermeiden. Gleichzeitig demonstrierte man mit der Errichtung einer nationalen Universität nach innen und außen Souveränität und kulturstaatlichen Anspruch. Grenzübergreifende Kooperationen wie die noch auf Planungen der Kolonialzeit zurückgehende, 1963 ins Leben getretene *University of East Africa*, die drei Colleges aus Uganda (*Makerere College* in Kampala), Kenia (*University College Nairobi*) und Tansania (*University College Daressalam*) umfasste, waren deshalb nicht von Dauer; 1970 entstanden daraus drei selbständige Universitäten. Deren Aufgabe sollte es auch sein, die kulturelle Identität der jeweils entstehenden Nation auszudrücken, zu formen und zu befördern. Dazu zählte erstens eine Afrikanisierung der Universitätsverwaltung und des Lehrpersonals, zweitens der Aufbau einer eigenen wissenschaftlichen Infrastruktur, drittens die Verpflichtung der Studierenden auf Nation und Staat sowie viertens die Ausrichtung von Forschung und Lehre auf die eigene Kultur und Geschichte.

Das brachte vielfältige Probleme mit sich, zumal auch die afrikanischen Universitäten von den Folgen der Finanzkrise betroffen waren. Zwar ging die Afrikanisierung des Verwaltungspersonals voran, aber für den Lehrkörper konnte man bis in die 1970er Jahre noch nicht auf ein hinreichendes Reservoir an einheimischen Akademikern zurückgreifen. Der hohe Anteil europäischer und amerikanischer Wissenschaftler wurde anfangs nicht als Beitrag zur Internationalisierung, sondern als Fortsetzung der Kolonialisierung der Universität gewertet. Sparmaßnahmen im Gefolge der Krise führten spätestens seit den 1980er Jah-

ren zu Einschränkungen. Gehälter wurden reduziert oder
nicht mehr ausgezahlt und Ausstattungen eingeschränkt,
das verringerte die Attraktivität der Universitäten und
führte zu einer unfreiwilligen Beschleunigung der Afrikanisierung. Vergleichbares gilt für die wissenschaftliche Infrastruktur. Anfangs wurden mit hohen Zuschüssen neue
Fachzeitschriften und Buchreihen gegründet und wissenschaftliche Tagungen gefördert. Auch das musste seit den
1980er Jahren sukzessive eingeschränkt werden. Zeitschriften wurden wieder eingestellt, Buchreihen verschwanden, Forschungsgelder wurden gestrichen.

Ambivalent waren auch die Auswirkungen des Versuchs, die Studierenden auf die Nation zu verpflichten.
An den Nationaluniversitäten studierten jeweils nur einige
Tausend Studierende. An den öffentlichen Universitäten
Kenias waren 1970/71 3442 Studenten eingeschrieben,
1989/90 34 000. Die Steigerung war beträchtlich, doch die
Gesamtzahl weiterhin gering. Die Studierenden machten
nie mehr als ein Prozent der 20- bis 24-Jährigen aus. Auch
die Studierendenschaft sollte afrikanisiert werden, den
Staatsregierungen ging es ausdrücklich darum, den Anteil
ausländischer Studierender zu reduzieren. Tatsächlich gelang das bis zum Ende der 1980er Jahre weitgehend. Das
Ergebnis war eine kleine, relativ homogene und selbstbewusste Studierendenschaft. Da die Universitäten anfangs
großzügige Arbeitsmöglichkeiten einräumen konnten und
die jungen Staaten den akademischen Nachwuchs dringend für den Staatsdienst benötigten, befanden sich die
Studierenden in einer hoch privilegierten Situation. Schon
im Studium bewegten sie sich in einem Umfeld, das mit
den materiellen Bedingungen in ihren Herkunftsorten
nichts mehr gemein hatte. Sie lernten damit früh, sich als
Elite zu fühlen, berufen, den Staat und die Gesellschaft zu
führen. Umso höher waren ihre Ansprüche und Erwartungen und umso tiefer dann die Enttäuschungen, als ab
den 1980er Jahren die Berufserwartungen nicht mehr er-

füllt werden konnten. Denn wenn die Regierungen auch
größten Wert auf das Bildungssystem legten und dessen
Ausbau über die Krise der 1970er Jahre hinweg betrieben,
musste doch der öffentliche Dienst als wichtigster Nach-
frager nach Universitätsabsolventen Personal einsparen,
und auch die Aufnahmefähigkeit der Wirtschaft stieg
nicht im gleichen Maß wie die Zahl der Hochschulabsolventen. Außerdem verschlechterten sich die Studienbedin-
gungen, als die Studierendenzahlen wuchsen, die Staatshaushalte aber in die Krise gerieten. Die Ausstattung ver-
altete, Büromaterial konnte nicht mehr beschafft werden,
neue Bücher und Zeitschriften konnten nicht mehr gekauft werden, die Qualität der Wohnheime wie der Verpflegung sank. Der Unmut der Studierenden stieg: In den
1980er und 1990er Jahren kam es regelmäßig zu studenti-
schen Streiks und militanten Studentenprotesten. Dabei
spielten auch Konflikte um die Rechte der Studierenden
eine Rolle und schließlich zudem die allgemeinen politischen Verhältnisse. Immer wieder griffen Regierungen in
die Universitäten ein und beschnitten durch Verbote und
Zensur die Wissenschafts- und Veröffentlichungsfreiheit.
Immer wieder kam es allerdings selbst unter diktatori-
schen Regimen zu offenen Debatten und Innovationen.

Das zeigte sich nicht zuletzt in der Geschichtswissenschaft, einer Disziplin, die im hohen Grade der Politisierung und dem Zugriff des Staats ausgesetzt war. Sie sollte
einerseits den Weg der Nation historisch verankern und damit zur nationalen Integration und Identität beitragen. Andererseits musste sie sich in einem hochkomplexen internationalen Wissenschaftsgefüge behaupten, indem sie sich
von kolonialen und europäischen Sichtweisen der afrikanischen Geschichte abgrenzte, zugleich aber institutionell
und methodisch den Anschluss an den Westen und seine
Vorstellungen von wissenschaftlichen Standards suchte.
Dabei bot der zügige Ausbau der Universitäten die Möglichkeit, einflussreiche Forschungszentren und Schulen zu

bilden, die über die nationalstaatlichen Grenzen hinaus
wirkten. Verschiedene Ansätze der Deutung afrikanischer
Geschichte konkurrierten oder ergänzten sich. Der auch im
Westen einflussreichste Ansatz entwickelte sich im Umfeld
der Schule von Daressalam, wo besonders der aus Guyana
stammende marxistische Historiker Walter Rodney die
Verbindung von Ausbeutung und Unterentwicklung betonte und den Prozess der Unterdrückung und Emanzipation Afrikas nachzeichnete. Schon Rodney entwarf ein
idealisiertes Bild Afrikas, das beispielsweise keine autochthonen Formen der Sklavenhaltung gekannt habe, vor allem
aber behandelte er Afrika als Opfer, also Objekt des Sklavenhandels und des Kolonialismus. Andere wie die Schule
von Ibadan um den nigerianischen Historiker Jacob F. Ade
Ajayi unterstrichen dagegen den Eigenwert der afrikanischen Geschichte. Die Kolonialzeit stelle darin nur eine
Episode dar, sie habe die Leistungen Afrikas nicht dauerhaft in Frage stellen, seinen Weg nicht nachhaltig beeinflussen können. Wiederum einen anderen Akzent setzte der
einflussreiche Historiker Joseph Ki-Zerbo aus Burkina
Faso, der die Bedeutung der vorkolonialen Staaten und
Reiche Afrikas herausstrich und in großen Synthesen wie
seiner *Geschichte Afrikas* oder der von ihm mit herausge-
gebenen, unter dem Etikett der UNESCO erschienenen
General History of Africa nicht nur die Vorstellung vom ge-
schichtslosen Afrika widerlegen, sondern auch die Gleich-
rangigkeit des Kontinents mit Europa beweisen wollte. Die
entschiedenste Umkehr des eurozentrischen Geschichtsbildes fand sich bei dem senegalesischen Historiker Cheikh
Anta Diop, der die Ursprünge der antiken Kultur und damit des Abendlandes in Afrika und dem »schwarzen«
Ägypten sah. Aus alledem schöpften wiederum afrikanische Historiker der 1960er Jahre und frühen 1970er Jahre,
denen es darum ging, die Tradition des Nationalstaats zu
beweisen, indem sie ihn nicht auf die koloniale Grenzziehung, sondern auf vorkoloniale Wurzeln zurückführten.

Daran war besonders der Politik gelegen. Es waren daher vor allem Politiker, die in Schriften, Reden oder Autobiographien die Geschichte ihres Landes als Nationalgeschichte beschrieben. In der wissenschaftlichen Literatur schlug sich das nur abgeschwächt nieder, die historiographische Produktion war außerordentlich vielfältig. Die Nationalgeschichte wurde empirisch eher als Geschichte der Interaktion verschiedener ethnischer Gemeinschaften oder als Summe der Geschichten einzelner Ethnien im jeweiligen späteren Staatsterritorium dargestellt. Dabei wurden freilich in gewisser Hinsicht erneut Ethnien erst verfestigt, indem sie als historische Kulturgemeinschaften herausgearbeitet wurden. Bis weit in eine populäre und lokale Geschichtsschreibung hinein stand die Beschäftigung mit einzelnen Ethnien vor der Beschäftigung mit der Nation. Dazu trug bei, dass die konkrete Ereignisgeschichte der Kolonialzeit nicht aufgearbeitet werden sollte, jedenfalls eine Beschäftigung mit den Grauzonen der Kollaboration unerwünscht war. Biographische Ansätze dienten in diesem Kontext eher dazu, individuelle Beiträge zum antikolonialen Widerstand und zur Nationbildung darzustellen. Dafür nutzten afrikanische Historiker schon früh methodisch innovative Ansätze der Sozial- und Kulturgeschichte, bis hin zur *Oral History*. Allerdings verstanden sie die Konzentration auf kleine Räume und Personengruppen nicht als Infragestellung der Nation. Vielmehr stand es für die Historiker wie für die Bildungseliten generell außer Frage, am Prozess der Erziehung zur Nation mitzuwirken. Nur entsprach das Bild, das sie entwarfen, nicht dem homogenen Modell des Nationalstaats, wie es den indigenen Eliten um die Staatsführer vorschwebte. Sehr viel stärker betonten Historiker Differenz und Konflikt als konstituierende Merkmale der nationalen Geschichten. Sie entwarfen damit, ohne es anzustreben, ein alternatives Modell des Nationalstaats in Afrika, das bei der Demokratisierung der 1990er Jahre noch einmal Wirkung entfalten sollte.

Ähnliche Tendenzen lassen sich in der Museumspolitik feststellen. Die unabhängigen Staaten Afrikas richteten zentrale Nationalmuseen ein. In der Regel übernahmen sie dabei die in der Kolonialzeit gestifteten Museen, die meist eher archäologische, naturhistorische, naturkundliche und ethnologische Schwerpunkte gesetzt hatten. Die nachkoloniale Museumspolitik zielte dagegen darauf, die Geschichte der Nation von den vorkolonialen Anfängen bis zum Staat der Gegenwart nachzuzeichnen. Dabei wurden einerseits die Merkpunkte und Schritte der Befreiung dokumentiert, etwa die Arbeit der Befreiungsbewegungen, herausragende Führerpersönlichkeiten, der Unabhängigkeitstag und das nachkoloniale politische System. Wiederum wurden konkrete Kämpfe wie Mau Mau in Nairobi und Maji Maji in Daressalam zwar in Bild und Text behandelt, doch nicht als Schlüssel- oder Gründungserlebnisse, sondern als Etappen und Varianten, bei Mau Mau sogar eher als Episode des Befreiungskampfes. Andererseits wurden in Anknüpfung an ethnologische Forschungen Vielfalt und Reichtum der vorkolonialen Kultur präsentiert, um neben dem Wissen auch Stolz auf das eigene Erbe zu vermitteln. In manchen Museen, etwa dem *Village Museum* in Daressalam, einem Freilichtmuseum, das verstreut in einem kleinen Park Wohnstätten verschiedener Ethnien Tansanias präsentiert, rückte die bloße Dokumentation unterschiedlicher Kulturformen in den Vordergrund. Dadurch wurde Vielgestaltigkeit als Basis und Wesen der Nation an zentraler Stätte vermittelt. Das politische Gedächtnis wurde dagegen regelrecht fraktioniert und auf dezentrale Gedenkstätten und zum Teil auch lokale Museen verteilt. Unfreiwillig beförderten die zentralistischen Regime der ersten beiden Jahrzehnte, die doch die unliebsame Erinnerung gerade marginalisieren wollten, Prozesse lokaler und regionaler Identitätsbildung, bei der der Beitrag der jeweiligen Region zur nationalen Unabhängigkeit in den Vordergrund rückte. Das hatte über die Diktaturen hinaus langfristige Wirkung.

Dies gilt umso mehr, als nichtschriftliche Formen der Geschichtsüberlieferung nach wie vor üblich waren, nicht nur durch die westafrikanischen Griots, die Auftrags- und Preisgesänge vortrugen. Gruppenmythen und lokale Erzählungen, in denen auch die Ereignisse und Leiden der unbewältigten Kolonialzeit integriert werden konnten, stellten häufig den ersten Zugang zur Geschichte dar. Auch in der Gebrauchsmalerei wurde die Geschichte verarbeitet und lokal rezipiert, wie etwa in den Bildern des kongolesischen Malers Tshibumba Kanda Matula, der die Kultur und Geschichte seines Landes in imaginierten und realen Szenen nachzeichnete und dabei ein breites und buntes Spektrum entwarf. Er erfasste kulturelle Erscheinungen aus vorkolonialer Zeit ebenso wie die Repressionen der Kolonialzeit und die Etappen nachkolonialer Geschichte. Dabei stellte er Selbsterlebtes und bloß nach dem Hörensagen Bekanntes dar und gestaltete aus alledem eine andere Geschichte des Kongo, welche die Nation durch die Dekonstruktion der offiziellen Geschichte neu erschuf. Von vornherein konkurrierten insofern lokale Geschichtsdeutungen mit dem in Schule und Staatsmedien verkündeten nationalen Narrativ, das auf die Erlösung durch Partei und Staatsführer hinzielte, aber keine Antwort auf die Frage nach der belasteten »schmutzigen« Geschichte gab. Diese Spannung nutzten regimekritische Schriftsteller wie Ken Saro-Wiwa, Chinua Achebe und Wole Soyinka in Nigeria oder Ngugi wa Thiong'o in Kenia, die auch Topoi und Elemente mündlicher Erzählungen aufgriffen und in ein Gegennarrativ zu den offiziellen Geschichtsbildern einfügten. Dafür riskierten sie Verfolgung und Haft, Ken Saro-Wiwa wurde 1995 nach einem politisch motivierten Prozess hingerichtet. Bemerkenswert war ihr Wirken auch als Beitrag zur Nationsbildung. Denn aus den vielen Einzel- und Gegengeschichten entstand eine andere, eigene Deutung der Nation.

Regionale und nationale kulturelle Identitäten wurden freilich wiederum vielfach durchschnitten und verbunden durch religiöse Bewegungen. Die Prozesse der Ausbreitung und Ausdifferenzierung der großen Religionsgemeinschaften und unabhängigen Kirchen in Afrika, wie sie im 19. Jahrhundert eingesetzt hatten, beschleunigten sich noch einmal nach dem Zweiten Weltkrieg. Auch hier stellte das Datum der Entkolonialisierung keine Zäsur dar. Daran zeigte sich erneut, dass die unabhängigen Kirchen keine verkappte Widerstandsbewegung waren, sondern einesteils Reaktion auf beschleunigten Wandel, auf Modernisierung und die Auflösung gewohnter sinnstiftender Ordnungen, dass sie anderenteils aber selbst Teil der Modernisierung wurden, diese trugen und ihr ein besonderes, gewissermaßen afrikanisches Gepräge gaben.

Das Wachstum der neuen Religionen betraf Christentum und Islam gleichermaßen, vor allem aber profitierten die unabhängigen Kirchen. Ein Teil davon war wie die Kimbanguisten-Kirche in den Weltkirchenrat integriert, ein Teil – etwa viele charismatische Kirchen – blieb organisatorisch ungebunden. Immer neue Bewegungen kamen auf, viele verschwanden bald wieder, so dass präzise Zahlen kaum anzugeben sind. Bis in die 1990er Jahre wuchs die Zahl der unabhängigen Kirchen auf weit über 10 000 an, für den Anfang des 21. Jahrhunderts reichen Schätzungen an die 20 000 heran. Manche Kirchen hatten Hunderttausende, andere nur wenige Hundert Mitglieder. Gleichzeitig blieben die Grenzen zwischen traditionellen Religionen, christlichen Kirchen und unabhängigen Religionsgemeinschaften fließend. Der formale Akt der Taufe musste nicht zur dauerhaften Teilnahme am christlichen Gottesdienst führen, umgekehrt wurden zunehmend Elemente traditioneller Praktiken auch in christliche Gottesdienste aufgenommen, und die neuen Religionen wie die Pfingstkirchen waren zwar von entsprechenden Gemeinschaften in Amerika beeinflusst, passten sich aber tatsächlich afrikanischen

Verhältnissen und Bedürfnissen an. Zugleich förderte die Afrikanisierung der christlichen Kirchen, die nach der Unabhängigkeit relativ zügig durchgesetzt wurde, Annäherungen und Verschmelzungen. Indigene Pfarrer und Bischöfe erweiterten nun die Spielräume, so dass selbst der afrikanische Katholizismus nicht mehr durchweg streng römischen Vorgaben folgte, wie etwa der in der Praxis nicht selten flexible Umgang mit Monogamie-Gebot und Priester-Zölibat zeigte.

Die neuen charismatischen Kirchen waren weiterhin vor allem ein großstädtisches Phänomen. Attraktiv waren sie für junge Männer und Frauen, zumal sie vielfach, nicht immer, die Verhältnisse zwischen den Geschlechtern anders bewerteten als Islam, Christentum und traditionelle Religion. Die Kirchen waren zwar nicht egalitär, aber doch schichtenübergreifend auf das gemeinsame religiöse Erleben angelegt. Sie lebten aus der Praxis, nicht aus dem Dogma. Das Menschenbild war ganzheitlich und erfasste die gesamte Persönlichkeit. Das erforderte die individuelle wie gemeinsame moralische Perfektionierung, manchmal ausgedrückt durch Enthaltsamkeit bei Alkohol und Sexualität, durch Bildungseifer und Arbeitsfleiß. Letztes Ziel war die Verbesserung im Diesseits. Am Anfang stand die individuelle und praktische Bekehrung. Das konnte mit der Erscheinung des Heiligen Geistes, Geistheilungen und dem Erlebnis von Wundern in Zusammenhang stehen. Die Gottesdienste verstetigten diese Erfahrung, sie forderten Mitwirkung und ermöglichten es, ganz in der Gemeinschaft aufzugehen. Die Wirkung des Glaubens konnte derart im gemeinsamen Gottesdienst erzielt und wahrgenommen werden, das Geheimnis war jedem zugänglich. Die Kirchen bewahrten dabei zugleich, etwa in den Heilzeremonien, afrikanische Wissensbestände und Traditionen. Sie boten glaubwürdigen Ersatz an für die am Verlesen des Wortes Gottes oder der zeremoniellen Vorführung ausgerichteten missionarisch-christlichen Religionen, die im Gottesdienst eher auf die Rezeption setzten. Tatsächlich gehörten die meisten Mitglieder unabhängiger Kirchen vorher der katholischen oder einer evangelischen Kirche an, besonders häufig handelte es sich um Abspaltungen der anglikanischen Kirche.

Die unabhängigen Kirchen fungierten auch als Fürsorgeinstitutionen, soziale Netzwerke und materielle Ressourcen. Sie ersetzten ältere soziale Verbände wie die erweiterte Familie oder den Klan und garantierten Solidarität und gegenseitige Hilfe unter ungewohnten gesellschaftlichen und politischen Bedingungen. Sie strukturierten gewissermaßen die Erfahrung, verhinderten Entfremdung und Isolierung in der Großstadt, boten erlebte Gemeinschaft an. Zugleich betrieben sie eigene Bildungs- und Sozialprogramme und übernahmen insofern auch Aufgaben, die der Staat nicht mehr wahrnahm. Darüber hinaus förderten und legitimierten die neuen Religionsgemeinschaften Gewinnstreben und sozialen Aufstieg. Denn wirtschaftlicher Erfolg wurde gerade in den Pfingstkirchen zunehmend als Folge von Glaubensstärke und göttlichem Segen gesehen. Die durch Erfolg gesegneten Kirchenmitglieder konnten wiederum Patronage- und Klientelsysteme aufbauen. Das machte sie auch für die Politik attraktiv.

Doch ist das Verhältnis zwischen Kirche und Staat für die nachkoloniale Zeit nicht auf eine einfache Formel zu bringen. Die unabhängigen Kirchen hatten sich in der Regel für die Lösung aus der Kolonialherrschaft eingesetzt. In der Kolonialzeit hatten sie, angesichts der engen Verbindungen von Mission und Kolonialverwaltung, eher mit Restriktionen zu kämpfen gehabt. Von afrikanischen Regierungen versprachen sie sich in der Konkurrenz mit den Missionskirchen eine Verbesserung ihrer Position. Manche wie die Kirche Kimbangus rückten eng an die neuen Regime heran. Während Mobutu in einen tiefgreifenden Konflikt mit der katholischen Kirche geriet, als er seine Politik der Authentizität durchsetzte, verstand sich der

Kimbanguismus zeitweise als eine Art Staatsreligion. Wiederholt suchten unabhängige Kirchen und politische Führer die Kooperation, politischer Auftritt und Gottesdienst konnten verschmelzen, zumal sich manche autoritäre Herrscher ausdrücklich als Gläubige präsentierten, Daniel arap Moi in Kenia etwa als Mitglied einer Pfingstkirche. Aber auch die katholische Kirche unterhielt in einigen Staaten wie der Elfenbeinküste unter Félix Houphouët-Boigny enge Beziehungen zur politischen Führung, während in Kenia die Staatspartei KANU mit der evangelischen Kirche zusammenarbeitete. Die Befunde bleiben widersprüchlich: Mancherorts setzten sich Kirchenvertreter für die Einhaltung der Menschenrechte ein und standen, wie der anglikanische Kirchenführer Erzbischof Desmond Tutu, auf der Seite der Kritiker des Apartheid-Systems in Südafrika, andere kooperierten mit Diktatoren oder waren sogar, wie Hutu-Geistliche 1994 in Ruanda, an Menschenrechtsverletzungen und Völkermord beteiligt.

Die politische Bedeutung der kirchlichen Vielfalt lag allerdings noch auf einer anderen Ebene als der oberflächlicher Affirmation oder Opposition. Die Kirchen schufen Kommunikationsräume, in denen der Staat nur begrenzten Zugang und wenig Kontrolle hatte. Hier entstanden Gemeinschaften, die den Staat letztlich überflüssig machen konnten. Hier wurden jenseits der parlamentarischen oder publizistischen Ebene Meinungen ausgetauscht, die Mechanismen staatlicher Autorität wie Zensur griffen nur bedingt. Vor allem wurden Sozialbeziehungen neu geknüpft, Verhaltensweisen erprobt und Werte neu verhandelt. So boten die Kirchen gerade jüngeren Altersgruppen und darunter auch Frauen neue Chancen zur Verbesserung von Status und materieller Situation. Gleichzeitig vertieften sie die Kluft zwischen Stadt und Land. Denn auf dem Land lebten trotz formaler Christianisierung eher traditionelle Sitten des Ahnen- und Geisterkultes fort. Auch sie veränderten sich freilich in Reaktion auf neue

Herausforderungen, denn Religion wurde nach wie vor an Wirksamkeit und Nutzen gemessen. Das verband wiederum Stadt und Land, charismatisches Christentum und hergebrachte Glaubenspraktiken in Afrika. Beide zeigten die Grenzen staatlicher Macht auf.

Noch mehr gilt das für das erneute Vordringen des Islam, das man als dritte Welle der Islamisierung nach der Expansion des Mittelalters und den *Djihad*-Bewegungen des 19. Jahrhunderts bezeichnen könnte. Auch die Erscheinungsformen des Islam waren jetzt vielfältig, die gesellschaftlichen und politischen Zielsetzungen nicht einheitlich. Das quantitative Wachstum des Islam war dabei relativ stetig, doch bedeutsamer war der qualitative Wandel, der sich seit den 1980er Jahren abzeichnete. Erst im Zuge von Verfassungsreformen und Demokratisierung führte er freilich zu offenkundigen politischen Folgen. Die Neubesinnung auf den Islam war in dieser Periode vor allem eine Neubesinnung auf die Rechte muslimischer Bevölkerungsgruppen in Auseinandersetzung mit dem Staat und anderen Bevölkerungsgruppen, ob aus der defensiven Position einer Minderheit oder im Versuch, eine islamische Hegemonialkultur durchzusetzen. Politische Gruppen oder sogar Parteien mit islamistischer Tendenz entstanden punktuell auch südlich der Sahara wie in Burkina Faso nach dem Putsch von Thomas Sankara 1983, in Kenia nach der Zulassung von Parteien Anfang der 1990er Jahre (*Islamic Party of Kenya*) oder in Tansania, wo es allerdings nicht zu militanten Konflikten kam. Im Sudan dagegen versuchte der islamische Norden mit hegemonialer Gewaltpolitik, die nicht-arabische christliche Bevölkerung im Süden zurückzudrängen. Nach jahrzehntelangen, immer neu aufgenommenen Kämpfen kam es seit 2003 zum Bürgerkrieg in der Darfur-Region, der in Massakern der dem Norden nahe stehenden Milizen und Praktiken der ethnischen Säuberung kulminierte. In Nigeria wiederum wurden die regional-kulturellen Grenzen zunächst als ethnische gedeutet, dann vor allem aber als religiöse Scheidelinien zwischen einem islamischen, von den Fulbe-Emiraten geprägten Norden und einem christlichen Süden verstanden. Demokratisierung und Föderalisierung begünstigten hier die Rückkehr des Islam: Angesichts vielfältiger Verunsicherungen bot der Islam klare Ordnungen und Rechtsvorstellungen an, die schon wegen ihres Symbolwertes gegen die Ungläubigen zu verteidigen waren. Demokratische Selbstbestimmung stellte insofern gleichzeitig die Einheit und Identität der Nation in Frage. Daher war die Rückbesinnung auf eine islamische Werteordnung, der Kampf um die Scharia, auch ein Kampf um die Nation und um den Staat. Er lenkt zum bislang letzten großen Umbruch in der afrikanischen Geschichte, der die Frage nach dem Staat in Afrika neu aufwirft.

Die Wende

Seit dem Beginn der 1990er Jahre erlebte Afrika einen einschneidenden Wandel, dessen Bedeutung allenfalls mit der Kolonialisierung im späten 19. Jahrhundert zu vergleichen ist. In mancher Hinsicht ging die Kolonialzeit erst jetzt zu Ende, und dies nicht nur, weil nun auch Namibia und Südafrika die Herrschaft der Weißen abschütteln konnten. Denn die Interessenpolitik der Großmächte in Afrika hatte die politischen und sozialen Verhältnisse gewissermaßen eingefroren und eine Erneuerung afrikanischer Gesellschaften von innen heraus verhindert. Erst das Ende des Kalten Kriegs setzte Afrika frei. Doch ist der Umbruch nicht auf die Politik zu beschränken, sondern auf vielen Ebenen festzustellen. Noch ist unklar, ob er in der Summe zum Aufschwung Afrikas führen wird.

Schon die demographischen Befunde sind ambivalent. Offenbar hat Afrika in den 1990er Jahren auch auf dieser Ebene eine Wende erlebt. Das Wachstum der Bevölke-

Staaten Afrikas am Anfang des 21. Jahrhunderts
(in Auswahl)

Staat	Fläche (in Mio. Quadratkilometer)	Einwohner (in Mio.)
Angola	1,25	13,96
Äthiopien	1,13	69,96
Benin	0,10	6,89
Burkina Faso	0,27	12,39
Burundi	0,03	7,34
Elfenbeinküste	0,32	17,14
Gabun	0,27	1,37
Gambia	0,01	1,45
Ghana	0,24	21,05
Kamerun	0,48	16,40
Kenia	0,58	32,45
Kongo (Brazzaville)	0,34	3,86
Kongo (Kinshasa)	2,34	54,78
Liberia	0,10	3,45
Moçambique	0,80	19,12
Nigeria	0,92	139,82
Ruanda	0,03	8,41
Sambia	0,75	10,55
Senegal	0,20	10,46
Sierra Leone	0,07	5,44
Simbabwe	0,39	13,15
Südafrika	1,22	45,58
Tansania	0,95	36,57
Uganda	0,24	25,92
Zentralafrikan. Republik	0,62	3,95

rung verlangsamte sich. Dazu trug eine veränderte Einstellung zu Bildung, Beruf und Familie bei. Familienplanung und Empfängnisverhütung wurden üblicher und angesichts sinkender Säuglingssterblichkeit und vermehrter Berufstätigkeit von Frauen in den Städten auch sinnvoller und notwendiger. Allerdings könnten sich auf lange Sicht neue Probleme abzeichnen, wenn die sinkenden Wachstumsraten in einen Rückgang der Bevölkerung übergehen und aus einer im Durchschnitt außerordentlich jungen Gesellschaft eine alternde wird. Nach Europa wird dann auch Afrika die Frage lösen müssen, wie die Versorgung der Alten durch eine schrumpfende Arbeitsbevölkerung garantiert werden kann. Zu diesem Problem trägt die rapide Ausbreitung von Aids seit den ausgehenden 1980er Jahren bei, und zwar zunächst in Ostafrika, dann auch in Westafrika und vor allem in den Staaten des südlichen Afrika, wo ein Drittel bis ein Viertel der Bevölkerung mit dem Immunschwächevirus infiziert sein soll; die höchste Ansteckungsrate hat wohl Botswana aufzuweisen. Im Jahr 2000 lebten etwa 25 Millionen HIV-Infizierte in Afrika, betroffen waren vor allem jüngere Männer und Frauen. Der Anteil der Frauen belief sich auf 55 Prozent. Über 15 Millionen Menschen sind in Afrika bereits an Aids gestorben, rund 13 Millionen Kinder durch den Aids-Tod ihrer Eltern verwaist. Angesichts der außerordentlich hohen Kosten für Medikamente, unzureichender Bildung und Aufklärung der Bevölkerung und politischer Kontroversen über die Ursachen von Aids in Afrika ist eine schnelle Abhilfe nicht in Sicht, auch wenn punktuell wie in Uganda bemerkenswerte Erfolge bei der Vorbeugung erzielt worden sind. Das Ausmaß von Aids in Afrika führte zu einem regional drastischen Rückgang der Lebenserwartung und zu einem Bevölkerungsrückgang, darüber hinaus zu beträchtlichen Problemen der Pflege Kranker, der Unterbringung von Aids-Waisen und der Versorgung der allein zurückbleibenden älteren Menschen. Die langfristigen demographischen Folgen von Krankheit und Tod jüngerer, reproduktionsfähiger Generationen sind noch kaum abzuschätzen.

Auch die Zukunft der afrikanischen Wirtschaft ist offen. Die ökonomischen Probleme des Kontinents sind zum Teil durch natürliche Ursachen bedingt; Dürreperioden und daraus resultierende Missernten gehören zu regelmäßigen Erscheinungen der afrikanischen Geschichte. Gravierender aber sind die Probleme von Infrastruktur und Verteilung. Denn obwohl in den 1970er und 1980er Jahren die Bevölkerungszahlen schneller gewachsen sind als landwirtschaftliche Produktivität und Agrarproduktion, ist Afrika nicht überbevölkert. Allerdings ist die Bevölkerung höchst ungleich verteilt, die Versorgungssysteme erreichen nur eine Minderheit der Landbevölkerung, und das politische System bietet nicht die Bedingungen dafür, eine schnelle Versorgung in Krisenzeiten sicherzustellen. Die Liberalisierung der Wirtschaft, die in den verschuldeten Staaten Afrikas gemäß den Auflagen der Geberländer beziehungsweise des »Internationalen Währungsfonds« seit 1990 eingeleitet wurde, führte auf dem Land zur weiteren Konzentration des Landbesitzes und zur Freisetzung von Kleinbauern, die nun als Landarbeiter oder Stadtzuwanderer den Bereich der informellen Wirtschaft verstärkten. Generell ging der Einfluss des Staats auf die Wirtschaft zurück, der finanziell und politisch angeschlagene Staat verlor eher an Steuerungsmöglichkeiten.

Der neue Ausbruch von Bürgerkriegen wie in Liberia 1989, Sierra Leone 1991, den Staaten um die Großen Seen 1993, Äthiopien/Eritrea 1998 und der Elfenbeinküste 2002 mag damit zusammenhängen. Bewaffnete Konflikte um Ressourcen und Pfründe begleiteten die Transitionsprozesse. Denn die in- und ausländischen Gegner der geschwächten Diktatoren nutzten die Chance, alte Rechnungen zu begleichen, ethnische Konflikte anzufa-

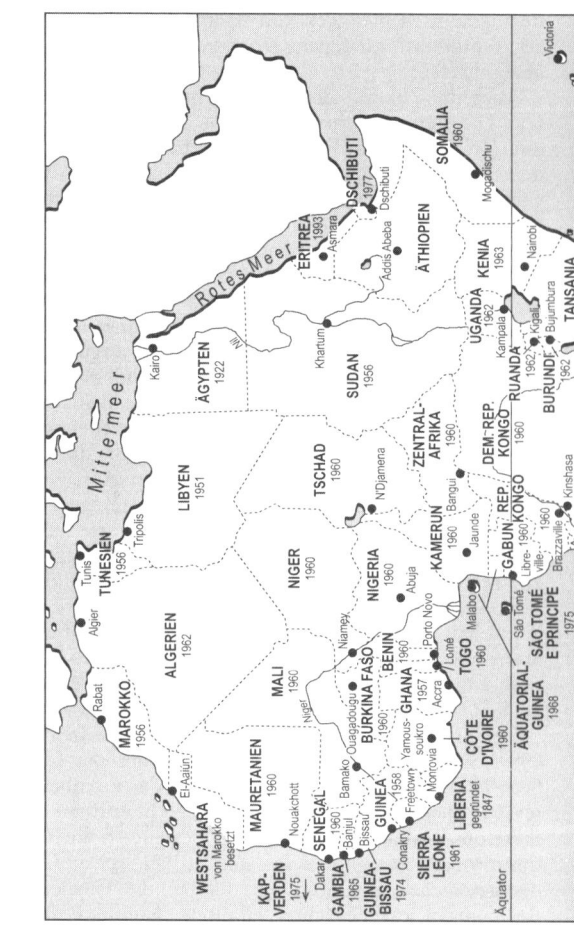

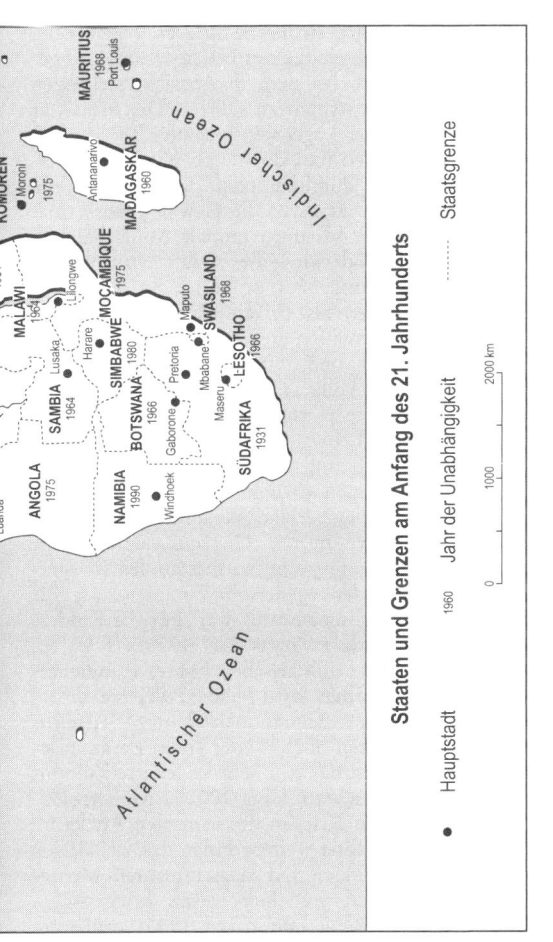

Staaten und Grenzen am Anfang des 21. Jahrhunderts

MAURITIUS 1968 Port Louis

KOMOREN Moroni 1975

MADAGASKAR 1960 Antananarivo

MALAWI 1964 Lilongwe

MOCAMBIQUE 1975

SWASILAND 1968 Mbabane

Maputo

SIMBABWE 1980 Harare

SAMBIA 1964 Lusaka

Pretoria

LESOTHO 1966 Maseru

BOTSWANA 1966 Gaborone

SÜDAFRIKA 1931

ANGOLA 1975 Luanda

NAMIBIA 1990 Windhoek

Indischer Ozean

Atlantischer Ozean

● Hauptstadt

1960 Jahr der Unabhängigkeit

⋯⋯⋯ Staatsgrenze

0   1000   2000 km

chen, offene Grenzfragen in ihrem Sinn zu regeln oder sogar Zugriff auf Bodenschätze des Nachbarlandes zu gewinnen, zumindest sich bei dem in Aussicht stehenden Verteilungskampf einen Anteil zu sichern. Der Staat war häufig nicht mehr in der Lage, sein gesamtes Territorium administrativ zu erfassen und dort auch nur Ansätze eines Gewaltmonopols durchzusetzen. Vielmehr wurde nach dem Zerfall der Diktaturen die Gewalt gewissermaßen privatisiert. Hatten bislang regionale Militärbefehlshaber sich mit Rückendeckung des Staats ein Klientel- und Pfründensystem aufgebaut, so traten an ihre Stelle nun ehemalige Soldaten als private Kriegsunternehmer und *warlords*, die mit Waffen aus den Hinterlassenschaften des Kalten Kriegs und mit schnell angeworbenen Söldnern eine wirkungsvolle Truppe aufbauten, sich nicht nur gezielt in Konflikte einschalteten, sondern sie auch provozierten und am Leben erhielten, um ihren Unterhalt sicherzustellen. Häufig griffen sie auf Jugendliche oder sogar Kindersoldaten zurück, oft selbst Kriegswaisen, denen das Militär Sicherheit, Versorgung und auch, nicht das Unwichtigste in der Generationenhierarchie afrikanischer Gesellschaften, den Aufstieg in den Kriegerstatus ermöglichte – der wiederum Voraussetzung für den Erwerb des Erwachsenenstatus war. Für die Kindersoldaten, auch wenn sie zwangsweise rekrutiert waren, war die Gruppe um den militärischen Führer Familienersatz, sie mussten unbedingt loyal bleiben, weil sie außerhalb des Militärs keine Heimat mehr hatten. *Warlords* und Milizsoldaten hatten auch wenig Interesse an Friedensschlüssen, die ihnen nur eine sehr ungewisse Zukunft im Zivilleben beschert hätten. Über 100000 Kindersoldaten sollen in den neuen Kriegen des zentralen Afrika im Einsatz gewesen sein. Eine weitere Folge der vielfältigen Kriege waren Vertreibungen und Massenfluchten. Mehrere Millionen Menschen verließen wegen kriegerischer Konflikte in den fünfzehn Jahren seit 1990 vorübergehend oder dauerhaft ihre Heimat, und in Flüchtlingslagern entstanden neue Milizen, die das Kriegsgeschehen wieder anfachten. Die Versuche der »Afrikanischen Union« (seit 2002 Nachfolgerin der »Organisation für Afrikanische Einheit«), durch Vermittlung und militärische Mission zur Befriedung beizutragen, waren bislang kaum erfolgreich.

Besonders betroffen war das Gebiet der Großen Seen. Seit den 1990er Jahren waren hier acht Staaten, an erster Stelle Zaire (Kongo) und Ruanda, in einen fast ständigen Bürgerkrieg verwickelt. Nicht die kolonialen und nachkolonialen Staatsgrenzen, sondern politisch-militärische Einflusszonen, Machthaber und deren Klientel, wirtschaftliche Ressourcen und ethnische Identitäten bestimmten die Raumordnung. Der Zerfall der Zentralmacht im Kongo (Zaire) spielte eine wichtige Rolle. Bereits in den 1980er Jahren hatte in Zaire die Kritik am Regime zugenommen, doch auf erste Versuche zur Gründung einer oppositionellen Partei reagierte Mobutu mit Repression und der Inhaftierung des Parteiführers Étienne Tshisekedi. 1990 leitete Mobutu Lockerungen ein, nachdem die USA ihm ihre Unterstützung aufgekündigt hatten. Doch trotz der Einrichtung eines Übergangsparlaments, das den Weg zur Demokratisierung bahnen sollte, hielten fortwährende Machtkämpfe zwischen Mobutu und seinen Kritikern die Zukunft des Landes in der Schwebe. Bei der Kette von regional-ethnischen Kriegen, die 1993 im Gebiet der Großen Seen einsetzte, ging es auch um Positionsgewinne im Zuge der anstehenden Neuordnung. Mobutu schien nun aus internationaler Perspektive als ordnungsstiftender Faktor wieder von Interesse, zumal um die großen Flüchtlingsströme und Flüchtlingslager im Osten Zaires unter Kontrolle zu bringen. Doch schließlich führte eine konzertierte Aktion der Armeen Ruandas und Ugandas sowie der Truppen des Mobutu-Gegners Laurent-Désiré Kabila 1997 den Zusammenbruch des Mobutu-Regimes herbei.

Kabila selbst errichtete in dem nun wieder als Kongo bezeichneten Staat eine neue Diktatur. Schon 1998 versuchten weitere Rebellenbewegungen, Kabila zu stürzen. Zahlreiche afrikanische Staaten waren involviert, Ruanda, Burundi und Uganda auf Seiten der Rebellen, Angola, Namibia und Simbabwe auf Seiten Kabilas. Nach dessen Ermordung 2001 kam aufgrund der fortwährenden Krise und internationalen Drucks unter seinem Sohn und Nachfolger Joseph Kabila seit Dezember 2002 ein Demokratisierungsprozess in Gang. Dieser war weiterhin auch nach dem Rückzug der ausländischen Armeen begleitet von bürgerkriegsartigen Auseinandersetzungen namentlich im Osten des Landes, wo der Staat kaum präsent war und Milizen um Territorium und Macht kämpften. Erst im Sommer 2006 fanden die ersten demokratischen Wahlen statt. Vorbereitung und Wahlkampf brachten breite Diskussionen über die Zukunft des Landes mit sich und stellen auf diese Weise trotz wiederholter Gewaltausbrüche den ersten Schritt zu einem friedlichen Integrationsprozess dar, an dessen Ende ein Nationalstaat Kongo stehen könnte. Dabei ist allerdings noch offen, ob die Täter, Mobutu- und Kabila-Handlanger ebenso wie *warlords* und Milizen, belangt werden und wie die zahlreichen Opfer der Gewalt ihr Leiden verarbeiten.

Die vielen Bürger- und Übergangskriege seit 1990 schufen enorme Folgeprobleme, etwa die Rückführung von Flüchtlingen, die Integration von Kindersoldaten und den Wiederaufbau zerstörter Gebiete betreffend, sie erschwerten die Demokratisierung und verlangten nach Strategien der Vergangenheitsbewältigung. In dieser komplexen Problemlage zeigte sich die erstaunliche Wandlungsbereitschaft afrikanischer Gesellschaften. Dafür steht beispielhaft der gravierendste, im Westen neben Südafrika bekannteste Fall der Transition, nämlich Ruanda. Ruanda gehörte wie Burundi in der Kolonialzeit zunächst zum deutschen Machtbereich, bevor es nach 1918 als Mandats-

gebiet an Belgien fiel. In der Kolonialzeit wurde die soziale Grenze zwischen der sich als Elite verstehenden Gruppe der Tutsi, deren wirtschaftliche und seit dem 19. Jahrhundert auch politische Macht auf Viehzucht basierte,
und den ackerbautreibenden Hutu nicht nur als ständi-
sche, sondern als ethnische Scheidelinie verstanden und
durch Politik und Recht noch verschärft, obwohl Hutu
und Tutsi derselben Kultur angehörten und dieselbe Sprache verwendeten. Auch indigene Kräfte wirkten an der
Ethnisierung mit, führten ethnologische Schriften der
1940er Jahre doch nun den Vorrang der Tutsi auf deren
vermeintliche rassische Überlegenheit und eine lange vorkoloniale Geschichte zurück. Nach der Unabhängigkeit
1962 lebten die Gegensätze zwischen der Mehrheit der
Hutu, die etwa 85 Prozent der Bevölkerung stellten, und
der Minderheit der Tutsi mit nahezu 15 Prozent der Bevölkerung fort, ablesbar an zahlreichen Aggressionen,
Vertreibungen, Massakern und Pogromen. Die hegemo-
niale Politik der von Hutu gestellten Regierung provozierte immer wieder gewaltsame Gegenaktionen und Gue-
rilla-Operationen von Tutsi-Armeen, die zum Teil auch
aus dem Ausland, so von Uganda aus, operierten wie die
Armée Patriotique Rwandaise unter Paul Kagame. Beide
Seiten sahen ihre kulturelle Identität bedroht und radika-
lisierten ihre Propaganda. Internationale Versuche, die
anhaltenden Konflikte einzudämmen und Tutsi an der Regierung zu beteiligen, führten im Sommer 1993 zum Vertrag von Arusha (Tansania). Demnach sollten die Flücht-
linge zurückkehren, und eine von Hutu und Tutsi gebildete Übergangsregierung sollte die Befriedung des Landes
vorantreiben. Dagegen organisierten radikale Hutu-Ver-
treter Widerstand. Am 6. April 1994 wurde das Flugzeug
des ruandischen Präsidenten Juvénal Habyarimana abge-
schossen. Das diente als Fanal für einen Massenmord, dem
innerhalb von drei Monaten wohl 800 000 Tutsi sowie als
Verräter denunzierte Hutu zum Opfer fielen. Der Mord

war offenbar vorab systematisch durch Namenslisten, die Ausgabe von Macheten als Waffen und das Training von Milizen vorbereitet worden. Im Radio wurde nun mit Vernichtungs- und Ungeziefer-Rhetorik der Hass geschürt und zugleich das Mordgeschehen gelenkt. So wurden Viertel, in denen Tutsi lebten, bezeichnet und Namen genannt. Die UN verhielten sich passiv, reduzierten sogar ihre Truppen und beschränkten sich darauf, Europäer auszufliegen und ihre eigenen Einrichtungen zu schützen. Bis Mitte Juni 1994 eroberten die Truppen von Kagame das Land, was die Flucht von drei Millionen Hutu nach Tansania und Zaire zur Folge hatte und die Lage namentlich im Osten Zaires weiter destabilisierte.

Die Wiederherstellung des inneren Friedens in Ruanda erforderte eine schnelle und umfassende Aufarbeitung der Verbrechen, zugleich eine Gedenkpolitik, die integrierend und nicht spaltend wirkte. Erschwerend kam dabei hinzu, dass auch viele Hutu sich als Opfer von Tutsi-Milizen fühlten und ihrerseits Sühne und Gedenken verlangten. Die juristische Aufarbeitung fand auf drei Ebenen statt. Ende 1994 richtete der UN-Sicherheitsrat in Arusha einen internationalen Gerichtshof ein, der schwere Verstöße gegen das Völkerrecht wie Völkermord, Folter und Vergewaltigung behandeln sollte. Doch wurden hier innerhalb von zehn Jahren lediglich vierzehn Verfahren abgeschlossen. In Ruanda selbst befassten sich die Strafgerichte mit einer großen Zahl von Personen, denen Straftaten in Zusammenhang mit dem Völkermord vorgeworfen wurden. Die Verfahren kamen nur schleppend in Gang, weil die Justiz neu aufgebaut werden musste, auch viele Juristen ermordet worden waren und unbelastete Richter gefunden werden mussten. Knapp zehn Jahre nach dem Völkermord befanden sich immer noch über 100 000 Beschuldigte ohne Urteil in Haft, in vielen Fällen war das Verfahren noch nicht in Gang gekommen. Ein Teil der Fälle, rund 40 000, wurde dann der dritten Ebene der juristischen

Aufarbeitung übertragen, der *Gacaca*-Justiz. Der Begriff *Gacaca* (Gras, Rasen) bezieht sich auf aus vorkolonialer Tradition stammende dörfliche Laien-Gerichte in Ruanda, die seit 1924 auf zivilrechtliche Angelegenheiten beschränkt waren und in nachkolonialer Zeit nur mehr marginale Bedeutung hatten. Diese Instanzen wurden nun wiederbelebt, allerdings mit zentraler Organisation und genau geregelten Verfahrensweisen.

Die *Gacaca*-Justiz war entsprechend der Verwaltungsgliederung auf drei Ebenen mit je ausgeweiteter territorialer Zuständigkeit organisiert. Jedes Gericht setzte sich aus 19 gewählten Richterinnen und Richtern zusammen. Die unterste Ebene befasste sich mit Raub und Diebstahl, die mittlere Ebene mit Körperverletzung, die oberste Ebene mit schwerer Körperverletzung, Totschlag und Mord. Schwerstverbrechen wie Vergewaltigung, Massenmord und Völkermord blieben der ordentlichen Justiz zugewiesen. Die *Gacaca*-Gerichte konnten Freiheitsstrafen verhängen und zu Schadensersatz verurteilen, dabei Geständnis und Reue strafmildernd werten. Die Verfahren sollten zugleich Versöhnung zwischen Tätern und Opfern ermöglichen. Deshalb sollten die Bewohner des jeweiligen Bezirks im mündlichen Verfahren auch alles zusammentragen, was sie über die Taten zu berichten hatten. Im Oktober 2001 wurden die insgesamt 258 208 Richterinnen und Richter gewählt. Nach einem Kurzlehrgang nahmen sie im Juni 2002 die Arbeit auf. Das Interesse der Öffentlichkeit war anfangs groß, ließ aber im Verlauf der aufwendigen Verfahren nach. Außerdem waren die Verfahren angesichts der kurzen Ausbildung der Richter und der Tatsache, dass für die Beschuldigten kein Rechtsbeistand vorgesehen war, nicht unproblematisch. Zudem fürchteten die Angehörigen der Opfer die erneute Erinnerung an das Leid, aber auch die Rache der Täter. Und schließlich erhofften sich wohl auch viele Täter durch oberflächliche Geständnisse eine billige Absolution.

Dennoch stellten die Gerichte einen bemerkenswerten Versuch dar, mit Beteiligung von Opfern und Tätern eine Befriedung und Versöhnung in der Gesellschaft zu ermöglichen. In öffentlichen Appellen gemahnte man immer wieder, nicht ohne Widerstände, an die Pflicht zur Erinnerung. Damit setzte man sich dezidiert von der autoritären Aufforderung zum Versöhnen durch Vergessen ab, wie sie zum Merkmal der Geschichtspolitik afrikanischer Diktaturen geworden war. Vielmehr betrieb die ruandische Regierung durch Gedenkstätten, museale Arrangements, Dokumentations- und Präventionszentren sowie jährlich im April abgehaltene Gedenkfeiern eine gezielte und vielgestaltige Politik des Erinnerns. Über 200 Gedenkstätten, darunter sieben nationale, wurden seit 1995 errichtet. Diese Politik war nicht unproblematisch und nicht unumstritten: Auf der einen Seite wollten die Täter das Ausmaß der Schuld kaum eingestehen, wenn sie nicht überhaupt bestritten, dass es einen Völkermord gegeben hatte. Auf der anderen Seite wurden derart die Opfer beziehungsweise ihre Angehörigen nicht nur beständig an das Trauma von Verfolgung und grausamem Tod erinnert, sondern zugleich quasi gesellschaftlich verpflichtet, einer Versöhnung mit den Tätern zuzustimmen. Das alles zielte auf die Wiedergewinnung der nationalen Gemeinschaft. Dafür wurden die Toten, zugespitzt ausgedrückt, instrumentalisiert: Ihre Angehörigen mussten auf private Beisetzungen verzichten zugunsten von Gemeinschaftsgräbern und kollektiven Feiern in Gedenkstätten. Dort waren Hinterlassenschaften, beispielsweise Bilder, Dokumente und Kleidung von ermordeten Kindern ausgestellt, und an einigen Orten wurden sogar die Gebeine der Ermordeten selbst gezeigt. Diese Vorgehensweise widersprach ruandischen Vorstellungen vom Umgang mit dem Tod. Der Verzicht auf eine angemessene Bestattung mit den üblichen Trauerritualen drohte die Geister der Ahnen herauszufordern und Unglück zu provozieren. Hinzu kommt, dass die beständige und allgegenwärtige Erinnerung an die Schrecken des Völkermords das Ziel der Versöhnung unterlaufen konnte. Umgekehrt wurde der Regierung vorgeworfen, mit dem unablässigen Wachhalten der Erinnerung und der Form der Gedenkpolitik, die eher internationalen Mustern als ruandischen Traditionen folgt, die eigene Politik nach innen und außen legitimieren zu wollen. Ungeachtet dessen trug gerade die kontroverse Auseinandersetzung über die Geschichte zur Festigung eines Gemeinschaftsgefühls bei, das freilich nicht Homogenität und Interessenidentität suggerierte und verlangte, wie es bislang in autoritären Systemen üblich gewesen war, sondern sich aus dem Bewusstsein gemeinsamen Erlebens, aber unterschiedlicher Erfahrungen speiste und die Vielfalt der Erinnerungen gerade anzuerkennen versuchte.

Darin liegt die besondere Leistung der Übergangsprozesse und Diskussionen in Afrika seit 1990. Das gilt auch für Südafrika, das in diesem Prozess wieder zu einem im engen Sinn afrikanischen Staat geworden ist – hier ging die Kolonialzeit ebenfalls erst nach 1990 zu Ende. In Südafrika hatten namentlich die burischen Siedler zwar schon seit dem 19. Jahrhundert wie in anderen Siedlungskolonien die Entrechtung der indigenen Bevölkerung vorangetrieben, doch erst nach dem Wahlsieg der burischen *National Party* 1948 setzte eine umfassende und aus der Rückschau systematisch anmutende Politik der Apartheid ein: Die Bevölkerung wurde nach rassischen Kriterien erfasst, das gesamte Alltagsleben durch Bestimmungen über Rassentrennung neu geordnet, ob in Kirchen oder Schulen, in Bahnhöfen oder auf Parkbänken. Die indigene Bevölkerung wurde nun durch Wohn- und Passbestimmungen weiter zurückgedrängt, schließlich wurden aus den Reservaten sogenannte *Homelands*, in denen die schwarze Bevölkerung ihr, wie es die Buren verstanden, Stammesleben weiterführen sollten. Die rigorose Apartheidspolitik provozierte Widerstand, der zunächst vom schon 1912 gegründeten *African National Congress* (ANC) geleitet wurde, sich seit den frühen 1970er Jahren auf die schwarzen Wohnviertel und Vororte ausweitete und auch zu offenen Demonstrationen führte, wie etwa 1976 dem symbolträchtigen Schüleraufstand in Soweto. In der Folge versuchte die Regierung unter dem Präsidenten Pieter Willem Botha, die Apartheid gewissermaßen systemimmanent zu reformieren, indem die sogenannten Farbigen und Inder eine bessere Rechtsposition und eine eigene parlamentarische Vertretung erhielten. Doch gleichzeitig wurden die anhaltenden Widerstände gewaltsam niedergeschlagen. Proteste und Boykotte im In- und Ausland sowie der einsetzende wirtschaftliche Niedergang drohten das Land in den Ruin zu treiben. Deshalb kündigte der neue Präsident Fredrik Willem de Klerk 1990 eine Kehrtwende an, namentlich die Wiederzulassung des seit 1960 verbotenen ANC und die Freilassung des seit 27 Jahren inhaftierten ANC-Führers Nelson Mandela. Der Übergang zur Demokratie ist dann als »ausgehandelte Revolution« bezeichnet worden, erfolgte er doch nicht in einem gewaltsamen Umsturz, sondern im besonders von de Klerk und Mandela ausgehandelten Kompromiss. Die folgenden Jahre waren von schwierigen Verhandlungen und weiteren schweren Unruhen geprägt, wobei namentlich die im KwaZulu-*Homeland* verwurzelte *Inkatha* unter *Chief* Gatsha Buthelezi sich benachteiligt fühlte und den Protest trug. 1994 fanden die ersten demokratischen Wahlen statt, Mandela wurde zum Präsidenten gewählt. Die 1996 endgültig verabschiedete neue Verfassung, die auch unter Beteiligung deutscher Staatsrechtler entworfen worden war, sah ein föderales und demokratisches System vor, enthielt umfangreiche Sicherungen der Menschenrechte und richtete ein Verfassungsgericht ein. Die neue Demokratie fand außerordentlich große Akzeptanz, gemessen an Wahlverlauf und politischer Debatte, wenn auch die Schranken zwischen den de facto nach wie vor getrennt lebenden Großgruppen blieben, sich nun namentlich die »Farbigen« als Opfer der Emanzipation der »Schwarzen« fühlten und die sozialen Unterschiede nicht behoben waren.

Besondere Bedeutung kam der Frage zu, ob und wie die Belastungen der Vergangenheit, Repression, Folter, Verfolgung und Rassismus, aufgearbeitet werden konnten oder mussten, um ein gemeinsames politisches und gesellschaftliches Leben ehemaliger Gegner im Nationalstaat zu ermöglichen. In diesem Zusammenhang wurde 1995 die Einrichtung einer *Truth- and Reconciliation Commission* (TRC, »Wahrheits- und Versöhnungskommission«) beschlossen. Unter dem Vorsitz von Desmond Tutu arbeitete die Kommission von 1996 bis 1998 und legte dann einen Abschlussbericht vor. Die Kommission sollte kein Gericht sein, arbeitete aber unabhängig als eigene Behörde mit eigenem Budget, Personal und Geschäftsstellen. Sie gliederte sich in drei Ausschüsse, einen Menschenrechtsausschuss, einen Amnestieausschuss sowie einen Wiedergutmachungs- und Rehabilitierungsausschuss. Auf der einen Seite sollte die Kommission Verbrechen und Menschenrechtsverletzungen, die in Zusammenhang mit der Apartheidpolitik stattgefunden hatten, ermitteln, untersuchen und dokumentieren, und zwar auch Taten der Befreiungsbewegungen. Auf der anderen Seite sollte die Kommission ein Forum für die Opfer darstellen, auf dem sie ihre Leiden ausführlich schildern konnten und schon dadurch Genugtuung erhielten, auch konkret materielle Entschädigung beanspruchen durften. Die Täter wiederum konnten Amnestie beantragen, wenn sie ein umfassendes Geständnis ablegten. Nur wenn das Amnestiegesuch abgelehnt war, musste sich die reguläre Strafjustiz mit dem Fall beschäftigen. Dabei ging man von der Vorstellung aus, dass die Offenlegung der Tat und aller Umstände sowie die Feststellung von Schuld wichtiger waren als die Strafverfolgung, wenn man individuelle und gesell-

schaftliche Versöhnung erreichen wolle. Die Vorgehensweise führte aber, abgesehen von der religiösen Aufladung
des Begriffs der Versöhnung, zu manchen Fragwürdig-
keiten wie der Amnestierung von Folterern, Ungleich-
behandlungen und dem Ausschluss von Wiedergutma-
chungszahlungen durch amnestierte Täter. Das konnte die
Opfer kaum zufriedenstellen. Dennoch trug die Kommission, die 21 000 Stellungnahmen von Opfern auswertete,
wesentlich dazu bei, dass die Leiden der Opfer in Erinnerung blieben und der neue Staat nicht auf einer Politik des
Vergessens aufbaute.

Auch in anderen afrikanischen Staaten wie Nigeria und
Kenia hat man die südafrikanische Wahrheits- und Versöhnungskommission als Vorbild bei der Bewältigung belasteter Diktaturvergangenheit zu nehmen versucht. Allerdings erscheint der Ausgang der nigerianischen Kommis-
sionstätigkeit nicht vielversprechend, integrative und
befriedende Effekte sind kaum zu verzeichnen. Auch im
kenianischen Fall ist ein Erfolg eher ungewiss. Dennoch
sind die Wahrheitskommissionen Teil einer offenen Auseinandersetzung mit der jüngeren Vergangenheit und im
weiteren Sinn auch eines demokratischen Transformati-
onsprozesses. Die Demokratisierung setzte in zahlreichen
afrikanischen Staaten um 1990 ein, zog sich aber oft über
die Jahrtausendwende hin und ist in vielen Fällen noch
nicht beendet. Immerhin gelang es in einer Reihe von
Staaten schon in den 1990er Jahren, Mehrparteiensysteme,
Pressefreiheit, demokratische Wahlen sowie rechtsstaatli-
che Verhältnisse mit Unabhängigkeit der Justiz und (kon-
trolliertem) Gewaltmonopol des Staats auf den Weg zu
bringen. Neben Südafrika waren das unter anderem Benin, Mali, Ghana, Senegal und Botswana. Auch in weiteren Staaten wie Tansania hatte dieser Prozess bereits erhebliche Fortschritte gemacht. In anderen Staaten wie
Zaire und Kenia wurde zunächst nur das Ein-Partei-System aufgebrochen, doch stand dahinter noch die Erwar-

tung der Diktatoren Mobutu und Moi, durch gesteuerte Liberalisierungen das Ausland beruhigen und das Inland befrieden zu können. Das dämpfte weder die Enttäuschung über den wirtschaftlichen Niedergang noch die Erwartungen an eine politische Modernisierung. Der Kampf gegen die Allgewalt und kleptokratische Praxis der Herrscher und die Korruption in Beamtenapparat und namentlich Polizei mobilisierte immer wieder die Öffentlichkeit und einigte die Opposition zumindest vorübergehend. Auch Staaten wie Nigeria, wo das Militär durch Putsch erste demokratische Reformen wieder zurücknahm und eine neuerliche Diktatur errichtete (bis 2000), konnten sich dem letztlich nicht widersetzen. Trotz sich zuspitzender ethnisch-religiöser Konflikte kam auch hier eine offene Diskussion über Verfassungsreformen in Gang. In weiteren Staaten wie Kamerun, Burkina Faso oder der Zentralafrikanischen Republik wurde Reformpolitik allenfalls partiell eingeleitet und eine Demokratisierung noch blockiert, wieder andere hielten unbeirrt und starr an autoritären Herrschaftsformen fest, wie an erster Stelle Simbabwe unter Robert Mugabe.

Auch wenn in vielen Fällen die künftige Entwicklung noch offen und ein Rückfall in Bürgerkrieg und sogar Gewaltherrschaft nicht ausgeschlossen ist, gibt es doch Indizien, die optimistisch stimmen. Anders als noch in den 1950er Jahren wurden die Prinzipien einer neuen Verfassung jetzt nicht mehr nur von einer gebildeten Elite erörtert (und schon gar nicht, wie seinerzeit, im Ausland), sondern durchweg in der breiten Öffentlichkeit, und auch nicht mehr nur in den Städten, sondern gleichermaßen auf dem Land. Dabei bestand ein gewisser Konsens darüber, dass die Konzentration der Macht bei dem Präsidenten riskant sei und diesem deshalb ein dem Parlament verantwortlicher Ministerpräsident beigegeben werden sollte. Auch bemühte man sich zunehmend, ethnische, kulturelle und religiöse Vielfalt zu berücksichtigen und zu schützen.

Föderalismus, ehedem eher als Synonym für Tribalismus und Separatismus verstanden, wurde jetzt nicht mehr grundsätzlich abgelehnt, sondern vermehrt als Möglichkeit der Gewaltenverteilung und des Minderheitenschutzes angesehen, freilich versehen mit Sicherungen, die eine Zersplitterung des Parteiensystems entlang regional-ethnischer Grenzen verhindern sollten. So wurde in verschiedenen Staaten wie Nigeria und Kenia eine Klausel diskutiert, wonach jeder Parlamentskandidat ein bestimmtes Stimmenquorum in mehreren Wahlkreisen unterschiedlicher Regionen erhalten musste, um ins Parlament gewählt zu werden. Freilich zählt es nach wie vor zu den Belastungen des demokratischen Übergangs, dass die Parteien sich noch nicht anhand klarer Programme und Profile voneinander absetzen, sondern eher auf Herkunft, Regierungskritik sowie populäre und populistische Parolen setzen. Charakteristisch für die Ambivalenz ist das Schlagwort vom Kampf gegen die Korruption, der allenthalben angekündigt, aber nicht einmal auf mittlere Dauer erfolgreich geführt worden ist. Vielmehr haben offenbar auch demokratisch gewählte Regierungen Praktiken der Klientelbildung und Korruption übernommen.

Ein prägnantes Beispiel für Chancen und Probleme der politischen Transformation ist der Fall Kenia. Nachdem Daniel arap Moi im Verlauf der 1990er Jahre erste Reformen wie die Zulassung weiterer Parteien hatte zugestehen müssen, kam im Blick auf die Ende 2002 anstehenden Parlaments- und Präsidentenwahlen eine umfassende Diskussion über die Neuordnung des Staats in Gang. Im Herbst 2000 wurde für zwei Jahre eine hauptamtliche Kommission eingesetzt, die Vorschläge zur Revision der bestehenden Verfassung ausarbeiten sollte. Die Verfassungskommission bereiste das Land und befragte die Dorf- und Stadtbevölkerung, im Rahmen der sogenannten *Civic Education* verband sie die Verfassungsdebatte zugleich mit einer breiten Aufklärungskampagne zur Bedeutung von

Konstitutionen. Daraus ergaben sich weitläufige öffentliche Kontroversen über Sinn und Inhalt einer Verfassungsreform. Unter großem Engagement der Gegner wie der Anhänger des bisherigen Regimes, unter Einbeziehung illiterater wie akademischer Kreise der Bevölkerung wurden Grundelemente und Details einer neuen Verfassung erwogen, dabei Fragen von Menschenrechten, Parteienpluralismus, Föderalismus und Machtbegrenzung kontrovers debattiert. Hinter der Diskussion über die Zukunft Kenias standen zugleich Auseinandersetzungen über die Bewertung der Vergangenheit, über das System Kenyattas und Mois. Kaum eine Meinung wurde nicht vertreten, und ein Grundkonsens war abgesehen von einem allgemeinen rhetorischen Bekenntnis zur Demokratie kaum festzustellen. Dies alles geschah in einem Prozess, dessen Ausgang offen war, und in einer Situation, in der ein Staatsstreich des Präsidenten zur Verlängerung seiner Amtszeit nicht ausgeschlossen schien.

Tatsächlich konnte die Verfassungsarbeit bis zum Ende des Jahres 2002 noch nicht abgeschlossen werden. Doch bewiesen der weitgehend störungsfreie Verlauf der Neuwahlen, die schließlich im Jahr 2003 angesetzt wurden, der Wahlerfolg der oppositionellen Regenbogen-Koalition, der widerspruchslose Rückzug Mois und die Einsetzung des neuen Präsidenten Mwai Kibaki doch, wie weit der Prozess der fundamentalen Demokratisierung vorangekommen war. Dabei spielt weniger eine Rolle, dass die Hoffnungen auf die neue Regierung bald enttäuscht wurden. Das regierende Parteienbündnis rieb sich in internen Machtkämpfen auf. Der Präsident, der selbst aus der Regierungselite des alten Regimes stammte, erfüllte Versprechungen nicht, was die Beschränkung seiner Funktionen zugunsten einer parlamentarisch verantwortlichen Regierung und den Rückzug auf eine eher repräsentative Rolle anging. Auch der im Wahlkampf und zu Beginn der Regierung propagandistisch herausgestellte Kampf gegen die

Korruption scheiterte. Zwar kam es nach der Wahl zu spontanen Attacken und sogar zu Fällen von Lynchjustiz gegen korrupte Beamte, und mit John Githongo wurde ein eigener Staatssekretär zur Korruptionsbekämpfung eingesetzt, der auch medienwirksame Aktionen wie den Abbruch illegal errichteter Gebäude inszenierte. Doch wurde die Position Githongos im Kabinettsgefüge immer schwächer, er gab schließlich sein Amt auf, und nach Einschätzung internationaler Beobachter erreichte die Korruption im wirtschaftlich-politischen Alltag bald wieder die aus der Diktaturzeit bekannten Ausmaße. Immerhin konnte die neue Regierung eine Reihe von Reformen auf den Weg bringen, die die Bürgerrechte und Freiheiten besser schützten und den Rechtsstaat sicherten. Auch in der Symbolpolitik beschritt man neue Wege. Am 18. Februar 2007 weihte der kenianische Präsident Kibaki das erste zentrale Mau-Mau-Denkmal in Nairobi ein. Es würdigt den 50 Jahre zuvor von der britischen Kolonialmacht hingerichteten Mau-Mau-Führer Dedan Kimathi als »galant soldier, Mau Mau freedom fighter and nationalist« und fügt auf diese Weise den antikolonialen Aufstand in ein heroisches nationales Narrativ ein.

Ebenso bemerkenswert ist, dass im Prozess der Umformung des politischen Systems die Fortexistenz und Legitimität des Staates Kenia selbst nie angezweifelt, vielmehr sogar noch bekräftigt wurde. Denn in der Debatte über Vergangenheitsbewältigung und Verfassungsgebung kristallisierte sich eine nationale politische Kultur heraus. Nach rund 40-jährigem vergeblichen Bemühen um die Festigung einer nationalen Identität, untermauert durch eine in der Formensprache dem westlichen Nationalstaatsmodell entlehnte politische Symbolik und eine gezielte Geschichtspolitik, entstand so ex negativo in der Debatte um die gespaltene Vergangenheit und den Rahmen der gemeinsamen Zukunft eine nationale Identität. Dies geschah paradoxerweise in dem Moment, in dem allenthalben der Zerfall der staatlichen Administration in einem System von Korruption und Nepotismus sichtbar wurde und die völlige und fast unvermeidliche Auflösung der Staatsgewalt in Afrika wiederholt prognostiziert worden ist. Tatsächlich handelt es sich eher um einen Wandel des Staats, der nun nicht mehr der Fiktion politischer und ethnischer Homogenität folgt, sondern in der Vielfalt seine Stärke und seinen spezifischen Charakter als Nationalstaat in Afrika sieht. Ein solcher Staat kann möglicherweise auch die bedeutsame, allerdings kaum zu kontrollierende Rolle der zahlreichen *Non-governmental Organizations* (NGOs, »Nicht-Regierungsorganisationen«) ausgleichen und als institutionelles Korrelat der jüngst mit hohen Erwartungen befrachteten, freilich begrifflich wenig präzise gefassten Zivilgesellschaft wirken, insofern die Vorteile eines rationalen und kontrollierbaren Staats verdeutlichen. Im Diskurs über die umstrittene und gespaltene, gleichwohl oder gerade deshalb auch gemeinsame Geschichte entsteht eine nationale politische Kultur. Das gilt für Kenia ebenso wie für Ruanda und Südafrika und könnte, betrachtet man Wahlkampf und politische Diskussionen im Kongo während des Sommers 2006, künftig auch für andere Staaten gültig werden. In der Kontroverse über die gemeinsame Geschichte und Zukunft finden afrikanische Staaten zunehmend gemeinsame Erinnerungsorte, die jenseits ethnischer Geschichten als Bezugspunkte des kollektiven Gedächtnisses dienen und den Kommunikationsraum der Nation als Erinnerungsraum entwerfen. In der Diskussion über die Zukunft Afrikas wird insofern auch die Deutung der Vergangenheit beständig neu verhandelt. Daher ist nicht nur die Zukunft, sondern auch die Geschichte Afrikas offen.

Literaturhinweise

Einleitung

Conrad, Sebastian / Randeria, Shalini (Hrsg.): Jenseits des Euro-
zentrismus. Postkoloniale Perspektiven in den Geschichts- und
Kulturwissenschaften. Frankfurt a. M. 2002.

Mudimbe, V[alentin] Y.: The Invention of Africa. Gnosis, Philosophy and the Order of Knowledge. Bloomington 1988.

Osterhammel, Jürgen: Raumbeziehungen. Internationale Geschichte, Geopolitik und historische Geographie. In: Internationale Geschichte. Themen – Ergebnisse – Aussichten. Hrsg.
von Wilfried Loth und Jürgen Osterhammel. München 2000.
S. 287–308.

– Transnationale Gesellschaftsgeschichte: Erweiterung oder Alternative? In: Geschichte und Gesellschaft 27 (2001) S. 464–479.

– Die Wiederkehr des Raumes. Geopolitik, Geohistorie und historische Geographie. In: Neue Politische Literatur 43 (1998)
S. 374–397.

Speitkamp, Winfried (Hrsg.): Kommunikationsräume – Erinnerungsräume. Beiträge zur transkulturellen Begegnung in Afrika.
München 2005.

Wirz, Albert: Geschichte und antikolonialer Nationalismus. Zur
Debatte um die Konstruktion politischer Identität in Afrika. In:
Die fundamentalistische Revolution. Partikularistische Bewe-
gungen der Gegenwart und ihr Umgang mit der Geschichte.
Hrsg. von Wolfgang Reinhard. Freiburg i. Br. 1995. S. 165–187.

– Für eine transnationale Gesellschaftsgeschichte. In: Geschichte
und Gesellschaft 27 (2001) S. 489–498.

Einführungen, Lexika, Hilfsmittel

Deutsch, Jan-Georg / Wirz, Albert (Hrsg.): Geschichte in Afrika.
Einführung in Probleme und Debatten. Berlin 1997.

Fage, John D. / Verity, Maureen: An Atlas of African History.
2. Aufl. London 1978.

Harding, Leonhard: Einführung in das Studium der afrikanischen
Geschichte. Münster 1992.

Jones, Adam: Zur Quellenproblematik der Geschichte Westafrikas 1450–1900. Stuttgart 1990.

Mabe, Jacob E[mmanuel] (Hrsg.): Das Afrika-Lexikon. Ein Kontinent in 1000 Stichwörtern. Stuttgart 2001.

Shillington, Kevin (Hrsg.): Encyclopedia of African History. 3 Bde. New York 2005.

Vansina, Jan: Oral Tradition as History. Madison 1985.

Gesamtdarstellungen

Ansprenger, Franz: Geschichte Afrikas. München 2002.

Bertaux, Pierre: Afrika. Von der Vorgeschichte bis zu den Staaten der Gegenwart. 13. Aufl. Frankfurt a. M. 1999.

Büttner, Thea [u. a.]: Afrika. Geschichte von den Anfängen bis zur Gegenwart. 4 Bde. Köln 1979–85.

Fage, John D. / Oliver, Roland: Kurze Geschichte Afrikas. Wuppertal 2002. [Engl. Erstausg. 1962.]

Harding, Leonhard: Geschichte Afrikas im 19. und 20. Jahrhundert. München 1999.

Hauck, Gerhard: Gesellschaft und Staat in Afrika. Frankfurt a. M. 2001.

Iliffe, John: Geschichte Afrikas. München 1997.

Ki-Zerbo, Joseph: Die Geschichte Schwarzafrikas. Frankfurt a. M. 1981. [Franz. Erstausg. 1978.]

Marx, Christoph: Geschichte Afrikas. Von 1800 bis zur Gegenwart. Paderborn 2004.

Oliver, Roland: The African Experience. From Olduvai Gorge to the 21st Century. Boulder 2000.

Handbücher, Sammelbände

Ajayi, Jacob F[estus] Ade / Crowder, Michael (Hrsg.): History of West Africa. 2 Bde. London 1974.

Birmingham, David / Martin, Phyllis (Hrsg.): History of Central Africa. 3 Bde. London 1983–98.

Fage, John D[onnelly] / Oliver, Roland (Hrsg.): The Cambridge History of Africa. 8 Bde. Cambridge 1975–86.

Grau, Inge [u. a.] (Hrsg.): Afrika. Geschichte und Gesellschaft im 19. und 20. Jahrhundert. 2. Aufl. Wien 2003.

Ki-Zerbo, Joseph [u. a.] (Hrsg.): UNESCO General History of Africa. 8 Bde. London 1981–89.

Martin, Phyllis M. / O'Meara, Patrick (Hrsg.): Africa. 3. Aufl. Bloomington 1995.

Oliver, Roland / Mathew, Gervase (Hrsg.): History of East Africa. 3 Bde. Oxford 1963–76.

Wilson, Monica / Thompson, Leonard (Hrsg.): Oxford History of South Africa. 2 Bde. London 1971.

Anthologien

Davidson, Basil: The African Past. Chronicles from Antiquity to Modern Times. London 1964.

Freeman-Grenville, G[reville] S[tewart] P[arker]: The East African Coast. Select Documents from the First to the Earlier Nineteenth Century. Oxford 1962.

Hodgkin, Thomas: Nigerian Perspectives. An Historical Anthology. London 1960.

Isichei, Elizabeth: Igbo Worlds. An Anthology of Oral Histories and Historical Descriptions. London 1977.

Sprachen

Greenberg, Joseph H[arold]: The Languages of Africa. 2. Aufl. Bloomington 1960.

Heine, Bernd [u. a.] (Hrsg.): Die Sprachen Afrikas. Hamburg 1981.

– / Nurse, Derek (Hrsg.): African Languages. An Introduction. Cambridge 2000.

Ethnizität

Amselle, Jean-Loup / M'Bokolo, Elikia (Hrsg.): Au cœur de l'ethnie. Ethnies, tribalisme et état en afrique. Paris 1985.

Du Toit, Brian M. (Hrsg.): Ethnicity in Modern Africa. Boulder 1978.

Jones, Adam: Kolonialherrschaft und Geschichtsbewußtsein. Zur

Rekonstruktion der Vergangenheit in Schwarzafrika 1865–1965. In: Historische Zeitschrift 250 (1990) S. 73–92.

Lentz, Carola: Die Konstruktion von Ethnizität. Eine politische Geschichte Nord-West-Ghanas 1870–1990. Köln 1998.

– »Tribalismus« und Ethnizität in Afrika. Ein Forschungsüberblick. Berlin 1994.

– / Nugent, Paul (Hrsg.): Ethnicity in Ghana. The Limits of Invention. London 2000.

Ranger, Terence: The Invention of Tradition in Colonial Africa. In: The Invention of Tradition. Hrsg. von Eric Hobsbawm und Terence Ranger. Cambridge 1983. S. 211–262.

– The Invention of Tradition Revisited. The Case of Colonial Africa. In: Legitimacy and the State in Twentieth-Century Africa. Hrsg. von Terence Ranger und Olufemi Vaughan. London 1993. S. 62–111.

Schlee, Günther: Identities on the Move. Clanship and Pastoralism in Northern Kenya. Manchester 1989.

Vail, Leroy (Hrsg.): The Creation of Tribalism in Southern Africa. London 1989.

Vorkoloniale Gesellschaften: übergreifende Darstellungen

The Travels of Ibn Battuta. A. D. 1325–1354. Transl. with revisions and notes from the Arabic text edit. by C. Defrémery and B. R. Sanguinetti by H. A. R. Gibb. 3 Bde. Cambridge 1958–71.

Iliffe, John: Honour in African History. Cambridge 2005.

Isichei, Elizabeth: A History of African Societies to 1870. Cambridge 1997.

Kramer, Fritz / Sigrist, Christian (Hrsg.): Gesellschaften ohne Staat. 2 Bde. Frankfurt a. M. 1978.

Nuscheler, Franz / Ziemer, Klaus: Präkoloniale Gesellschafts-, Herrschafts- und Legitimitätsformen. In: Die Wahl der Parlamente und anderer Staatsorgane. Ein Handbuch. Bd. 2: Afrika. Halbbd. 1: Politische Organisation und Repräsentation in Afrika. Hrsg. von Franz Nuscheler und Klaus Ziemer. Berlin 1978. S. 7–31.

Sigrist, Christian: Regulierte Anarchie. Untersuchungen zum Fehlen und zur Entstehung politischer Herrschaft in segmentären Gesellschaften Afrikas. 4., erw. Aufl. Münster 2005. [Erstausg. 1967.]

Smith, Robert S.: Warfare and Diplomacy in Pre-colonial West Africa. 2. Aufl. London 1989.

Westermann, Diedrich: Geschichte Afrikas. Staatenbildungen südlich der Sahara. Köln 1952.

Einzelne Regionen und politische Formationen in vorkolonialer Zeit

Niane, D. T.: Sundiata. An Epic of Old Mali. London 1965.

Beach, David N.: The Shona and Zimbabwe 900–1850. An Outline of Shona History. Neudr. Gweru 1984. [Erstausg. 1980.]

Garlake, Peter S.: Great Zimbabwe. London 1973.

Hilton, Anne: The Kingdom of Kongo. Oxford 1985.

Kiwanuka, Semakula: A History of Buganda. From the Foundation of the Kingdom to 1900. London 1971.

Law, Robin: The Oyo-Empire c. 1600 – c. 1836. A West African Imperialism in the Era of the Atlantic Slave Trade. Oxford 1977.

Levtzion, Nehemia: Ancient Ghana and Mali. London 1973.

McCaskie, T. C.: State and Society in Pre-colonial Asante. Cambridge 1995.

McLeod, M[alcom] D.: The Asante. London 1981.

Miller, Joseph C.: Kings and Kinsmen. Early Mbundu States in Angola. Oxford 1976.

Muriuki, Godfrey: A History of the Kikuyu 1500–1900. Nairobi 1974.

Nyakatura, John William: Anatomy of an African Kingdom. A History of Bunyoro-Kitara. Garden City / New York 1973. [Erstausg. 1947.]

Ogot, Bethwell A[llan]: History of the Southern Luo. Bd. 1: Migration and Settlement 1500–1900. Nairobi 1967.

Rodney, Walter: A History of the Upper Guinea Coast. 1545 to 1800. London 1970.

Smith, Robert S[ydney]: Kingdoms of the Yoruba. 3. Aufl. London 1988.

Vansina, Jan: L'évolution du royaume Rwanda des origines à 1900. Brüssel 1960.

Vansina, Jan: Kingdoms of the Savanna. Madison 1970.

Wrigley, Christian: Kingship and State. The Buganda Dynasty. Cambridge 1996.

Bevölkerung, Umwelt, Wirtschaft in vorkolonialer Zeit

Cohen, David William / Odhiambo, Atieno E[lisha] S[tephen]: Siaya. The Historical Anthropology of an African Landscape. London 1989.

Crummey, Donald / Stewart, C. C. (Hrsg.): Modes of Production in Africa. The Precolonial Era. Beverly Hills 1981.

Fyfe, Christopher / MacMaster, D. (Hrsg.): African Historical Demography. Proceedings. 2 Bde. Edinburgh 1977/82.

Goody, Jack: Technology, Tradition and the State in Africa. London 1971.

Harms, Robert W.: River of Wealth, River of Sorrow. The Central Zaire Basin in the Era of the Slave and Ivory Trade 1500–1891. New Haven 1981.

Hopkins, Anthony G[erald]: An Economic History of West Africa. 4. Aufl. London 1988.

Iliffe, John: The African Poor. A History. Cambridge 1987.

July, R[obert] W.: Precolonial Africa. An Economic and Social History. New York 1975.

Kopytoff, Igor (Hrsg.): The African Frontier. The Reproduction of Traditional African Societies. Bloomington 1987.

Marks, Shula / Rathbone, Richard (Hrsg.): The History of the Family in Africa. In: Journal of African History 24/2 (1983).

Altersklassensysteme

Abélès, Marc / Collard, Chantal (Hrsg.): Age, pouvoir et société en Afrique noir. Montréal 1985.

Baxter, Paul T[revor William] / Almagor, Uri (Hrsg.): Age, Generation and Time. Some Features of East African Age Organisations. London 1978.

Bernardi, Bernardo: Age Class Systems. Social Institutions and Polities Based on Age. Cambridge 1985.

Kurimoto, Eisei / Simonse, Simon (Hrsg.): Conflict, Age and Power in North East Africa. Age Systems in Transition. Oxford 1998.

Religion im vorkolonialen Afrika

Adegbola, E. A. Ade (Hrsg.): Traditional Religion in West Africa. Ibadan 1983.
Idowu, E[manuel] Bolaji: African Traditional Religion. A Definition. New York 1975.
Mbiti, John S[amuel]: Afrikanische Religion und Weltanschauung. Berlin 1974.
Ranger, Terence O[sborne] / Kimambo, Isaria N. (Hrsg.): The Historical Study of African Religion. With Special Reference to East and Central Africa. London 1972.

Islam in Afrika

Hiskett, Mervyn: The Course of Islam in Africa. Edinburgh 1994.
– The Development of Islam in West Africa. London 1984.
Levtzion, Nehemia / Pouwels, Randall L. (Hrsg.): The History of Islam in Africa. Athens / Ohio 1999.
Nimtz, August H.: Islam and Politics in East Africa. The Sufi Order in Tanzania. Minneapolis 1980.
Trimingham, Spencer: Islam in East Africa. London 1962.

Geschichte des südlichen Afrika

Davenport, T[homas] R[odney] H[ope] / Saunders, Christopher: South Africa. A Modern History. 5. Aufl. London 2000.
Elphick, Richard: Kraal and Castle. Khoikhoi and the Founding of White South Africa. New Haven 1977.
– / Giliomee, Hermann (Hrsg.): The Shaping of South African Society 1652–1840. 2. Aufl. Middletown 1989.
Etherington, Norman: The Great Treks. The Transformation of Southern Africa 1815–1854. Harlow 2001.
Fisch, Jörg: Geschichte Südafrikas. München 1990.

Hagemann, Albrecht: Kleine Geschichte Südafrikas. 2. Aufl. München 2003.

Hall, Martin: The Changing Past. Farmers, Kings and Traders in Southern Africa 200–1860. Kapstadt 1987.

Marx, Christoph: Im Zeichen des Ochsenwagens. Der radikale Afrikaaner-Nationalismus in Südafrika und die Geschichte der Ossewabrandwag. Münster 1998.

Sklaverei und Sklavenhandel

Beachey, Raymond W[endell]: A Collection of Documents on the Slave Trade of Eastern Africa. London 1976.

Curtin, Philip D[eArmond] (Hrsg.): Africa Remembered. Narratives by West Africans from the Era of the Slave Trade. Madison 1967.

Beachey, Raymond W[endell]: The Slave Trade of Eastern Africa. London 1976.

Bley, Helmut [u. a.] (Hrsg.): Sklaverei in Afrika. Afrikanische Gesellschaften im Zusammenhang von europäischer und interner Sklaverei und Sklavenhandel. Pfaffenweiler 1990.

Cooper, Frederick: Plantation Slavery on the East Coast of Africa. New Haven 1977.

Curtin, Philip D[eArmond]: The Atlantic Slave Trade. A Census. Madison 1969.

Elwert, Georg: Wirtschaft und Herrschaft von »Daxome« (Dahomey) im 18. Jahrhundert. Ökonomie des Sklavenraubs und Gesellschaftsstruktur 1724 bis 1818. München 1973.

Lovejoy, Paul E[llsworth]: Transformations in Slavery. A History of Slavery in Africa. 2. Aufl. Cambridge 2000.

Manning, Patrick: Slavery and African Life. Occidental, Oriental, and African Slave Trades. Cambridge 1990.

Miers, Suzanne / Kopytoff, Igor (Hrsg.): Slavery in Africa. Historical and Anthropological Perspectives. Madison 1977.

Robertson, Claire C[one] / Klein, Martin A[llen] (Hrsg.): Women and Slavery in Africa. Madison 1983.

Wirz, Albert: Sklaverei und kapitalistisches Weltsystem. Frankfurt a. M. 1984.

Politischer, wirtschaftlicher und gesellschaftlicher Wandel im 19. Jahrhundert

Ambler, Charles H.: Kenyan Communities in the Age of Imperialism. The Central Region in the Late Nineteenth Century. New Haven 1988.

Falola, Toyin: The Political Economy of a Pre-colonial African State. Ibadan 1830–1900. Ibadan 1984.

Forde, Daryll / Kaberry, P[hyllis] M[ary] (Hrsg.): West African Kingdoms in the Nineteenth Century. London 1967.

Hahner-Herzog, Iris: Tippu Tip und der Elfenbeinhandel in Ost- und Zentralafrika im 19. Jahrhundert. München 1990.

Heintze, Beatrix: Afrikanische Pioniere. Trägerkarawanen im westlichen Zentralafrika (ca. 1850–1890). Frankfurt a. M. 2002.

Iliffe, John: A Modern History of Tanganyika. Cambridge 1979.

Jones, Adam: From Slaves to Palm Kernels. A History of the Galinhas Country (West Africa) 1730–1890. Wiesbaden 1983.

Kimambo, I[saria] N[delahiyosa] / Temu, A[rnold] J. (Hrsg.): A History of Tanzania. Nairobi 1969.

Koponen, Juhani: People and Production in Late Precolonial Tanzania. History and Structures. Helsinki 1988.

Law, Robin (Hrsg.): From Slave Trade to ›Legitimate‹ Commerce. The Commercial Transition in Nineteenth-Century West Africa. Cambridge 1995.

Ogot, Bethwell A[llan] (Hrsg.): Kenya in the 19th Century. Nairobi 1985.

Smaldone, Joseph P[aul]: Warfare in the Sokoto Caliphate. Historical and Sociological Perspectives. Cambridge 1977.

Sulaiman, Ibraheem: The Islamic State and the Challenge of History. Ideals, Policies and Operation of the Sokoto Caliphate. London 1987.

Wilks, Ivor: Asante in the Nineteenth Century. The Structure and Evolution of a Political Order. 2. Aufl. Cambridge 1989.

Zeleza, Paul Tiyambe: A Modern Economic History of Africa. Bd. 1: The Nineteenth Century. Dakar 1993.

Berichte aus Afrika im 19. Jahrhundert

Autenrieth, Ferdinand: Ins Inner-Hochland von Kamerun. Eigene Reiseerlebnisse. Stuttgart 1900.

Autobiographie des Arabers Schech Hamed bin Muhammed el Murjebi, genannt Tippu Tip. Transkrib. und übers. von H[einrich] Brode. In: Mitteilungen des Seminars für Orientalische Sprachen 5 (1902) S. 175–277; 6 (1903) S. 1–55.

Barth, Heinrich: Neger, Negerstaaten. In: Deutsches Staats-Wörterbuch. Hrsg. von J[ohann] C[aspar] Bluntschli und K[arl] Brater. Bd. 7. Stuttgart 1862. S. 219–247.

– Reisen und Entdeckungen in Nord- und Central-Afrika in den Jahren 1849 bis 1855. 5 Bde. Gotha 1857/58.

Livingstone, David: The Last Journals of David Livingstone in Central Africa. 2 Bde. London 1874.

Park, Mungo: Travels in the Interior Districts of Africa. London 1799. [Dt.: Reisen im Innern von Afrika auf Veranstaltung der afrikanischen Gesellschaft in den Jahren 1795 bis 1797 unternommen. Berlin 1800.]

Peters, Carl: Die Gründung von Deutsch-Ostafrika. Kolonialpolitische Erinnerungen und Betrachtungen [1906]. In: Carl Peters: Gesammelte Schriften. Hrsg. von Walter Frank. Bd. 1. München 1943. S. 117–283.

– Die Usagara-Expedition [1885]. In: Ebd. S. 285–318.

Schweinfurth, Georg: Im Herzen von Afrika. Reisen und Entdeckungen im zentralen Äquatorial-Afrika während der Jahre 1868–1871 [1874]. Hrsg. von Reinhard Escher. Leipzig 1986.

Stanley, Henry Morton: Through the Dark Continent, or, The Sources of the Nile around the Great Lakes of Equatorial Africa and down the Livingstone River to the Atlantic Ocean. 2 Bde. London 1878.

Wissmann, Hermann [u. a.]: Im Inneren Afrikas. Die Erforschung des Kassai während der Jahre 1883, 1884 und 1885. Leipzig 1888.

– Unter deutscher Flagge quer durch Afrika von West nach Ost. Von 1880 bis 1883 ausgeführt von Paul Pogge und Hermann Wissmann. 5. Aufl. Berlin 1889.

Die europäische »Entdeckung« Afrikas im 19. Jahrhundert

Curtin, Philip D.: The Image of Africa. British Idea and Action, 1780–1850. London 1965.

De la Guérivière, Jean: Die Entdeckung Afrikas. Erforschung und Eroberung des schwarzen Kontinents. München 2004.

Denhardt, Imre Josef: Die Entschleierung Afrikas. Deutsche Kartenbeiträge von August Petermann bis zum Kolonialkartographischen Institut. Gotha 2000.

Essner, Cornelia: Deutsche Afrikareisende im neunzehnten Jahrhundert. Zur Sozialgeschichte des Reisens. Stuttgart 1985.

Marx, Christoph: »Völker ohne Schrift und Geschichte«. Zur historischen Erfassung des vorkolonialen Schwarzafrika in der deutschen Forschung des 19. und frühen 20. Jahrhunderts. Stuttgart 1988.

Pesek, Michael: Koloniale Herrschaft in Deutsch-Ostafrika. Expeditionen, Militär und Verwaltung seit 1880. Frankfurt a. M. 2005.

– Die Kunst des Reisens. Die Begegnung von europäischen Forschungsreisenden und Ostafrikanern in den Kontaktzonen des 19. Jahrhunderts. In: Kommunikationsräume – Erinnerungsräume. Beiträge zur transkulturellen Begegnung in Afrika. Hrsg. von Winfried Speitkamp. München 2005. S. 65–99.

Rotberg, Robert I. (Hrsg.): Africa and its Explorers. Motives, Methods, and Impact. Cambridge 1970.

Mission

Ajayi, Jacob F[estus] Ade: Christian Mission in Nigeria 1841–1891. The Making of a New Elite. Evanston 1969.

Altena, Thorsten: »Ein Häuflein Christen mitten in der Heidenwelt des dunklen Erdteils«. Zum Selbst- und Fremdverständnis protestantischer Missionare im kolonialen Afrika 1884–1918. Münster 2003.

Bade, Klaus J. (Hrsg.): Imperialismus und Kolonialmission. Kaiserliches Deutschland und koloniales Imperium. Wiesbaden 1982.

Gray, Richard: Black Christians and White Missionaries. New Haven 1990.

Gründer, Horst: Christliche Mission und deutscher Imperialismus. Eine politische Geschichte ihrer Beziehungen während der deutschen Kolonialzeit (1884–1914) unter besonderer Berücksichtigung Afrikas und Chinas. Paderborn 1982.

– Welteroberung und Christentum. Ein Handbuch zur Geschichte der Neuzeit. Gütersloh 1992.

Kinet, Ruth: »Licht in die Finsternis«. Kolonisation und Mission im Kongo 1876–1908. Kolonialer Staat und nationale Mission zwischen Kooperation und Konfrontation. Münster 2005.

McCracken, John: Politics and Christianity in Malawi 1875–1940. The Impact of the Livingstonia Mission in the Northern Province. Cambridge 1977.

Oermann, Nils Ole: Mission, Church and State Relations in South West Africa under German Rule (1884–1915). Stuttgart 1999.

Oliver, Roland: The Missionary Factor in East Africa. 2. Aufl. London 1965.

Stanley, Brian: The Bible and the Flag. Protestant Missions and British Imperialism in the Nineteenth and Twentieth Centuries. Leicester 1990.

Der europäische Imperialismus im 19. Jahrhundert: Deutungen und Darstellungen

Dilke, Charles W[entworth]: Greater Britain. London 1868.

Fabri, Friedrich: Bedarf Deutschland der Colonien? Eine politisch-ökonomische Betrachtung. Gotha 1879.

Mommsen, Wolfgang J[ustin]: Imperialismus. Seine geistigen, politischen und wirtschaftlichen Grundlagen. Ein Quellen- und Arbeitsbuch. Hamburg 1977.

Bade, Klaus J.: Friedrich Fabri und der Imperialismus in der Bismarckzeit. Revolution – Depression – Expansion. Freiburg i. Br. 1975.

Cain, Peter J. / Hopkins, Anthony G.: British Imperialism. Innovation and Expansion 1688–1914. New York 1993.

Fieldhouse, David K[enneth]: Economics and Empire 1830–1914. London 1973.

Gollwitzer, Heinz: Geschichte des weltpolitischen Denkens. 2 Bde. Göttingen 1972/82.

Mommsen, Wolfgang J[ustin] (Hrsg.): Der europäische Imperialismus. Göttingen 1979.
– Imperialismustheorien. Ein Überblick über neuere Imperialismusinterpretationen. 3. Aufl. Göttingen 1987.
– Der moderne Imperialismus. Stuttgart 1971.
Osterhammel, Jürgen / Petersson, Niels P.: Geschichte der Globalisierung. Dimensionen, Prozesse, Epochen. München 2003.
Robinson, Ronald / Gallagher, John: The Imperialism of Free Trade. In: The Economic History Review 6 (1953) S. 1–15.
Semmel, Bernard: Imperialism and Social Reform. English Social Imperial Thought 1895–1914. London 1966.
Wehler, Hans-Ulrich: Bismarck und der Imperialismus. Nachdr. Frankfurt a. M. 1984. [Erstausg. 1969.]
– (Hrsg.): Imperialismus. Königstein i. Ts. 1979. [Überarb. Nachdr. der 1976 ersch. 3. Aufl.]
Wolfe, Patrick: History and Imperialism. A Century of Theory, from Marx to Postcolonialism. In: American Historical Review 102 (1997) S. 388–420.

Koloniale Eroberung und Aufteilung Afrikas

Gatter, Frank Thomas (Hrsg.): Protokolle und Generalakte der Berliner Afrika-Konferenz 1884–1885. Bremen 1984.

Callahan, Michael D.: Mandates and Empire. The League of Nations and Africa, 1914–1931. Brighton 1999.
Digre, Brian: Imperialism's New Clothes. The Repartition of Tropical Africa 1914–1919. New York 1990.
Fisch, Jörg: Die europäische Expansion und das Völkerrecht. Die Auseinandersetzungen um den Status der überseeischen Gebiete vom 15. Jahrhundert bis zur Gegenwart. Stuttgart 1984.
Förster, Stig [u. a.] (Hrsg.): Bismarck, Europe, and Africa. The Berlin Africa Conference 1884–85 and the Onset of Partition. London 1988.
Louis, William Roger: Das Ende des deutschen Kolonialreiches. Britischer Imperialismus und die deutschen Kolonien 1914–1919. Düsseldorf 1971.
Reinhard, Wolfgang (Hrsg.): Imperialistische Kontinuität und nationale Ungeduld im 19. Jahrhundert. Frankfurt a. M. 1987.

Vandervort, Bruce: Wars of Imperial Conquest in Africa 1830–
1914. London 1998.
Wesseling, Hendrik L.: Teile und herrsche. Die Aufteilung Afrikas
1880–1914. Stuttgart 1999.

Europäische Kolonialherrschaft in Afrika: Gesamtdarstellungen und Sammelbände

Gründer, Horst (Hrsg.): »… da und dort ein junges Deutschland
gründen«. Rassismus, Kolonien und kolonialer Gedanke vom
16. bis zum 20. Jahrhundert. München 1999.

Albertini, Rudolf von: Europäische Kolonialherrschaft 1880–1940.
3. Aufl. Stuttgart 1987.
– (Hrsg.): Moderne Kolonialgeschichte. Köln 1970.
Gann, Louis H[enry] / Duignan, Peter (Hrsg.): Colonialism in
Africa 1870–1960. 5 Bde. Cambridge 1969–75.
Gifford, Prosser / Louis, William Roger (Hrsg.): Britain and Ger-
many in Africa. Imperial Rivalry and Colonial Rule. New Ha-
ven 1967.
– (Hrsg.): France and Britain in Africa. Imperial Rivalry and
Colonial Rule. New Haven 1971.
Gründer, Horst: Geschichte der deutschen Kolonien. 5. Aufl. Pa-
derborn 2005.
Heine, Peter / Van der Heyden, Ulrich (Hrsg.): Studien zur Ge-
schichte des deutschen Kolonialismus in Afrika. Festschrift zum
60. Geburtstag von Peter Sebald. Pfaffenweiler 1995.
Reinhard, Wolfgang: Geschichte der europäischen Expansion. Bd. 4:
Dritte Welt Afrika. Stuttgart 1990.
Speitkamp, Winfried: Deutsche Kolonialgeschichte. Stuttgart 2005.
Stoecker, Helmuth (Hrsg.): Drang nach Afrika. Die deutsche ko-
loniale Expansionspolitik und Herrschaft in Afrika von den Anfängen bis zum Verlust der Kolonien. 2. Aufl. Berlin 1991.

Proteste und Aufstände gegen die frühe Kolonialherrschaft

Allgemein

Crowder, Michael (Hrsg.): West African Resistance. London 1971.

Crummey, Donald (Hrsg.): Banditry, Rebellion and Social Protest in Africa. London 1986.

Fields, Karen E[lise]: Revival and Rebellion in Colonial Central Africa. Princeton 1985.

Ranger, Terence O[sborne]: Revolt in Southern Rhodesia. 2. Aufl. London 1979.

Rotberg, Robert I. / Mazrui, Ali (Hrsg.): Protest and Power in Black Africa. New York 1970.

Herero

Krüger, Gesine: Kriegsbewältigung und Geschichtsbewußtsein. Realität, Deutung und Verarbeitung des deutschen Kolonialkriegs in Namibia 1904–1907. Göttingen 1999.

Pool, Gerhard: Samuel Maharero. Windhoek 1991.

Zimmerer, Jürgen / Zeller, Joachim (Hrsg.): Völkermord in Deutsch-Südwestafrika. Der Kolonialkrieg (1904–1908) in Namibia und seine Folgen. Berlin 2003.

Nama

Witbooi, Hendrik: Afrika den Afrikanern! Aufzeichnungen eines Nama-Häuptlings aus der Zeit der deutschen Eroberung Südwestafrikas 1884–1894. Hrsg. von Wolfgang Reinhard. Berlin 1982.

Bühler, Andreas Heinrich: Der Namaaufstand gegen die deutsche Kolonialherrschaft in Namibia von 1904–1913. Frankfurt a. M. 2003.

Dedering, Tilman: Hendrik Witbooi. Religion, Kollaboration und Widerstand in Deutsch-Südwestafrika. In: Missionsgeschichte, Kirchengeschichte, Weltgeschichte. Christliche Missionen im Kontext nationaler Entwicklungen in Afrika, Asien und Ozeanien. Hrsg. von Ulrich van der Heyden und Heike Liebau. Stuttgart 1996. S. 325–341.

Dedering, Tilman: »Eine schwere Gefahr für die gesamte weiße Rasse in Südafrika«. Der Prophet Shepherd Stuurman alias Hendrik Bekeer 1904–1907. In: Mission und Moderne. Beiträge zur Geschichte der christlichen Missionen in Afrika. Hrsg. von Ulrich van der Heyden und Jürgen Becher. Köln 1998. S. 63–79.

Maji Maji

Gwassa, G[ilbert] C[lement] K[amana] / Iliffe, John: Records of the Maji Maji Rising. Nairobi 1968.

Bald, Detlef: Afrikanischer Kampf gegen koloniale Herrschaft. Der Maji-Maji-Aufstand in Ostafrika. In: Militärgeschichtliche Mitteilungen 19 (1976) S. 23–50.
Becker, Felicitas / Beez, Jigal (Hrsg.): Der Maji-Maji-Krieg in Deutsch-Ostafrika 1905–1907. Berlin 2005.
Beez, Jigal: Geschosse zu Wassertropfen. Sozio-religiöse Aspekte des Maji-Maji-Krieges in Deutsch-Ostafrika (1905–1907). Köln 2003.
Monson, Jamie: Relocating Maji Maji. The Politics of Alliance and Authority in the Southern Highlands of Tanzania 1870–1918. In: Journal of African History 39 (1998) S. 95–120.
Seeberg, Karl-Martin: Der Maji-Maji-Krieg gegen die deutsche Kolonialherrschaft. Historische Ursprünge nationaler Identität in Tansania. Berlin 1989.

Prinzipien der Kolonialpolitik, Aufbau und Verwaltung der Kolonialreiche

Dernburg, Bernhard: Zielpunkte des deutschen Kolonialwesens. Berlin 1907.
Lugard, Frederick: The Dual Mandate in Tropical Africa. 5. Aufl. London 1965. [Erstausg. 1922.]

Cohen, William B.: Rulers of Empire. The French Colonial Service in Africa. Stanford 1971.
Crowder, Michael: West Africa under Colonial Rule. London 1968.
Gann, Lewis H[enry] / Duignan, Peter (Hrsg.): African Proconsuls. European Governors in Africa. Stanford 1978.

Gann, Lewis H[enry] / Duignan, Peter (Hrsg.): The Rulers of Belgian Africa 1884–1914. Princeton 1979.
– The Rulers of British Africa 1870–1914. London 1978.
– The Rulers of German Africa 1884–1914. Stanford 1977.
Gray, Christopher J.: Colonial Rule and Crisis in Equatorial Africa. Southern Gabon, ca. 1850–1940. Rochester 2002.
Manning, Patrick: Francophone Sub-Saharan Africa 1880–1985. Cambridge 1988.
Schiefel, Werner: Bernhard Dernburg 1865–1937. Kolonialpolitiker und Bankier im wilhelminischen Deutschland. Zürich 1974.
Spittler, Gerd: Verwaltung in einem afrikanischen Bauernstaat. Das koloniale Französisch-Westafrika 1919–1939. Freiburg i. Br. 1981.
Trotha, Trutz von: Koloniale Herrschaft. Zur soziologischen Theorie der Staatsentstehung am Beispiel des »Schutzgebietes Togo«. Tübingen 1994.

Indirekte Herrschaft und Chiefs

Afigbo, Adiele E[berechukwu]: The Warrant Chiefs. Indirect Rule in Southeastern Nigeria 1891–1929. London 1972.
Atanda, J[oseph] A[debowale]: The New Oyo Empire. Indirect Rule and Change in Western Nigeria 1894–1934. London 1973.
Clough, Marshall S.: Fighting Two Sides. Kenyan Chiefs and Politicians 1918–1940. Niwot 1990.
Crowder, Michael / Ikime, Obaro (Hrsg.): West African Chiefs. Their Changing Status under Colonial Rule and Independence. New York 1970.
Igbafe, Philip Aigbona: Benin under British Administration. The Impact of Colonial Rule on an African Kingdom 1897–1938. London 1979.
Kipkorir, B[enjamin] E. (Hrsg.): Biographical Essays on Imperialism and Collaboration in Colonial Kenya. Nairobi 1980.
Richards, Audrey I[sabel] (Hrsg.): East African Chiefs. A Study of Political Development in some Uganda und Tanganyika Tribes. London 1959.

Recht und Justiz in der Kolonialzeit

Bauer, Paul: Die Strafrechtspflege über die Eingeborenen der deutschen Schutzgebiete. In: Archiv für öffentliches Recht 19 (1905) S. 32–86.

Chanock, Martin: Law, Custom and Social Order. The Colonial Experience in Malawi and Zambia. Portsmouth 1998.

Mann, Kristin / Roberts, Richard (Hrsg.): Law in Colonial Africa. London 1991.

Mommsen, Wolfgang J[ustin] / De Moor, J. A. (Hrsg.): European Expansion and Law. The Encounter of European and Indigenous Law in 19th-and 20th-Century Africa and Asia. Oxford 1991.

Naucke, Wolfgang: Deutsches Kolonialstrafrecht 1886–1918. In: Rechtshistorisches Journal 7 (1988) S. 297–315.

Trotha, Trutz von: Zur Entstehung von Recht. Deutsche Kolonialherrschaft und Recht im »Schutzgebiet Togo« 1884–1914. In: Rechtshistorisches Journal 7 (1988) S. 317–346.

Voigt, Rüdiger / Sack, Peter (Hrsg.): Kolonialisierung des Rechts. Zur kolonialen Rechts- und Verwaltungsordnung. Baden-Baden 2001.

Walz, Gotthilf: Die Entwicklung der Strafrechtspflege in Kamerun unter deutscher Herrschaft 1884–1914. Freiburg i. Br. 1981.

Wirtschaft, Gesellschaft und Arbeit in der Kolonialzeit

Austen, Ralph A.: African Economic History. Internal Development and External Dependency. London 1987.

Bley, Helmut: Kolonialherrschaft und Sozialstruktur in Deutsch-Südwestafrika 1894–1914. Hamburg 1968.

Cole, Patrick: Modern and Traditional Elites in the Politics of Lagos. Cambridge 1975.

Cooper, Frederick: From Slaves to Squatters. Plantation Labour and Agriculture in Zanzibar and Coastal Kenya 1890–1925. New Haven 1980.

Drechsler, Horst: Südwestafrika unter deutscher Kolonialherrschaft. Bd. 2: Die großen Land- und Minengesellschaften. Stuttgart 1996.

Giblin, James L[eonard]: The Politics of Environmental Control in Northeastern Tanzania 1840–1940. Philadelphia 1992.

Gutkind, Peter C[laus] W[olfgang] [u. a.] (Hrsg.): African Labor History. Beverly Hills 1978.

Harneit-Sievers, Axel: Zwischen Depression und Dekolonisation. Afrikanische Händler und Politik in Süd-Nigeria 1935–1954. Saarbrücken 1991.

Hausen, Karin: Deutsche Kolonialherrschaft in Afrika. Wirtschaftsinteressen und Kolonialverwaltung in Kamerun vor 1914. Zürich 1970.

Hochschild, Adam: Schatten über dem Kongo. Die Geschichte eines der großen, fast vergessenen Menschheitsverbrechen. 5. Aufl. Stuttgart 2000.

Körner, Heiko: Kolonialpolitik und Wirtschaftsentwicklung. Das Beispiel Französisch Westafrikas. Stuttgart 1965.

Martin, Susan M.: Palm Oil and Protest. An Economic History of the Ngwa Region, South-Eastern Nigeria, 1800–1980. Cambridge 1988.

Mosley, Paul: The Settler Economies. Studies in the Economic History of Kenya and Southern Rhodesia 1900–1963. Cambridge 1983.

Munro, J[ohn] Forbes: Africa and the International Economy 1800–1960. An Introduction to the Modern Economic History of Africa South of the Sahara. London 1976.

Palmer, Robin / Parsons, Neil (Hrsg.): The Roots of Rural Poverty in Central and Southern Africa. London 1977.

Phillips, Anne: The Enigma of Colonialism. British Policy in West Africa. London 1989.

Stichter, Sharon: Migrant Laborers [in Africa]. Cambridge 1985.

Wirz, Albert: Vom Sklavenhandel zum kolonialen Handel. Wirtschaftsräume und Wirtschaftsformen in Kamerun vor 1914. Zürich 1972.

Urbanisierung und Städte

Anderson, David M. / Rathbone, Richard (Hrsg.): Africa's Urban Past. Oxford 2000.

Becher, Jürgen: Dar es Salaam, Tanga und Tabora. Stadtentwicklung in Tansania unter deutscher Kolonialherrschaft (1885–1914). Stuttgart 1997.

Coquery-Vidrovitch, Catherine (Hrsg.): Processus d'urbanisation en Afrique. 2 Bde. Paris 1988.

Eckert, Andreas: »Unordnung« in den Städten. Stadtplanung, Urbanisierung und koloniale Politik in Afrika. In: Periplus 6 (1996) S. 1–20.

Falola, Toyin / Salm, Steven J. (Hrsg.): Globalization and Urbanization in Africa. Trenton 2004.

– (Hrsg.): Urbanization and African Cultures. Durham 2005.

Gründer, Horst / Johanek, Peter (Hrsg.): Kolonialstädte – Europäische Enklaven oder Schmelztiegel der Kulturen? Münster 2001.

Hance, William A.: Population, Migration, and Urbanization in Africa. New York 1970.

O'Connor, Anthony: The African City. London 1983.

Urbanization in African Social Change. Proceedings of the Inaugural Seminar held in the Centre of African Studies. University of Edinburgh 5th–7th January, 1963. [Masch. Edinburgh 1963.]

Übergreifende Aspekte der Sozialgeschichte seit dem 19. Jahrhundert

Gesundheit

Arnold, David (Hrsg.): Imperial Medicine and Indigenous Societies. Manchester 1988.

Eckart, Wolfgang U.: Medizin und Kolonialimperialismus. Deutschland 1884–1945. Paderborn 1997.

Falola, Toyin / Iyavyar, Dennis (Hrsg.): The Political Economy of Health in Africa. Athens/Ohio 1992.

Hartwig, Gerald W[alter] / Patterson, K[arl] David (Hrsg.): Disease in African History. An Introductory Survey and Case Studies. Durham 1978.

Frauen und gender-*Frage*

Hunt, Nancy Rose [u. a.] (Hrsg.): Gendered Colonialisms in African History. Oxford 1997.

Kanogo, Tabitha: African Womanhood in Colonial Kenya 1900–50. Oxford 2005.

Obbo, Christine: African Women. Their Struggle for Economic Independence. London 1980.

Parpart, Jane L. / Staudt, Kathleen A. (Hrsg.): Women and the State in Africa. Boulder 1989.

White, Luise: The Comforts of Home. Prostitution in Colonial Nairobi. Chicago 1990.

Jugend

Abbink, Jon / van Kessel, Ineke (Hrsg.): Vanguard or Vandals. Youth, Politics and Conflict in Africa. Leiden 2005.

D'Almeida-Topor, Hélène [u. a.] (Hrsg.): Les jeunes en Afriques. 2 Bde. Paris 1992.

– / Goerg, Odile (Hrsg.): Le mouvement associatif des jeunes en Afrique noir francophone au XXe siècle. Paris 1989.

Martin, Phyllis M: Leisure and Society in Colonial Brazzaville. Cambridge 1995.

Mmembe, Joseph A.: Les jeunes et l'ordre politique en Afrique noire. Paris 1985.

Alkohol

Akyeampong, Emmanuel Kwaku: Drink, Power, and Cultural Change. A Social History of Alcohol in Ghana c. 1800 to Recent Times. Oxford 1996.

Bryceson, Deborah Fahy (Hrsg.): Alcohol in Africa. Mixing Business, Pleasure, and Politics. Portsmouth 2002.

Willis, Justin: Potent Brews. A Social History of Alcohol in East Africa 1850–1999. Nairobi 2002.

Christentum, Kirchen und Religion
seit dem 19. Jahrhundert

Anderson, David M.: Revealing Prophets. Prophecy in Eastern African History. London 1995.

Asch, Susann: L'église du prophète Simon Kimbangu des ses origines à son rôle actuel au Zaire. Paris 1983.

Blakely, Thomas D. [u. a.] (Hrsg.): Religion in Africa. Experience and Expression. London 1994.

Gifford, Paul: African Christianity. Its Public Role. London 1998.

Greene, Sandra E.: Sacred Sites and the Colonial Encounter. A History of Meaning and Memory in Ghana. Bloomington 2002.

Hastings, Adrian: The Church in Africa 1450–1950. Oxford 1994.

– A History of African Christianity 1950–1975. Cambridge 1979.

Holst Petersen, Kirsten (Hrsg.): Religion, Development and African Identity. Uppsala 1987.

Martin, Marie-Louise: Kirche ohne Weiße. Simon Kimbangu und seine Millionenkirche im Kongo. Basel 1971.

Peel, John D[avid] Y[eadon]: Aladura. A Religious Movement among the Yoruba. London 1968.

Sandgren, David P.: Christianity and the Kikuyu. Religious Divisions and Social Conflict. New York 2000.

Sanneh, Lamin: West African Christianity. The Religious Impact. London 1983.

Sundkler, Bengt: Bantu Prophets in South Africa. 2. Aufl. Oxford 1961.

Turner, H[arold] W.: African Independent Church. 2 Bde. Oxford 1967.

Wauthier, Claude: Sectes et Prophètes d'Afrique noire. Paris 2007.

Bildung und Schule in der Kolonialzeit

Adick, Christel / Mehnert, Wolfgang: Deutsche Missions- und Kolonialpädagogik in Dokumenten. Eine kommentierte Quellensammlung aus den Afrikabeständen deutschsprachiger Archive 1884–1914. Unter Mitarb. von Thea Christiani. Frankfurt a. M. 2001.

Adick, Christel: Bildung und Kolonialismus in Togo. Eine Studie zu den Entstehungszusammenhängen eines europäisch geprägten Bildungswesens in Afrika am Beispiel Togo (1850–1914). Weinheim 1981.

Foster, Philip: Education and Social Change in Ghana. London 1965.

Küster, Sybille: Neither Cultural Imperialism nor Precious Gift of Civilization. African Education in Colonial Zimbabwe 1890–1962. Hamburg 1994.

Geschichtsschreibung und Ethnographie in Afrika während der Kolonialzeit

Ajisafe, A[jayi] K[olawole]: The Laws and Customs of the Yoruba People. London 1924.

Egharevba, Jacob U[wadiae]: Benin Law and Custom. 3. Aufl. [o. O.] 1949. [Erstausg. 1946. – Neudr. Nendeln 1971.]

– A Short History of Benin. Lagos 1934.

Johnson, Samuel: The History of the Yorubas. From the Earliest Times to the Beginning of the British Protectorate. Hrsg. von Obadiah Johnson. Lagos 1937. [Verfasst 1897. Erstausg. 1921.]

Kaggwa, Apolo: The Kings of Buganda. Übers. und hrsg. von M. S. M. Kiwanuka. Nairobi 1971. [Erstausg. 1901.]

Kenyatta, Jomo: Facing Mount Kenya. The Tribal Life of the Gikuyu. With an Introduction by Bronislaw Malinowski. New York 1965. [Erstausg. 1938.]

– My People of Kikuyu. The Life of Chief Wangombe. Nairobi 1966. [Erstausg. 1942.]

Reindorf, Carl Christian: History of the Gold Coast and Asante. Based on Traditions and Historical Facts Comprising a Period of More than Three Centuries from about 1500 to 1860. Accra 1966. [Erstausg. 1895.]

Falola, Toyin (Hrsg.): Pioneer, Patriot and Patriarch. Samuel Johnson and the Yoruba People. Winsconsin/Madison 1993.

Jenkins, Paul (Hrsg.): Recovery of the West African Past. African Pastors and African History in the Nineteenth Century. Basel 1998.

Politische Ideen und Bewegungen im kolonialen Afrika

Langley, J[abez] Adoyle (Hrsg.): Ideologies of Liberation in Black Africa 1856–1970. Documents on Modern Political Thought from Colonial Times to the Present. London 1979.

Adi, Hakim: West Africans in Britain 1900–1960. Nationalism, Pan-Africanism, and Communism. London 1998.

Ansprenger, Franz: Politik im Schwarzen Afrika. Die modernen politischen Bewegungen im Afrika französischer Prägung. Köln 1961.

Bogonko, Sorobea N[yachieo]: Kenya 1945–1963. A Study in African National Movements. Nairobi 1980.

Geiss, Imanuel: Panafrikanismus. Zur Geschichte der Dekolonisation. Frankfurt a. M. 1968.

Heinrichs, Hans-Jürgen: »Sprich deine eigene Sprache, Afrika!« Von der Négritude zur afrikanischen Literatur der Gegenwart. Berlin 1992.

Johnson, G[eorge] Wesley: The Emergence of Black Politics in Senegal. The Struggle for Power in the Four Communes 1900–1920. Stanford 1971.

Kimble, David: A Political History of Ghana. The Rise of Gold Coast Nationalism 1850–1928. Oxford 1963.

Langley, J[abez] Adoyle: Pan-Africanism and Nationalism in West Africa 1900–1945. A Study in Ideology and Social Classes. Oxford 1973.

Mährdel, Christian: Afrika südlich der Sahara. Vom selbstbestimmt-visionären »Afrikanismus« zum antikolonial-emanzipatorischen Nationalismus. In: Nationalismus. Wege der Staatenbildung in der außereuropäischen Welt. Hrsg. von Ernst Bruckmüller [u. a.]. Wien 1994. S. 175–200.

Rotberg, Robert I.: The Rise of Nationalism in Central Africa. The Making of Malawi and Zambia, 1873–1964. Cambridge/ Massachusetts 1965.

Schärer, Therese: Das Nigerian Youth Movement. Eine Untersuchung zur Politisierung der afrikanischen Bildungsschicht vor dem Zweiten Weltkrieg. Berlin 1986.

Sklar, Richard L[awrence]: Nigerian Political Parties. Power in an Emergent African Nation. Princeton 1963.

Speitkamp, Winfried: Generation und Tradition. Politische Jugendbewegungen im kolonialen Kenia. In: Generationswechsel und historischer Wandel. Hrsg. von Andreas Schulz und Gundula Grebner. München 2003. S. 93–120.

Entkolonialisierung

Porter, Andrew N[eil] / Stockwell, A[nthony] J[ohn]: British Imperial Policy and Decolonization 1938–1964. Bd. 1: 1938–1951. London 1987. – Bd. 2: 1951–1964. Ebd. 1989.

Ageron, Charles-Robert: La décolonisation française. 2. Aufl. Paris 1994.

Albertini, Rudolf von: Dekolonisation. Die Diskussion über Verwaltung und Zukunft der Kolonien 1919–1960. Köln 1966.

Ansprenger, Franz: Auflösung der Kolonialreiche. 2. Aufl. München 1973.

Betts, Raymond F.: France and Decolonization 1900–1960. London 1991.

Birmingham, David: The Decolonization of Africa. London 1995.

Gifford, Prosser / Louis, William Roger (Hrsg.): The Transfers of Power in Africa. Decolonization 1940–1960. New Haven 1982.

Hargreaves, John D[esmond]: Decolonization in Africa. 2. Aufl. London 1996.

Holland, Robert F[raser]: European Decolonization 1918–1981. An Introductory Survey. London 1985.

Rothermund, Dietmar: Delhi, 15. August 1947. Das Ende kolonialer Herrschaft. München 1998.

Wilson, Henry S.: African Decolonization. London 1994.

Kenia und der Mau-Mau-Aufstand

Barnett, Donald L[ucas] / Njama, Karari: Mau Mau from Within. Autobiography and Analysis of Kenya's Peasant Revolt. London 1966.

Corfield, F. D.: The Origins and Growth of Mau Mau. [London 1960.]

Kinyatti, Maina wa: Thunder from the Mountains. Mau Mau Patriotic Songs. London 1980.

Anderson, David: Histories of the Hanged. Britain's Dirty War in Kenya and the End of Empire. London 2005.

Berman, Bruce / Lonsdale, John: Unhappy Valley. Conflict in Kenya and Africa. 2 Bde. London 1992.

Clough, Marshall S.: Mau Mau Memoirs. History, Memory, and Politics. Boulder 1998.

Elkins, Caroline: Britain's Gulag. The Brutal End of Empire in Kenya. London 2005.

Kanago, Tabitha: Squatters and the Roots of Mau Mau 1905–63. London 1987.

Kershaw, Greet: Mau Mau from Below. Oxford 1997.

Maloba, Wunyabari O.: Mau Mau and Kenya. An Analysis of a Peasant Revolt. Bloomington 1998.

Ogot, Bethwell A[llan] / Ochieng', William R[obert] (Hrsg.): Decolonization and Independence in Kenya 1940–93. London 1995.

Presley, Cora Ann: Kikuyu Women, the Mau Mau Rebellion, and Social Change in Kenya. Boulder 1992.

Speitkamp, Winfried: Spätkolonialer Krieg und Erinnerungspolitik. Mau Mau in Kenia. In: Krieg und Erinnerung. Fallstudien zum 19. und 20. Jahrhundert. Hrsg. von Helmut Berding [u. a.]. Göttingen 2000. S. 193–222.

Throup, David: Economic and Social Origins of Mau Mau 1945–53. London 1987.

Staatsgründungen und nachkoloniale Politik

Ansprenger, Franz: Politische Geschichte Afrikas im 20. Jahrhundert. 3., neubearb. und erw. Aufl. München 1999.

Bayart, Jean-François: L'État en Afrique. La politique du ventre. Paris 1989.

Carter, Gwendolen M[argaret] / O'Meara, Patrick (Hrsg.): African Independence. The First Twenty-Five Years. Bloomington 1985.

Cruise O'Brien, Donal B. [u. a.] (Hrsg.): Contemporary West African States. Cambridge 1989.

Gifford, Prosser / Louis, William Roger (Hrsg.): Decolonization and African Independence. The Transfer of Power 1960–1980. New Haven 1988.

Hodgkin, Thomas: African Political Parties. An Introductory Guide. Harmondsworth 1961.

Hofmeier, Rolf / Matthies, Volker (Hrsg.): Vergessene Kriege in Afrika. Göttingen 1992.

Jackson, Robert H[oughwout] / Rosberg, Carl G[ustav]: Personal Rule in Black Africa. Prince, Autocrat, Prophet, Tyrant. Berkeley 1982.

Meyns, Peter (Hrsg.): Staat und Gesellschaft in Afrika. Erosions- und Reformprozesse. Hamburg 1996.

Schachter Morgenthau, Ruth: Political Parties in French-Speaking West Africa. Oxford 1964.

Wirz, Albert: Krieg in Afrika. Die nachkolonialen Konflikte in Nigeria, Sudan, Tschad und Kongo. Wiesbaden 1982.

Zolberg, Aristide R.: Creating Political Order. The Party-States of West Africa. 5. Aufl. Chicago 1971.

Einzelne nachkoloniale Staaten

Austin, Dennis: Politics in Ghana 1946–1960. London 1970.

Ballot, Frank: Politische Herrschaft in Kenia. Der neo-patrimoniale Staat 1963–1978. Rheinfelden 1986.

Birmingham, David: Frontline Nationalism in Angola and Mozambique. London 1992.

Coulson, Andrew: Tanzania. A Political Economy. Oxford 1982.

Falola, Toyin: The History of Nigeria. Westport 1999.

Graf, William D[avid]: The Nigerian State. Political Economy, State Class and Political System in the Post-Colonial Era. London 1988.

Harneit-Sievers, Axel [u. a.]: A Social History of the Nigerian Civil War. Hamburg 1997.

Hill, Martin J. D.: The Harambee Movement in Kenya. Self-Help, Development and Education among the Kamba of Kitui District. London 1991.

Mehler, Andreas: Kamerun in der Ära Biya. Bedingungen, erste Schritte und Blockaden einer demokratischen Transition. Hamburg 1993.

Mutibwa, Phares: Uganda since Independence. A Story of Unfulfilled Hopes. London 1992.

Titley, Brian: Dark Age. The Political Odyssey of Emperor Bokassa. Montreal 1997.

Young, Crawford / Turner, Thomas: The Rise and Decline of the Zairian State. Madison 1985.

Afrikanische Politiker

Afrikanischer Sozialismus. Aus den Reden und Schriften von Julius K. Nyerere. Mit einer Einl. von Gerhard Grohs. 4. Aufl. Frankfurt a. M. 1979.

Azikiwe, Nnamdi: My Odyssey. An Autobiography. New York 1970.

Azikiwe, Nnamdi: Renascent Africa. Accra 1937.

Friedland, William H. / Rosberg Jr., Carl G[ustav] (Hrsg.): African Socialism. Stanford 1964.

Gicaru, Muga: Land of Sunshine. Scenes of Life in Kenya before Mau Mau. London 1958.

Kenyatta, Jomo: Harambee! The Prime Minister of Kenya's Speeches 1963–1964. Nairobi 1964.

– Suffering without Bitterness. The Founding of the Kenya Nation. Nairobi 1968.

Mandela, Nelson: Der lange Weg zur Freiheit. Autobiographie. Frankfurt a. M. 1994.

Moi, Daniel T[oroitich] arap: Kenya African Nationalism. Nyayo Philosophy and Principles. London 1986.

Nkrumah, Kwame: Afrika muss eins werden. Leipzig 1965.

– The Autobiography. Edinburgh 1957.

Nyerere, Julius K[ambarage]: Freedom and Development. A Selection from Writings and Speeches 1968–1973. Dar es Salaam 1973.

– Freedom and Unity. A Selection from Writings and Speeches 1952–65. London 1967.

Odinga, Oginga: Not yet Uhuru. London 1967.

Senghor, Léopold Sédar: Afrika und die Deutschen. Tübingen 1968.

Van Lierde, Jean (Hrsg.): La pensée politique de Patrice Lumumba. Paris 1963.

Marx, Christoph: »History Comes Full Circle«. Nkrumah, Kenyatta, Mandela über Nation und Ethnizität in Afrika. In: Historische Zeitschrift 265 (1997) S. 373–393.

Murray-Brown, Jeremy: Kenyatta. London 1972.

Riesz, János: Léopold Sédar Senghor und der afrikanische Aufbruch im 20. Jahrhundert. Wuppertal 2006.

Vaillant, Janet: Black, French, and African. A Life of Léopold Sédar Senghor. Cambridge/Massachusetts 1990.

Verfassung, Recht, Menschenrechte

Baumann, Herbert [u. a.] (Hrsg.): Die Verfassungen der anglophonen Staaten des subsaharischen Afrikas. Berlin 2001.

Baumann, Herbert / Ebert, Matthias (Hrsg.): Die Verfassungen der frankophonen und lusophonen Staaten des subsaharischen Afrikas. Berlin 1997.

Kunig, Philip [u. a.]: Regional Protection of Human Rights by International Law. The Emerging African System. Documents and Three Introductory Essays. Baden-Baden 1985.

Peaslee, Amos J[enkins]: Constitutions of Nations. Bd. 1: Africa. 3. Aufl. Den Haag 1965.

Reyntjens, Filip (Hrsg.): Constitutiones Africae [Loseblattslg.]. 4 Bde. Brüssel 1988–92.

Bryde, Brun-Otto: Der Verfassungsstaat in Afrika. In: Die Welt des Verfassungsstaates. Hrsg. von Martin Morlok. Baden-Baden 2001. S. 203–216.

Esiemorhai, Emmanuel Omoh: Towards Adequate Defence of Human Rights in Africa. In: Verfassung und Recht in Übersee 13 (1980) S. 151–157.

Henry, Hagen: Afrikanisches Recht im Banne staatlicher und nationaler Integration und (wirtschaftlicher) Entwicklung. In: Verfassung und Recht in Übersee 16 (1983) S. 293–319.

Much, Christian: Menschenrechte in Afrika – Der Entwurf einer afrikanischen »Charta der Menschenrechte und Völkerrechte«. In: Afrika Recht und Wirtschaft (1981) H. 3. S. 1–10.

Staatssymbolik

Fauré, Yves-A[ndré]: Célébrations officielles et pouvoirs africains. Symbolique et construction de l'État. In: Revue canadienne des études africaines 12 (1978) S. 383–404.

Speitkamp, Winfried: »Authentizität« und Nation. Kollektivsymbolik und Geschichtspolitik in postkolonialen afrikanischen Staaten. In: Nationale Mythen – kollektive Symbole. Funktionen, Konstruktionen und Medien der Erinnerung. Hrsg. von Klaudia Knabel [u. a.]. Göttingen 2005. S. 225–243.

Triaud, Jean-Louis: Le nom de Ghana. Mémoire en exil, mémoire importée, mémoire appropriée. In: Histoire d'Afrique. Les enjeux de mémoire. Hrsg. von Jean-Pierre Chrétien und Jean-Louis Triaud. Paris 1999. S. 235–280.

Wirtschaft und Gesellschaft im nachkolonialen Afrika

Fieldhouse, David K[enneth]: Black Africa 1945–80. Economic Decolonization and Arrested Development. London 1986.

Hyden, Goran: Urban Growth and Rural Development. In: African Independence. The First Twenty-Five Years. Hrsg. von Gwendolen M[argaret] Carter und Patrick O'Meara. Bloomington 1985. S. 188–217.

Kilby, Peter: Industrialization in an Open Economy. Nigeria 1945–1966. Cambridge 1969.

Lofchie, Michael F.: Africa's Agrarian Malaise. In: African Independence. The First Twenty-Five Years. Hrsg. von Gwendolen M[argaret] Carter und Patrick O'Meara. Bloomington 1985. S. 160–187.

Toure, Moriba / Fadayomi, Theophilus Oyeyemi (Hrsg.): Migrations, Development and Urbanization Policies in Sub-Saharan Africa. Dakar 1992.

Kollektive Identität und Geschichtskultur

Ardouin, Claude Daniel / Arinze, Emmanuel (Hrsg.): Museums and History in West Africa. Washington 2000.

Baaz, Maria Eriksson / Palmberg, Mai (Hrsg.): Same and Other. Negotiating African Identity in Cultural Production. Stockholm 2001.

Behrend, Heike / Geider, Thomas: Afrikaner schreiben zurück. Texte und Bilder afrikanischer Ethnographen. Köln 1998.

Berman, Bruce [u. a.] (Hrsg.): Ethnicity and Democracy in Africa. Oxford 2004.

Chrétien, Jean-Pierre / Triaud, Jean-Louis (Hrsg.): Histoire d'Afrique. Les enjeux de mémoire. Paris 1999.

Diallo, Aly: Die Rolle des kulturgeschichtlichen Museums in Afrika am Beispiel Mali. Frankfurt a. M. 1993.

Döring, Tobias (Hrsg.): African Cultures, Visual Arts, and the Museum. Sights/Sites of Creativity and Conflict. Amsterdam 2002.

Fabian, Johannes: Remembering the Present. Painting and Popular History in Zaire. Berkeley 1996.

Falola, Toyin / Genova, Ann (Hrsg.): Yoruba Identity and Power Politics. Rochester 2006.

Gaugue, Anne: Les états Africains et leurs musées. La mise en scène de la Nation. Paris 1997.

Harneit-Sievers, Axel: Constructions of Belonging. Igbo Communities and the Nigerian State in the Twentieth Century. Rochester 2006.

– (Hrsg.): A Place in the World. New Local Historiographies from Africa and South Asia. Leiden 2002.

Shetler, Jan Bender: Telling Our Own Stories. Local Histories from South Mara, Tanzania. Leiden 2003.

Akademische Geschichtswissenschaft

Bergenthum, Hartmut: Geschichtswissenschaft in Kenia in der zweiten Hälfte des 20. Jahrhunderts. Herausforderungen, Vielfalt, Grenzen. Münster 2004.

Eckert, Andreas: Nationalgeschichtsschreibung und koloniales Erbe. Historiographien in Afrika in vergleichender Perspektive. In: Die Nation schreiben. Geschichtswissenschaft im internationalen Vergleich. Hrsg. von Christoph Conrad und Sebastian Conrad. Göttingen 2002. S. 78–111.

Harding, Leonhard / Reinwald, Brigitte (Hrsg.): Afrika – Mutter und Modell der europäischen Zivilisation? Die Rehabilitierung des schwarzen Kontinents durch Cheikh Anta Diop. Berlin 1990.

Jewsiewicki, Bogumil / Newbury, David (Hrsg.): Africa Historiographies. What History for Which Africa? Beverly Hills 1986.

Kaese, Wolfgang: Akademische Geschichtsschreibung und Politik in Nigeria. Historiographische Entwicklung und politisch-soziale Hintergründe ca. 1955 – ca. 1995. Hamburg 2000.

Neale, Caroline: Writing »Independent« History. African Historiography, 1960–1980. Westport 1985.

Vergangenheitsdebatten und Geschichtspolitik

Allgemein

Brandstetter, Anna-Maria: Gewalt – Trauma – Erinnerung. In: Entangled. Annäherungen an zeitgenössische Künstler aus Afrika. Hrsg. von Marjorie Jongbloed. Hannover 2006. S. 122–155.

Howard-Hassmann, Rhoda E.: Reparations to Africa and the Group of Eminent Persons. In: Cahiers d'Études africaines 44 (2004) H. 173/174. S. 81–97.

Last, Murray: Reconciliation and Memory in Postwar Nigeria. In: Violence and Subjectivity. Hrsg. von Veena Das [u. a.]. Berkeley 2000. S. 315–332.

Soyinka, Wole: Die Last des Erinnerns. Was Europa Afrika schuldet – und was Afrika sich selbst schuldet. Düsseldorf 2001.

Speitkamp, Winfried: Erinnerung und Nation in Afrika. In: Erinnerung, Gedächtnis, Wissen. Studien zur kulturwissenschaftlichen Gedächtnisforschung. Hrsg. von Günter Oesterle. Göttingen 2005. S. 537–553.

Ruanda 1994 und die Folgen

Brandstetter, Anna-Maria: Erinnern und Trauern. Über Genozidgedenkstätten in Ruanda. In: Kommunikationsräume – Erinnerungsräume. Beiträge zur transkulturellen Begegnung in Afrika. Hrsg. von Winfried Speitkamp. München 2005. S. 291–324.

Hankel, Gerd: »Wir möchten, dass ihr uns verzeiht.« Die Anfänge der Gacaca-Justiz in Ruanda. In: Völkerrecht statt Machtpolitik. Beiträge für Gerhard Stuby. Hrsg. von Norman Paech [u. a.]. Hamburg 2004. S. 358–371.

Harding, Leonhard (Hrsg.): Ruanda – der Weg zum Völkermord. Vorgeschichte – Verlauf – Deutung. Hamburg 1998.

Prunier, Gérard: The Rwanda Crisis 1959–1994. History of a Genocide. London 1999.

Schürings, Hildegard (Hrsg.): Ein Volk verläßt sein Land. Krieg und Völkermord in Ruanda. Köln 1994.

Taylor, Christopher: Sacrifice as Terror. The Rwandan Genocide of 1994. Oxford 1999.

Vergangenheitsbewältigung in Südafrika

Truth and Reconciliation Commission of South Africa. Report. 5 Bde. Cape Town 1998.

Tutu, Desmond: Keine Zukunft ohne Versöhnung. Düsseldorf 2001.

Adam, Heribert: Widersprüche der Befreiung. Wahrheit, Gerechtigkeit und Versöhnung in Südafrika. In: Vergangenheitsbewältigung am Ende des zwanzigsten Jahrhunderts. Hrsg. von Helmut König [u. a.]. Opladen 1998. S. 350–367.

Ansprenger, Franz: Versöhnung durch Wahrheit? Südafrika will seine Vergangenheit bewältigen. In: Neue Politische Literatur 45 (2000) S. 390–399.

Macdonald, Helen: Die gespaltene Erinnerung Südafrikas. In: Verbrechen erinnern. Die Auseinandersetzung mit Holocaust und Völkermord. Hrsg. von Volkhard Knigge und Norbert Frei. München 2002. S. 57–74.

Werle, Günther: Neue Wege. Die südafrikanische Wahrheitskommission und die Aufarbeitung von schweren Menschenrechtsverletzungen. In: Umkämpfte Vergangenheit. Geschichtsbilder, Erinnerung und Vergangenheitspolitik im internationalen Vergleich. Hrsg. von Petra Bock und Edgar Wolfrum. Göttingen 1999. S. 269–289.

Zukunft Afrikas

Jakobeit, Cord / Weiland, Heribert (Hrsg.): Das »Afrika-Memorandum« und seine Kritiker. Eine Dokumentation. Hamburg 2002.

Öhm, Manfred / Weiland, Heribert: Afrika – ein chancenloser Kontinent? Ein Memorandum erregt Aufsehen. In: Aus Politik und Zeitgeschichte 13/14 (2002) S. 7–14.

Reinhard, Wolfgang (Hrsg.): Verstaatlichung der Welt? Europäische Staatsmodelle und außereuropäische Machtprozesse. München 1999.

Tetzlaff, Rainer [u. a.] (Hrsg.): Afrika zwischen Dekolonisation, Staatsversagen und Demokratisierung. Hamburg 1995.

– Afrika zwischen Demokratisierung und Staatszerfall. In: Aus Politik und Zeitgeschichte 21 (1998) S. 3–15.

– Die Staaten Afrikas zwischen demokratischer Konsolidierung und Staatszerfall. In: Aus Politik und Zeitgeschichte 13/14 (2002) S. 3–6.

Verzeichnis der Tabellen

Verzeichnis der Karten

Register

Das Register umfasst Personennamen, geographische Bezeichnungen und die Namen von Völkern.

Zum Autor

Winfried Speitkamp, geboren 1958, Promotion 1986, Habilitation 1994, lehrt Neuere Geschichte an der Justus-Liebig-Universität Gießen.

Forschungsschwerpunkte: Verfassungs- und Landesgeschichte; Geschichte von Denkmalpflege, Geschichtskultur und politischer Symbolik; Jugend- und Bildungsgeschichte; afrikanische und Kolonialgeschichte.

Publikationen: Restauration als Transformation. Untersuchungen zur kurhessischen Verfassungsgeschichte 1813–1830. 1986. – Die Verwaltung der Geschichte. Denkmalpflege und Staat in Deutschland 1871–1933. 1996. – Jugend in der Neuzeit. Deutschland vom 16. bis zum 20. Jahrhundert. 1998. – Deutsche Kolonialgeschichte. 2005. – (Mitbearb.) Akten zur Entstehung und Bedeutung des kurhessischen Verfassungsentwurfs von 1815/16. 1985. – (Hrsg.) Kommunalverfassung in Kurhessen. 1987. – (Hrsg.) Staat, Gesellschaft, Wissenschaft. Beiträge zur modernen hessischen Geschichte. 1994. – (Mithrsg.) Konflikt und Reform. Festschrift für Helmut Berding. 1995. – (Hrsg.) Denkmalsturz. Zur Konfliktgeschichte politischer Symbolik. 1997. – (Mithrsg.) Armenfürsorge in Hessen-Kassel. Dokumente zur Vorgeschichte der Sozialpolitik zwischen Aufklärung und Industrialisierung. 1998. – (Mithrsg.) Fünfzig Jahre Landesgeschichtsforschung in Hessen. 2000. – (Mithrsg.) Krieg und Erinnerung. Fallstudien zum 19. und 20. Jahrhundert. 2000. – (Hrsg.) Kommunikationsräume – Erinnerungsräume. Beiträge zur transkulturellen Begegnung in Afrika. 2005. – (Hrsg.) Erinnerungsräume und Wissenstransfer. Beiträge zur afrikanischen Geschichte (in Vorb.).

Nationalgeschichten

IN RECLAMS UNIVERSAL-BIBLIOTHEK

Die Bände sind für den Fachmann wie für den interessierten Laien gedacht und daher besonders übersichtlich angelegt: Jedes Hauptkapitel wird durch einen knappen Epochenüberblick eingeleitet; die sich anschließende Darstellung ist in überschaubare Abschnitte untergliedert, denen jeweils eine chronologische Tabelle vorangestellt ist; es folgen ausgewählte bibliographische Angaben zur Vertiefung der Kenntnisse und ein kommentiertes Personenregister. Zur Veranschaulichung sind Stammtafeln, Diagramme und politische Karten in den Band eingestreut.

Bislang sind erschienen:

Kleine deutsche Geschichte. Von Ulf Dirlmeier, Andreas Gestrich, Ulrich Herrmann, Ernst Hinrichs, Christoph Kleßmann, Jürgen Reulecke. Aktual. und erg. Ausgabe 2006. 530 S., geb.